全國古籍整理出版規劃領導小組資助出版

長安志

長安志圖

[宋]宋敏求 撰
[元]李好文 撰
辛德勇 郎潔 點校

陝西出版傳媒集團
三秦出版社

圖書在版編目（CIP）數據

長安志・長安志圖 / 辛德勇,郎潔點校. —西安：三秦出版社,2013.12(2022.5 重印)
ISBN 978-7-80736-926-4

Ⅰ.①長… Ⅱ.①辛… ②郎… Ⅲ.①長安(歷史地名)-地方史 Ⅳ.①K294.11

中國版本圖書館 CIP 數據核字(2011)第 030809 號

長安志・長安志圖

[宋]宋敏求 撰 [元]李好文 撰

辛德勇 郎 潔 點校

出版發行 陝西新華出版傳媒集團 三秦出版社
社 址 西安市雁塔區曲江新區登高路 1388 號
電 話 (029)81205236
郵政編碼 710061
印 刷 陝西隆昌印刷有限公司
開 本 880mm×1230mm 1/32
印 張 20.375
字 數 364 千字
版 次 2013 年 12 月第 1 版
2022 年 5 月第 2 次印刷
標準書號 ISBN 978-7-80736-926-4
定 價 98.00 圓

網 址 http://www.sqcbs.cn

出版説明

長安志二十卷，北宋宋敏求撰；長安志圖三卷，元李好文撰。

宋敏求，字次道，趙州平棘（今河北趙縣）人。仁宗天聖二年，以父宋綬蔭官入仕，初授秘書省正字，召試學士院，賜進士及第。官至右諫議大夫，加史館修撰，集賢院學士，復加龍圖閣直學士。元豐二年卒，年六十一，特贈禮部侍郎。事具宋史與東都事略本傳，以及杜大珪名臣碑傳琬琰集收録之范鎮撰宋諫議敏求墓志。

敏求家富藏書，博學多識，歷任館閣校勘、修唐書編修官、仁宗實録檢討官並同修起居注、史館修撰等有關著述的職事，除參與修撰唐書（即歐陽修、宋祁主持編修之所謂新唐書）和仁宗實録，以及本人文集數種凡四十八卷之外，尚補修唐武宗以下六朝實録一百四十八卷，編輯唐大詔令集一百三十二卷，輯録石刻漢唐間人詩一千一百三十篇爲寶刻叢章三十卷，以韻類次宗室名五卷，所撰著書籍另有東京記三卷、河南志二十卷、三川官下録二卷、春明退朝録二卷等。

此書爲古長安（今陝西西安）完整存世最早的志書，寫成於宋神宗熙寧八、九年間，行世諸本卷首刊有趙彦若在熙寧九年二月撰寫的序文。清四庫館臣評述此書内容，謂：「是編皆考訂長安古蹟，以唐韋述西京記疎略不備，因更博采群籍，參校成書，凡城郭官府、山川道里、津梁郵驛，以至風俗物産、宫室寺院，纖悉畢具。其坊市曲折，及唐盛時士大夫第宅所在，皆一一能舉其處，粲然如指諸掌，司馬光嘗以爲考之韋記，其詳不啻十倍。今韋氏之書久已亡佚，而此志精博宏贍，舊都遺事，藉以獲傳，實非他地志所能及。」（四庫全書總目之「長安志」條）因將此書列置地理類古蹟之屬。實際上，作爲北宋中期修撰的一部地方志，書中所記，並非僅限於唐長安之古蹟，而是在立足於趙宋本朝地理的基礎上，溯及周秦漢唐各個時期的遺蹟和建置。

在現存宋代方志中，長安志成書時間較早。與唐代以來的州郡圖經相比，長安志突出體現了宋代新型方志的兩大特色：一是側重歷史古蹟，二是文化性明顯增强。出現這種情況，首先是由於仁宗慶曆以來學術風尚的變化，引發人們探索古代器物、歷史遺迹和各地歷史文化的欲望。因此，宋敏求的長安志和先此所撰河南志，俱以側重記述往古「興廢遷徙」之蹟而著稱於時（宋司馬光溫國文正司馬公文集卷六五河南志序）。顯而易見，宋敏求此書，對研究宋代以前特別是周秦漢唐時期的長安城及其周邊地區的地理和歷史問題，具有重要價值。

唐代的州郡圖經，都有地圖與文字相輔而行。記述以往的地理和古蹟，地圖的作用愈爲重要。美中不足的是，宋敏求的長安志沒有配置地圖。有鑑於此，陝西諸道行臺治書侍御史李好文，於元順帝至正二年九月編著地圖三卷，並輔以文字記述，「名之曰長安志圖，明所以圖爲志設也」（長安志圖卷首李好文序）。此長安志圖撰成之後，一直如李氏所願，附著於長安志書前以傳。惟清修四庫全書時，館臣闇昧，妄加揣測，誤以爲是書本名應爲長安圖記，並謂「好文是書，本不因敏求而作，強合爲一，世次紊越」，硬行將其拆分爲兩書，「各著於錄」（四庫全書總目之「長安志圖」條）。這種做法，明顯違背李好文的本意，理應予以更正。

傳世長安志版本，以明成化四年孟秋陝西郃陽書堂刻本最早。嘉靖十一年十月，西安知府李經重刻此書，也有印本存世。相互對比可知，這兩部明刻本應當出自同一元刻祖本。成化本和嘉靖本在清代都很稀見，讀者多憑傳寫，以至清乾隆四十九年陝西巡撫畢沅再次校刊時，也只能依據輾轉出自成化本的一部抄本。與畢沅刊刻此書約略同時，清廷亦將其校勘寫入四庫全書。畢沅刻本隨後匯入所纂輯經訓堂叢書，亦稱經訓堂本（或以畢氏齋號稱爲靈岩山館刻本），世間傳佈較廣，清人始獲通行讀本。此本復有清末王先謙重刻本和民國二十年長安縣志局鉛字排印本，流行更爲普遍。

以上各本都有很多文字訛誤，需要勘正，因不揣譾陋，試予點校。點校過程中，成化、嘉靖兩本文字異同的覈對，以及全部書稿的謄清校對、長安志圖各幅圖面上文字的校勘，由郎潔負責；我本人則負責其他標點和校勘事宜。北京大學中國古代史研究中心主任榮新江教授，惠予明成化本的複印本，爲點校此書提供了重要幫助；日本中央大學妹尾達彦教授，在多年前惠予靜嘉堂文庫藏朱彝尊潛採堂抄本的複印本，亦多有助益。在此謹致以誠摯謝意。

辛德勇

二〇一一年十二月十九日

凡例

一、此次點校以中華書局宋元方志叢刊影印清畢沅刻本爲底本，該本長安志圖脱佚卷首李好文序和卷下渠堰因革首頁，用臺北影印文淵閣四庫全書本作底本補入。

二、全書通校黄虞稷舊藏明成化郃陽書堂刻本和臺北影印文淵閣四庫全書本，參校明嘉靖李經刻本，個别地方覈對了黄永年先生所藏畢沅刻本的初印本和日本静嘉堂文庫藏朱彝尊潛採堂抄本（此本傳抄自成化本）。

三、根據具體問題，適當參校其他相關史籍。其中元人駱天驤的類編長安志，大部份内容係依據宋敏求長安志改編，保存很多長安志舊本的原貌，故利用較多（使用今中華書局出版的黄永年先生點校本）。

四、底本回避清廷忌諱所用代字，以及避忌孔夫子名所造「邱」字，一律回改爲本字，不出校記。

五、一些與現在通行寫法不同的習見語辭，徑改爲今通行字形，不另出校記。如「大學」、「大后」、「大社」、「大極殿」分別改爲「太學」、「太后」、「太社」、「太極殿」，「圓丘」改爲「圜丘」，「地里志」改爲「地理志」（原書作「里」字者除外），「應邵」改爲「應劭」，「樓閤」之「閤」改爲「閣」，「禘祫」改爲「禘祫」，作「毀」義之「圮」字改爲「圯」，「隋從」之「隋」改爲「隨」，等等。

總目録

長安志

附録

新校正長安志序

秋帆先生撫陝，陝故長安也，搜得宋敏求長安志二十卷校正刻之，附以圖三卷，問序於予。予向求此書未獲，今始一讀焉。既卒業，作而嘆曰：美哉，先生才之大而思之深，超出乎流俗絶遠也。周禮天官司會掌國之官府、郊野、縣都之百物凡在書契版圖者之貳；司書掌土地之圖，以周知入出百物；地官大司徒掌建邦之土地之圖與其人民之數，以天下土地之圖，周知九州地域廣輪之數，辨其山林川澤丘陵墳衍原隰之名物；土訓掌道地圖，以詔地事；誦訓掌道方志，以詔觀事；夏官職方氏掌天下之圖，以掌天下之地。然則欲知輿地，必藉圖志，周公已言之章章明矣。蕭何入秦，先收圖書，所以具知天下厄塞，户口多少强弱民所疾苦。蓋儒者不出户庭，而能周知方域，此讀書之所以可貴也。以此莅政，則能先時豫籌，因地制宜，恢恢乎遊刃有餘焉。可見圖志之裨益於政事，似緩而實急，夫豈俗吏所知哉。唐以前地志，存者寥寥，宋元人作，存者不下二十餘，然皆南方之書，北方惟有此志與于欽齊乘耳，而後長安漢唐都邑所在，事跡尤夥，紀載尤宜加詳。宋氏此編，綱條明析〔一〕，贍而不穢，可云具體。厥後程大昌雍録，好發新論，穿鑿支離，不及宋氏遠矣。先生既刻此，又於其間糾正踳駁，疏釋蒙滯，附於逐條之下焉。夫以軍民政務之塡委，徼檄簿牘之旁午，他人竭蹷應之，日不暇給，先生乃能以力表揚墜典，斯其才之大，誠有過人者。若其靜察乎攷古之足以證今，披圖案牒，以興華利弊，其補助化理最切，則尤先生用意之深也。先生本名儒，爲文學侍從臣，出掌封圻，治續茂異，固宜卓識之度越流俗絶遠。輿圖〔二〕每卷署河濱漁者，實出元李好文譔。古人地志，必與圖俱。司會、司書等職所謂版圖、地圖者，此物此志也。先生匯訂以傳，亦猶土訓、誦訓之道地圖、道方志云爾。

乾隆五十有二年歲次丁未季秋之月嘉定王鳴盛西莊氏再拜謹譔，時年六十有六。

校勘記：

〔一〕明析　原作「明折」，徑改。

〔二〕輿圖　原作「與圖」，徑改。

長安志序

太常博士充集賢校理崇文院檢討同知丞事趙彦若撰

雍之爲都，涉三代，歷漢唐之全盛。世統屢更，累起相襲，神靈所儲，事變叢聚〔一〕。宜其較然有明册大典，暴天下耳目；而圖牒殘脱，宿老無傳，求諸故志，唯韋氏所記，爲一時見書，遺文古事，悉散入他説，班班梗概，不可復完。非好學深思，博物善作，孰能盡收其軼而追成之？長安志者，今史官諫議大夫龍圖閣直學士常山公所定著也。公以文章世家，爲朝廷名臣，器業〔二〕之餘，紀述自命。蓋考論都邑，網羅舊聞，詞人所鋭精，而載筆之尤務也。近代建國，率繇西遷，崤函之區，陶冶渭洛〔三〕，實上游要會最重之地，而陊毁零落，寖就堙没，將無以自振。校之本末，先後二京已録，固不得獨闕於此。前在河南，旁接三輔，嘗有意於搜采矣，然猶未遑暇。又踰二紀，乃創屬體緒，纘次其言，窮傳記諸子鈔類之語，絶編斷簡，靡不總萃隱括而究極之，上下浹通，爲二十卷，用備舊都古今之制，俾其風壤[四]光塵，有以奮於永久。故夫府縣有政，官尹有職，河渠關塞有利病，皆干於治而施於用。取諸地記，集而讀之，而後見其法，叙列往躅，遠者謹嚴而簡，近者周密而詳，各有所因。布規模[五]猶親處其世，畫里陌同經行之熟，而後見其功，自本而推始終大略，其所昭發又不特如是而已。竊嘗望丹鳳門故趾，勢侔碣石，疑非人力所爲，自想當時，眞偉觀也。及驗未央、建章，殿堂[六]宫闕之峻[七]，則其繁夥宏廓，氣象飛動，過大明遠甚，以漢室之隆，兼制夷夏，非壯麗無以重威，亦可信也。復上觀於周，惟有鎬京靈臺、辟雍、明堂，豐宫詩所謂「經始勿亟，庶民子來」，又稱「自西自東，自南自北，無思不服」。昔之與衆同樂，遂物之性，所以致之之效，乃能至於此乎？察其故，專尚簡易儉約，曾不言形勝強富。益知仁義之尊、道德之貴，彼阻固雄豪，皆生於不足，漢唐之迹，更爲可羞。烏乎盛夫，若然，得以貢於明朝，監千載餘敝，修豐鎬故事，以澤吾人，豈曰小補哉！熙寧九年二月五日謹序。

校勘記：

〔一〕叢聚　原作「叢巨」，據四庫本改。

〔二〕器業　原作「兢業」，據四庫本改。

〔三〕渭洛　原作「浚洛」，據四庫本改。

〔四〕風壤　原作「風瀼」，據四庫本改。

〔五〕布規模　原作「革規模」，據四庫本改。

〔六〕殿堂　原作「殿當」，據四庫本改。

〔七〕宮闕之峻　原作「宮闕之俊」，據四庫本改。

長安志圖序

關中天府之邑，土居上游，古稱天地奥區神皋，周及漢唐都之子孫皆數百歲，雖其積累深厚，亦曰神器之大，措之善也。觀其創業垂統，規模宏廓，分郊畫畿，製作詳密，城郭宫室之巨麗，市井風俗之阜繁，山川靈迹之雄偉奇譎，史冊所書，稗官所記，文人碩士之揄揚頌嘆，習而誦之，如談蓬壺閬苑，鈞天帝居，使人且可得聞，目不可得而覩也。圖見示，當時弗能盡曉，茫然。及來陝右，由潼關而西至長安，所過山川城邑，或過古跡，必加詢訪。嘗因暇日，出至近甸，望南山觀曲江，北至故漢城，臨渭水而歸，數十里中，舉目蕭然，瓦礫蔽野，荒基壞堞，莫可得究。稽諸地志，徒見其名，終亦不敢質其所處。因求昔所見之圖，久乃得之。於是取志所載宫室池苑、城郭市井，曲折方向，皆可指識，瞭然千百世全盛之迹，如身履而目接之。圖舊有碑刻，亦嘗鋟附長安志後，今皆亡之，有宋元豐三年龍圖待制呂公大防爲之跋，且謂之「長安故圖」，則是前志圖固有之。其時距唐世未遠，宜其可據而足徵也。然其中或有後人附益者，往往不與志合。因與同志較其訛駁，更爲補訂，釐爲七圖。又以漢之三輔及今奉元所治，古今沿革，廢置不同，名勝古跡，不止乎是；涇渠之利，澤被千世，是皆不可遺者，悉附入之。總爲圖二十有二，名之曰長安志圖，明所以圖爲志設也。嗚呼，廢興無常，盛衰有數，天理人事之所關焉，城郭封域，代因代革，先王之疆理寓焉；溝洫之利，疏溉之饒，生民之衣食繫焉。觀是圖者，凡夫有志之士，游意當世，將適古今天之宜，流生民之澤，不無有助，豈特山林逃虛，悠然遐想，升高而賦者以資見聞而已哉！至正二年秋九月朔，中順大夫陝西諸道行御史臺治書侍御史東明李好文序。

長安志圖卷上

河濱漁者編類圖説　前進士頻陽張敏　同編校證〔一〕

兵部侍郎兼都察院右副都御史巡撫陝西西安等處地方贊理軍務兼理糧餉　欽賜

一品頂帶畢沅新校證

卷上目録

漢三輔圖

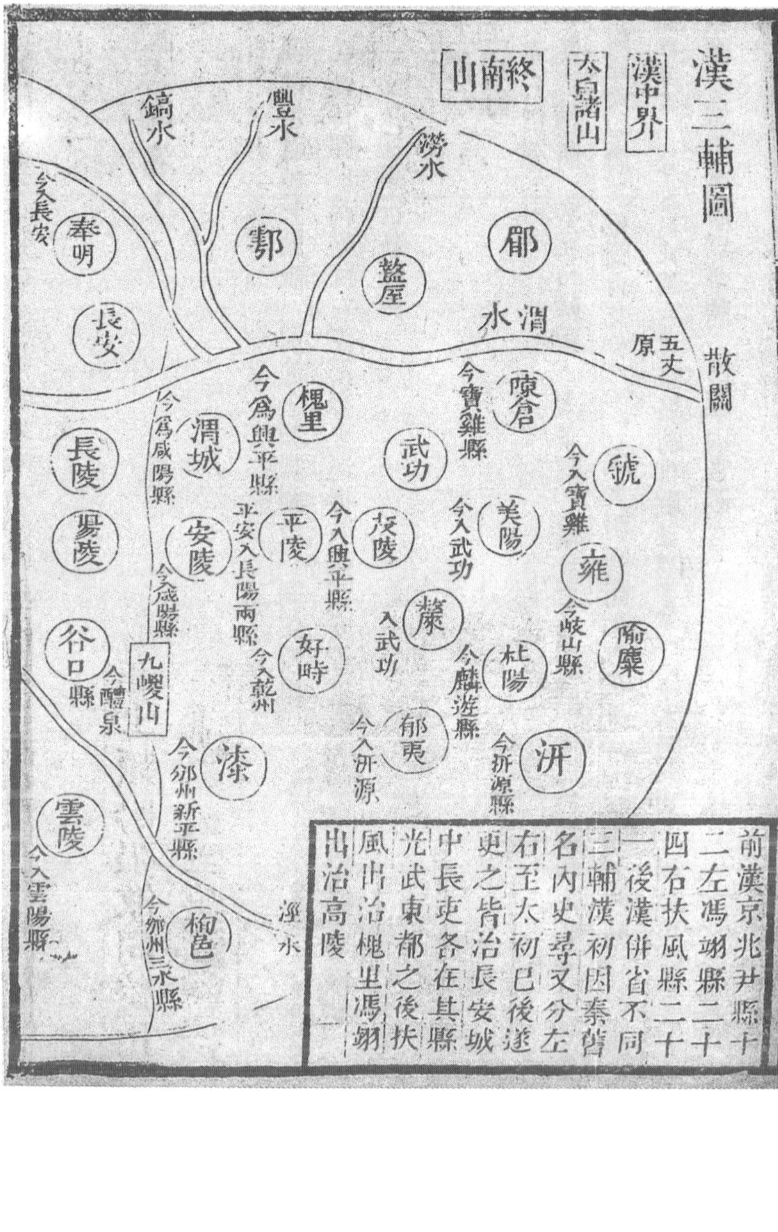

前漢京兆尹縣十二左馮翊縣二十四右扶風縣二十一後漢併省不同三輔漢初因秦舊名內史尋又分左右至太初已後遂更之皆治長安城中長吏各在其縣光武東都之後扶風出治槐里馮翊出治高陵

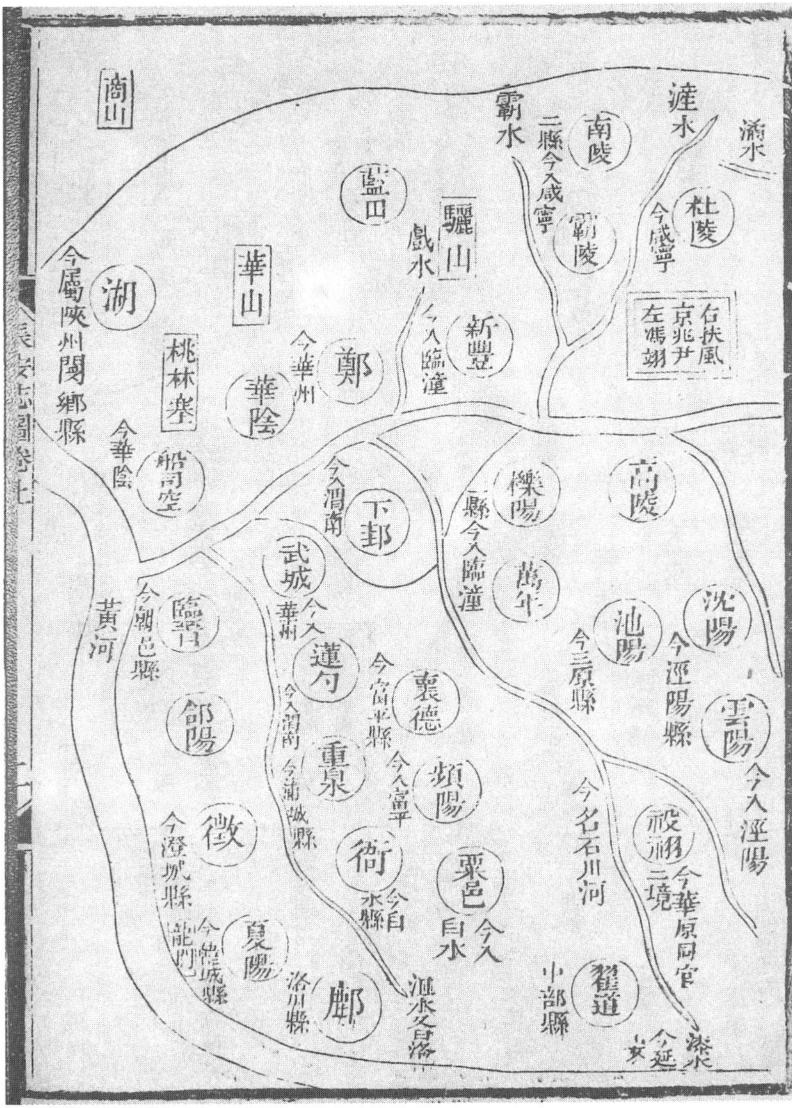
商山
灞水
滻水
潏水
南陵
二縣今入咸寧
杜陵
今咸寧
霸陵
藍田
驪山
戲水
華山
湖
今屬陝州閿鄉縣
桃林塞
新豐
今入臨潼
鄭
今華州
華陰
右扶風
京兆尹
左馮翊
船司空
今華陰
下邽
今入渭南
櫟陽
二縣今入臨潼
萬年
高陵
武城
今入華州
黃河
蓮勺
今入渭南
襄德
池陽
今三原縣
沈陽
今涇陽縣
雲陽
今入涇陽
郃陽
重泉
今蒲城縣
頻陽
今入富平
徵
今澄城縣
衙
今白水縣
粟邑
今入白水
今名石川河
祋祤
二境今華原同官
夏陽
今韓城縣
龍門
鄜
洛川縣
沮水又名洛
翟道
中部縣
漆水
今延安

奉元州縣之圖

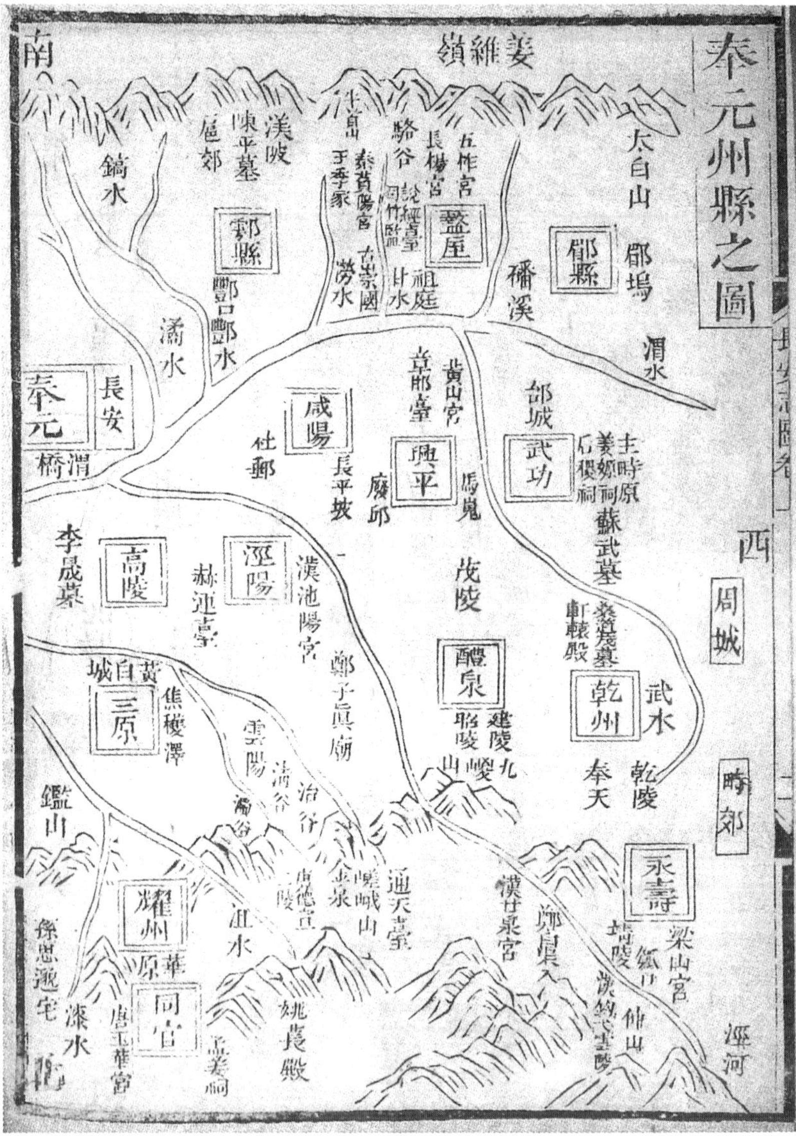
南
西
姜維嶺
太白山
郿塢
郿縣
播溪
渭水
五柞宮
長楊宮
駱谷
盩厔
祖庭
甘水
勞水
溪陂
陳平墓
扈郊
鄠縣
鎬水
澇水
長安
奉元
渭橋
咸陽
杜郵
長平坡
興平
馬嵬
廢邱
黃山宮
章邯臺
郃城
武功
主時原
姜嫄祠
后稷祠
蘇武墓
周城
茂陵
醴泉
乾州
武水
乾陵
奉天
軒轅殿
高陵
李晟墓
涇陽
漢池陽宮
鄭子眞廟
三原
黃白城
焦穫澤
雲陽
冶谷
清谷
鹽山
耀州
華原
同官
漆水
沮水
金泉
嵯峨山
通天臺
漢甘泉宮
永壽
梁山宮
仲山
涇河
姚萇殿
孟姜祠
唐玉華宮

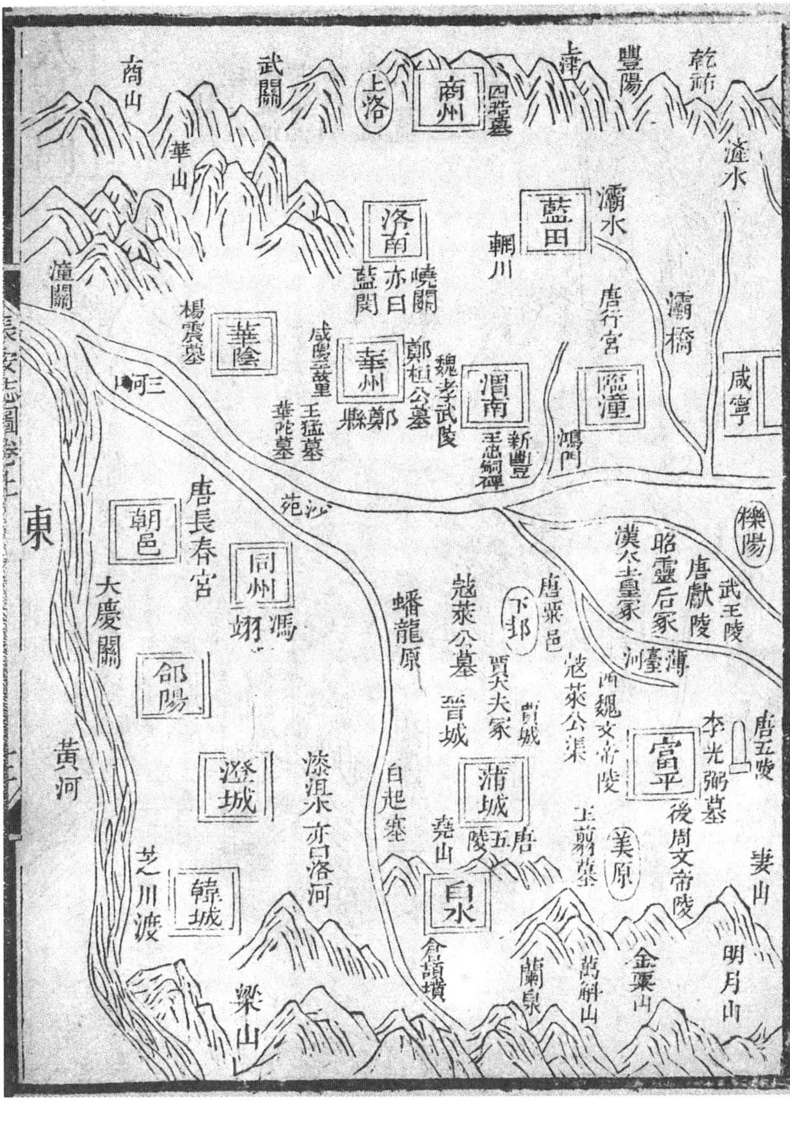
商州
上洛
四皓墓
武關
商山
華山
豐陽
藍田
灞水
輞川
唐行宮
灞橋
洛南
嶢關亦曰藍關
華陰
楊震墓
潼關
華州
鄭桓公墓
魏孝武陵
鄭縣
王猛墓
渭南
新豐
鴻門
臨潼
咸寧
三河口
沙苑
東
朝邑
唐長春宮
同州
馮翊
大慶關
郃陽
黃河
澄城
韓城
芝川渡
蟠龍原
下邽
唐獻陵
武王陵
櫟陽
蒲城
堯山
白水
富平
美原
李光弼墓
後周文帝陵
西魏文帝陵
明月山
金粟山
梁山

太華圖

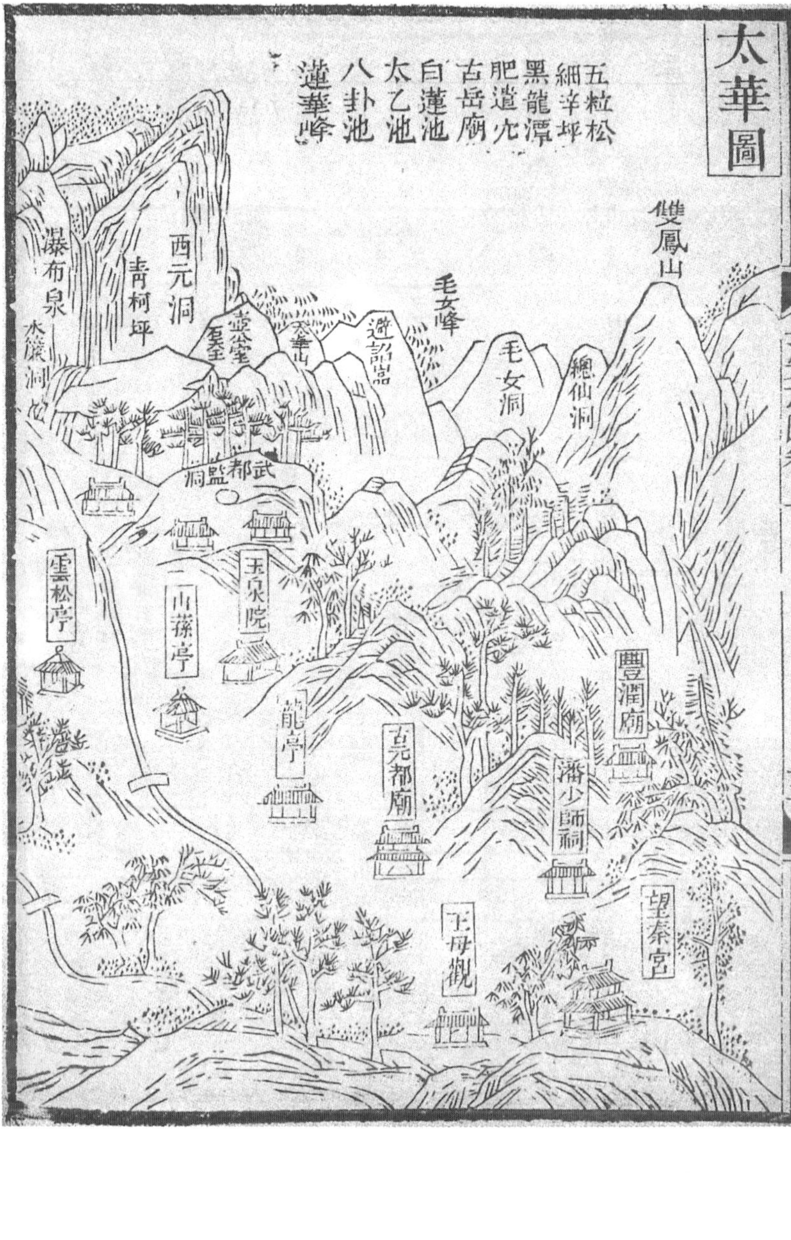
五粒松
細辛坪
黑龍潭
肥遺穴
古岳廟
白蓮池
太乙池
八卦池
蓮華峰
雙鳳山
毛女峰
毛女洞
總仙洞
避詔崖
西元洞
青柯坪
瀑布泉
水簾洞
武都監洞
雲松亭
玉泉院
山蓀亭
龍亭
潘少師祠
豐潤廟
望秦宮
王母觀

北
商州界
仙掌石
玉女洗頭盆
老君洞
仙碁臺
昌蒲池
蘆葦池
二十八宿池
明星玉女館
石鼓山
倚壁仙
朝來山
松檜峰
虎頭峰
八仙洞
蒼龍嶺
玉秀峰
雲臺山
太淵宮
西王母口
東王公
虎蛇泉
三洞
玉柱峰
白雲亭
深秀亭
西岳廟
黄神潭
仙官觀
試劍石
雲臺觀
華岳廟
鹿角廟
巨靈口
白雲宮
潼關
太山廟
西岳廟
華陰縣

漢故長安城圖

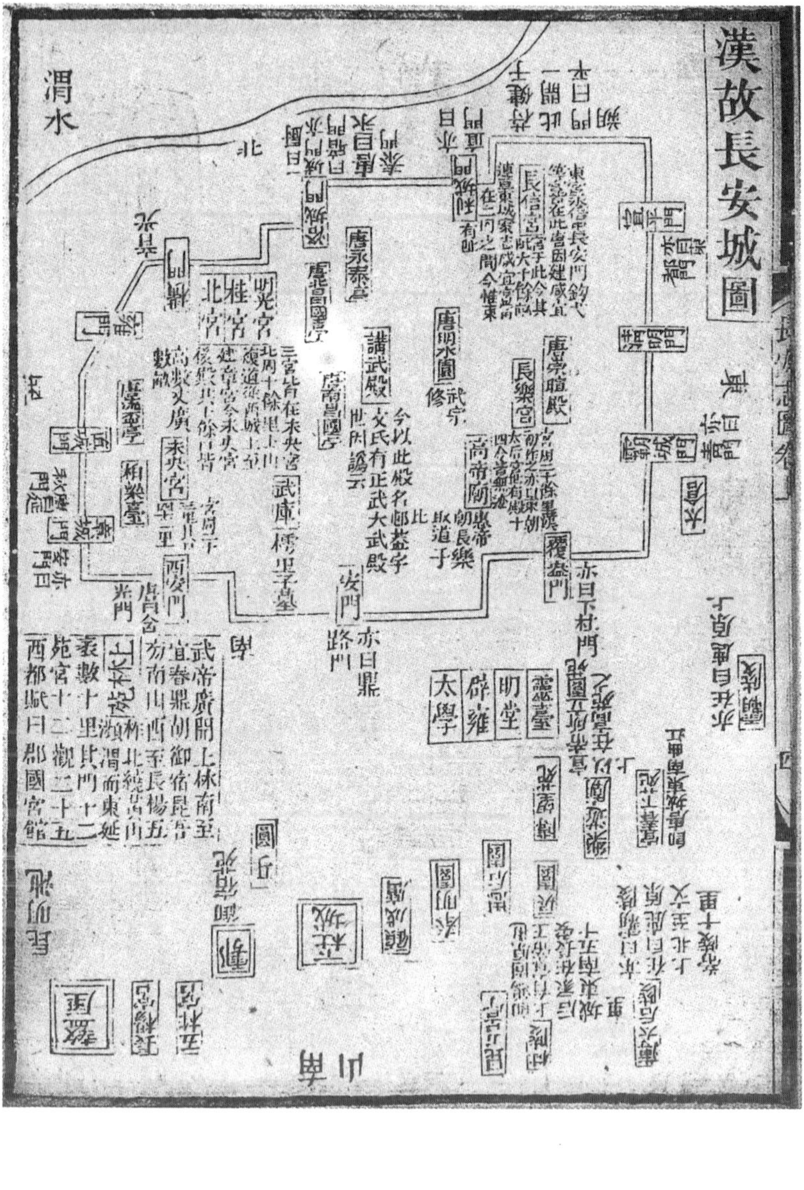

渭水
北
東
南
西
南山
昆明池
宣平門
清明門
霸城門
覆盎門
安門
西安門
章城門
直城門
雍門
横門
洛城門
長樂宮
長信宮
未央宮
北宮
桂宮
明光宮
武庫
講武殿
高帝廟
唐永泰宮
唐明水園
太倉
柏梁臺
靈臺
明堂
辟雍
太學
樂遊廟
博望苑
宜春下苑
霸陵
薄太后陵
杜陵
顧成廟
奉明園
思后園
杜城
鄠
御宿苑
上林苑
長楊宮
五柞宮
盩厔

百四十五緜亘縣境四百餘里今案北至南山去城百里而近雲陽甘泉西北幾四百里鼎湖即今之湖縣在閿鄉大抵因秦之舊漢皆修之嗚呼盛哉

建章宮 宮名長安城西周二十餘里廣爲千門萬戶與未央宮桂宮飛閣相屬班固所謂凌隥道而超西墉者是也其中有漸臺太液昆明井幹別風馺蕩承光等殿今城西有土基十餘皆高數丈廣數畝

龍淵宮 元光三年瓠河決起龍淵宮 服虔曰在長安城西

漢城惠帝時築後趙石虎亦嘗修之城在今奉元路西北十二里苻秦西魏宇文皆都之隋開皇三年遷都龍首川此城遂廢至今民猶呼曰楊家城在唐隸禁苑置四監其中掌園囿種植之事故其宮室因漢舊而葺焉龍首川通鑑作龍首山城制南爲南斗形北爲北斗形周六十五里十二門八街九陌九市十一里計地九百七十三頃其街陌等名並載志書此不具錄

唐禁苑圖 內苑附

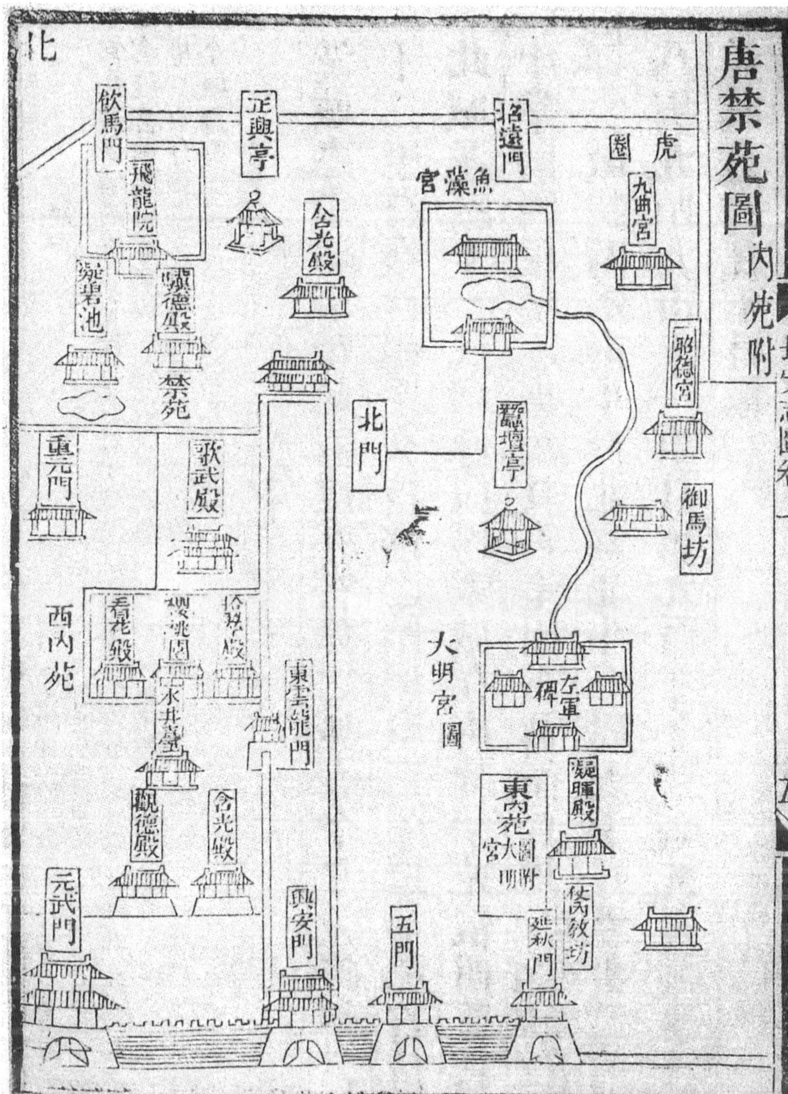

北
飲馬門
正興亭
虎圈
魚藻宮
九曲宮
飛龍院
含光殿
凝碧池
禁苑
昭德宮
北門
重元門
歌武殿
御馬坊
西內苑
看花殿
櫻桃園
拾翠殿
東雲龍門
水井臺
大明宮圖
左軍碑
凝暉殿
東內苑
大明宮圖附
觀德殿
含光殿
元武門
興安門
五門
延秋門
教坊

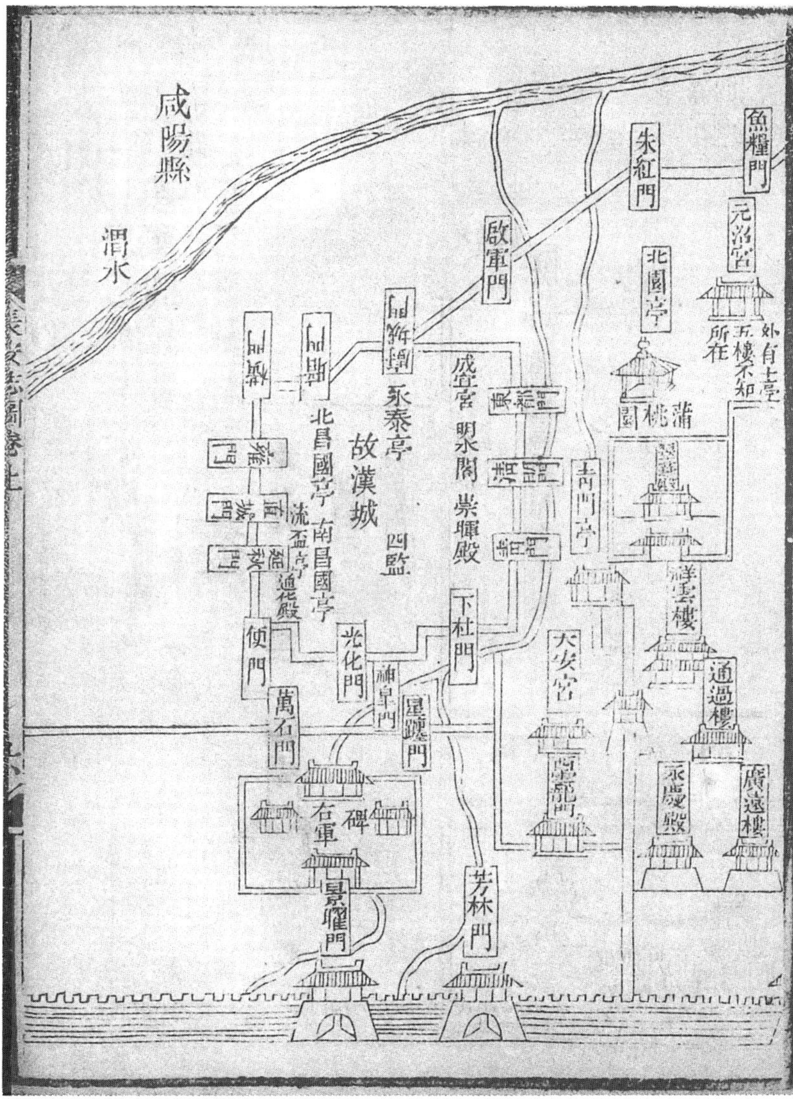

咸陽縣
渭水
魚糧門
朱紅門
元沼宮
北園亭
啟軍門
外有土臺五樓不知所在
蒲桃園
故漢城
永泰亭
北昌國亭
南昌國亭
流盃亭
通化殿
四監
成宣宮
明水閣
崇暉殿
下杜門
光化門
使門
萬石門
神皇門
青門亭
大安宮
通過樓
廣遠樓
永慶殿
右軍碑
景曜門
芳林門

唐大明宮圖 東內苑附

大明宮城廣二里百四十八步縱四里九十五步
東內苑廣二百五十步

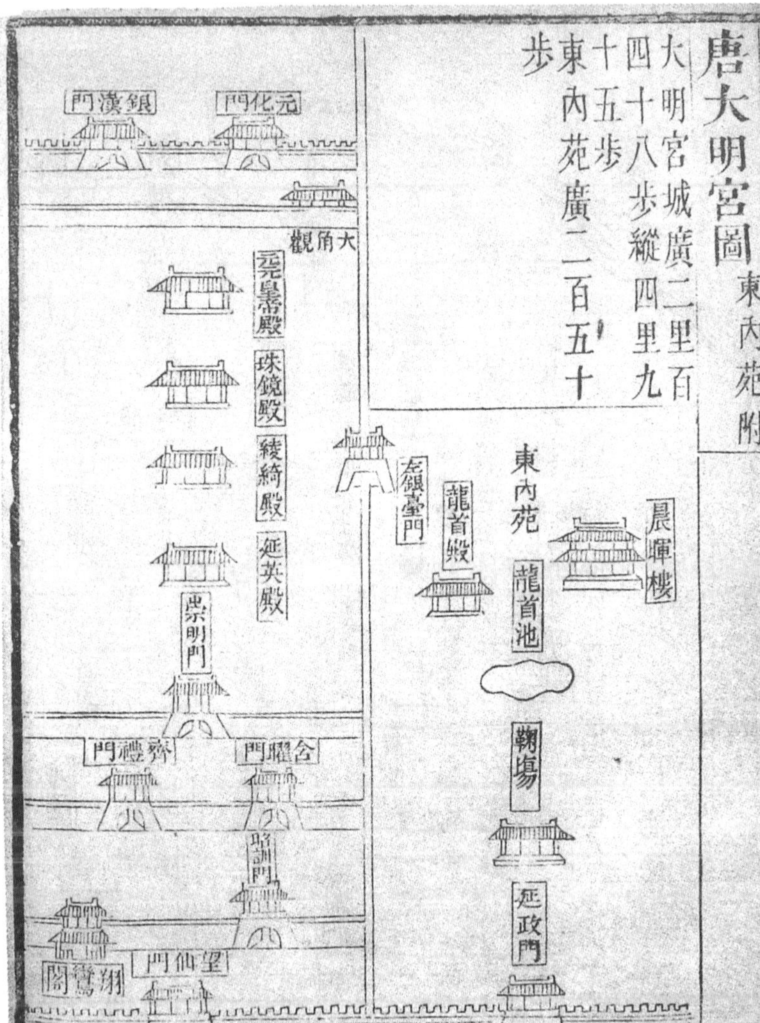

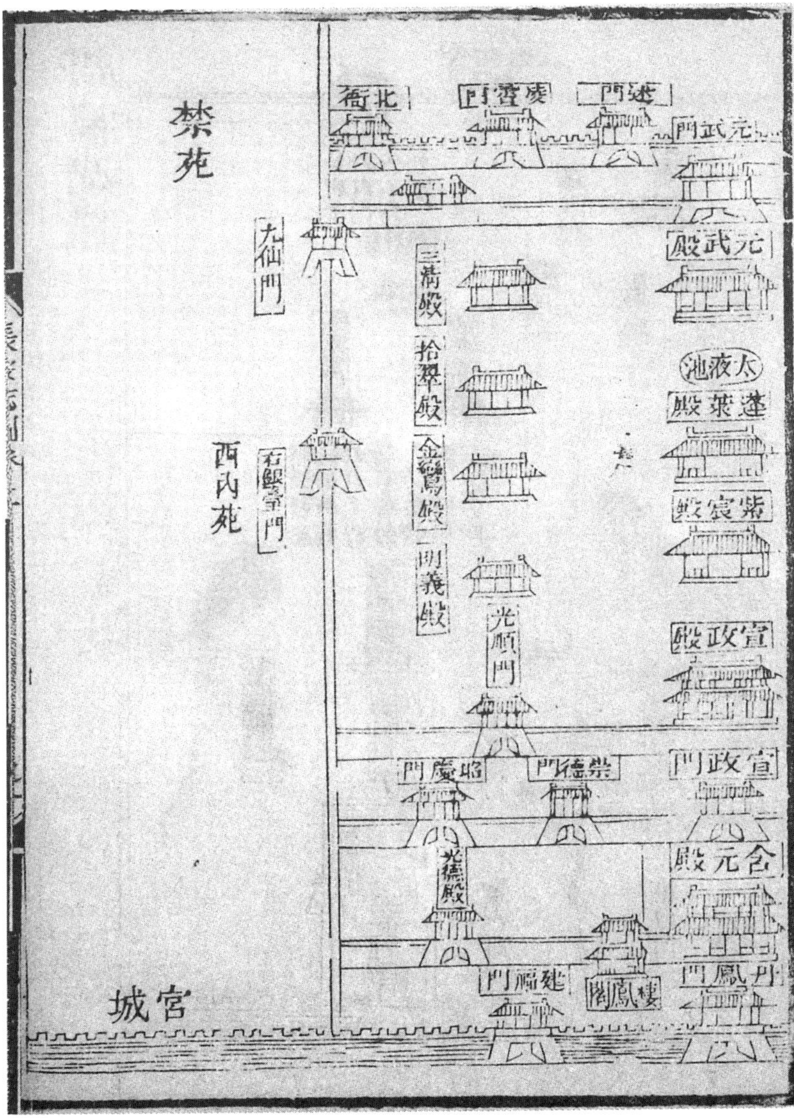

禁苑
北衙
凌霄門
遶門
元武門
元武殿
九仙門
三淸殿
拾翠殿
金鑾殿
明義殿
太液池
蓬萊殿
紫宸殿
西內苑
右銀臺門
光順門
宣政殿
昭慶門
崇德門
宣政門
含元殿
光德殿
延福門
棲鳳閣
丹鳳門
宮城

唐宫城圖

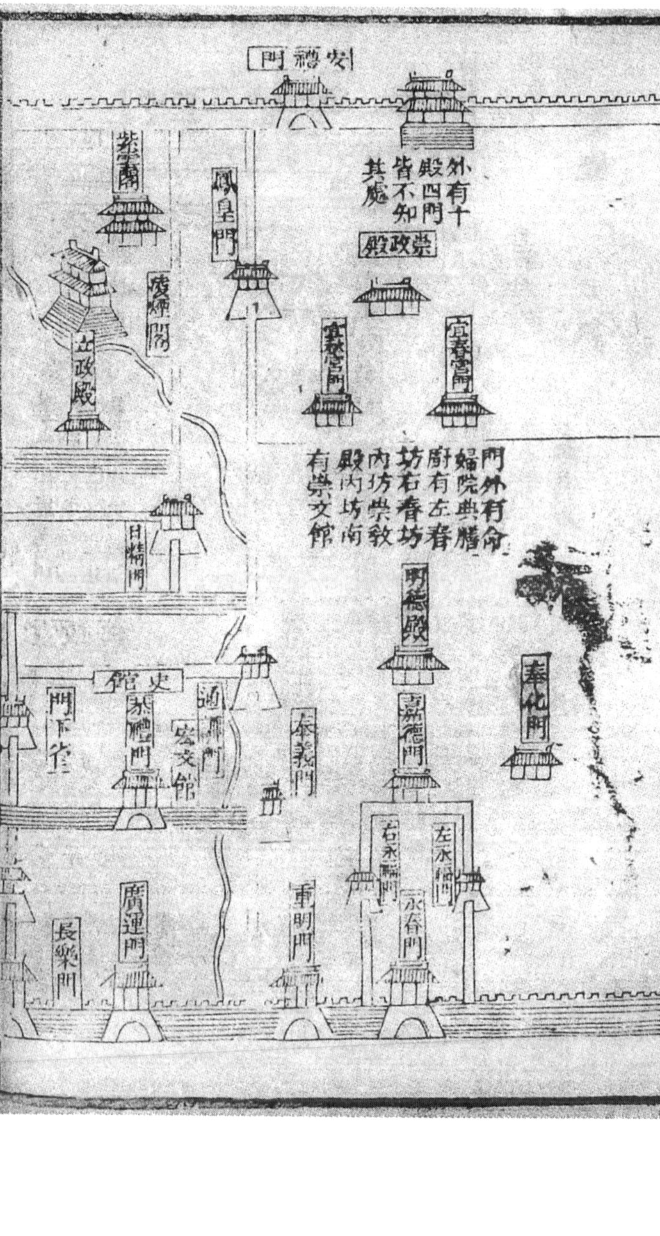
安禮門
外有十殿四門皆不知其處
崇政殿
宜春宮
鳳皇門
凌煙閣
立政殿
門外有命婦院典膳廚有左春坊右春坊內坊崇教殿內坊南有崇文館
日精門
明德殿
奉化門
嘉德門
史館
門下省
奉義門
左永福門
右永福門
永春門
重明門
廣運門
長樂門

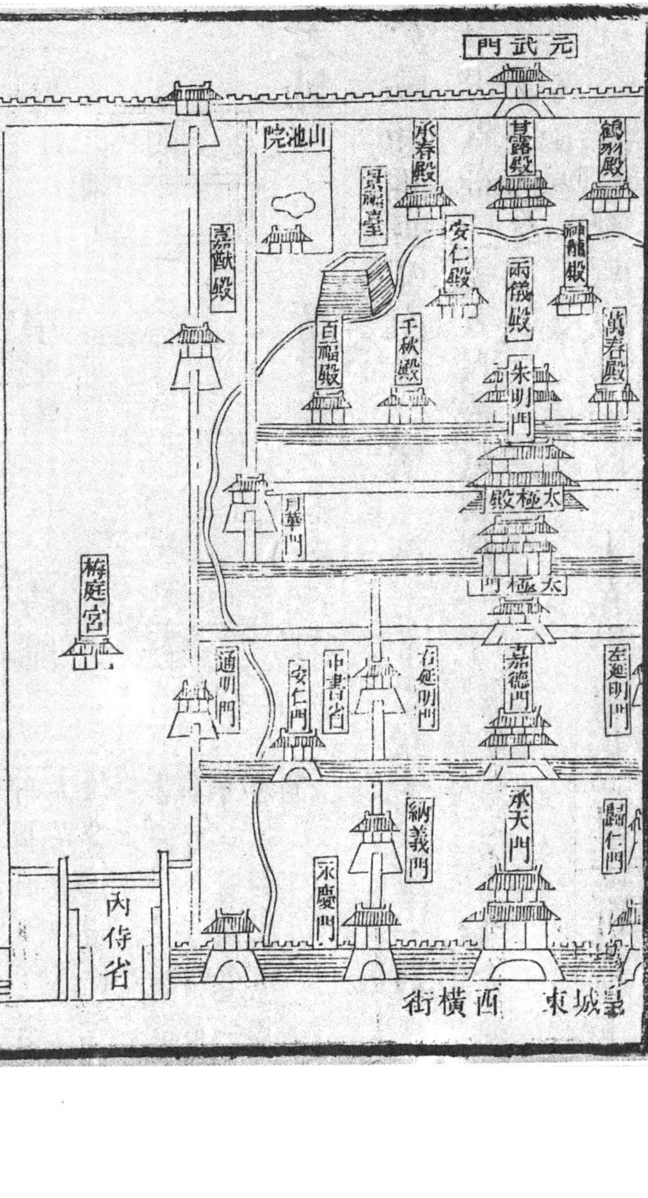

圖制大概如此外有殿閣池庭門闕四十餘名皆不詳處所不敢强爲布置也

城市制度

一坊之制

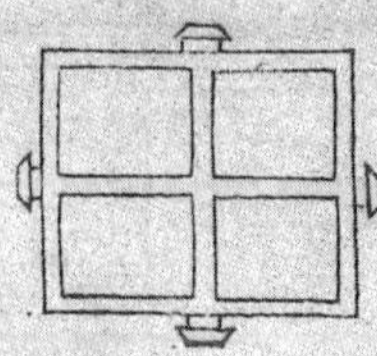

皇城南坊之制

居二坊地四街八門

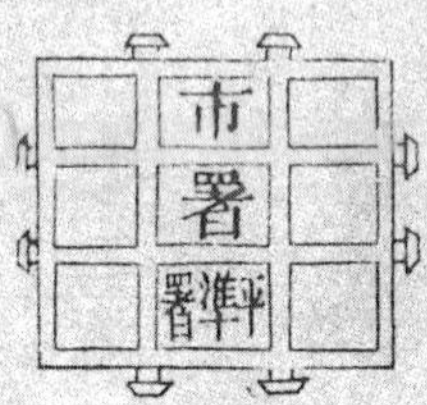

市制四面皆市人居之中爲二署蓋治市之官府也舊圖全畫坊市制度今閒小不能記容別畫一坊之制以見其餘

宮城東西四里南北二里二百七十步周十三里一百八十步其崇三丈五尺掖庭宮廣一里隋開皇三年六月詔規建制度先築宮城次築皇城次築外郭城

皇城亦曰子城東西五里一百一十五步南北三里一百四十

漢城。惠帝時築。後趙石虎亦嘗修之。城在今奉元路西北十二里。苻秦、西魏、宇文皆都之。隋開皇三年，遷都龍首川，此城遂廢，至今民猶呼曰楊家城。在唐隸禁苑，置四監其中，掌園囿種植之事，故其宮室因漢舊而葺焉。龍首川，通鑑作龍首山〔六〕。城制，南爲南斗形，北爲北斗形。周六十五里。十二城門〔七〕，八街九陌，九市，十一里，計地九百七十三頃。其街陌等名並載志書，此不具録。

宮城。東西四里，南北二里二百七十步，周十三里一百八十步，其崇三丈五尺。掖庭宮。廣一里。隋開皇二年〔八〕六月，詔規建制度，先築宮城，次築皇城，次築外郭城。

皇城。亦曰子城。東西五里一百一十五步，南北三里一百四十步。南北七街，東西五街，其間並列臺省寺衛。承天門外有東西大街，南北廣三百步。限隔二城也。横街之南，有南北大街，東西廣百步。即朱雀門街。自兩漢以後，都城並有人家在宮闕之間，隋文帝以爲不便於事，於是皇城之内惟列府寺，不使雜居，公私有辨，風俗齊整，實隋文之新意也。

外郭城。東西一十八里一百一十五步，南北一十五里一百七十五步，周六十七里，其崇一丈八尺。唐外郭城東西南面各三門〔九〕，直十一街，横十四街。當皇城朱雀門曰朱雀街，亦曰天門街，南直明德門，南北九里一百七十五步。縱十一街〔一〇〕，各廣百步。皇城之南，横街十，各廣四十七步。皇城〔一一〕左右各横街四，三街各廣六十步，一街直安福、延喜門廣百步。

夾城。玄宗以隆慶坊爲興慶宮，附外郭爲複道，自大明宮潛通此宮及曲江芙蓉園。又十宅皇子，令中官押之，於夾城起居。西外郭無〔一二〕。後宣宗於夾城南頭開便門，自芙蓉園北入青龍寺，俗號新開門。杜牧之詩「六龍〔一三〕南幸芙蓉苑，十里飄香入夾城」。

坊市總一百一十區。萬年、長安以朱雀街爲界，街東五十四坊及東市，萬年領之，街西五十四坊及西市，長安領之。皇城之東盡東郭東西三坊，皇城之西盡西郭東西三坊，南北皆一十三坊〔一四〕，象一年並閏，每坊皆開四門，中有十字街，四出趣門。皇城之南，東西四坊，以象四時；南北九坊，取周禮王城九逵之制。其九坊但開東、西二門，中有横街而已。蓋以在宫城正南，不欲開北街洩氣，以衝城闕。棋布櫛比，街衢繩直，自古帝京未之比也。

城圖云：「皇城之南三十六坊，各東西二門，縱各三百五十步，中十八坊各廣三百五十步，外十八坊各廣四百五十步。皇城左右共七十四坊，各四門，廣各六百五十步，南六坊縱各五百五十步，北六坊縱各四百步。市居二坊之地，方六百步，面各二門，四面街各廣百步。」

渠水。一曰龍首渠。自城東南導浐至長樂坡釃爲〔一五〕二渠。一北流入苑，一經通化門、興慶宫，由皇城入太極宫。二曰永安渠。導交水自大安坊西街入城，北流入苑，注渭。三曰清明渠。導坑水自大安坊東街入城，由皇城入太極宫。

吕氏曰：「隋氏設都，雖不能盡循先王之法，然畦分棋布，閭巷皆中繩墨。坊有墉，墉有門，逋亡姦僞，無所容足，而朝廷宫寺、民居〔一六〕市區，不復相參，亦一代之精制也。唐人蒙之以爲治，更數百年不能有改，其功亦豈小哉！隋文有國纔二十二年，其剗除不廷者非一國，興利後世者非一事，大趣皆以惠民爲本，躬決庶務，未嘗逸豫，雖古聖人夙興待旦，殆無以過。惜其不學無術，故不能追三代之盛。予因考正〔一七〕長安故圖，觀呂氏此言，是圖之作其來尚矣。愛其制度之密，而勇於敢爲，且傷唐人冒疾，史氏没其寔，聊記於後。元豐三年五月五日，龍圖閣待制知永興軍府事汲郡呂大防〔一八〕題。京兆府户曹參軍劉景陽按視〔一九〕邠州〔二〇〕觀察推官呂大臨檢定。鄜州觀察支使〔二一〕石蒼舒書。」

跋語：此圖舊有碑刻，在京兆府公署，兵後失之。有雷德元、完顏椿者，訪得碑本，訂補復完，命工鋟梓，附於長安志後。壬子年中秋日，谷口邳邦用跋。

新城。唐天祐元年，匡國節度使韓建築。時朱全忠遷昭宗于洛，毁長安宮室百司及民廬舍，長安遂墟。建遂去宮城，又去外郭城，重修子城，即皇城也。南閉朱雀門，又閉延喜、安福門，北開玄武門，是爲新城。即今奉元路府治也。城之制，内外二重。四門，門各三重，今存者惟一重，内重其阯尚在。東、西〔二二〕又有小城二，以爲長安、咸寧縣治所。謹案：長安、京兆，聖朝奄有天下，初爲京兆府，後爲安西路，至大四年，改奉元路。中統元年，立十路宣撫司，置治於此，改路不知何年。三年，立陝西四川行省。至元七年，改行尚書省。九年，改設王相府。十七年，罷王相府，復立行中書省。一十三年〔一三〕，四川分省成都，專立陝西行省。二十八年立行御史臺於雲南，大德元年，移置陝西奉元。

奉元城圖

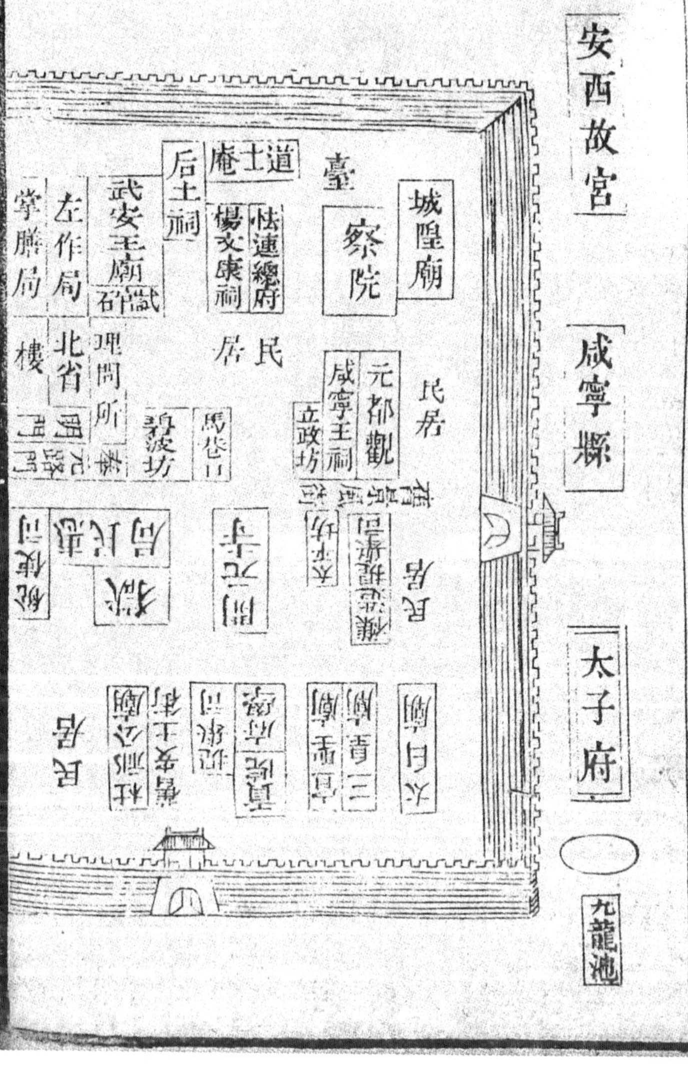

安西故宮
咸寧縣
太子府
九龍池
城隍廟
察院
臺
道士庵
后土祠
武安王廟
掌膳局
左作局
北省
理問所
民居
元都觀
咸寧王祠
立政坊
民居
開元寺
獄
惠民局
稅使司
太平坊
民居
杜祁公廟
提學司
貢院
府學
宣聖廟
三皇廟
太白廟
民居

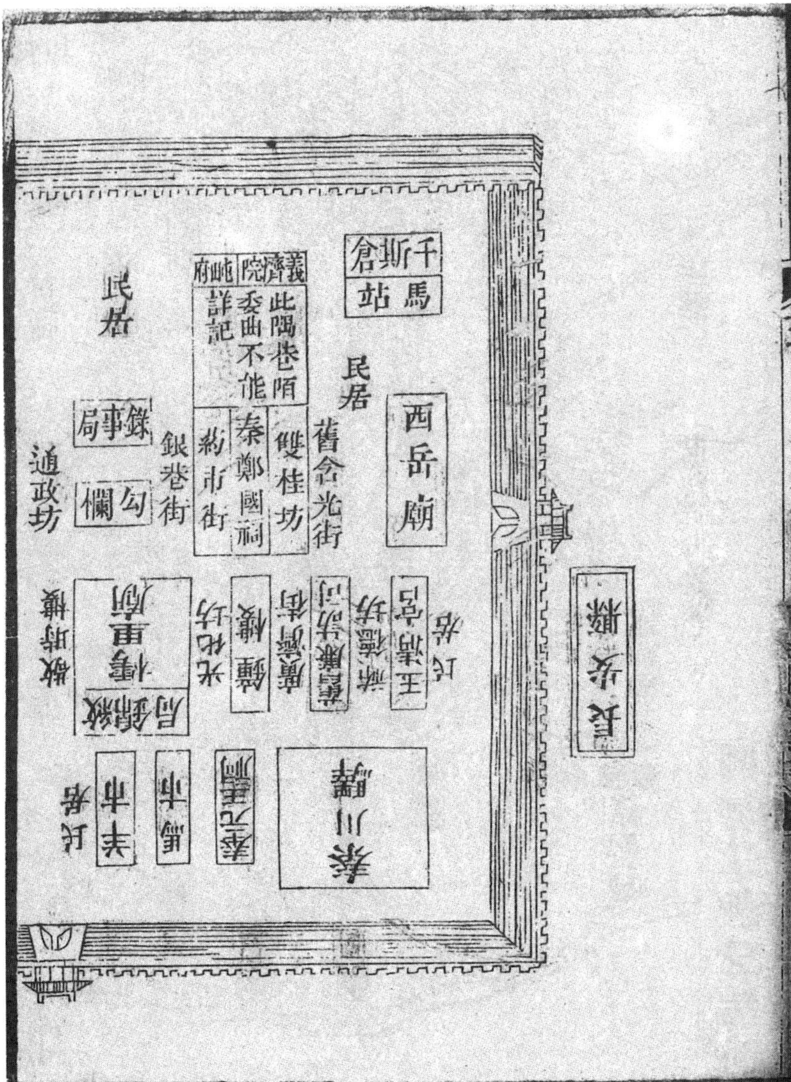
千斯倉
馬站
義濟院
民居
此隔巷陌委曲不能詳記
民居
西岳廟
雙桂坊
銀巷街
錄事局
勾欄
通政坊
長安縣
秦川驛
鐘樓
光化坊
羊市
馬市
民居

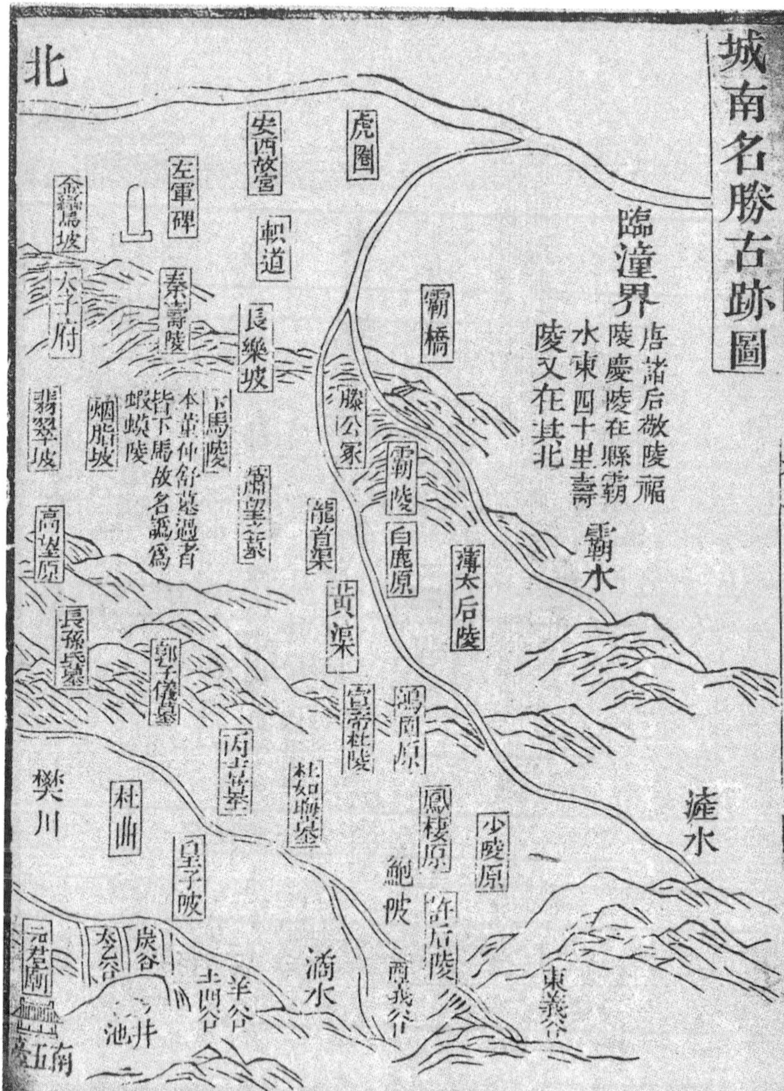
城南名勝古跡圖
北
虎圈
安西故宫
左軍碑
軹道
太子府
秦壽陵
長樂坡
霸橋
臨潼界
霸水
滕公冢
霸陵
白鹿原
薄太后陵
翡翠坡
胭脂坡
下馬陵
本董仲舒墓過者皆下馬故名訛爲蝦蟆陵
龍首渠
黄渠
高望原
長孫氏墓
郭子儀墓
宣帝杜陵
鴻固原
滻水
丙吉墓
杜如晦墓
鳳棲原
少陵原
樊川
杜曲
皇子陂
許后陵
鮑陂
潏水
炭谷
石鼈谷
羊谷
池井
西義谷
東義谷
南五臺

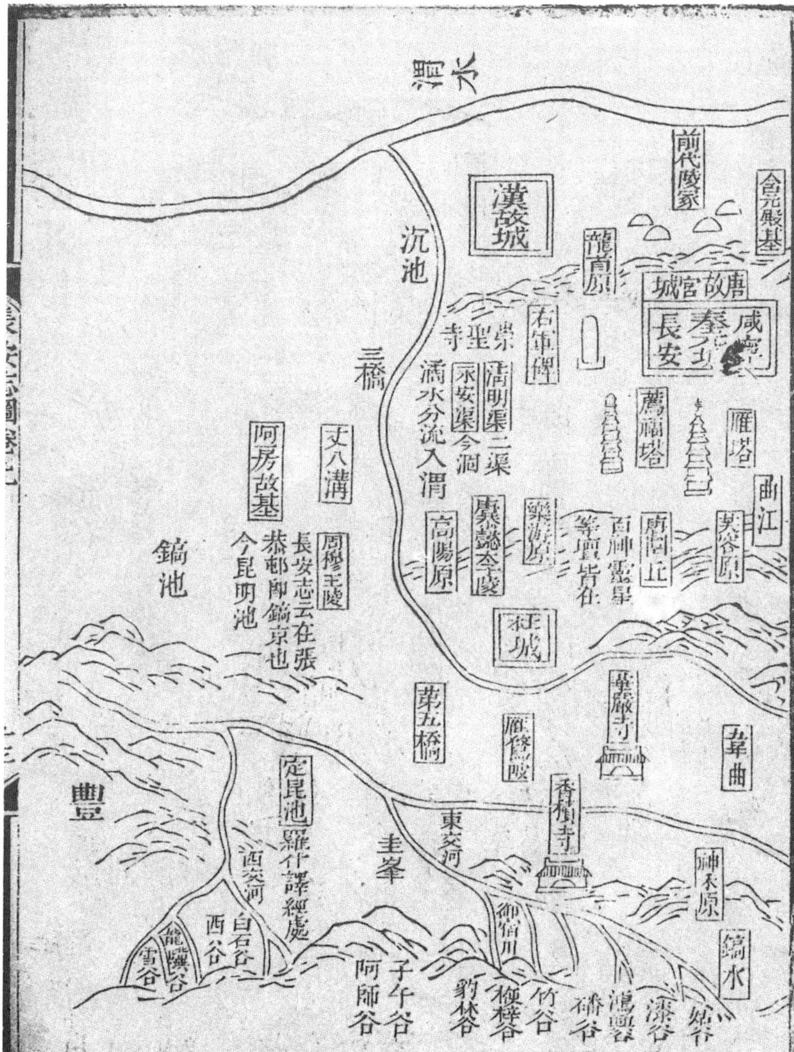

渭水
前代陵冢
含元殿基
漢故城
沉池
龍首原
唐故宮城
長安
右軍碑
崇聖寺
清明渠二渠
永安渠今涸
三橋
丈八溝
阿房故基
薦福塔
雁塔
曲江
芙蓉原
樂遊原
高陽原
鎬池
杜城
周穆王陵
今昆明池
華嚴寺
韋曲
香積寺
定昆池
羅什譯經處
圭峯
豐
神禾原
鎬水
御宿川
白石谷
西谷
子午谷
阿師谷
竹谷
雪谷

唐驪山宮圖上

南
逍遙莊
清虛原
老君殿
山城門
丹霞泉
連理木
荔枝園
隆聖觀
老母殿
白鹿觀
八角井
虢國莊
朝元閣
望京樓
鐘樓
羯鼓樓
翠陰亭
飛橋
飛閣
飛泉
明珠殿
集靈臺
唐昌觀
西繡嶺
幽棲谷
石屏嶺
儒堂
坑儒谷
長生殿
王母殿
金沙洞

巫山神
石婆父
露臺祠
黃龍城
蟠蛇墓
天華宮
走馬嶺
紅樓
石甕寺
項橐墓
扁鵲墓
三皇墓
金斧山
石塔泉
孔雀松
觀音堂
蕭何墓
要冢
女冢
十三賢廟
王母祠
東繡嶺
芝蘭谷
玉蕊峰
李真人菴
繚墻

唐驪山宮圖中

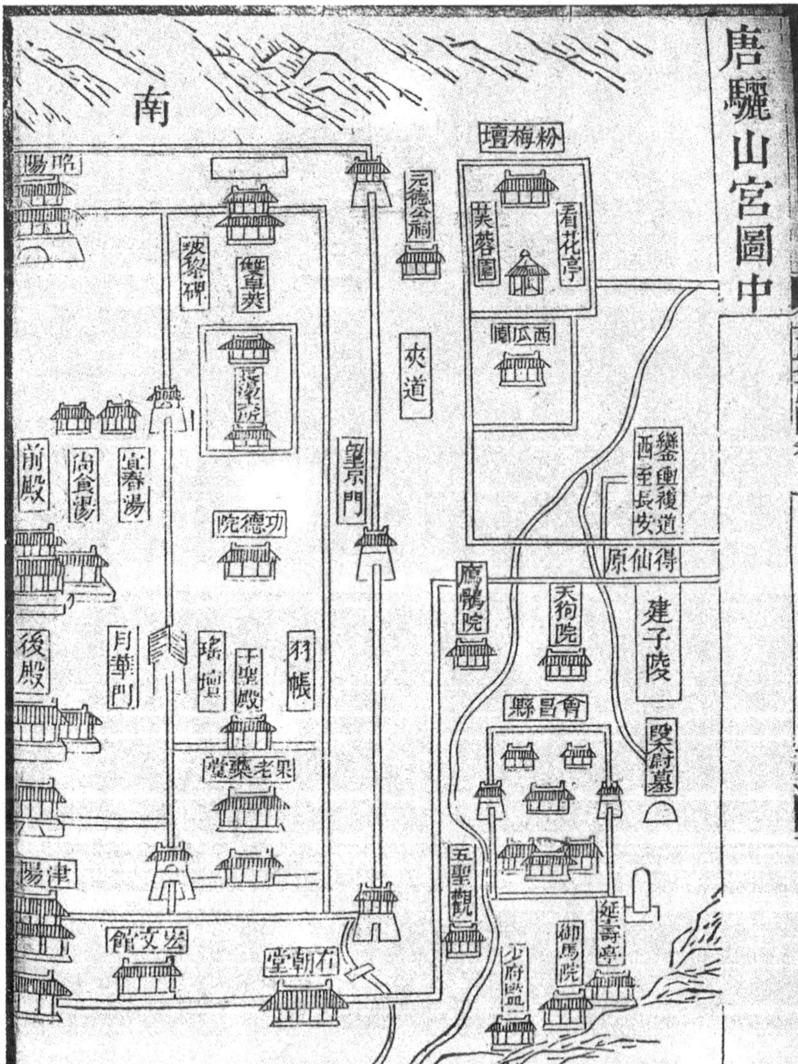
南
粉梅壇
看花亭
芙蓉園
西瓜園
元德公祠
夾道
望京門
鑾輿複道西至長安
得仙原
建子陵
天狗院
鷹鷂院
會昌縣
尉遲公墓
五聖觀
延壽亭
御馬院
少府監
石朝堂
弘文館
津陽
功德院
果老藥堂
羽帳
千聖殿
瑤壇
月華門
前殿
後殿
尚食湯
宜春湯
觀風樓
昭陽

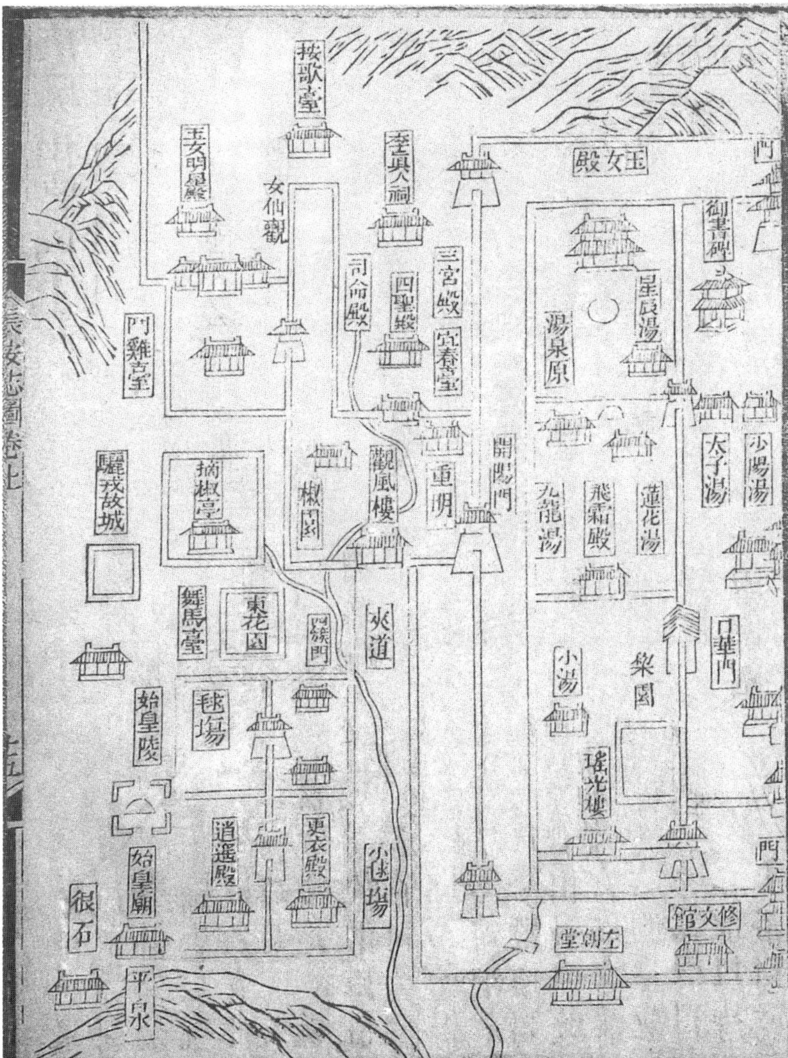

按歌臺
玉女明星殿
女仙觀
李真人祠
司命殿
四聖殿
三宮殿
宜春亭
玉女殿
御書碑
星辰湯
湯泉原
門雞臺
驪戎故城
摘椒亭
椒園
觀風樓
重明
開陽門
九龍湯
飛霜殿
蓮花湯
太子湯
少陽湯
東花園
舞馬臺
四旗門
夾道
小湯
梨園
日華門
始皇陵
毬場
瑤光樓
逍遙殿
更衣殿
小毬場
始皇廟
很石
修文館
左朝堂

唐驪山宮圖下

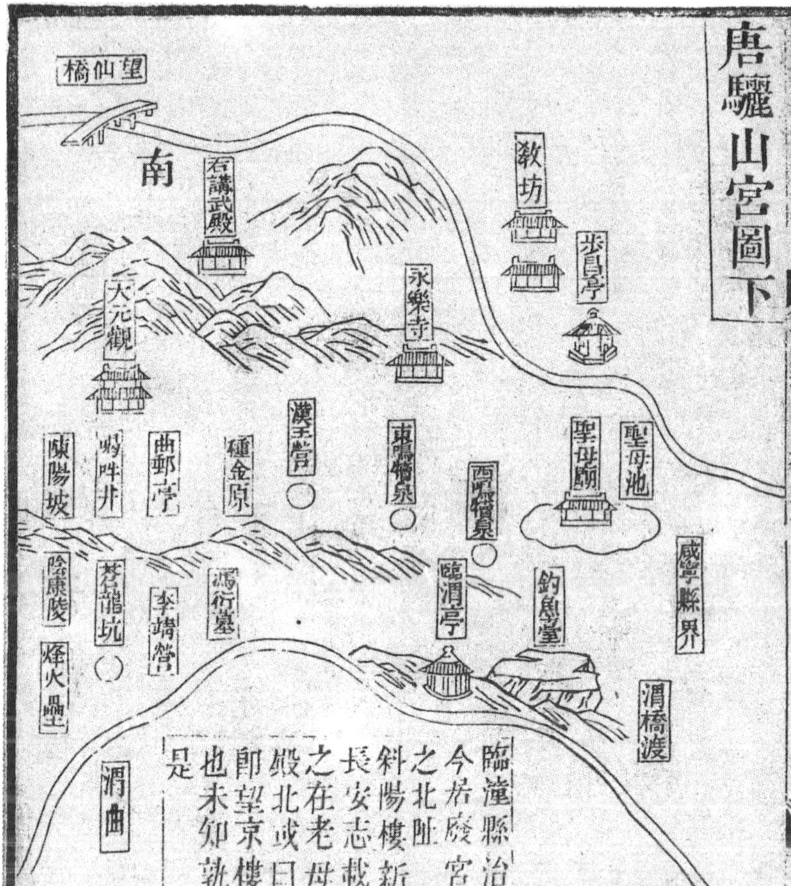

驪山温泉自秦漢周隋相繼崇飾唐貞觀中始營御湯天寶六載築羅城於湯所置百司公卿邸第治湯爲池增起臺殿環列山谷因改宮爲華清宮明皇歲幸焉殿曰九龍以待上浴曰麗

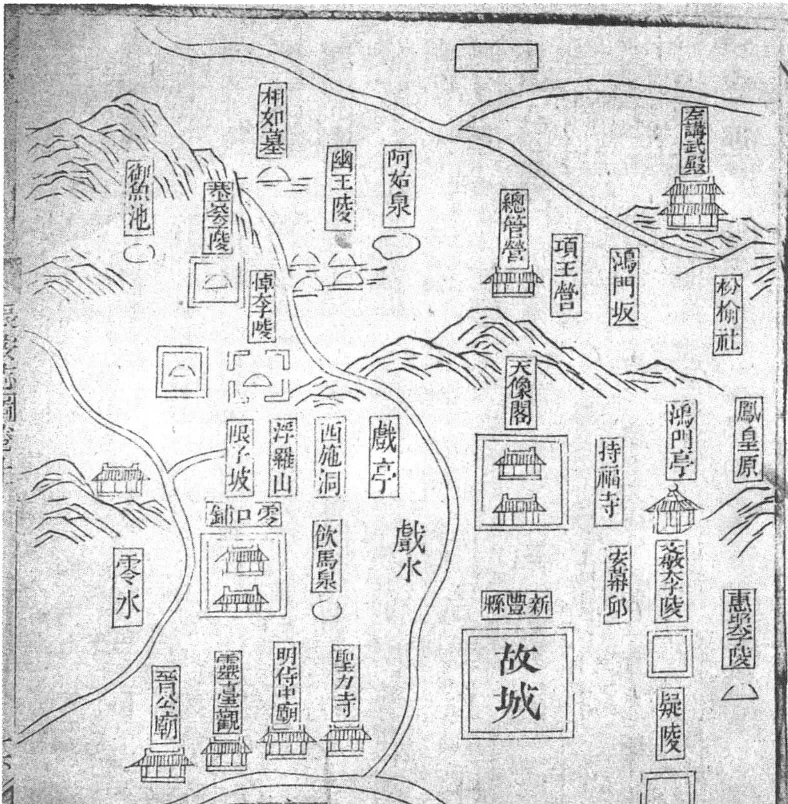

霸以奉御寢日長生以備齋祀其宅樓觀殿閣不可勝紀祿山之亂天子遊幸益鮮唐末遂廢晋天福中改曰靈泉観以賜道士元祐三年中秋日武功游師雄景叔題石刻在臨潼

校勘記：

〔一〕同編校證　原作「同校正」，據成化本改。

〔二〕内苑附　三字原闕，據内文補。

〔三〕東内苑附　四字原闕，據四庫本及内文補。

〔四〕唐宫城圖　「城」字原闕，據四庫本及内文補。

〔五〕唐城市制度　五字下原有「圖」字，據成化本删。

〔六〕龍首川，通鑑作龍首山　案成化、四庫本俱無此注，嘉靖本有而附綴於此條文末。

〔七〕城門　「城」字原闕，據成化、嘉靖、四庫諸本補。

〔八〕開皇二年　原作「開皇三年」，據隋書高祖紀，開皇二年六月下詔營建新都，開皇三年三月遷入大興城，故此處「三年」應爲「二年」之譌。

〔九〕各三門　「三」原作「二」，據長安志卷七改。

〔一〇〕縱十一街　原作「十二街」，據上文唐外郭城「直十一街」改。

〔一一〕皇城　原作「許城」，據四庫本改。

〔一二〕西外郭無　「無」原作「廡」，四庫本作「在東外郭廡」，應屬四庫館臣臆改，成化本作「西外郭無」，蓋指夾城僅見於東外郭墻，而西外郭未當修築，今從之。

〔一三〕六龍　原作「云龍」，據四庫本改。

〔一四〕南北皆一十三坊　原作「南北街一十四坊」，據長安志卷七改。

〔一五〕釃爲　原作「灑爲」，據成化、四庫本改。

〔一六〕民居　原作「門居」，據成化、嘉靖，四庫諸本改。

〔一七〕考正　原作「考證」，據吕大防長安圖殘石改。

〔一八〕吕大防　原作「吕大坊」，據四庫本改。

〔一九〕按視　原作「桉視」，據成化、四庫本改。

〔二〇〕邠州　原作「并州」，據吕大防長安圖殘石改。

〔二一〕觀察支使　原作「觀察友使」，據吕大防長安圖殘石改。

〔二二〕東、西　「西」字原闕，據成化、嘉靖、四庫本補。

〔二三〕一十三年　原作「一十五年」，據成化、嘉靖，四庫本改。

長安志圖卷中

目録卷中

沅案：此書昭、建二陵圖，即用游師雄昭陵石刻圖分爲三耳。師雄石刻在今醴泉，然所載陪葬名位，以蜀王愔爲王愔、吴黑闥爲劉黑闥、閻立德爲閻立本、牛進達爲申進達、仇懷吉見萬年宫銘碑陰題字。爲仇懷古、公孫武達爲孫武達之屬，似目不睹史傳人所書。師雄既謬于前，此又承而不改，何其陋也。今仍其舊而駁正焉。

咸陽古跡圖

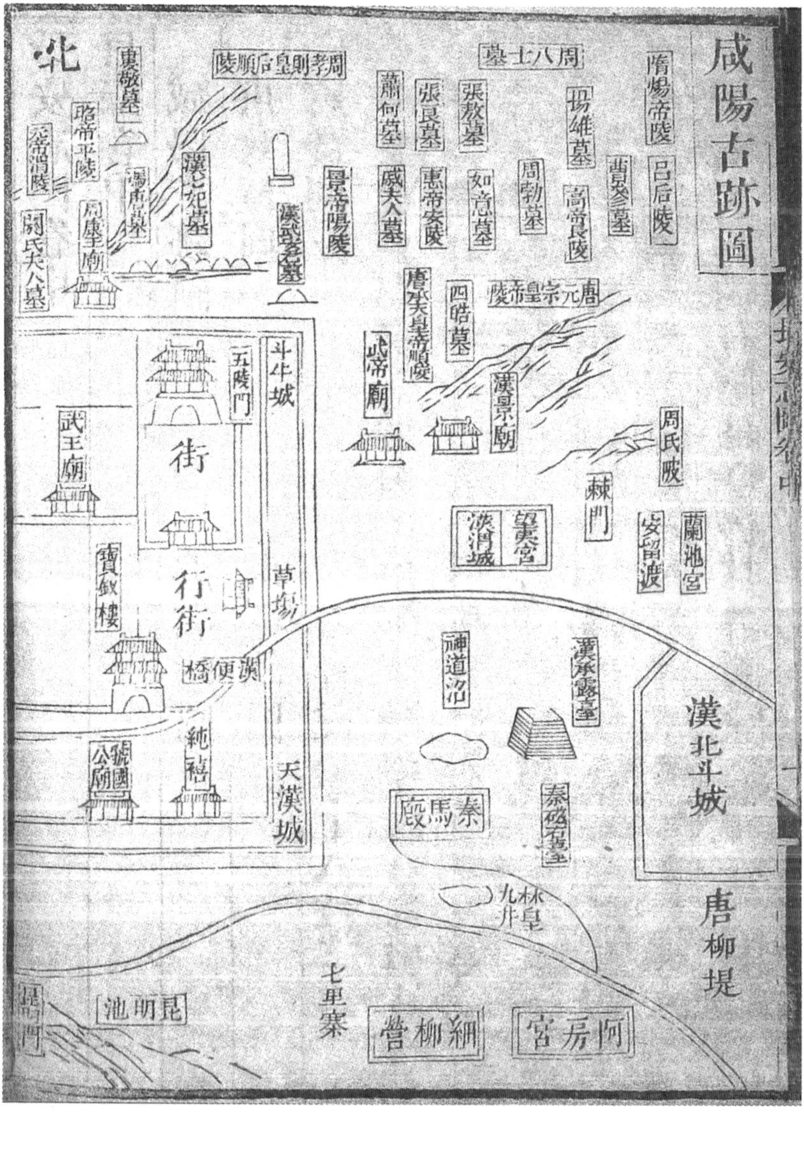

北
隋煬帝陵
呂后陵
周八士墓
張敖墓
張良墓
蕭何墓
周孝則皇后順陵
昭帝平陵
惠帝安陵
如意墓
周勃墓
高帝長陵
曹參墓
戚夫人墓
景帝陽陵
四皓墓
唐元宗皇帝陵
漢景廟
武帝廟
周氏陂
棘門
蘭池宮
安留渡
漢渭城
斗牛城
五陵門
武王廟
街
行街
寶釵樓
草場
漢便橋
純禧
虢國公廟
天漢城
神道沼
漢承露臺
漢北斗城
秦馬廄
唐柳堤
七里寨
細柳營
阿房宮
昆明池

周公墓
太公墓
武王陵
畢原
文王陵
成王陵
成帝延陵
介子推廟墓
案子推晉人死於
縣山于此有墓
非也當是漢傳
介子之墓
哀帝義陵
平帝康陵
霍光墓
丁蘭墓
衛青墓
武帝陵
李夫人墓亦名
習仙臺
渭南城在西一
里
洪瀆原
龍淵廟
魏店塢
成王廟
顯聖廟
望賢門
城隍廟
縣學
大雲寺
河伯廟
興國寺
短陰原
秦川驛
咸陽縣
渭河渡
咸陽縣門
清渭樓
靈臺
文王廟
灃水
西渭渡
細柳倉
武都
文都

唐昭陵圖上

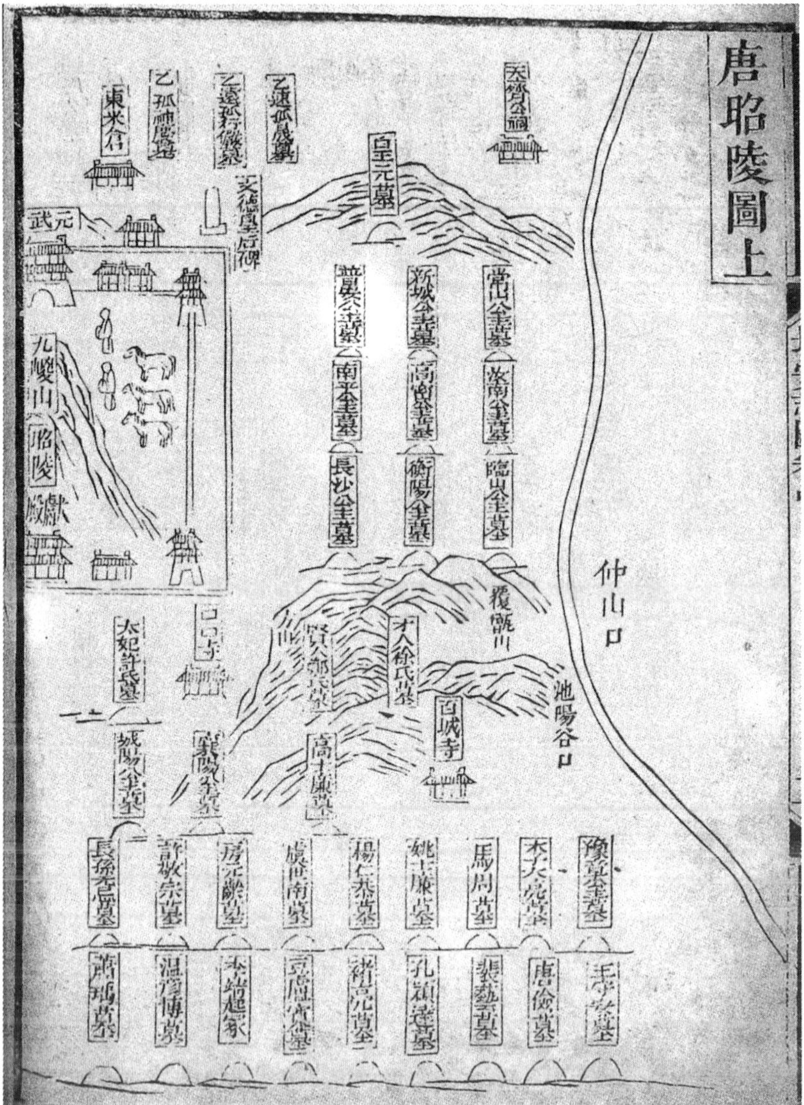
仲山口
池陽谷口
百城寺
覆甑川
九嵕山
昭陵
常山公主墓
新城公主墓
南平公主墓
長沙公主墓
衡陽公主墓
臨川公主墓
城陽公主墓
襄陽公主墓
高士廉墓
才人徐氏墓
馬周墓
許敬宗墓
虞世南墓
孔穎達墓
唐儉墓
溫彥博墓
文德皇后碑
乙速孤晟墓
乙速孤行儼墓

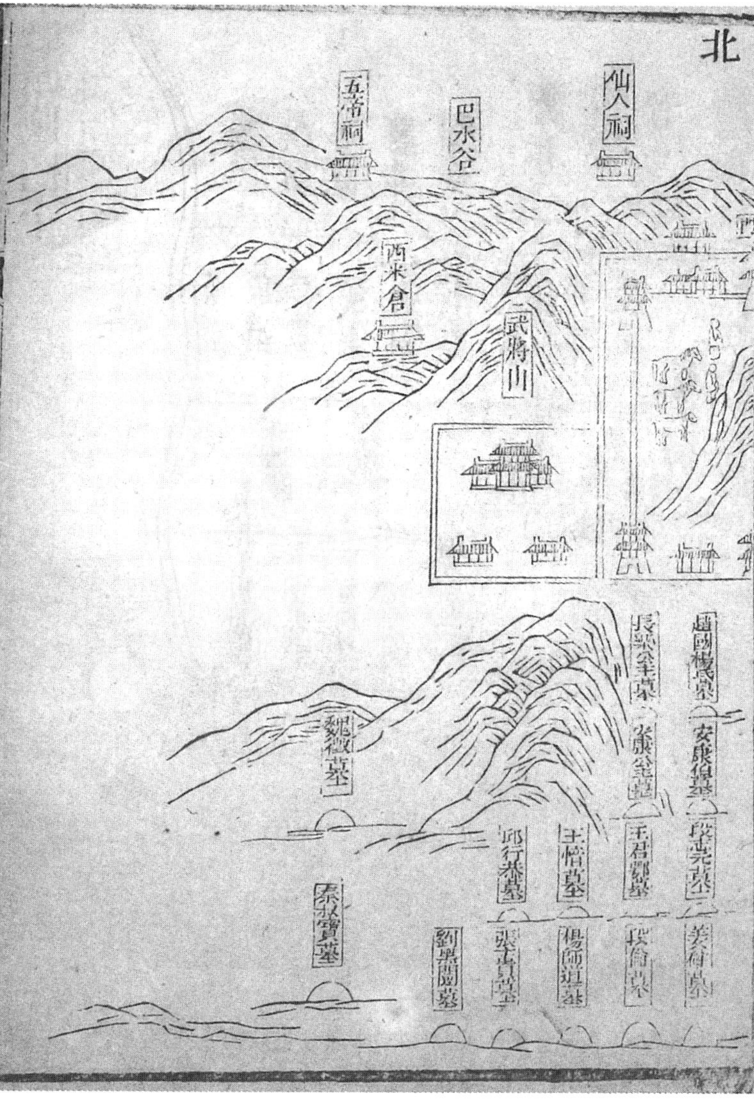
北
仙人祠
巴水谷
五帝祠
西米倉
武將山
魏徵墓
安康伯墓
楊師道墓
張士貴墓
秦叔寶墓

唐昭陵圖下

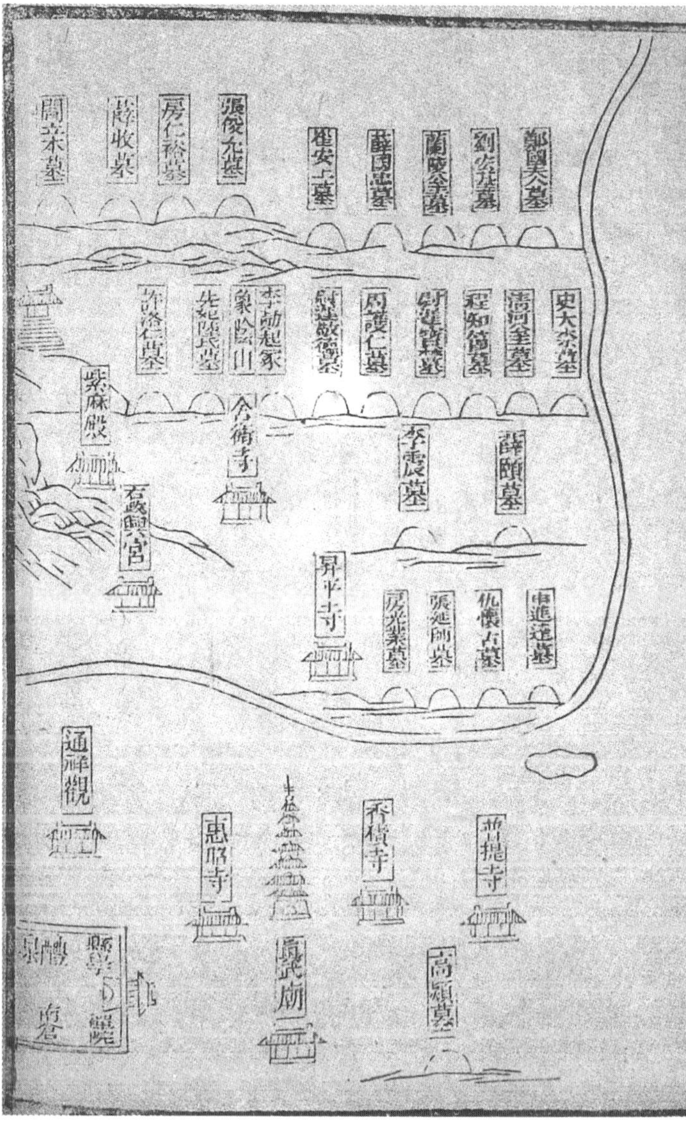

鄭國夫人墓
蘭陵公主墓
崔安上墓
房仁裕墓
薛收墓
史大柰墓
清河公主墓
程知節墓
李勣起冢
象陰山
許洛仁墓
李震墓
薛頤墓
昇平寺
仇懷古墓
張延師墓
通禪觀
惠昭寺
香積寺
菩提寺

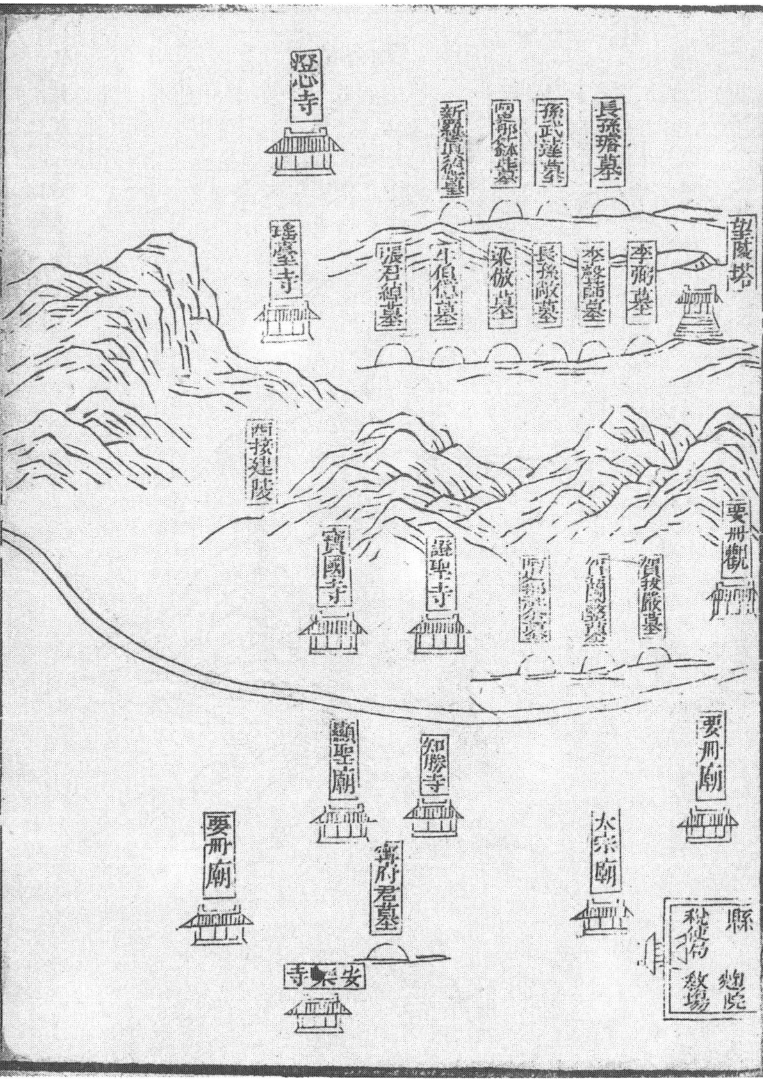
瑤臺寺
寶國寺
要冊觀
要冊廟
知勝寺
顯聖廟
要冊廟
太宗廟

唐肅宗建陵圖

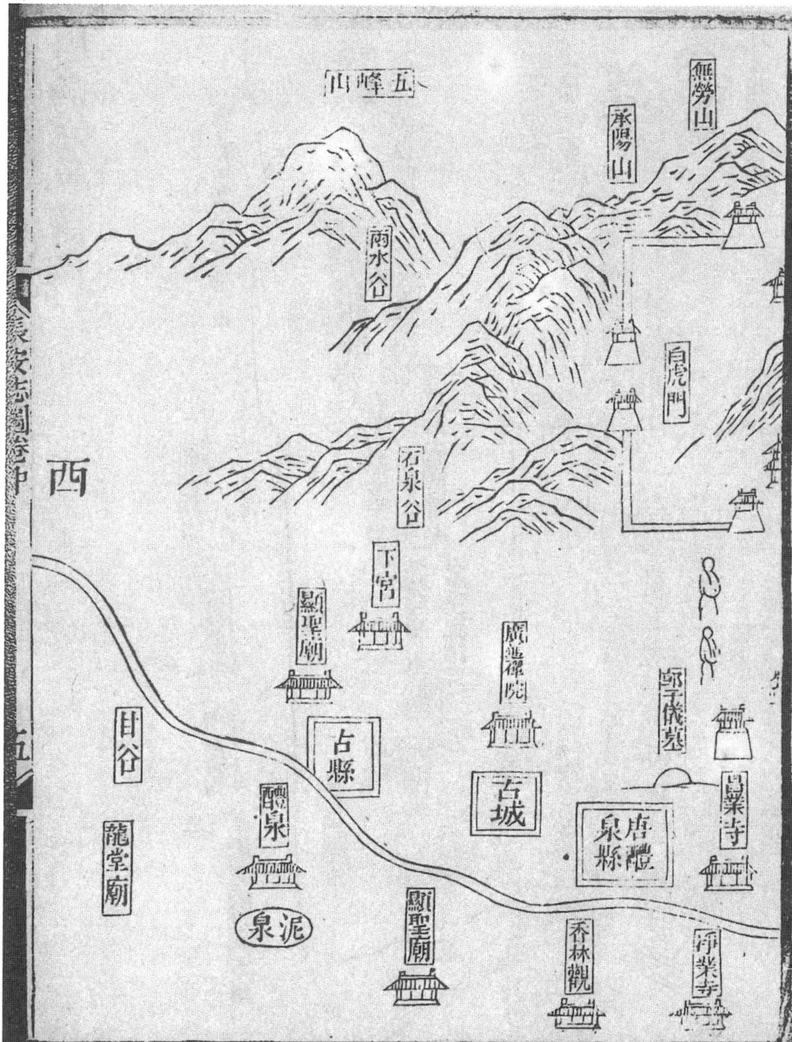
五峰山
無勞山
承陽山
兩水谷
白虎門
石泉谷
西
下宮
顯聖廟
廣惠禪院
郭子儀墓
甘谷
古縣
古城
唐醴泉縣
醴泉
龍堂廟
泥泉
顯聖廟
香林觀
淨業寺

唐高宗乾陵圖

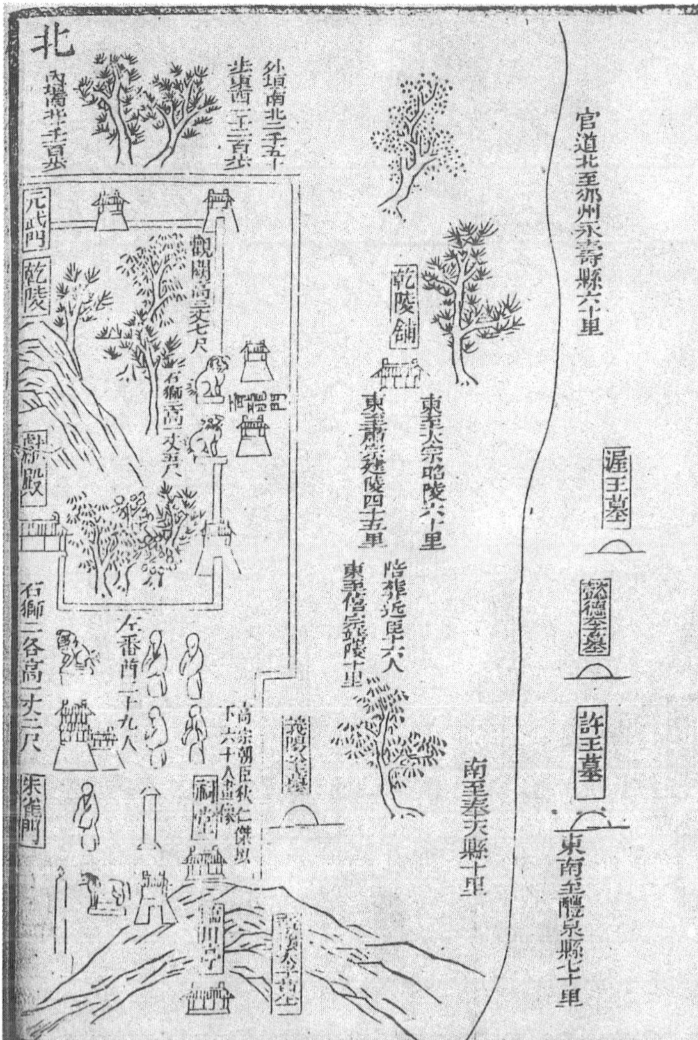
北
官道北至邠州永壽縣六十里
遲王墓
許王墓
東南至醴泉縣七十里
乾陵鋪
東至太宗昭陵六十里
東至肅宗建陵四十五里
陪葬近臣十六人
南至奉天縣十里
元武門
乾陵
觀闕高三丈七尺
獻殿
石獅二各高一丈二尺
朱雀門
祠堂

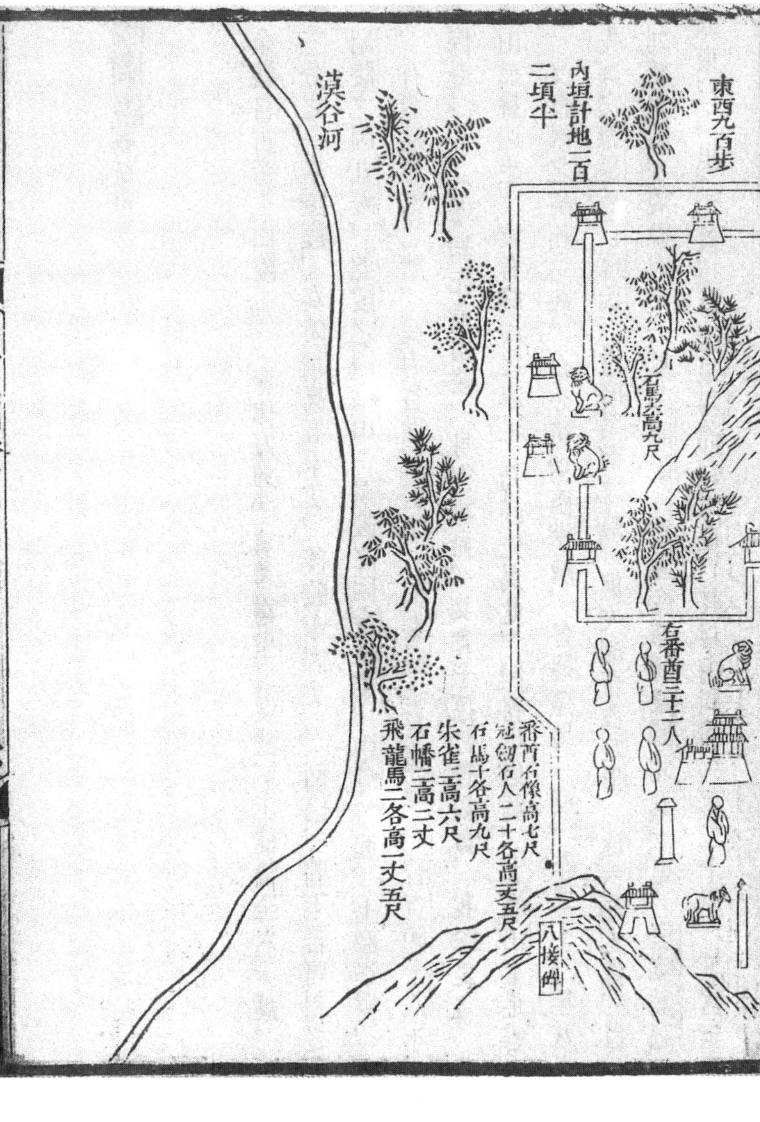
東西九百步
內垣計地二百二頃半
漠谷河
石馬六高九尺
石番酋六十二人
番酋石像高七尺
冠劍石人二十各高一丈五尺
石馬十各高九尺
朱雀二高六尺
石幡二高二丈
飛龍馬二各高一丈五尺
入接門

昭陵圖説諸陵附

余觀自古帝王山陵〔五〕，奢侈厚葬，莫若秦皇、漢武，工徒役至六十萬，天下稅賦三分之一奉陵寢，秦陵纔高五十丈，茂陵十四丈〔六〕而已，固不若唐制之因山也。昭陵之因九嵕，乾陵之因梁山，泰陵之因金粟堆，中峰特起，上摩煙霄，岡阜環抱，有龍蟠鳳翥之狀，民力省而形勢雄，何秦漢之足道哉！昔貞觀十八年，太宗語侍臣曰：「漢家先造山陵，身復親見，又省子孫經營煩費，我深是之。我看九嵕山孤聳迴絶，實有終焉之志。」乃詔先爲此，制務從儉約，九嵕山上足容一棺而已。又慕漢之將相陪葬，自今後功臣密戚，各賜塋地一所。至二十三年八月畢工，先葬文德皇后長孫氏。當時陪葬之盛，與夫刻蕃酋之形，琢六駿之像，以旌武功，列於北闕，規模宏大，莫若昭陵。按陵今在醴泉縣北五十里。唐陵園記云：「在縣東三十里。」蓋指舊醴泉縣而言之也。其封内周回一百二十里。下宮至陵十八里，今已廢毁。陪葬諸臣碑刻，十亡八九。悲夫，因語邑官，命刊圖於太宗廟，以廣其傳焉。紹聖元年端午日，武功游師雄景叔題。沅案：石在醴泉，末有云：「縣尉張勺、主簿李革、右宣德郎知醴泉縣事傳宿立石。」

陪葬諸臣一百六十五人。○諸王，蜀王愔已下七人。○公主，清河公主已下二十一人。○妃嬪，越國太妃燕氏已下八人。○宰相，李勣已下一十三人。○丞郎，三品户部尚書唐儉已下五十三人。○功臣，大將軍尉遲敬德已下六十四人。○内蕃將，阿史那忠等九人。○諸蕃君長，貞觀中擒伏歸和者，琢石肖形狀而刻其官名凡十四人。沅案：會要云：「上欲闡揚先帝徽烈，乃令匠人琢石寫諸蕃君長十四人，列於昭陵司馬門内。」金石録云：「諸降將名字，乃仲容書耳。」突厥頡利可汗左衛大將軍阿史那咄苾。○突厥利可汗左衛大將軍阿史那什鉢苾。○突厥乙泠泥孰俟利苾可汗。○右武衛大將軍阿史那禰爾○薛延陁真珠毗伽可汗。○吐蕃贊普。○新羅樂浪郡王金真德。○吐谷渾河源郡王烏地拔勒豆可汗慕容諾曷鉢。○龜兹王訶黎布失布失畢。○于闐信。○焉耆王龍突騎支〔七〕。○高昌王右武衛將軍麴智勇。○林邑王范頭利。○婆羅門帝那伏帝國王阿那順。沅案：今游師雄石刻列名十二人，誤合利苾可汗及阿史那彌射爲一人，又合真珠毗伽可汗及吐蕃贊普爲一人，又合訶黎失布失畢及于闐信爲一人。誤分吐谷渾河源郡王烏地拔勒豆可汗慕容諾曷鉢爲二人，孫明經星衍撰醴泉縣志，嘗據史考證其失，今亦分爲十四，不盡依碑字也。所乘六駿，刻石於北闕之下。一曰青騅。平竇建德時乘。贊曰：「足輕電影，神發天機。策兹飛練，定我戎衣。」二曰什伐赤。平王世充、竇建德時乘。贊曰：「瀍澗求静，斧鉞申威。朱汗騁足，青旌凱歸。」有中四箭處。三曰特勒驃。平宋金剛時乘。贊曰：「應策騰空，承聲半漢，入險摧敵，乘危濟難。」四曰颯露紫。平東都時乘。贊曰：「紫鷰超躍，骨騰神殿。氣讋三川，威陵八陣。」五曰拳毛騧。平劉黑闥時乘。有石真容自拔箭處。贊曰：「月精按轡，天駟横行。弧矢載戢，氛埃廓清。」有中九箭處。六曰白蹄烏。平薛仁杲時乘。贊曰：「倚天長劍，追風駿足。聳轡平隴，回鞭定蜀。」沅案：金石録云皆歐陽詢八分書，世或以爲殷仲容書，非是。

肅宗建陵陪葬功臣尚父汾陽王郭子儀一人。

高宗乾陵。在奉天縣。宋元祐中計使游公圖而刻之，防禦推官趙楷爲之記曰：「乾陵之葬，諸蕃之來助者何其衆也。武后曾不知太宗之餘威遺烈，乃欲張大，誇示來世。於是録其酋長六十一人，各肖其形，鑱之琬琰，庶使後人皆可得而知之。」

石人背刻各人姓名，歲久漫滅。近得游公所刻四碑而亡其一。每碑十六人，各寫其衣冠形迹及其名爵，其不知者闕之。今録可知及有闕字者凡三十九人於左。

左一碑。左二碑。十人。　故左威衛大將軍兼金徽都督僕固乞突。　左威衛將軍□□都督鼠□施處毒勤德。　右領軍將軍兼于泉都督泥□□。　小阿悉吉度悉波。　故左衛大將軍兼燕□大都督葛塞匐。　故右威衛將軍兼潔山〔八〕都督突騎施傍靳。　故右衛將軍兼頡利都督拔蜜幹藍羨。　故左武衛將軍兼雙可□□□□舍提欲護斯。　故左威衛大將軍兼延匐都督處木昆屈律啜阿史那盎路。　故右金吾衛將軍兼俱□都督闕傍汗阿悉首那靳〔九〕大首領可汗頡利發。　右一碑。十三人〔一〇〕。　故大可汗驃騎大將軍行左衛大將軍崐陵都護阿史那彌則一〔一一〕。　故右驍衛大將軍兼龜兹都督龜兹王白素稽。　故右武衛將軍兼□□□龜兹□白回地羅徽〔一二〕。　疏勤王裴夷健密施。　康□□泥涅師師十姓可汗阿史那斛瑟羅。　吐渾青□□駙馬都尉慕容諾曷鉢。　右驍衛大將軍兼波斯都督波斯王卑路斯。　十姓可汗阿史那元慶。　吐渾樂□徒耶鉢　于闐王尉遲璥〔一三〕　吐火□□子持勒羯達健　右二碑。

十六人〔一四〕。石□□子石忽那。故左武衛大將軍□□十姓衛官大首領吐屯纈利發。波斯大首領南昧。木俱罕□□斯陁勒。左威衛大將軍兼堅昆都督結䝤䴉匐㢘莫賀咄。吐蕃使夫論悉曩然。吐火羅葉護咄伽。十姓大首領鹽風□都督阿史那忠節。右金吾衛大將軍兼泃本都督五姓吶㪍葉護昆職。默啜使移力貪开達干。播仙城□河伏帝延。吐蕃大酋長贊婆。默啜使葛暹嗔達干。龜茲大首領那利自阿力。碎葉州刺史安車鼻施。狄仁杰以下六十人畫像姓名，今皆不存〔一五〕。其見于奉天縣丞趙楷〔一六〕繪像記者才二十九人焉。楷之記文多，不盡載，撮其大旨，略曰：「唐之諸帝，功烈如太宗、明皇者，可謂盛矣，宜其丘隴完固，及於無窮。今兵火之餘，荒墟壞皿，瓦礫僅存，理亦宜也。獨高宗、武后之陵，崇丘磅礴，上詣青冥，雙闕聳峙，丹口猶在，是豈造物者有以扶護而致然耶？抑亦窮匱國力，深規厚圖使人未易窺耶？轉運游公一日按部〔一七〕過乾陵，慨然興嘆，乃録高宗、天后時朝臣六十人，重圖於陵所。其間忠良骨鯁、高才俊逸，如張説、蘇頲、狄仁杰、婁師德、劉仁軌、唐休、宋璟、李嶠、賀知章、馬周、李昭德、王綝、張仁願、崔神慶、李務光、張柬之、魏元忠、陸元方、李懷遠、畢誠、杜景佺，皆一代善士，固當紀者。若夫武三思、韋巨源、崔湜、武承嗣、蘇味道、封德彝之輩，回邪險佞，負國自謀，而皆繪形于壁，鑱記于石。丹青可渝，而善惡之迹不可變；珉石可磨，而勸戒之意不可泯。則斯名也，其與天地同於不朽哉！」楷之記在元祐七年六月吉日。唐之諸陵，各有陪葬，見於志者此不具録，其諸帝之陵在乾陵之東者，僖宗靖陵也；在三原者，高祖獻陵也，敬宗莊陵也，武宗端陵也；在雲陽者，德宗崇陵也，宣宗貞陵也；在富平者，中宗定陵也，代宗元陵也，順宗豐陵也，文宗章陵也，懿宗簡陵也；在蒲城者，睿宗橋陵也，玄宗泰陵也，憲宗景陵也，穆宗光陵也。

圖志雜説

龍首山。古志曰：「山長六十里，頭入渭水，尾達樊川，頭高二十丈，尾漸下，可六七丈。」又曰：「漢取山土爲城，山之餘尾，在城西南數里乃盡。」今按城南鼎門之西，南北附城有土嶺，可二三百步，望之隱然如城，俗名之曰土蛇嶺，此即山之餘土也。又漢臺殿城闕，皆栽山土〔一八〕爲之，是以高大，數千年不圮，復見於西京賦曰「跪龍首以抗殿」是也。山之餘尾，城南皆已湮平，坡陀互出，俱在唐大安宮西，東西横亘，迤邐而去。今大安宮城及内苑後墻、含元殿臺一帶，俱在山上，下去平地可六七丈，南望城市，俯而視焉。原自含元以東，其地漸平，不見垠堮。一日登秦冢，望之隱然而東，直際滻水，與白鹿諸原映帶南去。又自長樂坡下，其岡中斷，道出其間，其西廓然，率多塹掘。問之，人云安西築邸時取其土也。

北斗城。三輔舊事及周地圖曰：「長安城南爲南斗形，北爲北斗形。」今觀城形，信然。然漢志及班、張二賦皆無此説，予嘗以事理考之，恐非有意爲也。蓋長樂、未央，酇侯所作，皆據岡阜之勢，周二十餘里，宮殿數十餘區。惠帝始築都城，酇侯已没，當時經營必須包二宮在内。今南城及西兩方凸出，正當二宮之地，不得不曲屈以避之也。其西二門以北，渭水自西南〔一九〕而來，其流北拒高原，千古無改，若取東城正方，不惟大寬，又當渭之中流，人有至其北城者，言其委曲迂迴之狀，蓋是順河之勢，不盡類斗之形。以是言之，豈後人偶以近似而目之也歟？嘗賦語。文人之詞，固多張誕，然身未嘗至，目未嘗睹，亦未可輒拒而不信。嘗讀漢人之賦，遂知〔二〇〕西京臺觀之盛，班孟堅曰：「軼雲雨於太半，虹蜺迴帶於棼楣。」又曰：「攀井幹而未半，目眩轉而意迷。」張平子曰：「將乍往而未半，怵悼栗而聳兢。」王子淵曰：「若播岸而臨坑，登木杪以聞泉。」論者以爲皆危悚懼，非王公所宜乘履，誠爲確論。予至長安，親見漢宮故趾，皆因高爲基，突兀峻峙，崒然山出，如未央、神明、井幹之基皆然，望之使人神志不覺森竦，使夫當時樓觀在上，又當如何！由是觀之，則數公之言，未可遽爲張大也。昔蔡九峰不信鳥鼠同穴，後人譏之，予恐不知而論，將使後人而復譏後人也。

小兒原。駱氏志載新說：「唐皇子幼則居内，漸長成，於東内苑爲大宅，於外爲十六王宅。王宅外又置百孫院。王子王孫，勿得出外，鬥鷄走狗、蹴鞠彈射於苑中。龍首原俗號曰小兒原。」或曰今原東有西番浮圖，至元中所建，其下是一古冢。經營之始，塹之爲基，得一石椁，有篆文三，曰：「小兒冢。」意者原名以是。然今亦不知有此名矣。

村名。長安、咸寧二縣，民多以故宫殿門闕名其所居，然訛謬不可盡記。志稱下馬陵訛爲蝦蟆陵，秦壽陵訛爲韓生冢，建章宫訛爲貞女樓，翠華殿訛爲祭酒臺，不特是耳，至以漢城爲陽甲城，霸城門爲萬城門，覆盎門爲紅門，西安門爲黄門，正武殿爲講武殿。城中又有白盎殿〔二二〕，亦不知是何名。然亦有傳襲舊名而圖志不載者，如以宣平門爲玉女門，以其東有玉女山也；以西門爲金天門，亦非野人之語。若此之類，又恐前代舊有是名耳。有人嘗言，於京師一朝官家見一雜書，載陽甲城之説曰：「陽生於子，而天方開甲，始也。漢有天下，是爲一代開天之始，如陽始生，以期福禄於未艾，觀其宫名未央可見。」愚案此説似爲有理，然如其言，則是陽甲之名，漢已有之，何故傳記曾無一言稱之？且陽甲殷王，漢固不當以古帝王之名目其城也。宋次道長安志極爲精博，亦不見取，但言隋遷都，此城遂廢，俗呼曰楊廣城；此説是也。蓋煬帝弑父亡國，民斥其名，政猶時日，曷喪云爾，復何疑乎？其後又轉而爲楊家也。

漢瓦。形制古妙，工極精緻，雖塵壤漬蝕，殘缺漫漶，破之如新。人有得其瓦頭者，皆作古篆，盤屈隱起，以爲華藻。其文有曰「長樂未央」，有曰「長生無極」，有曰「漢并天下」，有曰「儲胥未央」，有曰「萬壽無疆」，有曰「永奉無疆」，亦有作「上林」字者。昔人有於陳倉得秦瓦文曰「羽陽千歲」，羽陽，秦武王宫也。以是知古人製作不苟，雖一瓦甓必有銘識，不特彝鼎爲然耳。又有得瓦作

「楚」字者，亦秦瓦也。秦作六國宫室於咸陽北坂上，意者必用其國號以別之歟？又「未央」字瓦凡離宫故基亦皆有之，今杜陵碎瓦中皆有「未央」、「長樂」等字，亦不知其何故也。

古瓦陽面多作小窩沱，狀如雨點？亦有作繩痕者。予嘗過其鹿臺下，見其敗瓦亦然，乃知秦漢已前，製皆作此，但不知所以製之之意。或曰蓋仰用者以固泥也，說亦有理。又唐瓦有如漆者，蓋是碧瓦歲久而色變也。漢瓦皆素，獨故城中「未央」瓦表裏皆黑，堅如鐵錫，今不多得，其所得者，皆離宫瓦也。由是言之，雖其宫室壯麗，猶爲近古尚質也歟？

長楊。關中人家園圃池沼多植白楊，今九龍池尤多，皆大合抱，長數丈，葉厚[一二]多，風恒如有雨。因憶唐人詩「朝元閣上西風急，都入長楊作雨聲」，正謂此樹，以見故宫悲凉之意也。說者以「長楊」爲漢宫，今宫在盩厔，去驪山百餘里，殊無相涉。且漢以木名宫，如桂宫、棠梨、豫章、五柞者非一，又安知長楊不以是木名耶？

樊川。本樊噲食邑，故名。人云[一三]今其墓在神禾南原上。長安名勝之地，周處士唐人語曰：「城南韋、杜，去天尺五。」可見昔時之盛。今雖殘廢之餘，而終南之神秀，原陸之澶漫，源泉之灌注，草木之葱蒨，近蜀之饒，固自若也。然古人勝游之迹，見於文章篇什者，歷歷可考，變遷以來，蓋有名存而實亡、有有其處而名不可知者。前輩有張茂中同其友爲城南之游，嘗作記以紀之，當時遺迹，猶有存者。今欲訪之，尚能見其仿佛，據可知者，别爲一圖，掇其遺漏，以補其闕。曰杏園者，唐新進士宴游之所，在曲江鴈塔之南，今皆耕爲民田。曰韓莊者，在韋曲之東，退之與孟郊賦詩〔二五〕又並其子讀書之所也。鄭莊又在其東南，鄭十八虔之居也。曰塔坡者，以有浮屠故名，在韋曲西，何將軍之山林也。今其地出美稻，土人謂之「塔坡米」。蓮花洞。在神禾原，即鄭駙馬之居，所謂「主家陰洞」者也。翠微寺，在終南山。又有牛頭寺坡，少陵〔二六〕所謂「青山意不盡，衮衮上牛頭」者也。李抱玉碑，在杜水村〔二七〕，有墳。柳宗元碑，昌黎之文，在少陵原之北。人云陵西有子美故宅。蕭灌墓，在焦村。吐蕃論弓仁墓，在趙村。渾瑊墓，亦在城之西南。餘皆不能備載。噫，高岸爲谷，深谷爲陵，而况區區之宅第丘壟哉！特以古人之名所，仰止不欲遺之故耳。樊川今有華嚴寺，人但謂之華嚴川云。其東十里許，有興教寺，在原半，企望南山，最爲名勝。

杜陵。今在奉元城東南二十五里三趙村。陵在高原之上，即所謂鴻固原也。陵之制正方，詢之居人，每方百二十步，據地六十畝，四面去陵十餘步，皆有觀闕基阯。其東南數十步，又有一陵，形制差小，皇后王氏之陵也。案漢史宣帝后許氏早崩，葬杜陵南園，去杜陵十八里，今在司馬村少陵原上，俗呼曰司馬冢，豈以后未傅陵所葬〔二八〕，遂誤稱耶。又霍后廢，立王倢伃爲后，後爲太皇太后，年七十餘，成帝時崩，合葬杜陵。村東園其陪葬之冢稍大者恐是淮陽憲王等母三倢伃〔二九〕之冢，其小者或貴人以下冢也。何以言之，若群臣祔葬，必不在後宫之列，以是知之。其東陪葬數十家，環拱森列，大小不等。其北里許，亂冢百餘。自是以北，直至城南，東西延亘高原之上，纍纍皆是，但不知其名耳。

前代陵冢。大明宫城北十里許，唐禁苑也。近漢城之東，有大陵十餘，制度雄偉，年代久遠，必古帝王陵也。其西南亂冢尤多，以予觀之，蓋是秦陵。何則？唐之禁苑，非營葬之所，苻、姚、西魏，世代不遠，干戈相仍，恐無此承平之制。

設爲當時帝王之陵，亦不當如此之近。且西魏孝武陵在渭南，文帝及後周文帝陵皆在富平，隋文陵在武功，煬帝陵在畢原，宇文陵在好畤，苻健嘆石安原而有終焉之志，周、漢諸陵皆不在此，獨秦陵不見。今樗里子墓在漢城中，莊襄陵在今城東，以始皇、扶蘇陵又在臨潼，正與此陵俱是一帶，予固以爲秦陵無疑也。其餘叢冢，以駱天驤所載韓信冢在霸城門東三十里新店，則夫漢及苻、姚以降諸臣，或亦有之，不可知也。大抵古人陵冢，圖志雖載其處，然亦不敢必其所指，是亦知之之一道也。

華州亂石。華州東有亂石十里，蔽野橫路，馬閡幾不可行。其大者皆如岡阜而不成山，問之人，云少華山崩也。遂考諸宋史，熙寧五年九月知華州吕大防言：「少華山前阜頭谷山嶺摧陷，其下平地東西五里、南北十里，潰散墳裂，涌起堆阜，各高數丈，陷居民六社，凡數百户〔三〇〕，林木廬舍亦無存者。並山〔三一〕之民言，數年以來，谷上常有雲氣，每遇風雨，即隱隱有聲。是夜初昏，略無風雨，山上忽霧起，有聲漸大，地遂震動，食頃即有此變。」金翰林應奉蘭泉張建有石字坡賦，序云：「坡在華州之東，宋熙寧間阜頭神所移也。皇統己巳春，道過其間，睹而賦之。」今其地有阜頭神廟，壁畫風雷山移之狀。因閲前史，漢獻帝初平四年，華山崩裂，世遠不可推究。唐武后垂拱二年，新豐有山涌出，初六七尺，漸高至三百尺，名曰慶山，今在臨潼東南三十五里，與此事皆在人耳目者，遂表出之。嗚呼！大化旋移，振盪迴薄，神變翕忽，何怪不有？夫以漢之獻帝、唐之武后、宋之神宗而皆有此希聞之大異，則其爲國亦可知矣。」

火餘碑。唐碑，爲巢寇所毁，而尚存者三。其一華山碑，在西嶽廟，剥裂之餘，巉巖峭刻，勢轉奇特，初不類爲碑者。卓立而不仆者，數百年矣。其一華萼樓碑，在九龍池南。其一右軍碑，在城西北。嗚呼！碑之壞，以屋纍也，令其本欲傳遠，區區以屋覆之，其爲計也淺矣！

試官石。在九耀街武安王廟前。横卧街側，色黑而瑩，長四五尺，高二三尺。世傳唐時舉人就試，以釘釘之，卜其中否。今觀石上有釘數十餘，釘頭皆露，亦有半入而上曲者。昔李將軍射石飲羽，蓋偶然爾，此豈偶然者耶？其理殆不可曉。

關中碑刻。自石鼓而下，秦漢以來，所在甚多，而唐碑尤盛。兵火之餘，殘毁無幾，或爲野人賣爲寺觀墳墓之物。風紀亦嘗禁之，然終不能禁也。今文廟有趙明誠金石目録三十卷，而多不載所在。或云又有田氏京兆金石録，亦不復見。唯儒士駱天驤嘗録石刻一編，附其所類志後，自言跋履荆莽，尋訪抄録，垂六十年，終皇甫誕碑今在鳴犢鎮，亦率更所書，字畫尤偉，而不及載，則所遺者多矣。余嘗命魯齋書院刊補駱志闕略，因增續得碑刻於後而未暇也，後之博雅君子，得無有志乎云爾。

圖制。有宋呂公大防所訂，志中時亦引用，觀其布置，大段皆是，然其宮室臺榭門闕委曲之詳，理固不能盡也。近因刻梓，復加比較，見其與志微有不合，或與故迹顯然相戾者，略載一二。唐大安宮。高祖所以處秦王也。志曰「在宮城之西」，今乃在其西北，壞堞宛然，今人猶曰秦王府，圖本所載是也。宮城西偏附城有小城垣，即掖庭宮也，今見其處止可容置一宮，而圖乃以太倉雜處其中，大非所宜，又志亦不曾載。若此之類，必是碑本磨滅，後人不詳，誤附之者。又漢城中有石人、石馬、定心石之類，今皆去之。掖庭東北垣上有一方臺，不知何基，考之於志，恐所謂宮人教藝之所、名衆藝臺者也。注云「舊圖有之，遺跡尚存」，今圖本却無，不敢附入。其顯然相戾者，內苑北偏，半在龍首岡上，今其東乃是城墉，兩頭有二角樓，基跡皆高數丈。其南却是平地，全無係著。其北樓基西有小墻基，折而西去，即内苑之北墻也。其墻約二里許，直一大基，方廣數丈，墻亦自此而絶，其基正當大安宫之東北，以志考之，當是翠華殿基，所謂祭酒臺者是也。不然，是亦一樓基。其西南樓基，歲久湮平，遂使後人疑也。今圖乃以禁苑之毬場誤置在此，其上頂所存城墉樓基，與畫本宫殿全不相合，然竟不曉當時之制果如何也。因記於此，欲使觀者必參志而求之，方見古人全盛之制。

水磨賦。浮休居士之所作也。華州廳壁有石刻，不著姓名，或曰宋張舜民字芸叟，號浮休居士，未詳是否。序曰：浮休既投迹少陵，一日有以水磨求售者，相其地乃古之宜春苑也，今謂之韋曲。自漢、唐已來，諸韋居之，與後周逍遥公曬書臺，唐杜岐公、韓退之舊業，鄭都官之園池鄰里，籬落垠堮皆在。人云李太白嘗居此也。仰終南之雲物，俯潏水之清湍。喬林隱天，修竹蔽日。真天下之奇處，關中之絶景也。暇日聊爲之賦云：「粤自大樸既散，機事滋熾。抱瓮無譏，斲輪改制。脱大車之左轂，障横流之肆置。圭測深淺，審度面勢。覆厦屋之沉沉，釃長溪之沸沸。徒觀夫老稚咸集，麥禾山積。碓臼相直，齒牙相切。碾磨更易，晝夜不息。洶洶浩浩，砰砰砏砏。鼓浪揚浮，交相觸擊。飛屑起濤，雪翻冰析〔三二〕。仰而觀之，何天輪之右旋，覆轑膠戾，蟻行分寸，遲速間隔；俯而察之，何地軸之左行，消息斡運，搘撑挺拔，千匝萬轉，而不差忒。逆而視之，修渠繩直，高岸壁立，沄沄漾漾，滉滉瀁瀁，如砥之平，如練之明，忽然走下，若衆壑之赴禹門也；順而索之，盈科後進，遇險斯止，瀲瀲灩灩，成文布理，汪澄淵默，乃見柔德，力盡而休，功成而退，若君子之善出處也。彼華山三峰之飛瀑，呂梁百步之噴沫，獨有賞心之玩，曾無利物之實。未若斯磨也，不踰尋丈之間，不匱一夫之力，曾無崇朝之久，而可給千人之食。如是則驢馬不用，麥城任堅；農夫力穡，知者圖焉。故君子役其智，小人享其利。真爲一鄉之賴，豈止一家之事。」賈生曰：「水激則悍，矢激則遠。萬物回薄，震蕩相轉。」孔子觀於川流，莊生監於止水。因事會理，是謂道紀。況夫雍爲九州之沃壤，潏乃八水之上游。樊、杜引其吭，豐、鎬匯其尾。壽山禦其表，崇岡固其裏。空淡鳥没，木老天深。凭高四顧，騁望千里。其地產，則動植飛潛充牣，旨美亡所不備。天府取之而不竭，陸海探之而無底。其人物，則有漢唐已來，韋杜二氏，軒冕相望，園池櫛比。逍遥公築臺而曬書，杜君卿鑿山而引水。韓退之之西鄰，鄭都官之北鄙。參以太白，忘機脱屣。雖時代之屢遷，顧風流之末弭。末有一叟，扶杖來止，非夷非惠，不農不仕，或釣或弋，翺翔徙倚，鶴髮鮐背，頽然而已矣。

補遺。昔愍帝建興元年，劉曜攻長安〔三三〕，入外城，焚龍尾，及諸營，還屯逍遥園。四年，曜攻陷長安外城，晋麴允退守小城。今按故城止有大城二重，長安志亦不云有小城，惟載帝王世紀曰漢初置長安城本狹小，惠帝更築廣大，以是而惟恐初置者爲小城，惠帝所築，不是外城，即今故城是也。但歷代變遷，其迹不存耳。不然，豈有王者之都，無外郭耶〔三四〕？又長安城門名多重複，愚恐亦有内城門名，後世不詳，併指爲一城也。何以知之？志書宣平門，注曰：「王莽改曰春王門，民曰東城門，其外郭曰東都門。」西京賦亦曰：「經城洫，營郭郛。」是其一證歟？又所引漢舊儀及郡國志説漢城里數處，必有誤字。龍尾營。退之詩亦曰「終南曉望蹋龍尾」，注曰：「龍尾坡，長安地名。」今案龍首山頭入渭水，其尾則與杜陵諸原相去不遠矣。逍遥園。志載其名，見於姚秦、西魏時，以晋史言前世已有是園，但不言其處。駱天驤謂今圭峰草堂是也。予以「還」字推之，恐當在滻水之東。又志書記都長安者，西漢及晋、苻、姚、魏、周、隋、唐皆有宫闕，然劉曜亦都十年，史稱曜作酇明等宫及壽陵周四里，後依霸陵制度，志則不書。今雖不知其處，覽古者亦當知之。晋愍帝時盗發漢霸、杜二陵及薄太后陵，得金帛甚多。案漢史，文帝治霸陵，皆瓦器，不得以金銀銅錫爲飾，其儉至矣，然猶不免爲盜所禍。夫苟有封樹之迹者，豈信其儉而亡物哉。且所謂得金帛多者，豈景帝不能盡遵文帝之訓？或杜、薄二陵所有，不可知也。唐之諸陵，亦皆遇盜，惟乾陵獨完，豈偶深秘，盜不知之？今其西北有大溝，人謂之黄巢溝，其發時掘也。俗又云乾陵之上，人有游戲慢侮及取其瓦石者，輒有靈響，或别有他咎，往有驗者。夫武氏之威，震赫一時，百世之下，尚能驚動禍福人耶？余既爲秦陵辨矣，因閲史記，具列秦先君葬所。其所名地，有可知者，有不可知者，大概不出秦雍之域也。其可知者，圖志亦不盡載；其不可知者，今所在無名之冢，又安知非是耶？今叙史記所載，以補志之闕，且見余言之不妄云。襄公、文公葬西垂。秦始立國，在岐之西，今隴西之西縣。寧公、出子葬衙。馮翊有衙縣。紀曰〔三五〕：「寧公徙居平陽，葬西山。」注曰：「郿之平陽。」武公葬宣陽聚東南。紀云：「葬雍平陽，初以人從死，死者六十六人。」德公、宣成公葬陽。繆公葬雍。皇覽曰：冢在橐泉宫祈年觀下。從死者百七十七人〔三六〕。」康公葬竘社。共公葬康公南。桓公葬義里丘北。景公葬丘里南。一作僖公。畢公葬車里北。即哀公。夷公葬左宮。惠公葬車里。一云簡公子葬陵園。悼公葬僖公西。城雍。龔公葬入里。一作人里。愚案：里者二十五家之名，今槥里正在長安城中。凡以〔三七〕里名者，恐亦有相近者。躁公葬悼公南。懷公葬櫟圉氏。靈公葬悼公西。簡公葬僖公西。出公葬雍。獻公葬囂圉。孝公葬禹圉。惠文王始都咸陽，葬公陵。悼武王葬永陵。皇覽曰：「秦武王冢在扶風，安陵西北畢陌大冢是也。人以爲周文王冢，非也。周文王冢在杜中。」今案咸陽圖畢有周文王冢。以是考之，則是秦武王冢矣。照襄王葬芷陽。今霸陵也。自酈以西皆芷陽。紀又云宣太后葬芷陽酈山。孝文王葬壽陵。莊襄王葬芷陽。今東門外呼韓生冢者是也。始皇葬酈邑。扶蘇冢亦在焉。二世葬宜春。紀曰「以黔首葬二世杜南宜春苑中。」

秦瓦。御史宋宜之嘗於阿房故基得一古瓦，長二尺許，高廣六七寸，正方，漸殺如斧形，宛然或屋狀，堅厚如白石，隱隱遍作繩痕，其相接處亦有笋，距如今瓦但樸素耳。長安古跡，此類甚多，但不得盡見也。

校勘記：

〔一〕肅宗　二字原闕，據内文補。

〔二〕高宗　二字原闕，據内文補。

〔三〕昭陵　原作唐陵，據内文改。

〔四〕諸陵附　原闕，據内文補。

〔五〕山陵　原本闕此二字，據游師雄唐太宗昭陵圖石碑拓片補。

〔六〕十四丈　原作「四十丈」，據成化、嘉靖，四庫諸本及游師雄唐太宗昭陵圖石碑拓片改。

〔七〕焉耆王龍突騎支　「王龍」字原本互倒，據成化、嘉靖、四庫諸本乙正。

〔八〕潔山　嘉靖本作「頡□」。

〔九〕那靳　嘉靖、四庫本作「那鞠」。

〔一〇〕十三人　案以下諸蕃酋長名爵其相互區隔，諸本不一，此從早出之成化本。此碑僅十一人，與「十三人」之數之符應有舛誤。

〔一一〕則一　四庫本無「一」字。

〔一二〕羅徵　「徵」原作「徽」據成化、嘉靖、四庫本改。

〔一三〕于闐王尉遲琡　原作「子闐三尉琡琡」，據成化、嘉靖、四庫諸本改。

〔一四〕十六人　依成化本，此下僅十五人，與「十六人」之數不符，應有舛誤。

〔一五〕不存　原作「不從」，據成化、嘉靖、四庫諸本改。

〔一六〕趙楷　「楷」原作「藉」，上下文皆作「楷」，今改正。

〔一七〕按部　原作「桉部」，據成化、嘉靖本改。

〔一八〕栽山土　「栽」疑爲「裁」字之譌。四庫本作「取」，疑出自四庫館臣臆改。

〔一九〕自西南　原作「向西南」，據文義經改。

〔二〇〕遂知　成化、嘉靖本無「知字」，四庫本作「遂覺」。

〔二一〕白盎殿　成化、嘉靖，四庫諸本俱作「白麥殿」。

〔二二〕葉厚　原作「葉原」、據成化、嘉靖、四庫諸本改。

〔二三〕人云　原作「又云」，據成化、嘉靖、四庫諸本改。

〔二四〕岐國杜公　「岐」原作「祁」，舊唐書本傳載唐人杜佑受封岐國公，長安城南樊川有佳林亭，卉木幽邃，佑每與公卿讌集其間，張禮遊城南記對此有具體記述，故此「祁國」應爲「岐國」之音，改今改正。

〔二五〕賦詩　原作「賦時」、據四庫本改。

〔二六〕少陵　二字成化、嘉靖、四庫諸本俱無。

〔二七〕杜水村　原作「杜永村」，據成化、嘉靖、四庫諸本改。

〔二八〕后未傅陵所葬　原作「后□博陵所葬」，成化本作「后□傅陵所葬」，畢沅刻本等「博」應爲「傅」字形譌，四庫本作「后葬博陵所葬」，案「傅」作「附」義，此許后陵去宣帝杜陵十八里，故成化及畢沅刻本長安志空闕處應補作「未」字。

〔二九〕三倢伃　原作「王倢伃」，據成化、四庫本改。

〔三〇〕凡數百户　原作「凡數百后」，成化本同。「后」，應爲「户」字形譌，故改。四庫本作「凡數百處」，應是四庫館臣臆改，而義仍不通，不從。

〔三一〕並山　原作「近山」，據成化、嘉靖本改。

〔三二〕冰析　原作「冰折」，據成化、四庫本改。

〔三三〕攻長安　原作「攻陷長安」，據四庫本改。

〔三四〕無外郭耶　「耶」原作「也」，據成化、嘉靖、四庫諸本改。

〔三五〕紀曰　原作「記曰」，案此應指史記秦本紀，故改。

〔三六〕百七十七人　原本上有、「一」字，據成化、嘉靖、四庫諸本删。

〔三七〕凡以　原作「久以」，據嘉靖、四庫本改。

長安志圖卷下

目録卷下

涇渠圖說序〔二〕

古者因井田而通溝洫，勤播殖以盡地力，陂澤之利，其昉於此乎？太史公作史記而書河渠，自時厥後，術智之士，能以水利利民者，代有人焉。關中自秦鄭國疏涇水溉斥鹵，田爲沃野，民賴其饒者二千年。國家因前代故跡，梁石引水，注填閼以糞民疇，廣屯田以助經費，設官分屬，如古郡守刺史，職甚重也。然而日久法禁馳而人弊茲，典守者或不知其所事，積習垢玩，使古人良法美政幾乎熄矣。走年二十餘，從先君宦遊於關中，已知涇溝爲民利害，而未識其詳也。後三十年，遂備員御史，甫至聞前祭酒李公惟中，今爲行御史臺治書御史，每以撫字爲念，嘗刻涇水爲圖，集古今渠堰興壞廢置始末，與其法禁條例，田賦名數，民庶利病，合爲一書，名之曰涇渠圖說。索而讀之，信乎其有裨於治也。嗚呼，其知恤哉！夫居其職而不知其所以爲職，非智也；知其職所當爲而不爲之，非仁也。今也食君之禄、治君之民，邈焉如視越人之肥瘠，而反攘剥之、暴戾之，豈士君子之心哉！因書其端，以諗夫莅事者。至正二年冬十月日奉訓大夫陝西諸道行御史臺監察御史樵隱必申達而序

圖説目録

圖説本長安志圖之下卷也，以其記録頗多，且涇渠利民爲大，故自爲一編，書凡六篇，圖二，今列其目以便觀者。

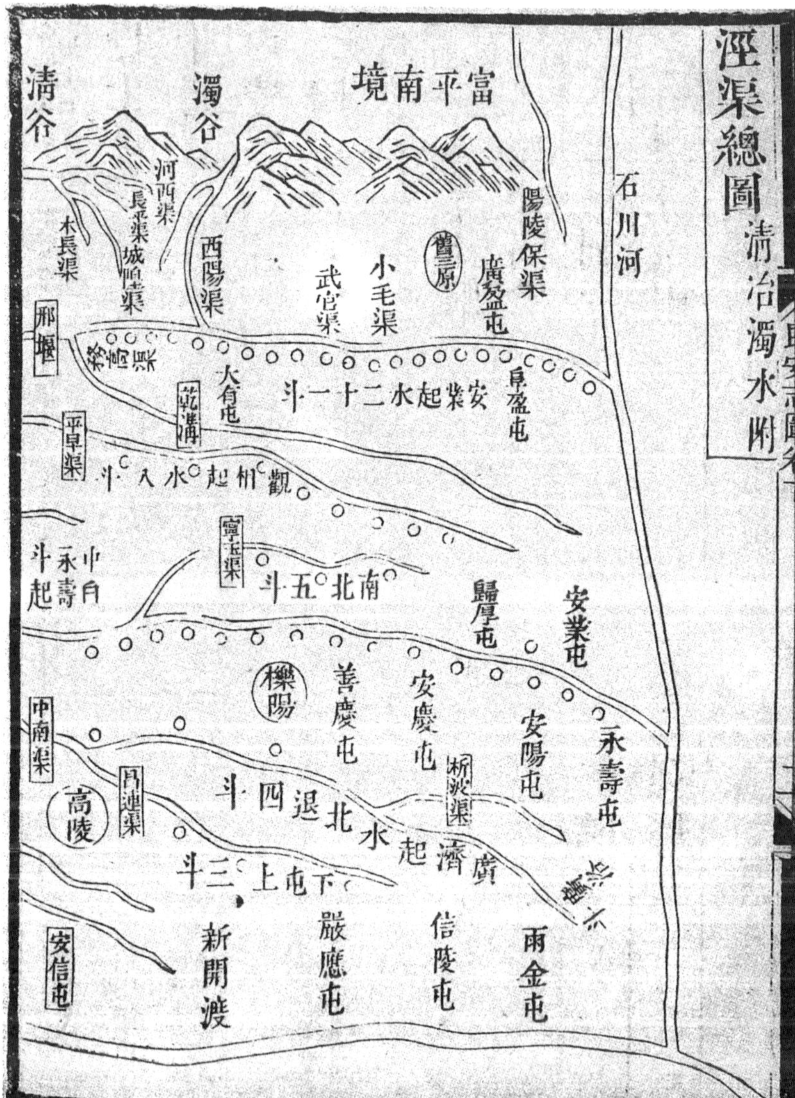
涇渠總圖 清冶濁水附
石川河
富平南境
濁谷
清谷
河西渠
長平渠
城㠀渠
木長渠
西陽渠
陽陵保渠
舊原
廣盈屯
小毛渠
武官渠
邢堰
務高渠
大有屯
乾溝
安業起水二十一斗
阜盈屯
平皐渠
觀州起水入斗
寧玉渠
南北五斗
中白永壽起斗
歸厚屯
安業屯
櫟陽
善慶屯
安慶屯
安陽屯
中南渠
永壽屯
析波渠
高陵
昌連渠
廣濟起水北退四斗
下屯上三斗
安信屯
新開渡
嚴應屯
信陵屯
兩金屯

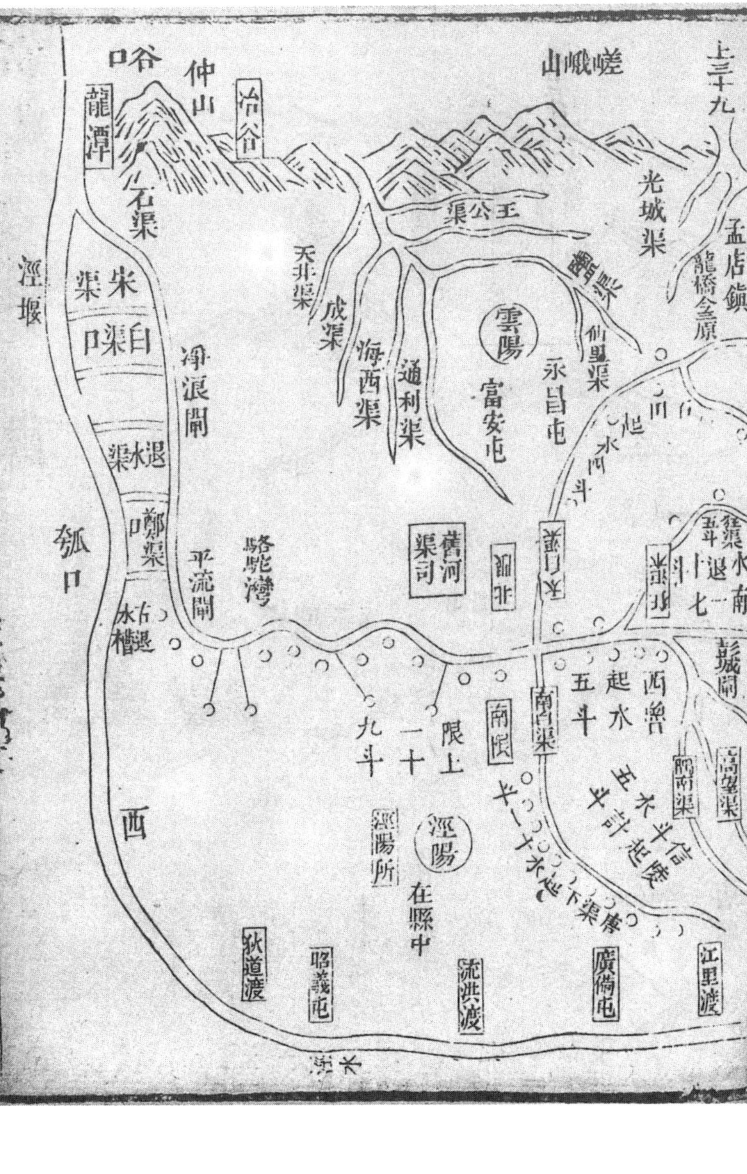
嵯峨山
上三十九
谷口
仲山
龍潭
冶谷
光城渠
王公渠
石渠
孟店鎮
龍橋金原
涇堰
米渠
白渠口
天井渠
成渠
雲陽
海西渠
通利渠
永昌屯
富安屯
淨浪閘
退水渠
鄭渠口
瓠口
平流閘
駱駝灣
舊河渠司
北限
太白渠
彭城閘
古退水槽
西起水五斗
南白渠
南限
限上一十九斗
涇陽
涇陽所
在縣中
西
高望渠
狄道渡
昭義屯
流洪渡
廣備屯
江里渡
渭水

富平縣境石川漑田圖

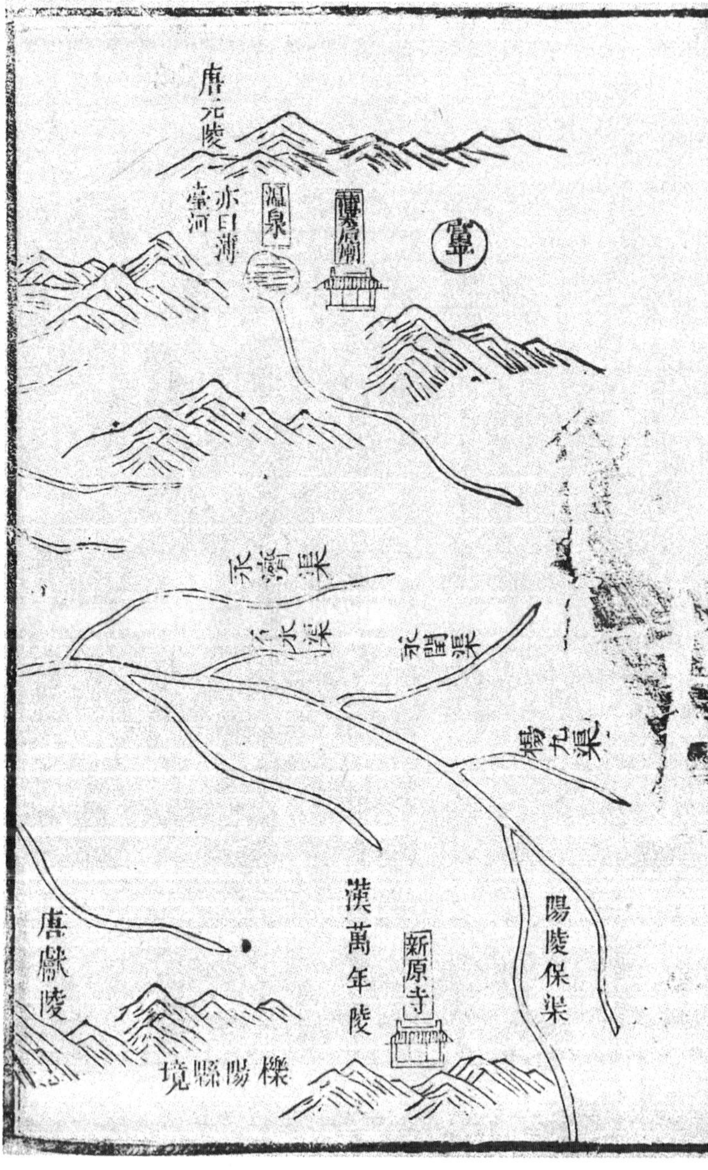

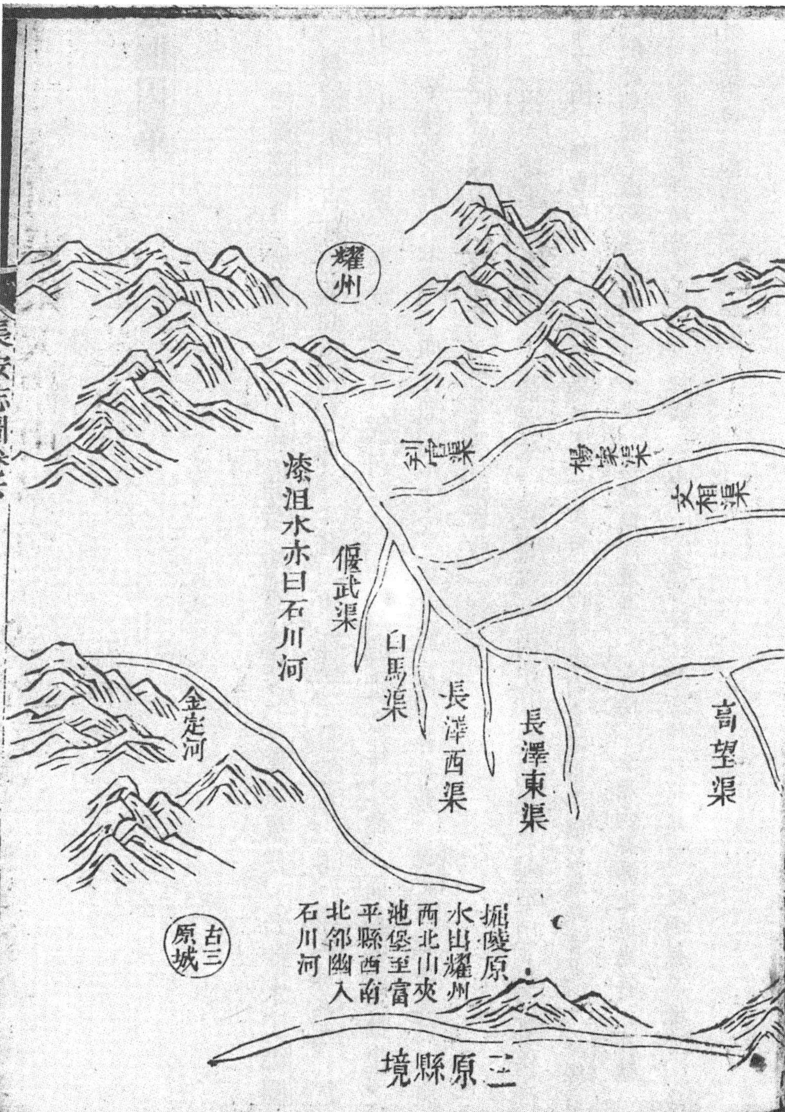
耀州
漆沮水亦曰石川河
俱武渠
白馬渠
長澤西渠
長澤東渠
高望渠
劉官渠
楊家渠
支相渠
金定河
古三原城
掘陵原水出耀州西北山夾池堡至富平縣西南北部幽入石川河
三原縣境

渠堰因革

一曰鄭國渠。按漢志：「韓苦秦，欲罷音疲之，無令東伐，乃使水工鄭國説秦，鑿涇水，自仲山西邸瓠口，并傍去北山東注洛三百餘里，洛，今漆沮水也。欲以溉田。中作而覺，秦欲殺之。國曰：「臣爲韓延數年之命，而爲秦建萬世之利也。」卒使就渠。渠成，而注填閼之水，填音凝。閼，於去聲。説文曰澱滓濁泥。溉舄鹵之地四萬餘頃。舄音昔，鹵音魯。畝皆收一鍾。

二曰六輔渠。漢孝武元鼎六年，兒寬爲左内史，奏請鑿六輔渠以益溉鄭傍高卬仰同之田。師古曰：「在鄭國渠之裏。」又曰「卬謂上向素不得鄭國之灌溉者也。」水經曰：「此則於鄭國上派南岸更闢六道小渠，以輔助溉灌耳。」雲陽、三原兩縣界渠迹尚存，亦號「輔渠」，今北限渠所經蓋其地也。但謂「南岸」者可疑，恐當作「北岸」。又兩縣北境清、冶二水溉其高田，即輔渠之遺制也。

三曰白公渠。太始二年，趙中大夫白公復奏穿渠。引涇水，首起谷口，尾入櫟陽注渭，袤二百里，溉田四千五百頃。民歌之曰：「田於何所？池陽谷口。鄭國在前，白渠起後。舉臿爲雲，決渠爲雨。涇水一石，其泥數斗。且溉且糞，長我禾黍。衣食京師，億萬之口。」按谷口即今洪口也。涇水自其中，出在瓠口之上，白公非別爲一渠也，但以鄭渠勢高，涇塞不行，更於上流別鑿一口，下流則就鄭渠之故跡耳。今白渠口上去谷口五里，又按鄭渠尾入於洛，白渠尾注於渭，注渭者由石川河入渭也。宋豐利碑云：「考鄭國渠東注洛，今石川河之東。今渠抵石川而注乎渭。石川今益深，識者方引渠跨之，則四萬頃之饒不足多也。今按沮水，源分爲二流，本出延安中部、宜君二縣西子午嶺，其山脊以東之水，經鄜州澄城、同州朝邑以達於河，亦曰洛水。其山脊以西之水，經寧州襄洛縣入邠州界，至耀州華原南與漆水合，至富平縣東南入渭，其名亦曰石川河。意者古昔此河渠岸尚淺，必堰此水與涇水合，澆以東之地，是以有四萬頃之多，故鄭渠東入洛也。後來此河渠漸深，涇水不能過，故白渠止入九河以注乎渭，但溉數千頃而已，宋碑之說蓋欲引涇水跨越此河，以益溉田之數，然其實不能行也。」

四曰豐利渠。宋大觀中詔開石渠，疏涇水入渠者五尺，下與白渠會，溉七邑田三萬五千九十餘頃。豐利渠口又在白渠之口，所謂洪堰者是也。今有宋資政殿學士侯蒙撰碑具存，其文略曰：

大觀元年閏十月，主客員外郎穆京奉使陝西，既復命，以白渠歲罷民，堰水起十月，盡次年四月，其間水嚙堰與堤防圮壞，溉田之利，名存而實廢者十居八九。得獻説者宣德郎范鎬、鄜州觀察推官穆卞，以謂熙寧間嘗命殿中丞侯可自仲山傍鑿石渠，引涇水東南與小鄭泉會，下流合白渠。鳩工自熙寧七年秋至次年春，渠之已鑿者十之三，當時以歲歉弛役。今其蹟可考，案舊蹟而道建瓴之勢，因民心而興萬世之利，易若反掌。乃詔本路提舉常平使者趙佺與獻説者相地計工。二年七月，詔可俾佺董其事，經始以是年九月。越明年四月，土渠成，下廣一丈有八尺，上廣五丈，深視地形之高下，袤四千一百二十丈，南與故渠合。計工六十一萬七百有奇。越明年閏八月，石渠成，下廣一丈有二尺，上廣一丈有四尺，深視地形之高下，袤三千一百四十有一尺，南與土渠接。又度渠之北，視其勢高峻，留石僅三丈，裁通竇以防漲水。計工四十九萬八百有奇。九月甲寅，疏涇水入渠者五尺，汪洋湍駛，不捨晝夜〔四〕，稚耋歡呼，所未嘗見。凡溉涇陽、醴泉、高陵、櫟陽、雲陽、三原、富平七邑之田總二萬五千九十有三頃。異時白渠所溉不過二千七百餘頃，歲以八月屬民治堰，土木一取於民，費以億計。夾渠之民，終歲閔閔然望水之至不可得，而輸賦如平時，民以是重困。是役也，費不煩民，因民之利。工垂成，臣穆京適帥秦鳳，上遣京視役，且撫問官屬，給賜工師緡錢，遠方知上之德意，明見萬里，鼓舞趣役，不日而成，鑿山堙塹，民不告勞。既奏功，上嘉之，詔賜名曰豐利渠。

開修洪口石渠題名記：石多闕字，節略其文。永興軍耀州六縣民田，舊資白渠灌溉之利。歷時已久，涇流寖低，渠勢高卬，不能取水，迺歲八月，六縣令率夫數千，集良材，起巨堰，堰水入渠，至明年四月去。堰所溉田財二千頃，然堰成輒壞，或數月壞，故興修之功，要爲文具，而民無寔利。大觀元年，今秦鳳路經略使穆公侍郎京，以太府少卿出使陝西，宣德郎范鎬、承直郎穆卞因言開修洪口石渠之利。穆公具聞于朝，提舉永興軍等路常平等事趙公佺被旨相視，具陳可成之策，朝廷從之，遂命趙公總浚渠事。初議鑿石與涇水適平，然後立堰以取水，趙公謂立堰當爲遠計，迺使渠深下水面五尺，則無修堰之弊，而利博且久。既終功，凡石土渠共七千一百一十九尺。石渠北自涇水上流鑿山，尾南與土渠接，初料一千四百二十五尺，其後土石接處，發土見石，迺展一千七百一十六尺，通計三千一百四十一尺。上廣十有四尺，下廣十有二尺，淺深隨山勢，其最深者三十八尺，分隸六縣，會工四十六萬二千九百一十三。料工之始，視石之堅柔，定以尺寸爲工，其下石頑，攻不中程，乃增工二萬七千九百五十三，凡石渠之工，總四十九萬八百六十六。一年九月工興，四年九月畢土。渠北自石渠口，東南與故渠接，初計六千四百五十九尺，而所展石渠既已省一千七百一十六尺，其後接故渠處土雜沙石，隨治隨壞，度不可持久，迺即其右開横渠二百尺，與故渠合，地脉堅實，功簡而徑，又省舊所治渠九百六十五尺，實計土渠三千九百七十八尺。上廣五十尺，下廣十有八尺〔五〕，淺深隨地形，其最深者七十五尺。分隸六縣，會工二十一萬一千八百一十六。内涇陽、三原、高陵所隸有石棚隱土，下厚或一丈，或七尺八尺，迺損土工一萬一千八百一十一，而增推鑿之工四萬七千九百七十九。凡土渠之工，總二十六萬七千九百八十四。二年九月工興，四年五月畢。渠成，惟石渠依涇之東岸，不當水衝，迺即渠口而工，入水鑿二渠，各開一丈，南渠百尺，北渠百五十尺，使水勢順流而下。又涇水漲溢不常，迺即火燒嶺之北及嶺下，因石爲二洞，曰迴瀾，曰澄波，限以七尺；又其南爲二閘，曰靜浪，曰平流，限以六尺，以節湍激。渠之東岸有三溝，曰大王溝，小王溝，又其南曰透槽溝。夏雨則溪谷水集，每與大石俱下，壅遏渠水，迺各即其處，鑿地陷木爲柱，密布如櫺，貫大木於其上，橫當溝之衝。暑雨暴至，則水注而下，大石盡格透槽〔六〕之口，與石棚接，如此已無患。余二溝則鑿渠兩岸，比大木覆其上〔七〕，溝水入於涇。石棚者，石隱地中，上下皆土，不止一處。其當溝口者，水從下過，空如棚狀，今所謂暗橋者是也。大王溝、小王溝、透槽溝〔八〕三溝，皆在古白渠次北、宋豐利渠之東，其溝皆從東來，橫衝渠身。開渠之時，將上二溝下流穿斷，惟透槽溝，至渠上適有石棚，渠水流於棚下，暴雨則水石從棚上過，流入涇河。惟二王溝〔九〕水石皆落渠中，故當時樹木爲柵〔一〇〕，以拒大石，而砂礫尚入渠内。至前金時，有主簿〔一一〕荆姓者，始爲一溝，入渠之處，構兩石橋於涇水上，使與溝口相接。其制，橋上外高中低，一如槽狀，若遇溝水暴漲，砂石皆從上過，搬入涇河，而渠方免石壅之患，今人猶呼曰澄水槽。又其東且十里曰樊坑，當白渠之南岸。其北直大溝，溝水暴則岸壞，與渠流俱潰；壅之則渠不能容，而下流爲田患。迺疊石爲渠岸，東西四十尺，北高八尺，上闊十有七尺。其南石尾相銜而下〔一二〕四十尺，溝水至則渠之所受滿其堤而止。其上泄餘水以注坑中，與涇合。土石之工，畢於是乎？導涇水深五尺，下瀉〔一三〕三白故渠，增溉七縣之田，一晝一夜所溉田六十頃，周一歲可二萬頃。大觀四年九月，朝散大夫專管勾永興軍耀州三白渠公事都大提舉開修石渠飛騎尉蔡溥記。

本朝至大元年，承德郎陝西諸道行御史臺監察御史王琚建言，於宋渠上更開石渠五十一丈，今用之。

元料渠長五十一丈，闊一丈五尺，深二丈。沅案：元史河渠志作「闊一丈，深五尺」。計積一十五萬三千工，每方一尺爲一工，已開一十四萬三千五百四十六工五分，未開九千四百五十三工，延祐元年興役，後至元五年沅案：宋史河渠志作至「五年」，蓋誤。渠成。延祐元年至三年，先開一十二萬三千一百七十九工四分。至元三年，再開四千四百零二工一分。五年，再開一萬五千九百六十五工。是年秋，故堰至新渠口堰水入渠。琚字神瑗，濟南鄒平人，建言未行，去職，後再使督之。

諸渠。至元十一年九月初二日，準奉大司農司劄付、呈準中書省劄付先後講究定條畫使水法度内一款節文：後凡文案做此，皆低行大字書之。

自古以來〔一四〕，青治、濁谷、石川、金定、薄臺等水并耀州三原、富平、邠州管下淳化縣行流河水，俱係灌溉田禾，於民久利之事，并令河渠司官管屬，聽授節制。每渠設渠直渠長一名〔一五〕，依涇水例請給，申破〔一六〕水直。

案長安志涇陽、高陵、櫟陽、雲陽、三原、富平、醴泉七縣皆涇水所溉之地，今惟涇陽、高陵全被涇水之利。其雲陽，北境高卬，涇水不及，今引冶谷水。西北淳化界來，分爲七渠，以溉近山之地。三原，北境高卬，涇水不及，今引濁谷水。西北華原界來，分爲六渠以溉近山之地。富平，舊時南境北限白渠，澆溉脾陽、大澤〔一七〕、豐潤三鄉，今皆撥屬三原、櫟陽，餘地即引石川、金定二水以溉，其名見於志曰薄臺川，東南入漆沮河，溉民濟渠。溉田二十里。文昌渠。溉田十里。懷德渠。溉田三十里。陽渠。溉田十五里。直城渠。溉田二十里。醴泉：本漢谷口縣，治所在涇水西。其東北境則入雲陽、涇陽，至今猶有不毛之田〔一八〕在涇東〔一九〕，與其灌溉〔二〇〕，夫役不及。宋修石渠六縣夫亦無醴泉，意亦此歟？櫟陽，除涇水所溉之外〔二一〕，其東北境頗高，涇不能及，遂引石川水，逕斷原東梁村〔二二〕，白渠西南，以溉其地。武功：唐咸通中京兆奏修六門堰，治韋川、莫谷、香谷、武安四水，溉武功、興平、咸陽、高陵等田一萬餘頃，今廢。又有昇原渠、普濟渠，皆溉民田，今廢。長安、咸寧。二縣亦有可溉之水，往往廢涸，不能詳記，今知其一。咸寧縣有龍首渠，東南自滻水分出，至城四十餘里，以溉園圃之田，其餘民自疏引以溉者，又多官府不治也。案志所載與今異者，恐或各有廢置，是以不同。

洪堰制度

聖朝因前代故迹，初修洪口石堰，修洪口，即谷口也。前代已有是名，方言云：「石阻河流爲洪。」又：「蜀人謂水口爲洪。」今縣有射洪，徐有吕梁，二洪義與此同。沅案：古曰谷口，曰瓠口，此曰洪口，谷、瓠、洪三音相近，亦即焦穫之穫也。當河中流，直抵兩岸，立石囤〔二三〕以壅水，囤行東西，長八百五十尺，每行一百零六個，計十一行，闊八十五尺總用囤〔二四〕一千一百六十六個。

照得洪口往日水擊西岸，渠口在東，勢直冲堰，故常吹去。今來復擊東岸。自癸巳年創立渠堰，每年增修云云，囤行廣密，委是堅牢。雖遇水漲，止是衝破龍口，或捲去堰上石頭，或吹損囤口，或衝透囤眼，故每歲增修及淘石渠上下泥沙，人功不輟。又舊例水軍三十人看堰，今議得令各縣差富實人夫二名，五縣計一十名看堰，若有微損，即便補修。近年修理物色石囤，每個用椽兩口四十八條，擗稷二條，棗條六十擔，石積長五百七十五尺，高一丈，闊一尺，白草一十擔。椽每人一日採打二條爲一工。棗條每人一日採打一擔爲一工。石積每人一日搬運長五尺、高一尺、闊一尺爲一工。草每一人一日採打五擔爲一工。編造每囤用夫六名，一日編造一個爲六工。填囤每囤用夫一十二名，爲一十二工。囤眼每個石積長一百四十五丈，高一尺，闊一尺，白草五擔。填囤眼每個夫三名，爲三工。下囤脚索每囤用索一條，長二丈。每條用麻二斤。連囤索每囤用索二條，各長三十尺，每條麻半斤。錐囤麻每個用麻四兩。其餘什物在外。

石渠下廣一丈二尺，上廣一丈四尺。土渠下廣一丈八尺，上廣五丈，深視地形之高下。渠岸兩邊各空地一丈四尺。

舊例：岸兩壁無得當欄巡水道徑。後稱空地者倣此〔二五〕。案今見行渠身即宋之豐利渠也。王御史新開石渠亦同，但身不及耳。其立囤處，河身亦窄，今只用〔二六〕囤二，行數皆減於舊矣。

立三限閘以分水，凡二所。三限閘：其北曰太白渠，中曰中白渠，南曰南白渠。太白之下，是爲邢堰。邢堰之上，渠分爲二：北曰務高渠，南曰平臯渠。彭城閘渠分爲四：其北曰中白渠，其南曰中南渠，又其南曰高望渠，又其南曰隅南渠。中南之下，其北分者曰析波渠，其南分者曰昌連渠。渠岸兩邊各空地八尺，凡渠不能出水，則改而通之。

照得三限、彭城兩處，蓋五縣分水之要。北限入三原、櫟陽、雲陽，中限入高陵、三原、櫟陽，南限入涇陽。至分水時宜，令各縣正官一員親詣，限首眼同分用，庶無偏私。若守閘之官不應或妄起閘一寸，即有數徼餘水透入別縣，甚可關防。三限閘在今洪口下七十里，彭城閘又在下二十里，或白「平石」者，秦人音訛也，今并稱之。圖經云：「中白渠首承太白渠，東入高陵界。南白渠首承中白渠，亦入高陵界。」長安志云：「白渠自涇陽縣界三限下中限爲一渠，流至縣界。彭城以下〔二七〕分爲四渠。」注曰：「唐寶曆元年，令劉仁師請更水道，渠成名曰劉公渠彭城堰。」今案涇渠水道斗門，時多變易，以故或與舊迹不同，皆因歲久，渠深岸高，水不能上，凡其〔二八〕可通之處，輒爲一渠，其名亦異。今惟三限下正渠及彭城下四渠猶係舊名，其析波渠道已非故迹，今中限正渠彭城閘下〔二九〕其北有一小渠，名曰狂渠，閘下其北又一小渠，名曰寧王渠〔三〇〕，若此之類，固不能備載也。

立斗門以均水，總爲斗一百三十有五，渠岸兩邊各空地五尺。限上斗門十九。南邊自白公斗起水，次曰長渠斗、成村斗、染渠斗、駙馬斗、聖女大斗、聖女小斗、智光斗、石劫斗、七劫斗、何氏斗、李相公斗、威聖斗、店西斗、甯村斗、小留斗、雙槐斗、張房斗、三屋斗，凡一十九。南限斗門十二。自南邊唐婆下斗起水，次唐婆中斗、唐婆上斗、楊南斗、杏園斗、端正斗、佛寶斗、盧從斗、長流斗、落橋斗、省斗、曹午斗，凡一十二。中限斗門十。南邊西魯斗起水，次赤賜上斗、赤賜下斗、楊三斗、西王郭馬斗，凡五。北邊小渠：長流馮下斗起水，次長流馮上斗、園内斗、高陽斗、狂渠斗，凡五。北限斗門五。南邊石囤斗〔三一〕起水，次東公主斗，西公主斗，南、北王斗，凡四。北邊師和斗一〔三二〕。務高斗門二十三。南邊安業斗起水，次周開斗〔三三〕、東安仁斗、長閏斗、段洪斗、歸厚斗、西安仁斗、豐樂斗、通流斗、阜民斗、歲豐斗、閏陵斗、柿園斗、掘斗、大王斗、小王斗、景公斗、通玄斗、翟家斗、穆王斗、荐福斗，凡二十一。北邊廣盈、務高二斗。平皋斗門八。南邊觀相下斗起水，次觀相中斗、觀相上斗、曲渠下斗、曲渠上斗、平皋下斗、平皋中斗、平皋上斗，凡八。中白斗門二十三。南邊永壽斗起水，次安陽斗、安慶斗、東陽斗、善利斗、普濟斗、普閏斗、廣利斗、周吉下斗、周吉上斗、王化斗、任村斗、留趙斗、潛化〔三四〕南、北二斗、興聖斗、神策斗，凡十七。北邊武强一斗。寧王小渠〔三五〕上斗二、下斗二〔三六〕、中斗一，凡五斗。中南斗門十五。南邊雨金斗起水，次安陽斗、望豐上、下二斗、豐阜斗、豐穰斗、富仁斗、孝義斗、辛家斗、仁壽斗、高望斗，凡十一。北邊廣濟斗、馬家斗、通遠斗、六宅斗〔三七〕，凡四斗〔三八〕。析波斗門一。北邊通□斗一。昌連斗門三。南邊下、中、上，凡三斗。高望斗門十一。南邊信陵斗起水，周夏上、下二斗、嚴應斗、通利上、下二斗、閏益斗、閏仁斗、通閏斗、魏閏斗。北邊任公斗。隅南斗門五。南邊信陵斗起，水次安信斗、房家斗、新開斗、東魯斗，凡五。凡水出斗，各户自以小渠引入其田，委曲必達。

舊例：仰渠司正官預爲修渠，砌叠斗口，使無壅滯。

又：體知得人户偷開斗口，故使渠岸頽毁，望令温水偏入其地，亦有懶惰不肎修理，仰巡監官、斗門子預爲催督利户修理渠口，或令石砌木圍，無致損壞，透漏費水。

又：如遇開斗澆田，渠司差人隨逐水頭，監督〔三九〕使水。如有違犯，即便申報。

退水槽。

凡遇漲水，泄以還河。

邢堰。堰之始，不知起自何時。蓋爲北限地高，水勢不能及，遂引清、冶二谷之水，經三原縣龍橋鎮以東，至邢村，截河爲防，堰其水與涇合流，以溉三原、涇陽并渭南屯所之田。今其堰長四十餘步，其下水分爲二渠，中有深溝一道，蓋古白渠之故道也，水不敢入，故堰絶之，分灌高田，至今人名其溝曰乾溝。

凡修渠堰，自八月興工，九月工畢。春首則植榆柳以堅堤岸。

年例：先於七月委差利户各逐地面開淘應于行水渠道，須管行水通快。

又：每遇春首，令各斗利户逐其地面廣栽柳榆，以堅堤岸，免至當時修理，及禁諸人不得斫伐。

凡水，廣尺、深尺爲一徼，以百二十徼爲準，守者以度量水日，具尺寸申報所司，憑以布水，各有差等。

舊例：三限、平石兩處，係關防分水禁限，五縣各差監户一名，與都監一同看守限口，每日探量水深尺寸，赴司申報。徼音叫〔四〇〕。古有徼道，謂巡禁道也，水家取以爲量水準則之名。今農者耕地一方，謂之一徼，義與此同。其法：量初入渠水頭深、廣、方一尺，謂之一徼。假令渠道上廣一丈四尺、下廣一丈，上下相折，則爲一丈二尺，水深一丈，計積一百二十尺，爲水一百二十徼，是水之至限也。其三限口各以廣狹，視此爲準。守限者每日探量，具徼數申報，所司憑以分俵，水盛則多給，水小則少給。凡遇用水，斗吏具民田多寡入狀，承合得徼數〔四一〕，刻時放水，流畢隨即閉斗，交付以上斗分。大概水一徼，一晝夜溉田八十畝，違者罪罰之〔四二〕。今在平流閘下〔四三〕石渠岸裏有一石龜，前人刻以誌水者也，爲之語曰：「水到龜兒嘴，百二十徼水。」嘗聞主守者曰：「今水雖至其則，猶不及全徼。蓋渠底不及古渠之深也。」又水法多言〔四四〕水直，「直」本是「程」字，亦音訛也，正猶「彭城」作「平石」云耳。

用水則例

凡用水，先令斗吏入狀，官給申帖，方許開斗。

舊例：仰上下斗門子預先具狀，開寫斗下村分利户、種到苗稼，赴渠司告給水限申帖，方許開斗。上下斗分承水時刻，澆過苗色頃畝，申破水直，違時者斟酌斷遣。

自十月一日放水，至六月，遇漲水歇渠，七月住罷。

照得十月一日放澆夏田，三月澆麻白地及秋白，地四月止澆一色麻苗一遍，五月改澆秋苗。今渠司舊例：五月澆秋，每夫三十畝，此時麻正仰澆，秋苗亦渴攸水〔四五〕。人户計其所利，麻重於苗〔四六〕。將水分澆，水司爲不係一色，輒便斷罰，深爲未便。議得各人合得水限，於内分用，又不過其所限，雖非一色苗稼，合從民便，以厚其利。

又舊例：驗工合澆麥苗秋禾頃畝，間遇天旱，可澆者不得使水，不須澆者却令使水，如此澆溉，妨誤不便。今後驗合澆頃畝如不過元數，從民便使水，毋得因而多澆，如違斷罰。

每夫一名，溉夏秋田二頃六十畝，仍驗其工給水。今實溉一頃八十畝。

照得舊日渠下可澆五縣地九千餘頃，每夫一名，澆地一頃三十畝。自十月一日入水溉田，至七月十五日住罷，方才周遍。即今五縣地土亦已開遍〔四七〕，大約不下七八千頃，所起人夫一千五百名，每夫澆地一頃七十畝，計地二千五百餘頃，亦是十月入水，七月方罷。以此揆之，則所澆之地實同，而入官之地數却少〔四八〕，明見其餘地畝每歲上是貨賂渠斗人吏，盜用澆溉，事發斷罪，民甚苦之。又切知人民數多，一家之地，多者不過一二頃，少者或十畝，故一頃三十畝爲限，取夫一名。以此計之，則上户之家不過二名，下户或三户或五户出夫一名。今日地廣民稀，難同此例，一家所占，多者或十頃至五頃，雖小户不下一頃有餘，是故人民畏其夫，多匿地盜澆。冒罪致罰，接踵相繼。議得不若全夫一名，依前限一頃三十畝爲則，加地一倍，止出夫一名，添給其水，如此加倍，則民雖少亦可擬往日人户三分之二矣。如有盜澆，供地不實，嚴行斷罰。

又舊例：每夫一名，計澆田夏田一頃三十畝，秋田四十畝，共一頃七十畝。議得今地廣人稀，若依舊例，其水有餘，中間不無巡水之徒，令無夫之家買水澆溉，今擬令人户更不增添夫數，每夫一名令澆二頃六十畝，庶望革去買水之弊。

又：人户合澆田禾頃畝，照依舊例驗工，輪番使水，各斗下若有在前不出夫役使水之家，今後無得使水。監澆官斗門子人等看循〔四九〕與水者，依例斷罰。

行水之序，須自下而上，晝夜相繼，不以公田越次，霖潦輟功。

舊例：各斗分須要從下依時使水，澆溉了畢，方許閉斗，隨時交割。以上斗分無得違越時刻。又使水屯户與民，挨次自下而上溉田。

又體知得用水之家，多使驅丁看水。至冬月澆田，遇夜避寒貪睡，使水空過，至明却稱不曾澆溉。遲違田時，枉費水利，合行嚴加斷罰。

又五縣行使各水〔五〇〕斗口，舊例自下而上，挨排次序放澆，却因地形高低不等，累經洪水吹濯，渠深地高，在前官司權令打立截堰放澆。今來體知得其餘斗分不畏公法屯利人户，將地不盡實報，倚仗人衆，接上築打死堰，將下次利户合使水直改豁，恣意放澆，直至夜深，却將水直分豁，下流已下利户不曾提備，以致泛溢，澆過不應地畝，或還入河，虛費水利。議得除渠深地高必用倒堰斗口，比及定奪以來，權且依舊外據其餘斗分，務要依例自下而上，挨排次序，照依元供地畝合澆水直放澆，無得似前打立截堰，縱意多澆，違者斷罰。案五縣之地，本皆斥鹵，與他郡絶異，必須常溉，禾稼乃茂，如失疏灌，雖甘澤數降，終亦不成，是以涇渠之利〔五一〕，一日而不可廢也。諸違官禁作姦弊者，斷罰有差。

照得大司農司元定若有違犯水法多澆地畝，每畝罰小麥一石。至元二十年，承奉宣慰司劄付：「犯水人户，有做夫之家，亦有不做夫之家，議得如係不做夫之家，每畝罰小麥一石，興工利户每畝五斗。」至元二十九年，陝西漢中道肅政廉訪司講究得違犯水法不做夫之家，每歲減半，罰小麥五斗，興工利户每畝二斗五升，外據犯罪，每畝笞七下，罪止四十七下。又案舊例：凡攙越盜用、渠岸修築不牢、澆溉不應地土、渠吏蔽匿不申及斫護岸樹木、無故於三限行立者，皆有罪罰。

設立屯田

庚子年八月，欽奉聖旨以梁泰充宣差規措三白渠使。

據梁泰奏告：「京兆府有舊來三白渠，兵革以來，渠堰缺壞，地土荒廢。陝西人户雖有種蒔，不得水利，税賦不敷軍馬用度。修成渠堰，每畝可收一鍾。」沅案：元史河渠志〔五二〕云太宗二十二年梁泰奏請。

準奏，仰梁泰就帶元降御前金牌充宣差規措三白渠使，直隸朝廷。

至元十一年初，立河渠營田使司，安置屯田。二十八年，改屯田總管府。

是年九月十五日，奏過事内一件節文：「安西府、延安府、鳳翔府這三路在前交軍立屯來，根脚裏這軍每不是額定的正軍有，成都府忙并時分幾處簽來。去年省官人每奏〔五三〕了，這軍交依舊爲民來。若是這軍每散了呵，屯田的勾當、得濟的勾當誤了也者。這軍每雖交做民呵，只交這的每種田，不交罷呵，怎生，麼道。那般者，麼道。聖旨：有來，立屯田府的勾當裏，三個路裏合立三處營田司衙門，休立營田司，立一個屯田總管府衙門，委付着好人管着屯田的勾當中也者，麼道。奏呵，那般者。麼道。聖旨「了也。欽此。」都省移咨，欽依施行，準此。省府照得營田司已經革罷，即將元管户牛地土、額辦糧草已未送納及應干不了事件交割，外據六盤迤東彭原等處元係成都接應軍人改爲民屯，比及别行設官以來，恐誤合辦糧草，擬令元管屯田千户時暫拘鈐管辦。皇慶元年，再内至元十一年，創立屯田於各縣，交參協濟下户内蓋撥〔五四〕屯田。至元二十一年，奏過事内一件，在前車站一千户放罷收係屯田。

設官四員。

達魯花赤一員。總管一員。二官銜内例帶〔五五〕兼河渠司事。凡有文移，止稱屯田總管府，爲水事則稱兼河渠司事。副總管一員。同知一員。

首領官三員。

經歷一員。知事一員。提控按牘一員。吏譯人等一十五人。通事一人。譯史一人。司吏四人。奏差四人。都監一人。壕寨〔五六〕四人。合干一百五十二人。看守洪口囥堰水軍一十名，看守探量三限口水直人夫四名，看守探量彭城限水直人夫二名，看守邢堰人夫一名，分俵水直斗門子一百三十五名。

司屬五所

終南、渭南、涇陽、櫟陽四所，各設令一員，丞一員。平凉一所，本府注擬正、副提領各一人。

屯四十八。終南九屯。懷教屯、樂平屯、忠力屯、曲泉屯、樂成屯、利澤屯、奉上屯、欒村屯、安化屯。渭南一十六屯。懷德屯、懷仁屯、豐濟屯、善慶屯、閏澤屯、永便屯、皂角穹屯、亭利屯、信陵屯、嚴應屯、雨金屯、安陽屯、安慶屯、南永壽屯、北永壽屯、郃陽屯。涇陽九屯。豐閏屯、里仁屯、昭義屯、富安屯、永昌屯、廣備屯、仁受屯、安信屯、華原屯。櫟陽九屯。歸厚屯、安仁屯、安業屯、豐樂屯、萬全屯、廣盈屯、阜盈屯、大有屯、定陵屯。平凉五屯。白店屯、董志屯、南莊屯、南市屯、冉店屯〔五七〕。右渭南所屯田，半皆在渭南陸地。終南所屯，全在近山盩厔等處。涇陽所屯亦半在醴泉、富平、華原、鄜州、直羅等處。櫟陽所屯除定陵屯在富平外，八屯皆用涇水、石川澆溉。

户四千八百九十二，地五千六百六十四頃一十二畝六分三釐八毫。内荒閑地一千六百八十七頃九十七畝三分〔五八〕七釐八毫。

農器二千二百三十三副，八分五釐。牛二千一百零九具，一隻九分。每牛一具，以二十分爲率，撥地二頃。納粟麥五十石，内大麥二十石，小麥二十石，粟十石草一百束。牛一隻者地數以下皆減半。牛三隻以上，各隨其分數以增之。

糧，至大元年舊數九萬三千六百七十九石二斗九升一合六勺。草三十一萬三千七百九十束四萬五千九百二十秤。

至正二年實辦糧數除倚免事故逃亡等户外。七萬二千六百五十九石七斗八升二合三勺四抄。大麥二萬六千七百二十五石二斗零四合。小麥二萬六千六百八十二石五斗一升八合七勺四杪。粟一萬七千二百九十七石四斗八合。白米八百一十四石五斗二升四合。糜子一百五十五石零四升五合九勺。粳米五十石八斗八升二合。糯米九百三十四石一斗九升九合七勺。

草，束：二十九萬一千五百一十三束。秤：四千九百三十九秤四斤二兩。

建言利病

承務郎陝西諸道行御史臺監察御史宋秉亮言：「洪口之利，始於秦水工鄭國，於仲山之下鑿引涇水，首起瓠口，尾注於洛，溉田四萬餘頃。至漢太始中，水利廢壞，趙中大夫白公因其故迹，徙開渠口於上流，首起谷口，尾入石川，以注於渭。降及隋、唐，以至亡宋，其利又廢。大觀中，又於小龍潭之上復開石土渠數里，疏引自來之水入渠五尺，賜名曰豐利渠，迨今二百餘年，其利漸少。至大間，沅案：元史〔五九〕河渠志云「三年」。監察御史王承德建言，於豐利渠北開鑿石渠，長五十丈。歲月已久，吞水漸少。入渠之水既微，則築堰勞而民利寡矣。嘗考古今渠利之廢，蓋因河身漸低，渠口漸高，水不能入，是白公不容不繼於鄭渠，豐利不得不開於白公之後也。今豐利渠口去水又已漸高，則王御史見開石渠又不盡功，若不增治，豈惟漸失民利，慮恐日就湮塞。近因巡歷至縣，親詣新舊渠口，一一相視，遂採衆論，酌以管見，苟欲其利溥博，其説有三：一曰盡修渠堰之利，二曰復置兩閘之防，三曰開通出土之便，然其要又在選委得人，不當惜費。今將貼説圖本具呈憲臺，照詳施行。一相視得鄭渠起於瓠口，今駱駝彎西北是也，上至白公渠口二千七百餘步。白公渠口即今小龍潭下是也，上至宋豐利渠五十六步，豐利渠又上至王御史新開石渠五十六步。已上三堰西北高而東南低，涇水自仲山出，由高而下，河岸去水漸高。今量得鄭公渠口至水而計高五十餘尺，白公渠口至水面計高一丈三尺，相懸如此，雖欲不改，不可得也。今豐利渠至水亦高七尺有餘，方新渠未開之時，每歲差民起立石囤堰水，計用囤三百八十個，高一丈有餘，費役甚廣，而水益艱澀。是以王御史乃於上流窄處〔六〇〕疏鑿此渠，止用囤一百八十個，宜其省費而水可通也。然其底亦高河水三尺，所立囤堰厚止三重，河流深處囤之高者乃至一丈五尺，浮坐於地，每遇河水泛漲，不禁衝突，易於傾壞，反不若宋渠之堰，鑿石安立樁橛，猶以爲固也。今涇水石底安樁石眼猶存。是以用費益多，民力益困。詢諸衆言，皆言新石渠起於山脚，地勢高於接流，其底既比元言猶有三尺未開，宜與以鑿渠底，通行計料，再令開鑿，加深八尺，如此不待囤堰之設，先有五尺自然之水入渠，其囤但比水高五六尺，則渠受水之多，不言可知。宜計舊堰廣狹、新囤高下，即今三重之上，截作九重。囤堰既低且厚，縱遇小漲，只於囤上漫流而過，不至衝激傾倒。設使囤壞，亦不妨自然入渠之水。此法之外，無以復加。一相視得舊閘二所，上下相去四十餘步，中間元用退水舊槽，至今見存。其置槽去處，上離宋渠四百四十九步，離新開石渠五百五十步〔六二〕，淨浪一閘在退水槽近上三十餘步〔六二〕，渠身〔六三〕兩壁開鑿切口二道，當時設此，蓋遇涇水暴漲及洪堰倒塌之時，即下此閘，以備濁水淤澱渠道。平流一閘在退水槽近下十步，渠身兩壁亦有切口四道，蓋於住罷澆田之后，水既無用，遂開此閘，乃退渠水由槽還河。又當河漲之時，或净浪不能猝下，或已下而漏漫濁水，并下兩閘，以防不虞。此皆古人良法，安可廢而不行。近年以來，渠湮岸崩，民漸失利，擬合將二閘修置，以時開閉，則濁泥不得入渠，穿淘之工可以減半。又淨浪相離新渠窵遠，濁水入渠，必至淤澱，宜將此閘移於渠口近下一二十步安置。一相視得洪口以下石土渠十餘里，自古穿淘，兩岸積土如山。舊時將所積高岸開爲通道，名曰「鹿巷」。凡穿淘泥沙，由鹿巷運於岸外。近年以來，淘出泥土填滿鹿巷，只於岸上堆積，或於霖雨，其土崩塌，復入於渠，是以渠道益淺，水來益小。今觀渠與涇河相望咫尺，運土入河，甚不費力。緣爲累年堆積，以至太多，是以爲難。此皆有司因循姑息之過也。起夫穿淘，妨農病衆，甚爲可憐。擬合於農務未忙、天暖人閑之時，差遣五縣人夫，將鹿巷開至平地，搬運積土，遠離渠岸，或運入河，以漸而去，不得似前，輒閉岸巷。假以歲月，積土漸除，渠道自通。人力既省，官政亦簡，民之受賜，胡可勝言。一漢之鄭、白，宋之豐利，功大而利久者，由其委任得人，不惜財費故也。今自王御史建言以來，三十餘年而工尚未成者，原其所自，實由選委不當，有所靳惜。不能成爾。今欲開鑿前渠，復修兩閘，監督之官，宜當遴選，工食之給，不可吝惜。自古及今，爲經久之計者，不計重費；成非常之功者，惟在得人。今詳此功，勞費雖廣，可以永逸。擬合擇選諳曉水利、練達時宜廉幹官員，度宜優給，以成久利之功。如其不然，將見五縣之民，日趍窮苦，屯田之置，亦爲虛設。況今石渠已至仲山石脚，更無開展去處，若更不成，是使二千年歷代養民之利一朝而廢，豈不痛哉！所以行省必合選官興治，毋惜小費，明立賞罰，使有懲勸，然後事可集而功可成也。」

雲陽人楊景道嘗論涇水之害〔六四〕，一則民苦渠堰之勞費，不獲〔六五〕灌溉之利。

一則〔六六〕限畝法弊，論次不明，致使小民勤觸刑憲。即欲上言，未果。頗採其説，以附於左。其略曰：「至元九年至十一年，二次準大司農劄付：『勸農官韓副使〔六七〕、耀州〔六八〕宋太守等官公同講究使水法度，呈準〔六九〕中書省，以爲定例。』雖其節目，若有未詳，然其大綱，固已條舉。其後改立官府，至元之法漸以廢弛。水法壞亂，多寡不均，加以〔七〇〕囤堰〔七一〕疏薄，渠道淺狹，水利〔七二〕微少，夫役繁重，斷罰〔七三〕相繼，使涇水之利，反爲河北之害。今略舉三，以明其弊。一至元續罰〔七四〕提令〔七五〕人户依上年額定夫數〔七六〕，更不增添。每夫今澆夏秋田二頃〔七七〕六十畝，庶望革去賣水之弊，切詳所議。寬限之法，如此明白，不見遵依，今欲舉行，宜將二頃六十畝之數停，分三次，兩月一週，每次放澆八十七畝，不限名色。自今歲十月爲始，至來年五月，計八個月〔七八〕。若其渠堰如法，水流不斷，可以澆溉四次。前三次〔七九〕已及元限，後一次爲澆秋苗，如是深水大小不一，斷續相繼，可復澆溉，則遠近貧富均獲水利矣。又水例云渠下可澆五縣之田九千餘頃，以今屯利人夫一千八百名計之，絶多補少，每夫一名爲田五頃。舊例〔八〇〕一名限澆一頃〔八一〕七十畝，是十分〔八二〕之中盜澆者常有八分〔八三〕，是以人皆犯法，動觸刑憲，故至元寬限作二頃六十畝，則明澆者一半，而不及者尚有一半。其法雖未盡善，而猶勝一頃七十畝之少。今以渠水計之，全水一百二十徼，三分去一爲八十徼，一晝夜可澆田六十餘頃。自今歲十月爲始，盡來年五月，計二百四十日，可澆一萬四千餘頃。假使開啓渠堰便利，致使水及百二十徼全數，則一歲所澆，又不止是。今論者皆以即今水小爲難，殊不知今日水數亦不下八十徼矣。全水一歲每夫可澆一十余頃，今吏咸作六十徼，一夫猶當澆田五頃，限以二頃六十畝，豈可開太多〔八四〕乎？若夫立限太寬，倘遇天旱，近水有力者浴意〔八五〕多淫，貧弱〔八六〕遠水者愈不得則，故就二頃〔八七〕六十畝爲限，田雖多〔八八〕亦可周遍，水大則必加倍。況今既有兩限分澆之法〔八九〕，又有交承時日之則，水小則拘限而能均，水大則有時日，民得盡利，此誠得中不易〔九〇〕之良法，並行而不相悖者也。一各斗下利户澆田，既無先後排輪之次，亦無各家合使日期，惟以畝數爲限。或遇天旱，民急目前之利，違限多澆，欲盡斷罰，則傷百姓；若不嚴禁，復不能均。又先開斗分，多占月日，及時澆溉，全得其利；近後斗分，往往過時，失誤歲計。一歲之中，水來不過一二次，水限畝數亦少。合令〔九一〕每水頭一道，斗口幾處，驗各斗人夫多寡，分定合開日時，六十日内須要周遍。仍令人户供報花名、地段、頃畝見數，置簿該寫〔九二〕合該水程日時，須要自下而上。惟渠漲岸高者，别爲區處。官及斗門子各收一簿，永爲定式憑驗，使人知某日爲某村之水，某時爲某家使水之期，自然不敢侵越，易避而難犯矣。一限首眼同分水，其法今亦廢弛，故五縣水利不均。蓋洪堰計用人功而成，理宜驗夫用水，但地理遠近不等，渠道懸昂不一，分水之時，斟酌增減，期於均平可也。如北限昂而中限懸，當增北限而減中限；涇陽近而櫟陽遠，當益櫟陽而損涇陽。仍將各渠寔有夫數、各限應得之水，隨水大小，議爲則例，刻之巨石，立於限首，庶使官吏將來有所憑驗，易於舉行。又驗夫二分〔九三〕與合得水程徼數，復如舊日，分作二道，輪番澆溉，庶可與其餘水頭一齊周遍，民免盗水之罪矣。又如白渠，水小之時，宜將限工并中限權行止住，聽下縣先澆；候水大之時，將閭下〔九四〕水程，并開一斗或三斗以補之。故限口有志水石，古語云：『水到石人手，限上開三斗。水到石人腰，限上不得澆。』即前人規模之大方也。」

涇渠〔九五〕總論

涇水〔九六〕出安定郡岍頭山西，自平凉界來，經邠州新平、淳化二縣，入乾州永壽縣界千有餘里，皆在高地。東至仲山谷口，乃趍平壤，是以於此可以疏鑿，以溉五縣之地。夫五縣當未鑿渠之前，皆斥鹵磽确，不可以稼，自被浸濯，遂爲沃野，至今千餘年，民賴其利。但渠初鑿之時，渠與河平，勢無齟齬。歲月漱滌，河低渠高，遂不可用。雖白公、趙佺繼之於後，終亦不能久者，蓋仲山洪口萬嶺環復，兩崖劃斷，河流涌出，勢如建瓴，復阻石堰，其怒愈甚，土石承委，不得不朒〔九七〕。今其下有小龍潭，其深不測，是水激射而成也。河既漸下，渠岸自高，所灌之田，日復淤閉，雖强壅遏，竟無良策。今新石渠已迫山足，又高三四尺矣。苟不可行千載之功，誠爲可惜。抑嘗考夫涇之形勢，人有生長其處，耳目習熟，猶或不知。不知韓人鄭國，一入敵境，何遽識此而開萬世之利，不亦神乎？雖然，利之所在，害必從之，今五縣之民，歲八月治堰，九月畢工〔九八〕。楗石伐木，掘泥懸土，入水置囤〔九九〕，下臨不測。今涇渠兩岸，累年〔一〇〇〕淘出泥沙，堆積增益，高至三十五尺，下窺渠面如視井底。每年差五縣人夫入渠，負龍撓曳〔一〇一〕而上，依舊堆積。及洪口安囤之處，水深丈餘，其底皆石，水流湍急，下入龍潭，其深不測，所置囤堰，不時衝壞〔一〇二〕，石木盡去，杳無餘迹，每年增葺，人役水中，至有溺者。十月引水，以嗣來歲人秋始罷，又復就役。寒暑晝夜，不得稍休。水法：自十月放水至明年七月始罷，晝夜寒暑，風雨晦冥，不敢暫輟，須循環相繼，然後乃遍。嘗問其故，以爲或開疏，壅，木即不茂，蓋土性本薄，涇於漬淖，反成其癖〔一〇三〕，政如病人，一旦離藥〔一〇四〕，病即復來，故人有地饑之説。而墾闢、耘斂、播植之勞，猶不與焉。加以官府程督，旁午畦陌，條約限禁，瑣屑尤甚。近年水脉艱澀，所潤益寡，分争訟鬩，姦弊百出。究其委曲，胡可盡言。於是民有上訴，願弛其利，以免劬瘁。有司以故事恒規〔一〇五〕，不敢輒許。嘗聞諸水家，民田近水而地下者，便而多利；遠水而地高者，難而寡利。又爲限畝所拘，不得盡溉其田，故遠者有願不用水以免其役者，有司以修治役大，近者不能獨當〔一〇六〕，不敢許也。嗚呼，夫韓本欲疲秦人於一時，不知後世病復甚耶？由是言之，爲之柰何？傳曰：「其人存則其政舉，其人亡則其政息。」使西門、史公、兒内史、白中大夫爲之，吾知其有不患者矣。當今之時，必欲繼疏鑿之功，復古人之迹，使千百世永永而無敝者，世果無高智絶倫、卓犖奇偉如若人者哉？

校勘記：

〔一〕富平石川溉田圖　案此下原列有「涇渠圖説」，據内文及成化、嘉靖本「圖説目録」，知此「涇渠圖説」係長安志圖卷下包含二圖六説在内之總名，故不當列置此處，今删。

〔二〕涇渠圖説序　「説」字原闕，據成化、嘉靖本目録補。

〔三〕富平石川溉田圖　案此下原列有「涇渠圖説」，據成化、嘉靖本删。

〔四〕晝夜　原作「晝夜」，據嘉靖本改。

〔五〕十有八尺　原作「五十八尺」，據成化、嘉靖、四庫諸本改。

〔六〕透槽　原作「透遭」，據成化、嘉靖、四庫諸本改。

〔七〕其上　二字原留空格，成化、嘉靖本同，並注有小字「字」，當係「闕字」語之損。此據四庫本補。

〔八〕透槽溝　原作「透棚溝」，據成化、嘉靖、四庫諸本改。

〔九〕二王溝　原作「二三溝」，四庫本作「此三溝」，「此」字應出之四庫館臣臆改。案此處

「三溝」應爲「王溝」之譌，「二王溝」即上文之大王溝小王溝二溝，今更正。

〔一〇〕樹木爲栅　「栅」字原本及成化、嘉靖二本俱留空格，此據四庫本補。

〔一一〕主簿　原作「五簿」，據嘉靖、四庫本改。

〔一二〕相銜而下　原作「相衙而下」，據四庫本改。

〔一三〕下瀉　原作「下寫」，據四庫本改。

〔一四〕自古以來　原本及成化以降諸本並連屬上文，據上文作者原注「後凡文案倣此，皆低行大字書之」云云移改。

〔一五〕每設渠直渠長一名　「設渠」二字原闕，據成化、四庫本補。

〔一六〕申破　四庫本作「申報」。

〔一七〕大澤　原作「大渾」、長安志卷一九作「大澤」，據四庫本改。

〔一八〕不毛之田　「不毛」二字似出自四庫館臣臆補，而文義並不妥帖，疑成化本及畢刻本之「一十」，或爲「二地」兩字殘損所致，姑書此俟考。

〔一九〕涇東　四庫本作「涇水東」。

〔二〇〕興其灌漑　原本作「興」作「興」、四庫本作「以」。審成化本字本作「興」，義較勝，今從之。

〔二一〕除涇水所溉之外　「除」原作「餘」，據四庫本改。

〔二二〕東梁村　原作「東梁才」，據四庫本改。

〔二三〕石囤　原作「石困」、據四庫本改。

〔二四〕用囤　原作「用困」，據四庫本改。

〔二五〕倣此　原作「放此」，徑改。

〔二六〕只用　原作「凡用」，據四庫本改。案成化本「只」字字形不清，介於「只」「凡」之間，若爲「凡」字，則此句下文「用囤二」之「二」字，當爲「之」字形，讀作「今凡用囤之行數」，姑書此備考。

〔二七〕以下　原作「興下」，據四庫本改。

〔二八〕凡其　「凡」字原留空格，據四庫本補。

〔二九〕閘下　原作「閘二」，下文有曰「閘下其此又一小渠」，與此句「閘下其北有一小渠」正相互應，故改。

〔三〇〕寧王渠　原作「寧三渠」，據四庫本改。

〔三一〕石囤斗　原作「石圈斗」，據嘉靖、四庫本改。

〔三二〕師和斗一　「一」字原闕，據成化、四庫諸本補。

〔三三〕周開斗　嘉靖、四庫本作「周閏斗」。

〔三四〕潛化　嘉靖、四庫二本作「渭化」。

〔三五〕寧王小渠　「寧」字上原有「閏」字，疑衍，姑刪。又四庫本於「寧王」下有「斗」字，疑亦衍，不從。

〔三六〕下斗二　「二」原作「一」，據成化、嘉靖、四庫諸本改。

〔三七〕通遠斗、六宅斗　二「斗」字原本俱闕，據四庫本補。

〔三八〕四斗　「斗」字原闕，據成化、嘉靖，四庫諸本補。

〔三九〕監督　原作「蓋督」，據成化、嘉靖、四庫諸本改。

〔四〇〕徼音叫　「音」原作「者」、據嘉靖、四庫本改。

〔四一〕承合得徼數　「承」原作「示」，據成化、四庫本改。

〔四二〕罪罰之　「之」字原留空格，據四庫本補。

〔四三〕今在平流閘下　「在」字原留空格，今據文義臆補。四庫本作「時」字，不甚妥帖，當亦出自四庫館臣臆補，今不取。

〔四四〕多言　原作「後言」，據成化、嘉靖、四庫諸本改。

〔四五〕攸水　四庫本作「放水」。

〔四六〕麻重於苗　「於」字原本留空格，據四庫本補。

〔四七〕已開遍　「已」原作「以」，據成化、嘉靖、四庫諸本改。

〔四八〕却少　原作「卽少」，四庫本作「則少」，當出自四庫館臣臆改。今案「郤」、「卽」形近易譌，故據文義改作「却」。

〔四九〕看循　四庫本作「私賣」。

〔五〇〕各水　「各」字原留空格，據四庫本補。

〔五一〕涇渠之利　「利」原作「例」，據成化、嘉靖、四庫諸本改。

〔五二〕元史河渠志　原作「元始河渠至」，徑改。

〔五三〕官人每奏　「奏」原作「秦」，據四庫本改。

〔五四〕蓋撥　四庫本作「盡撥」。

〔五五〕例帶　「例」原作「立」，徑改。

〔五六〕壕寨　原作「墱塞」，成化本作「㙮寨」，據四庫本改。

〔五七〕冉店屯　原作「再店屯」，據嘉靖、四庫本改。

〔五八〕三分　原作「二分」，據成化、嘉靖、四庫本改。

〔五九〕元史　原作「宋史」，案，此處提及乃元至大間事，畢沅案語所據亦從元史。

〔六〇〕窄處　原作「穿處」據成化、嘉靖，四庫本改。

〔六一〕五百五十步　「步」字原闕，據文義臆補。

〔六二〕淨浪一閘在退水槽近上三十餘步　「淨浪一閘在」五字原闕，循下文文義並參據本書涇渠總圖以及下文「平流一間在退水槽近下十步」句式臆補。

〔六三〕渠身　原作「渠深」，據成化、嘉靖、四庫諸本改。

〔六四〕涇水之害　「害」原作「善」，而下文所論實皆屬弊病，知「善」字應屬「害」之形譌。

〔六五〕不獲　原闕「不」字，與文義正相悖戾，故臆補此字。

〔六六〕一則　原作「二則」，據四庫本改。

〔六七〕韓副使　成化、嘉靖二本作「夫使」，此畢沅刻本改作「副使」，是以「夫」爲「副」

之音譌，四庫本則改作「大使」，是以「夫」爲「大」之形譌，未詳孰是。

〔六八〕耀州　原作「耀用」，據文義疑應爲「耀州」之譌。

〔六九〕呈準　原作「王準」，據四庫本改。

〔七〇〕加以　原作「如以」，據成化、四庫本改。

〔七一〕囤堰　原作「因堰」，據嘉靖、四庫本改。

〔七二〕水利　原作「水邨」，成化本作「水村」，據嘉靖、四庫本改。

〔七三〕斷罰　四庫本作「刑罰」。

〔七四〕續罰　原作「續議」，據四庫本改。

〔七五〕提令　原作「提令」，據四庫本改。

〔七六〕夫數　嘉靖、四庫本作「實數」。

〔七七〕二頃　原作「二百」，據四庫本改。

〔七八〕計八個月　「計」原作「就」，據嘉靖、四庫本改。

〔七九〕前三次　原作「前二次」，案前文既云「可以澆溉四次」，此復云前某次「已及元限」，而上文已言元限（原額）爲二頃六十畝，每次放澆八十七畝，則三次得二百六十一畝，適合「元限」，且加下文「後一次」始合四次之數，故改。

〔八〇〕舊例　原作「舊利」，據嘉靖、四庫本改。

〔八一〕一頃　原作「五頃」，據四庫本改。

〔八二〕十分　原作「二分」，據四庫本改。

〔八三〕八分　原作「二分」，據四庫本改。

〔八四〕太多　四庫本作「至多」。

〔八五〕浴意　四庫本作「任意」。

〔八六〕貧弱　原作「貧若」，據成化、嘉靖、四庫本放。

〔八七〕二頃　原作「一頃」，據成化、嘉靖、四庫諸本改。

〔八八〕田雖多　「田」字原留空格，據四庫本補。

〔八九〕分澆之法　「澆之」二字原留空格，四庫本作「澆」，今參據下文「又有交承時日之則」句式，據四庫本補「澆」字，並臆補「之」字。

〔九〇〕得中不易　原作「得中正不口」，據四庫本改。

〔九一〕合令　原作「合今」，據四庫本改。

〔九二〕該寫　四庫本作「詳寫」。

〔九三〕二分　四庫本作「分水」。

〔九四〕闧下　四庫本作「閘下」。

〔九五〕涇渠　原作「經渠」，據成化、四庫本改。

〔九六〕涇水　原作「經水」，據成化、四庫本改。

〔九七〕不朒　原作「不肭」，據四庫本改。

〔九八〕畢工　原作「畢土」，據成化、四庫本改。

〔九九〕置囤　原作「置困」，據四庫本改。

〔一〇〇〕累年　原作「屢年」，據成化、嘉靖、四庫本改。

〔一〇一〕撓曳　四庫本作「摔曳」。

〔一〇二〕慟壞　原作「卸壞」，據嘉靖、四庫本改。

〔一〇三〕「以爲或開疏」至「反成其癖」　此處疑脱文或舛誤，「壅術卽不茂」之「壅」，成化本作「壅」，四庫本文字與此殊異，作「或開疏，壅水即不洩，蓋土性本薄，輕於濆淖，反成其癖」。唯其文義仍頗欠妥帖，俱與成化本等舊本相去懸遠，疑出自四庫館臣臆補。

〔一〇四〕離樂　原作「雖樂」據四庫本改。

〔一〇五〕恒規　嘉靖、四庫本作「舊規」。

〔一〇六〕獨當　原作「獨富」，據四庫本改。

長安志卷第一

龍圖閣直學士右諫議大夫修國史特贈尚書禮部侍郎常山侯宋敏求撰
兵部侍郎兼都察院右副都御史巡撫陝西西安等處地方贊理軍務兼理糧餉　欽賜
一品頂帶畢沅新校正

總叙　分野　土産　土貢　風俗　四至　管縣戶口　雜制

總叙

京兆府，治萬年、長安二縣。尚書禹貢雍州之域，舜置十二牧，雍其一也。又古豐鎬之地，周文、武之所都。毛詩曰「作邑於豐」，又曰「宅是鎬京」。豐邑在豐水之西。鎬京在豐水之東。武王作邑，在鎬京。漢書曰「文王作豐」，師古曰：「今長安西北界靈臺鄉豐水上是。」世本曰武王在豐鄗，杜預左氏傳注曰：「豐在始平鄠縣東。」説文曰「鎬在上林苑中。」鄗與鎬同。雍州爲王畿。平王東遷，以岐豐之地賜秦襄公。史記蘇秦〔一〕説秦孝公〔二〕曰：「秦四塞之國，被山帶河〔三〕，東有〔四〕洪河之險，西有漢中，南有〔五〕巴蜀，北有代馬之利，此天府也。」又曰：「獻公徙居櫟陽，孝公用商鞅，作咸陽〔六〕，築冀闕，徙都之。」至孝公〔七〕，始都咸陽。秦并天下，置内史以領關中。内史，周官。關中記曰：「秦西以隴關爲限，東以函谷爲界，二關之間，是謂關中之地。」東西方千餘里，南北近山者相去一二百里，遠者三四百里。南山自華岳西連秦嶺、終南、太白，至於隴山，北有高陵。平原南北數千里，東西二三百里，西接岐、梁、汧、雍之山。關中有涇、渭、霸、滻、灃、滈、潦、潏之水，上林賦云「八川分流」者也。顔師古曰：「霸、滻、涇、渭、灃、滈、潦、潏，是謂八川。」項籍滅秦，分其地爲三。封章邯爲雍王，都廢丘，今興平縣，司馬欣爲塞王，都櫟陽，韋昭曰：「在長安東，名桃林塞。」師古曰：「取河、華之固爲阨塞耳，非桃林也。塞，音先代反。」沅案太平寰宇記有云今櫟陽縣，詳前後文例，本文亦當有之，恐脱。董翳爲翟王，都高奴，今延州金明縣，謂之三秦。漢高祖元年，更雍州爲渭南郡。五年，高祖在洛陽，從婁敬説，始都之。漢書曰：「秦地於禹貢時跨雍、梁二州，漢興，立都長安。」九年，罷渭南郡，復爲内史。景帝分置左、右内史，此爲右内史。沅按：「分左、右内史，地理志以爲武帝建元六年，百官公卿表以爲景帝二年，從表爲是。」三輔黄圖曰：「武帝太初元年，改内史爲京兆尹，以渭城以西屬右扶風，長安以東屬京兆尹，長陵以北屬左馮翊，以輔京師，謂之三輔。又置三輔，中輔，理華陰；左輔，理高陵；右輔，理郿；兼三都尉，亦曰六輔。胡廣漢官解詁曰：「三輔典境理人，與守職同，而俱在長安城中。又置司隸校尉，三輔咸屬。」東方朔曰：「三輔之地，南有江淮，北有河渭，汧隴以東，商雒以西，厥壤肥饒，此所謂天府陸海之地也。」沅按：此用朔本傳文而略改字，本書此例最多。王莽分長安城旁六鄉，置帥各一人，分三輔爲六尉郡。師古曰：「三輔黄圖云：渭城、安陵以西，北至栒邑、義渠十縣，屬京尉，大夫府居故長安寺。高陵以北十縣，屬師尉，大夫府居故廷尉府。新豐以東至湖十縣，屬翊尉，大夫府居城東。霸陵、杜陵東至藍田，西至武功、郁夷十縣，屬光尉，大夫府居城南。茂陵、槐里以西至汧十縣，屬扶尉，大夫府居城西。長陵、池陽以北至雲陽、祋祤十縣，屬列尉，大夫府居城北。」更始元年，三輔各復其舊。光武都洛陽，以關中地復置雍州，領縣十。尋罷，復置司隸校尉，統三輔如舊。獻帝時，董卓謂陳紀曰：「三輔平敞，四面險固，土地肥美，號曰陸海。」遂徙都長安。魏文帝分河西爲凉州，隴右爲秦州，改京兆尹爲太守，馮翊、扶風各除左右，仍以三輔屬司隸。晉省司隸，於長安置雍州，統京兆、馮翊、扶風、安定、始平、北地、新平七郡，州治京兆郡。惠帝永安元年，張方劫帝幸長安。光熙元年六月，還洛陽。愍帝之後，劉聰、劉曜、石勒、苻健、苻堅、姚萇、相繼竊據之。勒復置雍州。健置司隸校尉。堅分司隸爲雍州，分京兆爲咸陽郡。萇改長安曰常安〔八〕。萇孫泓爲劉裕所滅，東晉復置雍州及京兆郡。尋爲赫連勃勃所破，遣子璝鎮長安，沅按：璝元和郡縣志、太平寰宇記俱作隗。號曰南臺。後魏太武始元元年破赫連昌，以其地置秦、雍、南秦三州。雍治京兆，秦治天水，南秦治伏羌。雍州領京兆、馮翊、扶風、咸陽、北地等五郡三十一縣，京兆郡領縣八。長安、杜城、鄠、山北、新豐、霸城、陰槃、藍田。孝武永熙三年，自洛遷都長安，號西魏，復置京兆尹。北史曰：「後周明帝二年六月，分長安爲萬年縣，并居京城，改雍州刺史爲牧，京兆郡守爲尹。」後周與隋因之。開皇三年，自漢長安故城東南移二十一里，遷都龍首川，改京兆尹爲雍州。大業三年，改州爲京兆郡，統縣二十二。唐武德元年，復爲雍州，以古雍州之地，分爲關右、隴右二道，後改爲關内道。三年，分武功、好畤、盩厔、扶風四縣置稷州，沅按：新唐書志云以武功、好畤、盩厔及郿州之郿、鳳泉置稷州，又析始平置扶風縣。分温秀、石門二縣置泉州。貞觀元年，廢稷州，以武功、好畤、盩厔來屬。十七年，廢宜州，以華原、同官二縣來屬。天授元年，改雍州爲京兆郡，其年復爲雍州。二年，分始平、武功、奉天、盩厔、好畤等縣復置稷州，分雲陽、醴泉、三原、涇陽、富平、美原等縣置宜州。沅按：新唐書志云以永安、同官、美原、富平置。大足元年，廢鴻、宜、鼎、稷四州，以始平等一十七縣來屬。開元元年，改雍州爲京兆府。二十一年，置十五道採訪，爲京畿道〔九〕。天寶元年，以京城爲西京，京兆府領縣二十三。至德二載，曰中京，元年建丑月，停京名，尋曰上都。沅按「元年」上應有「肅宗」二字。自周秦歷漢、晋、西魏、後周、隋、唐，並爲帝都。天祐元年，昭宗東遷於洛，降爲祐國軍。梁開平元年，改府曰大安。二年，改軍曰永平。後唐同光元年，復爲西京，府曰京兆。晋天福元年，改軍曰晋昌；漢乾祐元年，改軍曰永興，其府名皆仍舊，皇朝因之。所載皆用圖經舊文。按圖經所出，盡取唐梁載言十道志。

分野

周禮保章氏以星辨九州之地，所封之域，皆有分星在。天官書東井、輿鬼爲雍州之分，兼得趙、魏之交。漢書地理志曰：「自東井十六度，至柳八度，爲鶉首，沅按：地理志作「自井十度至柳三度謂之鶉首之次，」此蓋以律曆志參之。於辰在未，秦之分也。」廣雅曰：「北斗樞爲雍州。」尚書禹貢：「黑水〔一〇〕西河惟雍州。西據黑水，東距西河。弱水既西。涇屬渭汭。漆沮既從，灃水攸同。言三水同。荆岐既旅，旅謂可祭也。終南惇物，至於鳥鼠。謂終南、惇物二山。西南至於鳥鼠山也。原隰底績〔一一〕，至於豬野。言原隰皆可致功。今武威郡姑臧縣即豬野。沅按：地理志休屠澤古文以爲豬野澤。太平寰宇記在番和縣西北三百里。三危既宅，三苗丕叙。三危，山名，言可居也。三苗即有苗氏，爲亂，徙長沙間。皆大得其次序。厥土惟黄壤〔一二〕，厥田〔一三〕惟上上。浮於積石，至於龍門，皆河水所浮。會於渭汭。近流曰會。」周禮職方：「正西曰雍州，其山鎮曰嶽山，藪曰弦蒲，川曰涇汭，浸曰渭洛。其利玉石。」兼得禹貢梁州之地。周自武王克商，都酆鎬，則雍州爲王畿〔一四〕。及秦孝公作爲咸陽，築冀闕，徙都之，故謂之秦川，亦曰關中地。按三輔黄圖曰：「始皇表河以爲秦東門，表汧以爲秦西門。西門，一作西川。」故賈誼過秦論云「踐華以爲城。」又班孟堅西都賦曰：「左據函谷、二崤之阻，表以太華、終南之山，右界褒斜、隴首之險，帶以洪河、涇渭之川。」張平子西京賦曰：「廣衍沃野，厥田上上，實爲地之奥區神皋。」

土産

周禮職方氏：「雍州，其利玉石，其人三男二女，畜宜牛馬，穀宜黍稷。」漢書地理志曰：「雍州有鄠、杜竹林，南山檀柘，號稱陸海，爲九州膏腴。」師古曰：「言其地高陸而饒物産，如海之無所不出，故云陸海。腴之下肥曰腴，故取喻云。」班孟堅西都賦曰：「陸海珍藏，藍田美玉。竹林果園，芳草甘木。郊野之富，號爲近蜀。」盩厔産芎藭、白芷、烏頭、澤瀉、三稜。華原産芍藥、赤石脂、磁器〔一五〕、華原石〔一六〕。

土貢

禹貢雍州：「厥貢球、琳、琅玕。」唐十道圖：「貢隔紗〔一七〕韡氈、絭草席〔一八〕、酸棗仁、地骨皮、藕粉、葛粉、櫻桃、紫稈粟、沉案：太平寰宇記土産止有已上數種。又鄭樵通志載十道圖，貢止絭草席、地骨皮、酸棗仁三種。大、小麥麵。」晉天福中并停。今止貢酸棗仁、地骨皮，充正日庭實。其外歲貢興平酥、咸陽梨，不列方物。貨殖傳曰：「關中由汧、雍以東至河、華，膏壤沃野千里，自虞、夏之貢以爲上田。」

風俗

漢志曰：「秦有四塞之固。沅按：今漢志無此語，亦敏求所意加。昔后稷封斄，音邰。公劉處豳，大王徙郊，音岐。文王作酆，武王治鎬。其民有先王遺風，好稼穡，務本業，故豳詩言農桑衣食之本甚備。始皇之初，鄭國穿渠引涇水溉沅按：一本溉作灌。田，沃野千里，民以富饒。漢興，立都長安，徙齊諸田、楚昭屈景及諸功臣家於長陵，後世世徙吏二千石、高訾富人及豪桀并兼之家於諸陵，蓋亦以彊幹弱支，非獨爲奉山園也。是故五方雜錯，沅按：地理志作厝。風俗不純。其世家則好禮文，富人則商賈爲利，閭里豪桀則游俠通姦。瀕南山，近夏陽，多阻險，輕薄易爲盜賊，常爲天下劇。又郡國輻凑，浮食者多，民去本就末。列侯貴人車服僭上，衆庶倣效，羞不相及。嫁娶尤崇侈靡，送死過度。沅案：已上地理志文稍節。故漢時京輔稱爲難理。又隋書地理志曰：「京兆王都所在，俗具五方，人物混淆，華戎雜錯，去農從商，爭朝夕之利，游手爲事，競錐刀之末。貴者崇侈靡，賤者薄仁義，豪强者縱横，貧窶者窘蹙。桴鼓屢驚，盜賊不禁，此乃古今之所同也。」春秋説題辭曰：「秦金精堅，故秦俗亦堅。」詩含神霧曰：「秦地處仲秋之位，男懦弱〔一九〕，女高瞭，瞭，明也，落蕭反。白色身，音中商，其言舌舉而仰，聲清而揚。」

四至

東至東京。一千二百七十里。東至西京。八百五十里。東至華州。一百八十里。東南至商州。二百六十五里。南取庫谷路至金州。六百八十里。西南至洋州。六百四十里。沅按：元和郡縣志作六百三十里。正西微北至鳳翔府。三百一十里。西北至邠州。三百里。北至坊州。三百五十里。正東微北至同州。二百五十里〔二〇〕。北至耀州。一百八十里。西北至乾州。一百六十里。沅按：自同州以上并與太平寰宇記同。元和郡縣志及太平寰宇記皆無耀、乾二州兩至，應是敏求所增。

管縣

漢

京兆尹。故秦内史，高帝元年屬塞國。二年，更爲渭南郡。九年罷，復爲内史。武帝建元六年，分爲右内史。太初元年，更爲京兆尹。元始二年户十九萬五千七百二，口六十八萬二千四百六十八。師古曰：「漢之户口，當元始時最爲殷盛。」

縣十二

長安。户八萬八百，口二十四萬六千二百。沅按：元和郡縣志：「故城在長安縣西北十三里。」新豐。沅按：元和郡縣志「故城在昭應縣東十八里。」船司空。莽曰船利。服虔曰：「縣名。」師古曰：「本主船之官，遂以爲縣。」沅按：通典故城在華陰東十五里，今其地名三河口，在華陰縣東南五里，即春秋時渭汭也。三輔黄圖有船庫官，後改爲縣。藍田。沅案：本書縣故城在藍田縣西三十里。華陰。鄭。沅按：今華州是。元和郡縣志：「故城在今鄭縣理西北三里。」湖。沅按：今閺鄉縣，屬河南省。太平寰宇記：「在湖城縣西南二里。」下邽。沅按：今屬渭南縣。太平寰宇記：「廢下邽縣城在縣東南三十五里。」南陵。沅按：今屬咸寧縣。括地志：「故城在萬年縣東南二十四里白鹿原上。」奉明。宣帝置。沅按：「今屬長安縣。」元和郡縣志：「故城在萬年縣東二十里。」長安圖志：「今入長安。」太平寰宇記：「在咸陽縣東北三十五里。」霸陵。沅按：今屬咸寧縣。史記正義「故霸陵在雍州萬年縣東北二十五里。」本書故城在萬年縣東北二十五里霸水之東。杜陵。沅按：今屬咸寧縣。太平寰宇記：「在萬年縣東十五里。」

左馮翊。故秦内史。高帝元年屬塞國，二年更名河上郡，九年罷，復爲内史。武帝建元六年，分爲左内史。太初元年，更名左馮翊。户二十一萬〔二二〕五千一百一〔二三〕，口九十一萬七千八百二十二。

縣二十四。

高陵。沅按：太平寰宇記：「故城在今縣西南。」櫟陽。沅按：今屬臨潼縣。翟道。沅按：今中部縣。太平寰宇記：「故城在中部縣西北四十里。」池陽。沅按：今涇陽、三原二縣地。元和郡縣志：「故城在今涇陽縣西北二里。」夏陽。沅按：今韓城縣。衙。沅按：今白水縣。太平寰宇記：「故在白水縣東北六十一里。」粟邑。沅按：元和郡縣志：「故城在白水縣西北二十八里。」谷口。沉按：今醴泉縣。括地志：「故城在醴泉縣東北四十里。」蓮勺。如淳曰：「音輦酌。」沉按：今屬渭南縣。元和郡縣志：「故城在下邽縣東二十二里。」鄜。沉按：今鄜州地。頻陽。沉按：今富平縣。元和郡縣志：「故城在美原縣西南三里。」臨晋。沉按：今大荔、朝邑兩縣址。章懷太子賢後漢書注：「故城在今同州朝邑縣西南。」重泉。莽曰調泉。沉按：今蒲城縣。括地志：「故城在蒲城縣東南四十五里。」郃陽。祋祤。沉按：今耀州及同官縣地。元和郡縣志：「故城在華原縣東南一里。」太平寰宇記：「在華原縣東北一里。」武城。沉按：「今華州地。」括地志：「故城在鄭縣東北十三里。」沈陽。莽曰制昌。沉按：今華州地。太平寰宇記：「故城在鄭縣東北十五里。」褱德〔一二三〕。沉按：今朝邑縣。太平寰宇記：「故城在朝邑縣西南三十里。」徵。今澄城縣。沉按：太平寰宇記：「故城在澄城縣西南二十二里。」雲陵。昭帝置。沉按：昭帝追尊趙倢伃爲皇太后，起此陵也。今屬淳化縣。明一統志：「故城在淳化縣北三十里。」萬年。沉按：三輔黄圖：「太上皇葬咸陽北原，起萬年陵。」元和郡縣志：「故城在櫟陽縣東北二十五里。」長陵。沉按：今屬咸陽縣。元和郡縣志：「城在咸陽縣東北三十里。」太平寰宇記云：「四十里。」陽陵。沉按今屬咸陽縣。括地志：「在咸陽東三十里。」元和郡縣志云：「四十里。」

雲陽。沅按：今涇陽縣。元和郡縣志：「故城在雲陽縣西北八十里。」

右扶風。故秦内史。高帝元年屬雍國。二年更爲中地郡。九年罷，復爲内史。武帝建元六年，分爲右内史。太初元年，更名主爵都尉，爲右扶風。師古曰：「主爵都尉，本秦之主爵中尉，掌列侯。至太初元年，更名右扶風，而治於内史右地，故此志追書。建元六年分爲右内史，又云更名主爵都尉爲右扶風。」户二十一萬六千三百七十七，口八十三萬六千七十。

縣二十一

渭城。沅按：今咸陽縣。元和郡縣志：「故城在咸陽縣東二十二里。」太平寰宇記云「二十里」。槐里。沅按：今興平縣。太平寰宇記：「故城在興平縣東南十里。」水經注云「縣南對渭水，北背通渠」也。鄠。沅按：元和郡縣志：「故城在縣北二里。」盩厔。斄。沅按：今武功縣。元和郡縣志：「故城一名武功城，在武功縣西南二十三里。」斄即邰也，古聲斄、邰相近。郁夷。詩〔二四〕「周道郁夷」。有汧水祠。莽曰郁平。沅按：今屬隴州。爾雅「西陵威夷」即此。太平寰宇記「故城在汧源縣西五十里大寧關。」美陽。沅按：今扶風縣。郿。沅按：元和郡縣志：「郿縣東十五里有故城。」雍。沅按：今岐山縣。後漢書注：「故城在今岐州雍縣南。」漆。沅按：今邠州。後漢書注：「故城在今邠州新平縣地。」栒邑。

沅按：今邠州三水縣。元和郡縣志：「故城在三水縣東二十五里。」隃麋。沅按：汧陽縣。後漢書注：「故城在今隴州汧陽縣東南。」陳倉。沅按：今寶鷄縣。元和郡縣志：「故城在寶鷄縣東二十里。」杜陽。沅按：今麟游縣。郡國縣道記：「杜陽，晋省。在今鳳翔府北九十里。普潤縣界東南，已失其所在。」後漢書注：「故城在今岐州岐山縣西南。」汧。沅按：今隴州。太平寰宇記：「故城在今汧陽縣南。」好畤。沅按：今乾州。元和郡縣志：「今縣理東南十三里故城是。」太平寰宇記作「四十里。」虢。沅按：今屬寶鷄縣。安陵。沅按：今屬咸陽縣。元和郡縣志：「故城在咸陽縣東二十里。」茂陵。沅按：今屬興平縣。元和郡縣志「在興平縣東北十七里。」平陵。沅按：今屬咸陽縣。元和郡縣志：「故城在咸陽縣西北二十里。」太平寰宇記作「東北十七里」。武功。沅按：今郿縣地。太平寰宇記：「故城在郿縣東四十里。」

後漢

京兆尹。其四縣建武十五年屬。雒陽西九百五十里。十城。户五萬三千二百九十九〔二五〕，口二十八萬五千五百七十四。

長安。霸陵。杜陵。鄭。新豐。藍田。長陵。商。上雒。陽陵。

左馮翊。雒陽西六百八十八里。決録注曰：「馮，依也，翊，明也。」十三城。户三萬七千九十，口十四萬五千一百九十五。關中記曰：「三輔舊治長安城中，長吏各在其縣治民。光武東都之後，扶風出治槐里，馮翊出治高陵。」三輔黄圖曰：「扶風治所在夕陰街北。」

高陵。池陽。雲陽。祋祤。頻陽。萬年。蓮芍。重泉。臨晋。郃陽。夏陽。衙。粟邑。

右扶風。決録曰：「扶風化也。」十五城。户萬七千三百五十二，口九萬三千九十一。

槐里。安陵。平陵。茂陵。鄠。郿。武功。陳倉。汧。渝麋。沅按：地理志作「隃」，郡國志作「渝」，舊本此字亦作「隃」，今用郡國志校正。雍。栒邑。美陽。漆。杜陽。

晋

雍州。統郡國七，縣三十九。户九萬九千五百。

京兆郡。統縣九〔二六〕，户四萬。長安。杜陵。霸城。藍田。高陵。萬年。新豐。陰般〔二七〕。鄭。

馮翊郡。統縣八。户七千七百。臨晋。下邽。重泉。頻陽。粟邑。蓮芍。郃陽。夏陽。

扶風郡。統縣六。户二萬二千〔二八〕。池陽。郿。雍。汧。陳倉。美陽。

安定郡。統縣七，户五千五百。臨涇。朝那。烏氏。都盧。鶉觚。陰容。西川。

北地郡。統縣二。户二千六百。泥陽。富平。

始平郡。泰始二年置。統縣五，户一萬八千。槐里。始平。武功。鄠。蒲城。

新平郡。漢置〔二九〕。統縣二。户二千七百。漆。汾邑。沅按：漢三輔，晋分爲六郡。太平寰宇記以漆縣爲宋安定、鶉觚二縣之地，是亦有安定郡也。至北地郡之泥陽，乃唐寧州之安定縣，富平則靈州回樂、靈武、保静、懷遠、鳴沙等縣地也。寰宇記以漢富平故城爲在回樂縣西南，今實在河套之内，與今之富平全不相涉。本書并載此郡者非。

隋

京兆郡。統縣二十二。户三十萬八千四百九十九。

大興。長安。帶郡。有仙都、福陽、太平等宫。始平。故置扶風郡，開皇三年郡廢。武功。盩厔。醴泉。上宜。開皇十七年置。有舊莫西縣。十八年，改名好時。大業三年廢入焉。鄠。藍田。新豐。華原。宜君。同官。鄭。渭南。萬年。高陵。三原。涇陽。雲陽。富平。華陰。

唐

京兆府。京兆郡。本雍州，開元元年爲府。天寶元年領户三十六萬二千九百二十一，口百九十六萬一百八十八。

縣二十三。有府百三十一。曰真化、匡道、水衡、仲山、新城、賓泉、善信、鳳神、安業、平香、太清，餘皆逸。沅按：本書宣政坊有義陽府，段成式撰寂照和上碑有灌鐘府，皆可以補史之缺。

萬年。長安。咸陽。興平。雲陽。涇陽。三原。渭南。昭應。高陵。同官。富平。藍田。鄠。奉天。櫟陽。好畤。武功。醴泉。奉先。華原。盩厔。美原。沅按：此載縣二十三，與唐書志同。新唐書志無櫟陽、奉先、盩厔三縣，以櫟陽入華州，奉先入同州，盩厔入鳳翔府。櫟陽屬華，奉先屬同，并在天祐三年，盩厔屬鳳翔，在天復元年，不得以新書爲是。

本朝

京兆府。梁以同官、奉先二縣屬同州，以富平、三原、雲陽三縣屬耀州〔三〇〕，以奉先還隸。漢以商州乾祐來屬。周以渭南屬華州。建隆中，復以奉先隸同州。乾德二年，以好畤屬乾州。領縣十三，治萬年、長安。户五萬二千七百二十。

萬年。長安。鄠。藍田。咸陽。醴泉。涇陽。櫟陽。高陵。興平。臨潼。唐昭應縣，大中祥符八年改。武功。乾祐。

耀州。緊州。領縣〔三二〕七。治華原。户一萬七千八百二十。

華原。富平。三原。雲陽。同官。美原。淳化。淳化四年升雲陽梨園鎮爲縣。

乾州。中州。領縣〔三三〕三。治奉天。户九千三百七十一。

奉天。好時。永壽。古豳國之地。唐爲縣。

華州。

渭南。户五千六十三，口一萬一千二百四十七。蒲城。户二萬九百八，口三萬二千五十五。

鳳翔府。

盩厔。户五千四百五十三，口二萬一千四百一十二。沅按：太平寰宇記渭南屬華州，盩厔屬鳳翔府，并云京兆府割到。蒲城屬同州，云雍州割到。此敏求附載此三縣之義也。

雜制

開寶九年〔三三〕，詔建漢文帝廟，去霸橋鎮二十里；景帝廟，去中橋鎮十五里；宣帝廟，去巡鎮二十里。令本府〔三四〕各移鎮就廟，安置鎮將，勾當灑掃。又周武王廟在咸陽縣郭下，漢高祖廟去長安縣四里，武帝廟去咸陽縣五里，唐太宗廟去醴泉縣三百二十步，肅宗廟去甘北巡鎮三里餘，縣令、主簿勾當灑掃。又周文王廟、成王廟各去咸陽縣一十五里，康王廟去咸陽縣六里，秦始皇廟去昭應縣一十里，後周太祖廟去富平縣鎮〔三五〕一十三里，耀州唐高祖廟去三原縣鎮一十八里，宣宗廟去雲陽縣鎮四十里，令移縣〔三六〕就廟，縣令、主簿勾當灑掃。若舍屋摧毁，當議勘斷。令吏部銓曹，應上任、罷任交割，批書歷子〔三七〕，如批到「舍屋摧毁」，未得與官。不批者，仰銓曹牒問本州。如廟宇不曾摧毁，即依長定〔三八〕格式〔三九〕，批例殿最〔四〇〕。其鎮將若致舍屋摧毁，當議決斷勒停。沅按：李燾通鑑長編載開寶九年七月丁亥，詔新修歷代帝王廟，與縣鎮相近者，移治所就之，即其時事也。宋初屢修陵廟，并建碑文。太平寰宇記有唐太宗廟，爲建隆四年敕立，而開寶六年乃命李昉、盧多遜、王祐、扈蒙等分撰廟碑，并遣孫崇望等詣諸廟書石，并見尊崇易代之意。禮志及長編不具此詔，是此書收殘補剜之功爲不小矣。

長安志卷第一終

校勘記：

〔一〕蘇秦　四庫本下有「西至秦」三字。

〔二〕秦孝公　四庫本作「惠王」。

〔三〕帶河　四庫本作「帶渭」。

〔四〕東有　原作「外有」，據四庫本改。

〔五〕南有　原脱，據四庫本補。

〔六〕作咸陽　四庫本作「扵咸陽」。

〔七〕至孝公　四庫本作「惠文王」。

〔八〕曰常安　原作「口常安」，據嘉靖本改。

〔九〕二十一年，置十五道採訪，爲京畿道　此處原作：「天寶元年，以京城爲西京，京兆府領縣二十。二十一年，置五十道採訪，度京畿道。」畢沅有案語云：「此二十一年」，舊本作「二十二三年」，「五十道」舊本作「十五道」，並改正。今案：「五十道」成化本、嘉靖本、四庫本并作「十五道」，舊唐書地理志載「開元二十一年，分天下爲十五道，每道置採訪使」，故畢説有誤，應從成化本等舊本，作「十五道」。又據舊唐書地理志知此「二十一年」係開元二十一年事，觀本段敘事俱依時間順序知此處應有錯簡，當移置「天寶元年」句前。京兆府領縣原作「二十」，成化本作「二十三」，本卷下文及舊唐書地理志同，故據改。

〔一〇〕黑水　原作「黑河」，據四庫本改。

〔一一〕底績　原作「底積」，據嘉靖本改。

〔一二〕惟黄壤　原本無「惟」字，據四庫本補。

〔一三〕厥田　原作「厥土」，據嘉靖本改。

〔一四〕王畿　原作「正畿」，據成化、嘉靖、四庫諸本改。

〔一五〕磁器　原作「磁塞」，類編長安志卷一作「甍器」，今姑參取二者，書作「磁器」。另宋史地理志、元豐九域志均載耀州貢磁器，亦可爲旁證。

〔一六〕華原石　「石」字原闕，成化本作「右」，據類編長安志卷一補。又案此下原有畢沅案語云「此下疑有缺文」，今删。

〔一七〕隔紗　四庫本作「葛紗」。

〔一八〕粲草席　四庫本作「蠟席」。

〔一九〕懦弱　四庫本作「柔弱」。

〔二〇〕二百五十里　成化、嘉靖、四庫諸本並作「三百五十里」。惟類編長安志卷一同。畢沅刻本長安志作「二百五十里」。

〔二一〕二十一萬　四庫本及類編長安志卷一並作「二十三萬」。

〔二二〕一百一　類編長安志卷一作「一百一十」。

〔二三〕褭德　原本作「襄德」，據漢書地理志，此應爲「褭德」之形譌。

〔二四〕詩　四庫本作「韓詩」。

〔二五〕九十九　成化本、嘉靖本作「九十」。

〔二六〕統縣九　原作「統縣七」，據成化、嘉靖、四庫諸本及類編長安志卷一改。

〔二七〕陰般　原作「陰槃」，據成化、嘉靖、四庫諸本及類編長安志卷一改。

〔二八〕二千　四庫本及類編長安志卷一作「三千」。

〔二九〕漢置　四庫本作「新置」。

〔三〇〕耀州　原本「耀州」下有「下」字，據成化、嘉靖、四庫諸本刪。

〔三一〕領縣　原作「鎮縣」，徑改。

〔三二〕領縣　原作「鎮縣」徑改。

〔三三〕九年　原作「元年」，據成化、嘉靖、四庫諸本改。

〔三四〕令本府　原作「今本府」，據成化、嘉靖本改。

〔三五〕富平縣鎮　原無「縣」字，據成化、嘉靖本補。

〔三六〕令移縣　原作「今移縣」，據成化本、嘉靖本改。

〔三七〕歷子　成化本作「曆子」。

〔三八〕長定　原作「長安定」，據成化、嘉靖、四庫諸本刪「安」字。

〔三九〕格式　原作「格漏」，據四庫本改。

〔四〇〕殿最　原作「殿降」，據四庫本改。

長安志卷第二

雍州　京都　京兆尹　府縣官

雍州

尚書禹貢曰：「黑水西河惟雍州。厥貢惟球琳琅玕。浮於積石，至於龍門、西河。」

爾雅曰：「河西曰雝州。」注：「自西河至黑水。」疏：「李巡曰：河西其氣蔽壅，厥性急凶，故曰雍。雍，壅也。兼得梁州之地。西北之位，陽所不及，陰壅也。」晉太康地記曰：「以其四山之地，故以雍名焉。亦謂西北之位陽所不及，陰氣壅閼也。」

春秋元命苞曰：「東井、鬼星，散爲雍州，分爲秦國。東距殽阪，西有漢中，南含高山，北阻居庸。雍，壅也。得東井動深之萌，其氣險也。」

春秋文燿鉤曰：「華、岐以北，龍門、積石，南至三危之野，雍州也，屬魁星。」沅按：「魁」字當爲「鬼」。

釋名曰：「雝州在四山之内。雝，翳也。」

應劭注漢書曰：「四面積高曰雍。」郊祀志：「自古以雍州積高，神明之隩，故立畤郊上帝。」

呂氏春秋曰：「西方爲壅州。」沅按：古無「壅」字，雍州之「雍」，當爲「邕」。說文曰：「邕，四方有水，自邕城池者。从川从邑，讀若雝。」隸書書「雝」爲「雍」，繼復加上爲「壅」，皆非也。此引用呂氏春秋之舊，然呂書亦多俗字，傳寫本之積習傳譌有如此。

晉摯虞雍州詩曰：「於皇先王，經啓九有。有州惟雍，居京之右。土載奥區，山苞神藪。嘉生惟繁，庶類伊阜。悠悠州域，有華有戎。外接皮服，内含岐、豐。周餘既没，夷德未終。莫不慕義，易俗移風。」

漢揚雄雍州箴曰：「黑水、西河，横截昆崙。沅按：初學記「截」作「屬」。邪指閶闔，畫爲雍垠。上侵積石，下礙龍門。蓋安不忘危，盛不諱衰。沅按：初學記無「蓋」字。牧臣司雍，敢告綴衣。」

京都

釋名云：「都者，沅按：釋名本作「國城曰都者」，此省三字。國君所居，人所都會也。邑，猶俋，聚會之稱也。」沅按：釋名本作「邑，猶悒也，邑人聚會之稱也」，此省三字。

尚書大傳曰：「十邑爲都。」

周禮曰：「四縣爲都。」又曰：「距國五百里爲都。」

春秋左氏傳曰：「邑有先君宗廟之主曰都。」沅按：左傳本作「凡邑有宗廟先君之主曰都。」

春秋公羊傳曰：「京師者〔二〕，天子之居也。京者，大也；師者，衆也。天子之居，必以衆大之辭言之。」

白虎通曰：「京都者，何謂也。千里之邑號也。明什倍諸侯，法日月之徑千里。或曰夏爲夏邑〔二〕，殷爲商邑，周爲京師。」

帝王世紀曰：「天子畿，方千里曰甸服，甸服之内曰京師。」又曰：「天子所宫曰都。」

風俗通曰：「京謂非人力所能成，天地性自然也。京師義亦取此。」沅案：爾雅絶高爲之京，非人爲之丘。李巡以爲丘之高大者爲京。説文云「京，人所爲絶高丘也。」此以京爲非人力所能成，是連合雅義用之。

三輔决録注曰：「京，大也，天子曰兆民。」

五經要義曰：「王者受命，創始建國，立都必居中土，所以總天地之和，據陰陽之正，均統四方，以制萬國者也。」

王嬰古今通論曰：「崑崙東南，方五千里，謂之神州。州中有和美鄉，方三千里，五岳之城，帝王之宅，聖人所生也。」

譙周法訓曰：「王者居中國，何也？順天之和，而同四方之統也。」

帝王世紀曰：「古公亶父，是爲太王，以修德爲百姓所附。狄人攻之，以皮幣事之，不得免焉。又事之以玉帛，不得免焉。又事之以犬馬，不得免焉。遂策杖而去，止於岐山之陽，邑於周地，故始改國曰周。豳人聞之，曰仁人不可失也。東循而奔，從之者如歸市焉。一年而成三千户之邑，二年而成都，三年五倍其初。王於是改戎俗，築城郭，立宗廟，設官司，即詩所謂『乃召司空，乃召司徒，俾立室家。其繩則直，作廟翼翼，築之登登，削屢馮馮』者也。周道之端，蓋自此始。」

史記曰：「婁敬，齊人。漢五年，戍隴西，過洛陽，高帝在焉。敬脱輓輅，蘇林曰：『一木横車前，一人推之。輅，音胡格反。』衣其羊裘，因齊人虞將軍見上，説曰：『陛下都洛陽，豈欲與周室比隆哉。』上曰：『然。』敬曰：『陛下取天下，與周室異。周自后稷、堯封之邰，積德累善，十有餘世，成王即位，迺營成周洛邑，以此爲天下之中也。諸侯四方納貢職，道里均矣。有德則易以王，無德則易以亡。凡居此者，欲令務以德致人，不欲依阻險，令後世驕奢以虐民也。及周之盛時，天下和洽，四夷鄉風，慕義懷德，附離而并事天子。莊子曰：『附離，不以膠漆也。』不屯一卒，不戰一士，八夷大國之民，莫不賓服，效其貢職。及周之衰也，分而爲兩，天下莫朝，周不能制也。非其德薄也，而形勢弱也。今陛下與項羽戰滎陽，争成皋之口，大戰七十，小戰四十，使天下之民肝腦塗地，父子暴骨中野，不可勝數。哭泣之聲未絶，傷痍者未起，而欲比隆於成康之時，臣竊以爲不侔也。且夫秦地被山帶河，四塞以爲固，卒然有急，百萬之衆可具也。因秦之故，資甚美膏腴之地，此所謂天府者也。陛下入關而都之，山東雖亂，秦之故地可全而有也。夫與人鬬，不搤其肮，張晏曰：『肮，喉嚨也。』拊其背，未能全其勝也。今陛下入關而都，按秦之故地，此亦搤天下之肮而拊其背也。』高帝問群臣，群臣皆山東人，争言周王數百年，秦二世即亡，不如都周。上疑未能决。及留侯言之，上即日車駕西都關中，賜敬姓劉氏，拜郎中，號奉春君。」沅按：此文亦節字。

又曰：「田肯〔三〕説高祖曰：『陛下治秦中。如淳曰：『時山東人謂關中爲秦中。』秦，形勝之國，張晏曰：『秦地帶山河，得形勢之勝便者。』帶河山之險，懸隔千里，持戟百萬，秦得百二焉。應劭曰：『山河之險，與諸侯相懸隔，地絶千里，所以能擒諸侯者，得天下之利百二也。』李斐曰：『河山之險，内地勢高，順流而下易，故天下於秦懸隔千里，持戟百萬，秦得百二焉。』蘇林曰：『得百中之二焉。秦地險固，二萬人足當諸侯百萬人也。』地勢便利，其以下兵於諸侯，譬如居高屋之上建瓴水也。如淳曰：『瓴，盛水瓶也。居高屋之上而幡瓴水〔四〕，言其向下之勢易也。建音蹇。』晉灼曰：『許慎曰：瓴，甕似瓶者。』」

漢書曰：「劉敬説上都關中，上疑之。左右大臣皆山東人，多勸上都雒陽，東有成皋，西有殽澠，背河鄉雒，其固亦足恃。張良曰：『雒陽雖有此固，其中小不過數百里，地薄，四面受敵，此非用武之國。夫關中左殽函，右隴蜀，沃野千里。南有巴蜀之饒，北有胡苑之利。師古曰：『謂安定、北地、上郡之北，與胡相接之地，可以畜牧者也。養禽獸謂之苑。』阻三面而固守，獨以一面東制諸侯。安定河渭，漕挽天下，西給京師。諸侯有變，順流而下，足以委輸。此所謂金城千里，天府之國。師古曰：『財物所聚謂之府。言關中之地，物産饒多，可備贍給，故稱天府也。』劉敬説是也。』於是上即日駕西都關中。」

後漢杜篤論都賦：「夫大漢之盛世〔五〕，藉雍土之饒，得御外理内之術，孰能致功若斯。創業於高祖，嗣傳於孝惠，德隆於太宗，財衍於孝景，威盛於聖武，政行於宣元，侈極於成哀，祚缺於孝平。傳代十一，歷載三百，高祖至平帝十一代〔六〕，歷涉也合二百一十四年。此言三百者，謂出二百年，涉三百年。德衰而復盈，道微而復彰，謂呂氏亂而文帝興，昌邑廢而宣帝中興。皆莫能遷於雍州，而背於咸陽。宮室寢廟，山陵相望，高顯弘麗，可思可榮。羲農已來，無兹著明。夫雍州，本帝皇所以育業，周始祖后稷封邰，公劉居豳，大王居岐，文王居酆，武王居鎬，并在關中，故曰育業也。霸王所以衍功，戰士角難之場也。」衍，廣也，謂秦都關內〔七〕也。

京兆尹

春秋傳曰：「周公相王室以尹天下。」尹，正也。

通典曰：「周官有內史，秦因之，掌治京師。漢景帝二年，分置左、右內史。武帝太初元年，更名京兆尹。張晏曰：「地絶高曰京。左傳曰『莫之與京』。十億曰兆。尹者，正也。」大衆所聚，故曰京兆。秩二千石〔八〕。銀印青綬。進賢兩梁冠，絳朝服，佩水蒼玉。與左馮翊、右扶風，是爲三輔，理長安城中。後漢都雒陽，置河南尹，以三輔陵廟所在，不改其號，但減其秩與太守同。

漢書曰：「趙廣漢，字子都，涿郡人，爲京兆尹，以和顔接士。其尉薦待遇吏，殷勤甚備，事推功善，歸之於下，曰某掾卿所爲，非二千石所及。行之發於至誠，吏見者皆輸寫心腹，無所隱匿，咸願爲用，僵仆無所避。」又曰：「廣漢爲人强力，天性精於吏職。見吏民，或夜不寢至旦，尤善爲鉤距，以得事情。蘇林曰：「鉤得其情，使不得去。」晉灼曰：「鉤，致也。距，閉也〔九〕。使對者無疑，若不問而自知，衆莫覺所由以閉〔一〇〕，其術爲距也。」師古曰：「晉説是也。」鉤距者，設如欲知馬價，則先問狗，次問羊又問牛，然後及馬，參伍其價，以類相準，則知馬之貴賤不失實矣。郡中盗賊，閭里輕俠，其根株窟穴所在，及吏受取〔一一〕請求銖兩之奸，皆知之。長安少年數人，會窮里空舍，謀共劫人，坐語未訖，廣漢使吏捕治，具服。廣漢爲京兆尹，廉明，威制豪彊，小民得職，百姓追思，歌之至今。沅案：漢書本傳載廣漢及下敞治京兆尹時事甚詳，此皆節删。

又曰：「張敞，字子高，守京兆尹。自趙廣漢誅後，比更守尹，皆不稱職，京師寖廢。長安市偷盗尤多，百賈苦之。敞既視事，求問長安父老。偷盗酋長數人，居皆温厚，出從童騎，閭里以爲長者。敞皆召見責問，因貰其罪，把其宿負，師古曰：「貰，緩也。把，執持也，音布馬反。」令致諸偷以自贖。偷長曰：「今一旦召詣府，恐諸偷驚駭，願壹切受署。」師古曰：「自言願權補吏職也。」敞皆以爲吏，遣歸休。置酒，小偷皆來賀。飲醉，偷長陰以赭污其衣裾。師古曰：「赭，赤土也。」吏坐門，閱赭污者輒收縛之，一日捕得數百人。由是枹鼓希鳴，市無偷盜。」

又曰：「敞爲京兆，朝廷每有大議，引古今處便宜，公卿皆服。敞無威儀，時罷朝會，過走馬章臺街，孟康曰：「在長安中。」臣瓚曰：「在章臺下街也。」使御吏〔一二〕驅，自以便面，師古曰：「便面，所以障面，蓋扇之類也。」拊馬。又爲婦畫眉，長安中傳張京兆眉憮。應劭曰：「憮，大也。」孟康曰：「憮，音詡。北方人謂媚好爲詡畜。」有司以奏。上問之，對曰：『臣聞閨房之內，夫婦之私，有過於畫眉者。』上愛其能，弗備責也。然終不得大位。爲京兆尹九年，與楊惲厚，坐惲大逆誅。

又曰：「王駿爲京兆尹，成帝欲大用之，故試以政事。先是，京兆有趙廣漢、張敞、王尊、王章，至駿，皆有能名。京師稱曰：『前有趙、張〔一三〕，後有三王。』」

後漢書曰：「延篤，字叔固，及邊鳳皆爲京兆尹，并有能名，語曰：『前有趙、張，後有邊、延。』趙、張即趙廣漢及張敞也。」袁山松後漢書曰：「延篤，字叔堅，南陽人也。爲京兆尹，正身率下，民不忍〔一四〕欺。」沅案：今後漢書本傳篤亦字「叔堅」，不作「叔固」。又作「前有趙、張〔一五〕、三王，后有邊、延二君」。此亦節引。

魏志曰：「鄭渾，字文公，爲京兆尹。渾以百姓新集，爲制移居之法，使兼復者與單輕者相伍，温信與孤老爲比。勤稼穡，明禁令，以發姦者。由是民安於農而盜賊息。」

李爕別傳曰：「爕，字德公，京兆人，拜京兆尹，吏民愛敬，乃作歌曰：『我府君，道教舉，恩如春，威如虎，愛如母，訓如父。』」

後周陸逞爲京兆尹，都界有豕，生數子，經旬而死，其家又有豶，遂乳養之，諸豚賴之以活，時論以逞仁政所致。

唐源乾曜爲京兆尹，政存寬簡。

黎幹爲京兆尹，嚴肅爲治，人頗便之〔一六〕。

李勉，大曆二年拜京兆尹，政尚簡肅。時宦官魚朝恩爲觀軍容使，仍知國子監事。前尹黎幹求媚於朝恩，每候其將至監，則盛設酒饌，爲數百人之餼，傾府之吏以辦之。及勉莅職，旬月，朝恩入監，府吏莫至。先置者請於勉，勉曰：「軍容使判國子監，勉候於太學。軍容固宜具主禮，勉官忝京尹，軍容儻惠顧至府，豈敢不飾蔬饌乎？」朝恩深銜之，自是不復至太學矣。

吴凑，貞元十四年爲京兆尹。是夏旱，穀貴，人多流亡。京兆尹韓皐，以政事不理黜之。上召凑，自左金吾衛大將軍，面拜尹，沅按：唐書作右金吾衛大將軍。即日令視事。經宿方下制。逾月，凑論奏掌閑廏、彍騎、飛龍、内園、芙蓉園及禁軍諸司等使，雜供手力，資課太多，量宜減省，從之。凑孜孜爲治，以勤儉爲務，人樂其政，庶務咸舉。奏罷宫市等，人頗便之。嘗於官街樹槐，及凑卒，民指樹而懷之。

許孟容，元和四年爲京兆尹。有左神策軍吏李昱，假長安富人錢八千貫，三歲不償。孟容遣吏收捕械繫，尅日命還之，且曰：「不及期，當死。」自興元以後，禁軍中有功軍士益横，府縣不能制。孟容剛正不懼，以法治之，一軍盡驚，冤訴於上，立命中使宣旨，令送本軍。孟容繫之不遣。中使再至，乃執奏云：「臣誠知不奉詔當誅，然臣職司輦轂，合爲陛下彈抑豪强。錢未盡輸，昱不可得。」上嘉其意，乃許之。自此權右斂迹。

孔戣爲京兆尹。時旱，禱於曲江，是夕大雨。沅案：戣，巢父從子，文宗時爲此官。唐書作「禱雨于曲池」。

韓愈，長慶三年四月爲京兆尹，兼御史大夫。敕特放臺參，以後不得爲例。續會要曰：「時議以爲憲司之臨府縣，著自甲令，苟害于理，自當革之〔一七〕。暫使後人〔一八〕不爲例，深非立制垂久之道也。」

崔珙，開成二年爲京兆尹。時京畿旱，奏滻水入内者十分，請減九分，以賜貧民溉田，從之。

薛元賞，會昌中爲京兆尹。武宗謂宰相曰：「元賞威風甚嚴，唯屬軍者，即令守取敕文。」李德裕奏：「京兆尹者〔一九〕，若非陛下假借，與之作主，則無由爲得。」帝曰：「灼然。」

柳仲郢歷京兆、河南尹，以寬理周郊，人或謂與西府之政有異爲疑。仲郢曰：「輦轂之下，彈壓爲先，他郡皆宜以惠養爲本。」

韋澳，大中十年爲京兆尹。故事，京兆尹在私第，但奇日入府，偶日入遞院。至是，賜度支錢二萬貫，令造宅，始命尹不得離府。澳公正方嚴，吏不敢欺。委長安尉李信主其事，營創府舍，極一時壯麗，復進羡緡。澳連書信兩上下考〔二〇〕。

府縣官

唐肅宗元年建寅月，敕京兆府縣官多被諸使奏請〔二一〕，避難就易，殊非奉公。自今後諸使諸司諸州改官充判官支使隨身驅使等，準舊敕不得放去。

廣德二年三月，敕中書門下及兩省五品已上、尚書省四品已上、諸司正員三品已上、諸王駙馬中周已上，親及女壻，不得任京兆府判司、畿令、赤縣丞、簿、尉。

長慶二年閏十月，中書門下奏：「伏以所立堤防，止緣權要，今一概防閑，事誠太過。今後請應宰臣、左右僕射、御史大夫、中丞、給事、舍人、左右丞、諸司尚書、侍郎、度支、鹽鐵使在城者，并諸王駙馬中周已上，親并女壻、外甥，請準前後敕，不得任京兆府、判、司，次赤畿令、簿、尉，其餘官不在此限。」從之。

大中元年九月，中書門下奏：「京兆府、判、司及兩縣簿、尉帶諸司職事，伏以列官分職，各有司存，苟或侵踰，則乖彝憲。近府、判、司及兩縣簿、尉，多系諸司職掌，遂使〔二二〕額外假攝，一人兼判數曹，易爲因循，難以責辦。臣等商量，自今以後，諸司職掌，改除集賢、史館、弘文館外，并不得帶府州司及兩縣簿、尉，仍每館不得過一員。其見在諸司充職者，請勒歸司。」從之。

長安志卷第二終

校勘記：

〔一〕京師者　原作「京師」，據成化、嘉靖、四庫諸本補「者」字。

〔二〕夏爲夏邑　「夏爲」二字原無，據白虎通京師及初學記卷二四引白虎通補。

〔三〕田肯　原作「田肎」，據成化本及史記高祖本紀改。

〔四〕幡瓴水　原作「播瓴水」，據四庫本及史記高祖本紀集解改。

〔五〕盛世　原作「盛代」，據四庫本改。

〔六〕十一代　原作「十四代」，據四庫本改。

〔七〕秦都關內　原本作「泰□開內」，據後漢書杜篤傳唐李賢注訂補。

〔八〕二千石　原作「一千石」，據四庫本改。

〔九〕閑也　原作「閑也」，據四庫本及漢書趙廣漢傳顏師古注改。

〔一〇〕以閑　原作「以閑」，校改同上條。

〔一一〕受取　原作「受賕」，據成化、嘉靖、四庫諸本改。

〔一二〕御吏　原作「御史」，據四庫本及漢書張敞傳改。

〔一三〕趙、張　原作「張趙」，據四庫本及後漢書延篤傳改。下文「趙、張即趙廣漢及張敞」之「趙、張」同。

〔一四〕不忍　原作「不敢」，據成化、嘉靖、四庫諸本及太平御覽卷二五二引袁山松後漢書改。

〔一五〕趙、張　原作「張趙」，據後漢書延篤傳改。

〔一六〕人頗便之　原作「又頗便之」，據成化、嘉靖、四庫諸本改。

〔一七〕革之　原本作「革去」，成化、嘉靖本俱作「革二」，疑畢刻臆改爲「革去」，四庫本作「革之」，「之」、「二」形迹易謌，且文義較勝，故據改。

〔一八〕後人　原作「之人」，成化、嘉靖二本俱闕「之」字，此從四庫本改。

〔一九〕京兆尹者　原作「京尹」，據四庫本改。

〔二〇〕上下考　原作「上下者」，據類編長安志卷一改。

〔二一〕奏請　原作「奉請」，據成化、嘉靖、四庫諸本改。

〔二二〕遂使　原作「遂便」，據四庫本改。

長安志卷第三

宮室一

周 秦 漢上

周

鎬京。毛詩曰：「考卜維王，宅是鎬京。維龜正之。武王成之。武王烝哉。」箋云：「考，猶稽也。宅，居也。稽疑之法，必契龜而卜之。武王卜居是鎬京之地。龜則正之，謂得吉兆，武王遂居之，修三后〔一〕之德，以伐紂定天下，成龜兆之占〔二〕，功莫大於此。」又黍離閔宗周也。宗周，鎬京也，謂之西周。又禮祭統曰「即宮於宗周」，謂洛邑也。以洛邑爲東都，故謂鎬京爲西都也。魏王泰括地志曰：「周武王宮即鎬京也。」皇甫謐帝王世紀曰：「武王自酆居鎬，諸侯宗之，是爲宗周。今灃水之東、長安之南三十里，去酆二十五里鎬池，即其故都也。」按此即幽王爲犬戎所殺，平王東遷，鎬京淪陷，宮室荒蕪矣。酈元水經注曰：「自漢武穿昆明池於此，鎬京基構淪陷，今無可究。」按酈元漢鎬京蓋在鎬池之西南，昆明池是也。沇按：張揖曰：「鎬在昆明池北。」三輔决録注曰：「鎬在豐水東。」敏求之説本此。基構淪陷，水經注作「淪褫」，應是異本。城門。周禮地官司徒之屬，司門注：「若今城門校尉，主王城十二門。」崔靈恩曰：「十二門者，通十二子之義也。」廟。詩綿：「乃召司空，乃召司徒。俾立室家，其繩則直。縮版以載，作廟翼翼。」毛言不失繩直也。社。詩綿：「迺立冢土，戎醜攸行〔三〕。」毛：「冢土，大社也。美太王之社，遂爲大社。」箋：「大社者，出大衆將所告而行也。」正義：「冢土非諸侯之社。遂者，從本嚮末之稱。言大王所作遂爲文王之法也。文王因其制度，增而長之，以爲天子之制。」周禮：「匠人營國，左祖右社。」靈臺。靈臺，民始附也。文王受命，而民樂有靈德，以及鳥獸昆蟲焉。鄭玄曰：「天子有靈臺者，所以觀祲象，察氣之妖祥也。文王受命，而作邑於豐，立靈臺。」正義：「靈臺所處，在國之西郊。」劉向新序曰：「周文王作靈臺，及爲池沼，掘地得死人之骨，吏以聞於文王。文王曰：『更葬之。』吏曰：『此無主矣。』文王曰：『有天下者，天下之主也；有一國者，一國之主也。寡人固其主也，又安求主。』遂令吏以衣棺更葬之。天下聞之，皆曰文王賢矣，澤及朽骨，而又況於人乎？」水經注曰：「豐水北經靈臺西，文王又引水爲辟雍、靈沼。」括地志曰：「今悉無復處所，唯靈臺孤立。今按臺高二丈，周回百二十步。」辟廱。詩靈臺：「於論鼓鐘，於樂辟廱。」毛：「水旋丘如璧曰辟廱，以節觀者。」文王有聲詩：「鎬京辟廱，自西自東，自南自北，無思不服。」毛：「武王作邑於鎬京。」鄭：「武王於鎬京行辟廱之禮。」明堂。周禮匠人：「周人明堂，度九筵，南北七筵。堂崇一筵。五室，凡室二筵。」注：「此三者或舉宗廟，或舉王寢，或舉明堂，互言之以明其同制。斯干，宣王考室也。『築室百堵，西南其户』，箋：『此築室者，謂築燕寢也。西其户、南其户者，宗廟及路寢學。制如明堂，每室四户。是室一南户耳。禮明堂位：『昔者周公朝諸侯於明堂之位，我將祀文王於明堂也。』呂氏春秋曰：『周之明堂，茅茨蒿柱，土階三等，以見儉節也。』」沅案：鄭注考工記，言或舉宗廟，或舉王寢，或舉明堂，互言之以明其同制者，蓋合夏后世室、殷人重屋論之。敏求引此無謂。學。禮文王世子：「禮在瞽宗，書在上庠。」注：「周立三代之學，學書於有虞氏之學，典謨之教所興也；學舞於夏后之學，文武中也；學禮樂於商之學，功成治定，與已同也。」靈囿。詩靈臺：「王在靈囿，麀鹿攸伏。」毛：「囿，所以育養禽獸言靈道行於囿也。天子百里。」周禮囿游注：「囿，御苑也。」孟子曰：文王之囿方七十里，芻蕘者往焉，雉兔者往焉，與民同之。」靈沼。詩靈臺：「王在靈沼，於牣魚躍。」毛：「沼，池也。靈沼言靈道行於沼也。」宮門。詩緜：「乃立皋門，皋門有伉。迺立應門，應門將將。」毛：「王之郭門曰皋門。伉，高貌。王之正門曰應門。將將，嚴正也。美太王作郭門以致皋門，作正門以致應門。」箋云：「諸侯之宮，外門曰皋門，朝門曰應門，內有路門。天子之宮，加以庫、雉。」正義言：「太王本作郭門，正門耳，在後。文王之興，以爲皋門、應門。雖遷都於豐，用岐周舊制，故云致。致者，自小至大之辭。文王因其制度，增而長之，以爲天子之制，故云耳。郭門者，宮之外郭之門，正門謂之應門，皆宮門也。」崔靈恩曰：「天子五門，皋、庫、雉、應、路。」周禮：「王宮每門四人，囿游亦如之。」注：「囿，御苑。游，離宮也。」太宰：「正月之吉，始和布治于邦國都鄙，乃懸治象之法于象魏，使萬民觀治象。」注：「象魏，闕也。」鎬池。見下。酆宮。文王宮也。詩曰：「既伐于崇，作邑于豐。」箋：「豐邑在豐水之西。鎬京在豐水之東。」春秋左氏傳：「康王有酆宮之朝。」其宮今在鄠縣。沅案：左傳「酆」作「豐」同。說文作「酆」。

秦

阿房宮。史記曰：「始皇三十五年，以爲咸陽人多，先王之宫廷小，吾聞周文王都豐，武王都鎬，豐鎬之間，帝王之舊都也，乃營作朝宫於渭南上林苑中。先作前殿阿房，東西五百步，南北五十丈，上可以坐萬人，下可以建五丈旂。周馳爲閣道，自殿下直抵南山，表南山之巔以爲闕。爲複道，自阿房渡渭，屬之咸陽，以象天極閣道絶漢抵營室也。阿房宫未成，成欲更擇令名名之。作宫阿房〔四〕，故天下謂之阿房宫。隱宫徒刑者七十餘萬人，乃分作阿房宫，或作麗山。發北山石椁，乃寫蜀、荆地材皆至。關中計宫三百，關外四百餘。於是立石東海上朐界中，以爲秦東門。因徙三萬家麗邑，五萬家雲陽，皆不事十歲。」又曰：「始皇造阿房宫，徵發天下工匠。」又曰：「項羽屠咸陽，焚其宫室，三月火不滅。」三輔舊事曰：「阿房宫東西三里，南北五百步，庭中可受十萬人。車行酒，騎行炙，千人唱，萬人和。置銅人十二於宫前。沅案：閣道，史記本紀作「閣道」，天官書同。磁石門。東西有閣道，即阿房宫之北闕門也。累磁石爲之，着鐵甲入者，磁石吸之不得過，羌胡以爲神。三輔黄圖曰：「阿房宫以磁石爲門，懷刃者止之。括地志曰：「一名却胡臺。」水經注曰：「磁石門，西門，在阿房前，悉以磁石爲之，故專其目。令四夷朝者有隱甲懷刃入門而脅之以示神，故亦曰却胡門。」鮑照蕪城賦曰：「制磁石以御衝。」木蘭爲梁。三輔黄圖曰：「阿房前殿以木蘭爲梁。」阿城。漢書曰：「阿城，秦阿房宫也。以其墻壁崇廣，故俗呼爲阿城。」鑄金人十二。史記曰：「始皇大收天下兵器，聚之咸陽，銷以爲鐘鐻，鑄金人十二，重各千斤，置宫中。」徐廣曰：「鐻，音巨。」李善曰：「金狄，金人也。」漢書注：「師古曰：『所謂翁仲者也。』」三輔黄圖曰：「坐高三丈。其銘曰『皇帝二十六年，初兼天下，改諸侯爲郡縣，一法律，同度量，大人〔五〕來，見臨洮。其長五丈，足迹六尺〔六〕。』」端門四達。三輔黄圖曰：「秦始皇兼天下，都咸陽，因北陵營宫殿，端門四達，以則紫宫，象帝居。渭水貫都，以象天漢，横橋南度〔七〕，以法牽牛。」賈山傳：「秦起咸陽而西至雍，離宫三百，」師古曰：「凡言離宫者，皆謂於别處置之，非常所居也。」鐘鼓帷帳，不移而具。又爲阿房之殿，殿高數十仞。師古曰：「阿房者，言殿之四阿皆爲房也。一説大陵曰阿，言其殿高，若於阿上爲房也。房字或作旁。説云始皇作此殿，未有名，以其去咸陽近，且號阿旁。阿，近也。八尺曰仞。」東西五里，南北千步，從車羅騎，四馬騖馳，旌旗不橈。師古曰：「橈，屈也，言庭之廣大，殿之高敞，衆騎馳騖，無所迫觸，建立旌旗，不屈橈。橈，音女孝反。」爲宫室之麗至於此，使其後世曾不得聚廬而託處焉。

右阿房宮。

冀闕。史記曰：「秦孝公十二年，作咸陽，築冀闕，徙都之。」甘泉林光宮。史記：「秦始皇二十七年，作甘泉宮及前殿，築甬道，自咸陽屬之。」戰國策：「范雎説秦王曰：『大王之國，北有甘泉谷口。』」漢宮闕疏曰：「甘泉林光宮，秦三代造。」沅案：括地志云：「秦之林光，漢之甘泉，在雍州雲陽西北八十里。」關輔記云：「宮以山爲名。」大夏殿。三輔故事曰：「大夏殿，始皇造。銅人十枚在殿前。」上林苑史記：「始皇營朝宮阿房於渭南上林苑。」又曰：「始皇欲大苑囿，東至函谷，西至陳倉。優旃曰：『善哉，若寇從東來，令麋鹿觸之。』始皇乃止。」牛首池。史記曰：「秦上林苑有牛首池，在苑西頭。」凌雲閣。漢宮闕〔八〕疏曰：「凌雲閣，秦二世造。」三輔舊事曰：「閣與南山齊。」萯陽宮。秦文王起。萯音倍，在鄠縣。沅案：萯，李斐音爲倍也。説文作𨛨。」祈年宮。史記曰：「始皇初居之宮，有祈年宮、長信宮、梁山宮。」漢書曰：「祈年宮，惠公起。」又曰：秦穆公葬於雍橐泉宮祈年館下。」沅案：史記呂不韋傳作「蘄年。」長信宮。見上。史記曰：「始皇二十七年，作長信宮於渭南，通驪山。作甘泉前殿，築甬道，自咸陽屬之。」沅案：始皇二十七年作者乃信宫，非長信宫也。敏求誤，且與下「作信宫渭南」條重復。梁山宫〔九〕見上。在好時。始皇起。又始皇梁山宫望見丞相車騎衆，不善之。三秦記曰：梁山宫城皆文石，名織錦城。」宫觀二百七十。史記曰：「盧生説始皇曰〔一〇〕：『人主爲微行，所居而人知之，則害於神，願上居毋令人知，則不死之藥殆可得也。』乃令咸陽之旁二百里内，宫觀二百七十，複道甬道相連，帷帳、鐘鼓、美人充之。所幸有言其處者，罪死。」曲梁宫。在三原縣。曲臺宫。鄒陽傳：「秦倚曲臺之宫，懸衡天下，畫地而不犯，兵加胡越。」應劭曰：「始皇帝所治處也，若漢家未央宫。」城陽宫。始皇母遷於城陽宫。沅案：説苑作「萯陽宫」，史記正義引作「咸陽宫」，當時宫無名城陽宫者，此條應誤。望夷宫。史記曰：「胡亥三年，夢白虎嚙其左驂馬，殺之。心不樂，卜涇水爲祟。胡亥乃齋於望夷宫，欲祠涇〔一一〕，沈四白馬。趙高乃使其壻咸陽令閻樂殺胡亥於望夷宫。張晏引博物志曰：「望夷宫在長陵西北長平觀道東故亭處。是臨涇水作之，以望北夷。」漢書注師古曰：「胡亥葬於宜春苑，苑不在渭北也。」槖泉宫。孝公起。棫陽宫。昭王起。棫音域。沅案：二宫并在雍縣。羽陽宫。秦武王起。在陳倉。高泉宫。秦宣太后起。在美陽城〔一二〕。長陽宫。射熊館〔一三〕。昭王起。在盩厔。蘭池宫。秦始皇爲微行咸陽，與武士四人俱，夜出逢盗蘭池宫，見窘〔一四〕，使武士擊殺盗。關中大索二十日。地理志：「渭城縣有蘭池宮。」三秦記曰：「始皇引渭水爲長池，東西二百里，南北二十里〔一五〕，築爲蓬萊山，刻石爲鯨魚，長二百丈〔一六〕，亦曰蘭池陂。秦又有蘭池。」沅案：蘭池，括地志作「蘭池」。長樂宮。關中記曰：「長樂宮有魚池臺、酒池臺，秦始皇造。」酒池。廟記：「長樂宮有魚池、酒池，池上有肉炙樹〔一七〕，秦始皇造。」殿觀百四十五。三輔舊事曰：「始皇表河以爲秦東門，表汧以爲秦西門，中外殿觀百四十五，後宮列女萬餘人。婦人之氣，上衝於天。」章臺。上林。諸廟及章臺、上林皆在渭南。作信宮渭南。史記曰：「秦每破諸侯，寫放其宮室，移之咸陽北坂上，南臨渭〔一八〕。自雍門以東至涇、渭，殿屋複道周圍相屬。所得諸侯美人鐘鼓以充之。二十七年，作信宮渭南，已，更命信宮爲極廟，像天極。自極廟道通酈山。作甘泉前殿，築甬道自咸陽屬之。」離宮別觀，相望聯屬。廟記曰：「咸陽北至九嵕、甘泉，南至長楊、五柞，東至河，西至汧，離宮別觀，相望聯屬，木衣綈繡，土被朱紫，宮人不移，樂不改懸，窮年忘歸，猶不能遍。」獸圈。烈士傳曰：「秦王召魏公子無忌，不行。於是朱亥奉璧一雙，詣秦王。王怒，使置亥獸圈中。亥瞋視獸，眥血濺於獸面，獸不敢動。」虎圈。漢宮殿疏：「秦故虎圈，周匝三十五步，西去長安十五里。」狼圈。又曰：「秦故狼圈，廣八十步，長二十步，西去長安十五里。」

右總叙宮殿苑囿。

四時太昊、黄帝〔一九〕以下祠三百三所。沅案：漢書地理志作「五時、太昊、黄帝以下祠三百三所」，郊祀志作「二百三所。」據之，是「四時」乃「五時」二字之誤。

右郊祠。

漢上

未央宮。漢書曰：「高祖七年，蕭何治未央宮，立東闕、北闕、前殿、武庫、太倉，上見其壯麗甚，怒謂何曰：『天下匈匈，苦戰數載，成敗未可知，是何治宮室過度也？』何曰：『天下方未定，故可因以就宮室。且夫天子以四海爲家，非令壯麗，亡以重威，且亡令後世有以加也。』上説。」西京雜記曰：「未央宮周匝二十二里〔二〇〕九十五步五尺〔二一〕，街道周四十七里，臺殿四十三所，其三十二所在外，十一所在後宮。池十三，山六。池一山二，亦在後宮。門闕凡九十五。」潘岳關中記曰：「未央宮周旋三十三里〔二二〕，街道十七里。有臺三十二，池十二，土山四，宮殿門八十一，掖門十四。」又曰：「未央宮殿及臺，皆疏龍首山土以作之。殿基出長安城上，非築也。又取山土以爲城。山之餘尾，今在城西南數里乃盡也。辛氏三秦記曰：「今長安城即疏龍首山爲臺殿，臺址不假版築。」張衡西京賦云「疏龍首以抗殿」是也。王莽改未央宮曰壽成室。括地志曰：「未央宮在長安故城中，近西南隅。」沅案：此引西京雜記「街道周四十七里」，玉海作「周回七十里」。又三輔黃圖曰：「未央宮周回二十八里」，與雜記及關中記道里亦不符。東闕。漢書曰：「高祖七年，蕭何立東闕、前殿、武庫。」又曰：「文帝七年六月，未央宮東闕罘罳災。」如淳曰：「東闕與其兩旁罘罳皆災也。」顔師古曰：「罘罳爲連闕曲閣也，以覆重刻垣墉之處，其形罘罳然。一曰屏也，罘音浮。」北闕。漢書注師古曰：「未央殿雖南嚮〔一二三〕而上書奏事謁見之徒皆詣北闕，公車司馬亦在北焉。是則以北闕爲正門，而又有東門、東闕，至於西、南兩面，無門闕矣。蓋蕭何初立宮，以厭勝之術，理宜然乎？」關中記曰：「未央宮東有蒼龍闕，北有玄武闕，所謂北闕也。關中有閶闔門，止車門。」廟記曰：「未央宮有白虎闕、屬車闕。」司馬門。漢書：「章邯使長史詣事，至咸陽，留司馬門三日。」師古曰：「凡言司馬門者，宮垣之內，兵衛所在，四面皆有司馬，司馬主武事，故總謂宮之外門爲司馬門。」又：「初元五年，令從官、給事官、司馬中者，得爲大父母、父母、兄弟通籍。」應劭曰：「司馬中者，宮內門也。司馬主武，兵禁之意也。」師古曰：「司馬門者，宫之外門也。衛尉有八屯衛候，司馬主衛士徼巡宿衛，每面各二司馬，故謂宫之外門爲司馬門。」又：「張釋之爲公車令，太子與梁王共車入朝，不下司馬門。釋之追止，劾奏之。」如淳曰：「宫衛令，諸出入殿門、公車、司馬門者，皆下。不如令，罰金四兩。」成帝永始四年，未央宫東司馬門災。掖門。漢書曰：「朱虚侯章從太尉勃請卒千人，入未央宫掖門。」師古曰：「非正門而在兩旁，若人之臂掖也。」御覽曰：「漢制，内至禁者爲殿門，外出大道爲掖門。」端門。漢書曰：「文帝初入〔二四〕未央宫，有謁者十人，持戟衛端門。」師古曰：「端門，殿之正門。」西都賦：「立金人於端闈。」注：「宫正門也。」西京賦：「高門有閌，列坐金狄。」前殿。三輔黄圖曰：「營未央，因龍首以制前殿。殿上有非常室。」幽明録曰：「漢武帝與近臣宴未央殿，方噉〔二五〕黍臛，忽聞人語云：『老臣自訴』。尋覓不見。梁上有一老翁，長八九寸，柱杖僂步。帝問之，翁下，稽首不言，仰視屋，俯指帝脚，忽然不見。東方朔曰：『其名藻廉，水木之精，夏巢林，冬潛河。陛下興造宫室，斬伐其居，故來訴耳。』」王莽改前殿曰王路堂。地皇元年，王路堂爲風所毁。非常室。見上。漢書五行志曰：「武帝綏和二年，鄭通里男子王褒帶劍入北司馬門、殿東門，上前殿，入非常室中。」如淳曰：「殿上室名。」武庫。漢書曰：「武庫以藏禁兵。」又曰：「樗里子葬於武庫。」文穎曰：「秦惠王異母弟也。」師古曰：「樗里子且死，曰：『葬我必渭南章臺東，後百年當有天子宮夾我墓。』及漢興，長樂宮在其東，未央宮在其西，武庫正直其上。」太倉。高紀：「蕭何立武庫、太倉。」金馬門。史記曰：「金馬門者，宦者署門也。門旁有銅馬，故謂之曰金馬門。」公孫弘傳：「待詔金馬門。」如淳曰：「武帝時，相馬者東門京。作銅馬法獻之，立馬於魯班門外，更名魯班門爲金馬門。」又揚雄傳：「歷金門。」金馬門也。白虎門。王莽自前殿南下椒除，西出白虎門。長秋門。漢書：「戾太子使舍人持節，夜入未央宮殿長秋門。」青瑣門。見關中記。高門殿。漢書曰：「汲黯請問見高門。」晋灼曰：「三輔黄圖未央宮中有高門殿。」又鮑宣曰：「豈徒欲使臣美食大官，重高門之地哉。」晋灼曰：「高門，殿名。」師古曰：「亦在未央宮中。」猗蘭殿。漢武帝故事曰：「王美人七月七日旦生武帝於猗蘭殿。」洞冥記：「漢武帝未生之時，景帝夢一赤彘從雲中直下崇芳閣，帝覺而坐於閣，果見赤氣如林木蔽户牖，望閣上有丹霞蓊鬱，既而改崇芳閣爲猗蘭殿。」承明殿。霍光傳：「太后駕幸未央承明殿。成帝鴻嘉二年，有雉集承明殿。」注：「師古曰：『在未央宮。』」翼奉傳：「孝文躬行節儉，外省繇役。其時未有甘泉、建章及上林中諸離宮館也，未央宮又無高門、武臺、麒麟、鳳凰、白虎、玉堂、金華之殿，獨有前殿、曲臺、漸臺、宣室、温室、承明耳。」

清涼殿。三輔黄圖曰：「未央宫有清涼殿、宣室殿、金華殿、玉堂殿、白虎殿、麒麟殿。」宣室殿。賈誼傳：「上方受釐宣室。」蘇林曰：「宣室，未央前正室也。」武帝竇太主置酒宣室，東方朔曰：「宣室者，先帝之正處也，非法度之政不得入焉。」宣帝甘露四年，未央宫宣室閣災。刑法志曰：「宣帝常幸宣室，齋居而决事。」如淳曰：「宣室，布政教之室也。」晋灼曰：「未央宫中有宣室殿。」師古曰：「蓋其殿在前殿之側，齋則居之。」淮南子曰：「武王殺紂於宣室。」漢蓋取舊名也。温室殿。霍光傳曰：「昌邑王入朝，太后還，乘輦欲歸温室。」金華殿。漢書曰：「成帝初方向學，鄭寬中、張禹朝夕入，説尚書、論語於金華殿中。」師古曰：「金華，殿名，在未央宫。」玉堂殿。漢書揚雄傳：「歷金門，上玉堂。」晋灼曰：「三輔黄圖有大玉堂〔二六〕、小玉堂〔二七〕殿。」又李尋曰：「久汙〔二八〕玉堂。」師古曰：「玉堂殿在未央宫。」白虎殿。漢書曰：「河平四年，單于來朝，引見白虎殿。丞相商坐未央庭中，單于前拜謁商。」又：「杜欽詣白虎殿對策，曰成帝時趙思王衍來朝，供張白虎殿。」師古曰：「在未央宫中。」麒麟殿。并見上。又哀帝置酒麒麟殿，董賢父子宴飲。師古曰：「在未央宫。」飛羽殿。王莽請元后冬饗，飲飛羽。」師古曰：「飛羽殿在未央宫中。羽或作雨。」敬法殿。王莽傳：「燒作室門，斧敬法闥。」師古曰：「敬法，殿名。」曲臺殿。漢書曰：

「孟喜舉孝廉，爲郎，曲臺署長。」師古曰：「曲臺，殿名。署者，主供其事也。」又孟卿傳：「后倉説禮數萬言，號后氏曲臺記〔二九〕。」服虔曰：「在曲臺校書著記〔三〇〕因以爲名。」師古曰：「曲臺殿在未央宮。」三輔黃圖曰：「未央宮有曲臺殿。」晏昵殿。班伯召見晏昵殿。張晏曰：「親戚晏飲會同之殿。」長年殿。西京賦：「長年、神仙，宣室、玉堂。」神仙殿。見上。飛翔殿。合歡殿。蘭林殿。披香殿。鳳凰殿。鴛鸞殿。含章殿。朱雀殿。一曰朱鳥殿。安處殿。下並見班孟堅西都賦。常寧殿。茝若殿。發越殿。蕙草殿。壽成殿。下並見三輔黃圖。萬歲殿。廣明殿。永延殿。壽安殿。宣德殿。東明殿。通光殿。傀殿。沅案：傀殿一説即蕙草殿。高明殿。延年殿。下見廟記。四車殿。朱鳥殿。西京賦：「麒麟、朱鳥、龍興、含章。」李善注：「皆殿名。」龍興殿。見上。椒房殿。外戚傳：「上官安曰〔三一〕有椒房之重。」師古曰：「椒房，殿名。在未央宮，皇后所居。」昭陽舍。漢書曰：「趙昭儀居昭陽舍，其中庭彤朱，而殿上髤漆，切皆銅沓〔三二〕，黃金塗，白玉階，壁帶〔三三〕往往爲黃金釭，函藍田壁，明珠、翠羽飾之〔三四〕。」張平子西京賦曰：「後宮則昭陽、飛翔、增成、合歡、蘭林、披香、鳳凰、鴛鸞。」漢宮闕名有鳳凰殿。西京雜記：「昭陽殿織珠爲簾，風至則鳴，如珩佩〔三五〕聲。」又曰：「昭陽殿窗户扇多是琉璃，皆通照，毛髮不得藏。椽桷皆刻作蛇龍〔三六〕，縈繞其間，鱗甲分明，見者莫不〔三七〕驚慄。」增城舍。漢書曰：「班倢伃居增城舍。」應劭曰：「後宮有八區，增城第三〔三八〕也。」椒風舍。漢書曰：「董賢女弟爲昭儀，名其舍爲椒風，以配椒房。」應劭漢官儀曰：「皇后殿稱椒房，以椒塗室，主溫暖，除惡氣也。」掖庭。漢官儀曰：「婕妤以下，皆居掖庭。」西京雜記曰：「漢掖庭有丹景臺、云光殿、九華殿、鳴鸞殿、開襟閣、臨池觀，皆繁華窈窕之所栖宿。」月景臺。云光殿。九華殿。鳴鸞殿。開襟閣。雜記又曰：「漢宮女〔三九〕常以七月七日夜穿七孔針於開襟樓閣〔四〇〕以習之。」臨池觀。皆見上。柏梁臺。漢書：「武帝元鼎二年〔四一〕春，起柏梁臺。」服虔曰：「用百頭梁作臺，因名焉。」師古曰：「三輔舊事云以香柏爲之。今書字皆作柏，服說非。」漢武故事曰：「以香柏爲之，香聞數十里。」郊祀志曰：「武帝鑄柏梁銅柱。」五行志曰：「太初元年十一月乙酉〔四二〕，未央宮柏梁臺災。先是，大風發其屋，夏侯始昌先言其災日。」廟記曰：「柏梁臺，漢武帝造，在北闕內道西。」三秦記曰：「柏梁臺上有銅鳳，名鳳闕。」漢武帝集：「武帝作柏梁臺，詔群臣二千石〔四三〕有能爲七言者，乃得上坐。帝曰：『日月星辰和四時。』梁王曰：『驂駕駟馬從梁來。』大司馬曰：『郡國士馬羽林才。』丞相曰：『惣領天下誠難治。』大將軍曰：『和撫四夷不易哉。』御史大夫曰：『刀筆之吏臣執之。』太常曰：『撞鐘擊鼓聲中詩。』宗正曰：『宗室廣大日益滋。』衛尉曰：『周衛交戟〔四四〕禁不時。』光禄勛曰：『總領從宗〔四五〕柏梁臺。』廷尉曰：『平理請讞決嫌疑。』太僕曰：『修飭輿馬待駕來。』大鴻臚曰：『郡國吏功差次之。』少府曰：『乘輿御物主治〔四六〕之。』大司農曰：『陳粟萬石〔四七〕揚以箕。』執金吾曰：『徼道宮下隨討治。』左馮翊曰：『三輔盗賊〔四八〕天下尤〔四九〕。』右扶風曰：『盗阻南山爲民災。』京兆尹曰：『外家公主不可治。』詹事曰：『椒房率更領其材〔五〇〕。』典屬國曰：『蠻夷朝貢〔五一〕常會期〔五二〕。』大匠曰：『柱枅薄櫨相枝持〔五三〕。』太官令曰：『枇杷橘栗桃李梅。』上林令曰：『走狗逐兔張罝罘〔五四〕。』郭舍人曰：『嚙妃女脣甘如飴。』東方朔曰：『迫窘詰屈幾窮哉。』」承明廬。漢書曰：「嚴助爲會稽太守，武帝賜書曰：『君厭承明之廬。』」張晏曰：「承明廬在石渠閣外。直宿所止曰廬。」天禄閣。三輔故事曰：「天禄閣、石渠閣，并在未央宮大殿北，以藏秘書。」漢宮殿疏曰：「天禄閣、麒麟閣，蕭何造，以藏秘書，畫賢臣像凡十二人，霍光第一，蘇武第十二。」石渠閣。見上。甘露中，五經諸儒雜論於石渠閣。麒麟閣。見上。蘇武傳：「甘露三年，單于始入朝，上思股肱之美，乃圖畫其人於麒麟閣。張晏曰：「武帝獲麒麟時作此閣，圖畫其像於閣，遂以爲名。」師古曰：「漢宮閣疏云蕭何造，上思股肱之美，謂霍光等十二人。」三輔黃圖曰：「未央宮有麒麟殿，藏秘書，即揚雄校書處。」蘭臺。漢書百官表：「御史中丞在殿中蘭臺，迭掌圖籍秘書。」西京賦曰：「蘭臺、金馬，遞宿迭居。」漸臺。漢書曰：「文帝夢上天不能，有一黃頭郎推上。覺而之漸臺，以夢中陰目求推者郎，見鄧通。」師古曰：「未央殿西南有蒼池，池中有漸臺。」又：「王莽爲元后置酒未央宮漸臺，大縱衆樂。」關中記曰：「未央宮中有蒼池，池中有漸臺，王莽死於是也。」括地志曰：「既云就車而之漸臺，雖未央、建章複道相屬，但漢兵既迫，不應駕車踰城，此即非建章之漸臺矣。然則未央、建章似各有漸臺，非一所也。」蒼池。見上。三輔黃圖作「滄」。紫宮。三秦記曰：「未央宮一名紫宮。」李善曰：「未央爲總稱，紫宮其中別名。」養德宮。西京雜記曰：「趙王如意年幼，戚姬使舊趙內傅趙媪傅之，號其室爲養德宮。」淩室。漢書：「惠帝四年七月未央宮淩室災。」顏師古曰：「藏冰〔五五〕之室也。」織室。又：「織室災。」師古曰：「織作之室。」百官表：「少府掌東織、西織，河平元年，省東織，更名西織爲織室。」武臺殿。漢書：「李陵召見武臺。」師古曰：「未央宮有武臺殿。」東山臺。三輔故事曰：「未央宮前有東山臺、西山臺。」三輔黃圖又曰：「未央宮有果臺、東山臺、西山臺、釣臺。」廟記曰：「未央宮有釣弋臺。」西山臺。見上。朱鳥堂。三秦記曰：「未央宮有朱鳥堂、非常室。」畫室〔五六〕。鈎盾弄田。漢書曰：「昭帝始元元年，耕于鉤盾弄田。」應劭注云：「時年九歲，未能親耕，帝籍鉤盾宫宦者近署，故往試耕爲戲弄。」成帝建始三年，小女陳持弓，年九歲，闌入尚方掖門，至未央殿鉤盾禁中。西京故事曰：「弄田，在未央宫中。」未央廐。漢書曰：「武帝期門郎上官桀遷爲未央廐令。」獸圈。彘圈。三輔黄圖曰：「獸圈九，彘圈一，在未央宫中。」

右未央宫。又有蕭何、曹參、韓信等殿。

建章宫。漢書曰：「武帝太初元年十一月。柏梁臺災。二月，起建章宫。」文穎曰：「越巫名勇，謂帝曰：『越國有火災，即復大起宫室以厭勝之』，故帝作建章宫。」師古曰：「在未央宫西，今長安故城西，俗所呼貞女樓者，即建章宫之闕也。」關中記曰：「建章宫其制度事兼未央宫，周回二十餘里。」三輔舊事曰：「建章宫周回數十里，殿東別起閣，高二十五丈。憑高以望遠。」張平子西京賦曰：「柏梁既災，越巫陳方，建章是營，用厭火祥。營宇之制，事兼未央。」沅案：漢書雲陽縣下有越巫䘐䣛祠。郊祀志高帝時長安置祠，祀官女巫有梁巫、晋巫、秦巫、荆巫、九天巫諸名，越巫亦其類也。度爲千門萬户，前殿度高未央。師古曰：「度，音大各反。」東方朔傳曰：「今陛下以城中爲小，圖起建章，左鳳闕〔五七〕，右神明，號稱千門萬户。」其東則鳳闕，高二十餘丈。師古曰：「三輔故事：『其闕闥上有銅鳳。』班固西都賦曰：『設璧門之鳳闕，上觚稜而棲金爵。』金爵則銅鳳也。」關中記曰：「建章宮鳳闕臨北道，鳳在上，故號曰鳳闕。」廟記曰：「建章宮北闕高二十丈，建章北闕門也。又古鳳凰闕，漢武帝造，高十七丈五尺。」長安記曰：「俗人謂鳳闕爲貞女樓。古歌詞云：『長安城〔五八〕西雙員闕，上有一雙銅雀宿。一鳴五穀生，再鳴五穀熟。』按銅雀即銅鳳也。」繁欽建章鳳闕賦序曰：「秦漢規模，廓焉泯毁，唯建章鳳闕，聳然獨存。雖非象魏之制，亦一代之巨觀也。」其西則商中數十里虎圈。如淳曰：「商中，商庭也。」師古曰：「商，金也，於序爲秋，故謂西方之庭爲商庭，言廣數十里。於搜亦西方之獸，故於此置其圈也。」其北治大池，漸臺高二十餘丈，名曰泰浸。師古曰：「漸，浸也。臺在池中，爲水所漸，故曰漸臺。一音子廉反。三輔黃圖或爲瀸，亦漸耳。」池中有蓬萊、方丈、瀛州、壺梁，象海中神山龜魚之屬。師古曰：「三輔故事：『池北岸有石魚，長三丈，高五尺。西岸有石鱉三枚，長六尺。』」其南有玉堂、璧門、大鳥之屬。師古曰：「立大鳥象也。」漢書曰：「建章宮南有玉堂，璧門三層，臺高十餘丈。玉堂内殿十二門，階陛咸以玉爲之，鑄銅鳳高五尺，飾黃金棲屋上，下有轉樞，向風若翔。椽首薄以玉璧，因曰璧門。」立神明臺、井幹樓，高五十丈，輦道相屬焉。顔師古曰：「漢宮閣疏：『神明臺高五十丈，上有九室，常置九天道士百人。』然則神明、井幹共高五十丈也。井幹樓積木而高爲樓，若井幹之形也。井幹者，井上木欄也，其或四角，或八角。」東方朔傳曰：「建章左鳳闕，右神明。」張衡西京賦曰：「井幹疊而百層。」謂此樓也。「幹」或作「翰」，其義并同。三輔黄圖曰：「神明臺上有九臺，今謂之九子臺。非也。」沅案：「幹」或作「翰」，「翰」字誤也，應是或作「韓」。說文：「韓，井垣也。」又曰：「八家一井，象構韓形。」是「韓」正字，「幹」借字，不應通於「翰」。析風闕。三輔故事曰：「建章宮東有析風闕。」關中記曰：「建章宮閶闔門内東出有析風闕，一名別風，高一十丈。」西京賦所云〔五九〕「閶闔之内，別風、嶕嶢」者也。嶕嶢闕。廟記曰：「建章宮有嶕嶢闕。」薛綜注『次門女闕』也。在圓闕門内二百步。」馺娑殿。關中記曰：「建章宮中有馺娑、駘蕩、枍詣、承光四殿。」李善曰：「馺，素合反。娑，蘇可反。駘，音殆。枍，烏詣反。」沅案：「馺娑」之「娑」應用說文「駊」字。三輔黄圖曰：「馺娑馬行迅疾，一日遍宮中。」言宮之大也。駘蕩殿。枍詣殿。承光殿。並見上。銅柱。承露。僊人掌。漢書曰：「武帝作。」蘇林曰：「僊人以手掌擎盤，承甘露。」師古曰：「三輔故事：『建章宮承露盤二十丈，大七圍，以銅爲之。上有僊人掌承露，和玉屑飲之。』蓋張衡西京賦所云『立修莖之僊掌，承雲表之清露，屑瓊蕊以朝餐，必性命之可度』也。」長安記曰：「僊人掌大七圍，以銅爲之。」太液池。漢書曰：「昭帝元始元年二月，黄鵠下建章宮太液池中。」如淳曰：「液言天地和液之氣也。」瓚曰：「陰陽津液以作池也。」師古曰：「二説〔六〇〕皆非。太液池者，言其津潤所及廣也。」又曰：「建章宮北有太液池。」關中記曰：「建章宮北有池以象海，北刻石爲鯨魚，長三丈。」三輔舊事曰：「建章宮北作清淵。」又曰：「清淵北有鯨魚，刻石爲之。」西京雜記曰：「太液池邊皆是雕葫、紫擇、緑節、蒲叢、生蒲之類。菰之有米者，長安人謂爲雕葫；葭蘆之未解葉者，謂爲紫擇；菰之有首者，謂爲緑節。其間鳧鶵、鴈子布滿充積，又多紫龜、緑鱉。池邊多平沙，沙上鵜鶘、鷓鴣、䴔鶄、鴻鶂，動輒成群。」又曰：「太液池中有鳴鶴舟、容與舟、清曠舟、采菱舟、越女舟。」三輔舊事曰：「日出暘谷，浴於咸池，至虞泉即暮，此則象之也。」清淵。見上。孤樹池。西京雜記曰：「太液池西有一小池，名孤樹池，中有一洲，洲上有一枯樹，一株大十餘圍，望之童童如車蓋，故取以爲名。」奇華殿。周地圖記曰：「奇華殿在建章宮旁。四海夷狄器服珍寶，火浣布，切玉刀、巨象、大雀、師子、宛馬〔六一〕，充塞其中。」鼓簧宮。漢宮闕疏曰：「鼓簧宮周匝百三十六步，在建章宮西北。」涼風臺。關中記曰：「建章宮北作涼風臺，積木爲樓，高五十餘丈。」中龍華門。見漢武故事。曝衣閣。宋卜子陽園苑疏曰：「太液池西有武帝曝衣閣，常至七月七日，宮女出后衣，登樓曝。」

右建章宮。

長樂宮。漢書曰：「高帝五年，都長安。九月，治長樂宮。」叔孫通傳：「漢七年，長樂宮成。」關中記曰：「長樂宮本秦之興樂宮也。周回二十餘里，有殿十四，漢太后常居之。」長安記曰：「興樂宮，秦始皇造，漢修飾之。王莽改長樂宮曰常樂室。」東朝。史記叔孫通傳：「孝惠帝爲東朝長樂宮及間往來數蹕煩人，乃作複道。」又漢書灌夫傳：「東朝廷辨之。」如淳曰：「東朝，太后朝也。」張晏曰：「會公卿大夫東朝共理而分別也。」東宮。漢書袁盎傳：「上朝東宮，趙談驂乘。」東闕。漢書曰：「宣帝元康四年，神爵五彩以萬數，集長樂宮。」又：「五鳳三年，鸞鳳集長樂宮東闕中樹上。」西闕。劉屈氂傳〔六二〕「太子敺四市人至長樂西闕下，逢丞相軍，合戰。」前殿。三輔黄圖曰：「長樂宮前殿東西四十九丈七尺，西杼中二十五丈，深十二丈。」「杼」一作「序」。宣德殿。通光殿。高明殿〔六三〕。右見三輔宮殿名，在長樂宮中。長秋殿。關中記曰：「長樂宮有長秋、永壽、永寧、長定四殿。」永壽殿。永寧殿。長定殿。並見上。臨華殿。漢書曰：「成帝永始四年，長樂臨華殿災。」鴻臺。漢書：「惠帝四年三月，長樂宮鴻臺災。」三輔黄圖曰：「長樂宮有鴻臺，有臨華殿，有温室殿。」温室殿。見上。漢書曰：「或問孔光温室省木皆何木也，光嘿然不應。」晉灼曰：「長樂宮中有温室殿。」建始殿。廣陽殿。中室殿。月室殿。神仙殿。椒房殿。以上並見三輔黄圖。大夏殿。三輔舊事曰：「秦作銅人，立在阿房殿前，漢徙著長樂宮大夏殿前，關中記曰：『長樂宮殿前銅人，其胸前名李斯、蒙恬所書也』。賈誼過秦篇曰：『始皇銷鋒鏑，鑄以爲金人十二，以弱天下之人』是也。」魏志曰：「董卓悉椎破銅人鐘鐻[六四]以鑄小錢。」英雄記曰：「昔大人見臨洮而銅人鑄，臨洮生卓而銅人毁。時有卓而大亂，大亂而卓身滅，良有[六五]以也。」關中記曰：「董卓壞銅人，餘二枚，徙在清明門裏。魏明帝欲徙詣洛，載致霸城，重不可致」。酒池。在長樂宮，秦始皇造。漢武帝行舟於中。西京雜記曰：「酒池北起臺，天子於上觀，牛飲者三千人。」太平寰宇記曰：「武帝作酒池以誇羌胡，飲以鐵杯，重不能舉，皆抵牛飲。」

右長樂宮。

長安志卷第三終

校勘記：

〔一〕三后　原作「二后」，據四庫本改。

〔二〕龜兆之占　原作「龜兆之古」，據成化、嘉靖本改。

〔三〕攸行　原作「收行」，據四庫本改。

〔四〕阿房　原作「阿其房」據四庫本刪「其」字。

〔五〕大人　原作「金人」，據成化、嘉靖、四庫諸本改。

〔六〕六尺　原作「六丈」，據成化、嘉靖、四庫諸本改。

〔七〕南度　原作「南渡」，據成化、嘉靖、四庫諸本改。

〔八〕宮闕　原作「宮殿」，據成化、嘉靖、四庫諸本改。

〔九〕梁山宮　原作「梁山」，據成化、嘉靖、四庫諸本補「宮」字。

〔一〇〕説始皇曰　「曰」字原闕，據成化、嘉靖、四庫諸本補。

〔一一〕祠涇　原作「祀涇」，據成化、嘉靖、四庫諸本改。

〔一二〕美陽城　原作「美陽」，據成化、嘉靖、四庫諸本補「城」字。

〔一三〕射羆館　四庫本及類編長安志卷三作「射熊館」。

〔一四〕見窨　原作「中官」，據成化、四庫本及史記秦始皇本紀改「中」爲「見」，據四庫本及史記秦始皇本紀改「官」爲「窨」。

〔一五〕二十里　原作「一十里」，據嘉靖、四庫本改。類編長安志卷二作「三十里」。

〔一六〕二百丈　原作「一百丈」，據嘉靖、四庫二本及類編長安志卷二改。案原本附有畢沅案語云「長一百丈」，秦記作「二百丈」。今刪。

〔一七〕肉炙樹　成化、嘉靖本作「由炙樹」，四庫本作「楢柞樹」。

〔一八〕臨渭　原作「臨渭南」，據成化本、四庫本及史記秦始皇本紀刪「南」字。

〔一九〕黄帝　原作「皇帝」，據漢書地理志改。

〔二〇〕二十二里　四庫本作「二十三里」。

〔二一〕五尺　原本闕，據成化、嘉靖、四庫諸本補。

〔二二〕三十三里　原作「三十一里」，據成化、嘉靖、四庫諸本改。類編長安志卷二作「二十三里」。

〔二三〕未央殿雖南嚮　原作「未央宫雖南嚮」，據成化、嘉靖、四庫諸本改。

〔二四〕初入　原本闕「初」字，據成化、嘉靖、四庫本補。

〔二五〕方噉　原本作「方敢」，據嘉靖、四庫本改。

〔二六〕有大玉堂　原本作「本大玉堂」，據漢書揚雄傳顔師古注引晋灼語改。

〔二七〕小玉堂　此三字原本闕，據成化、嘉靖、四庫諸本補。

〔二八〕久汙　原作「久汗」，據四庫本改。

〔二九〕后氏曲臺記　原作「后氏曲臺説」，據四庫本改。

〔三〇〕著記　原作「署記」，據成化、四庫本改。

〔三一〕上官安曰　「曰」字原闕，據成化本補。

〔三二〕切皆銅沓　原作「砌皆銅沓」，據四庫本改。

〔三三〕壁帶　原作「璧帶」，據成化、嘉靖、四庫諸本改。

〔三四〕飾之　原作「餙之」，據成化、四庫本改。

〔三五〕珩佩　成化、嘉靖本作「琦佩」，四庫本作「環佩」。

〔三六〕刻作蛇龍　原作「刻龍蛇」，據成化、嘉靖、四庫諸本改。

〔三七〕莫不　原作「無不」，據成化、嘉靖、四庫諸本改。

〔三八〕第三　原作「第二」，據四庫本改。

〔三九〕宫女　四庫本作「綵女」。

〔四〇〕樓閣　原作「樓俱」，據四庫本改。

〔四一〕二年　原作「元年」，據四庫本改。

〔四二〕乙酉　原作「己酉」，據成化、嘉靖、四庫諸本改。

〔四三〕二千石　原作「二千名」，據成化、嘉靖、四庫諸本改。

〔四四〕交戟　原作「交戰」，據四庫本改。

〔四五〕從宗　原作「從官」，據四庫本改。

〔四六〕主治　原作「工治」，據四庫本改。

〔四七〕萬石　原作「善石」，據成化、嘉靖、四庫本改。

〔四八〕盗賊　原作「賊盗」，據成化、四庫本改。

〔四九〕天下尤　四庫本作「天下危」。

〔五〇〕其材　成化本作「其財」。

〔五一〕朝貢　四庫本作「朝賀」。

〔五二〕會期　四庫本作「舍其」。

〔五三〕枝持　原作「扶持」，據成化、嘉靖、四庫諸本改。

〔五四〕罝罘　原作「罝罘」，四庫本作「罘罳」，據藝文類聚卷五，引柏梁臺詩改。案顧炎武亭林文集卷四答孝子德書對此有考釋。

〔五五〕藏冰　原作「藏水」據成化、嘉靖、四庫諸本改。

〔五六〕畫室　原作「畫堂」，據成化、嘉靖、四庫諸本改。

〔五七〕鳳闕　原作「圖闕」，據四庫本改。

〔五八〕長安城　原作「長安成」，據四庫本改。

〔五九〕西京賦所云　原作「西京所賦云」，徑改。

〔六〇〕二說　原作「三說」，據成化、四庫本改。

〔六一〕宛馬　原作「宮馬」，據四庫本改。

〔六二〕劉屈氂傳　原作「劉屈釐」，據成化、嘉靖、四庫諸本改。

〔六三〕通光殿。高明殿　原本兩殿名互乙，據成化、嘉靖、四庫諸本改。

〔六四〕鐘鐻　原作「銅靈」，據四庫本改。

〔六五〕良有　原作「意有」，據嘉靖、四庫本改。

長安志卷第四

宫室二

漢中

桂宫。三輔黄圖曰：「桂宫，漢武帝造。」漢書曰：「桂宫，有紫房複道，通未央宫。」又：「成帝爲太子，初居桂宫。」師古曰：「三輔黄圖桂宫在城中，近北宫，非太子宫。」三輔故事曰：「桂宫在未央宫北，周匝十餘里，中有明光殿、走狗臺、土山，複道横北度，從宫中西上城，至建章宫神明臺。」沅按：水經注云宫在未央北，故渠出二宫之間，曰明渠。龍樓門。漢書曰：「成帝爲太子，上嘗急召太子，出龍樓門，不敢絶馳道，西至直城門，得絶乃度，還入作室門，上遲之。」張晏曰：「門樓上有銅龍，若白鶴、飛廉之爲名也。」鴻寧殿。

漢書哀帝紀曰：「建平三年正月癸卯，帝太太后所居桂宮正殿火。」五行志曰：「哀帝建平三年正月癸卯，桂宮鴻寧殿災。帝祖母傅太后之所居也。」明光殿。關中記曰：「桂宮在未央宮之北，周回十餘里，中有明光殿，殿上複道從宮中西上城，西至建章宮神明殿蓬山〔一〕。」三秦記曰：「未央宮漸臺西有桂宮，宮内有明光殿，皆金玉珠璣爲簾薄，綴明月珠〔二〕，金戺〔三〕玉階，晝夜光明。」班固西都賦曰：「自未央而連桂宮，北彌明光而亘長樂。」三輔舊事曰：「桂宮内有明光殿」。走狗臺。見上。四寶宮。西京雜記曰：「漢武帝爲七寶床、雜寶案、厠寶〔四〕屏風、列寶帳〔五〕，設於桂宮，時人謂之四寶宮。」沅按：宮内又有商臺、避風臺，俱見三輔黄圖。

右桂宮。

明光宮。漢書曰：「武帝太初四年秋，起明光殿。」師古曰：「三輔黄圖『在城中，近桂宮』」元后傳曰：『成都侯商嘗病，欲避暑，從上借明光宮。』」師古曰：「明光在城内，近桂宮。」漢武故事曰：「又起明光宮，發燕趙美女二千人〔六〕充之，率皆十五已上、二十已還，年滿三十者出嫁之。掖庭令總其籍〔七〕。時有死出者，隨補之。」三秦記曰：「明光殿以金爲戺，玉爲階。王莽篡位，令孺子爲定安公，孝平皇后爲定安太后，改明光宮爲定安館，定安太后居之。」沉按：此引三秦記「明光殿金戺玉階」，與上桂宫内明光殿復出。程大昌曰：「漢明光宫有三，一在北宫，與長樂相連；一在甘泉宫中；一爲尚書奏事之地。」尚書奏事之地即此宫是也。漢官儀曰：「尚書奏事於明光殿，省中以丹朱采地，曰丹墀，伏其下奏事」。輦道相屬。漢書曰：「武帝故事，上起明光宫、桂宫、長樂宫，皆輦道相屬，懸棟飛閣，北度從宫中西上城，至神明臺。平帝元始元年，罷明光宫。」沉按：考平帝本紀，是年罷明光宫及三輔馳道。敏求以此條著于「輦道相屬」之下，不應去「及三輔馳道」五字，疑有脱誤。

右明光宫。沉按：玉海以此爲明光殿省。

長信宫。漢書曰：「成帝母王太后居長信宫。」外戚傳曰：「班婕妤求共養太后長信宫，上許焉。婕妤退處東宫，作賦自傷悼曰：「奉共養於東宫兮，託長信之末流。」」後漢書〔八〕劉玄傳曰：「更始徙居長信宫。」三輔黄圖曰：「從洛門至周廟門，有長信宫在其中。」

東宫。見上。

永信宫。哀帝建平二年，尊恭皇太后曰帝太太后，又更號皇太太后，稱永信宫。

中安宫。哀帝尊恭皇后曰帝太后，稱中安宫。

長門宫。武帝陳皇后退居長門宫，沉按：宫在長安故城之東。

鈎弋宫。趙倢伃居鈎弋宫。師古曰：「三輔黄圖在城外。漢武故事曰在直門南〔九〕。」列仙傳曰：「鈎弋夫人，齊人，生六年右手拳。帝披其手得一玉鈎，而手尋展，故以名宫。」沅按：括地志云宫在城中，與黄圖異。堯母門。又曰：「趙倢伃妊身〔一〇〕十四月，乃生昭帝。武帝曰：昔堯十四月而生，今鈎弋亦然，乃命其所生門曰堯母門。」

右長信等五宫。

北宫。漢書曰：「惠帝張皇后廢處北宫。」師古曰：「在未央宫之北。」董偃常從武帝遊戲北宫，馳逐平樂觀。平帝貶皇太后趙氏爲孝成皇后，退居北宫。哀帝皇后傅氏退居桂宫。師古曰北宫及桂宫皆在城中，而非未央宫中也。霍光傳北宫、桂宫皆在未央宫北。漢書又曰：「宫中有神君壽宫，張羽旗，設供具，以禮神君，來則肅然風生，帷帳皆動。」東交門。武帝置酒北宫，引董偃從東司馬門入，東司馬門更名東交門。蘇林曰：「以偃從此門入，交會于内，故以名焉。又曰『東交掖門』」。紫房複道。孔光傳：「成帝母太皇太后，自居長樂宫，而帝祖母定陶傅太后在國邸，詔問宜當何居。光不欲令后與帝旦夕相近，即議以爲定陶太后宜改築宫，大司空何武曰：『可居北宫。』上從武言。北宫有紫房複道，通未央宫。傅太后從複道朝夕至哀帝所。」沅按：三輔黄圖北宫内有神仙宫、壽宫，本書誤入甘泉宫下。又有太子宫，成帝之宫也，所謂甲觀畫堂者是。又有前殿廣五十步，書皆不及之。玉海據漢書云桂宫有紫房複道通未央宫。長安記曰「桂宫在未央宫北，亦曰北宫」，又誤合兩宫爲一。

右北宫。

林光宫。漢書注：「服虔曰：『甘泉一名林光。』師古曰：『秦之林光宫，胡亥所造，漢又於其旁起甘泉宫。』」又郊祀志「震電災林光宫門」，孟康曰：「甘泉一名林光。」師古曰：「林光，秦離宫名也。漢又於其旁起甘泉宫，非一名也。」關中記曰：「林光宫一曰甘泉宫，秦所造，在今池陽縣西北故甘泉縣〔一一〕甘泉山上，周回十餘里。漢武建元中增廣之，周回十九里一百〔一二〕二十步。有宫十二，臺十一。武帝常以五月避暑於此，八月乃還。」長定宫。宣帝許皇后、成帝許皇后並居長定宫。師古曰：「三輔黄圖林光宫有長定宫。」

右林光宫。

甘泉宫。漢書〔一三〕曰：「甘泉，山名。」應劭曰：「甘泉在馮翊雲陽縣。」文帝三年五月，上幸甘泉。師古曰：「甘泉在雲陽，本秦林光宫。」晋灼曰：「雲陽甘泉，黄帝以來祭天圓丘處也。」武帝常以五月避暑，八月乃還。漢書又曰：「齊人李少翁言：『上即欲與神通，宫室被服非象神物不至，乃作甘泉宫，中爲臺。畫天地泰一諸鬼神而置祭具，以致天神。』」揚雄傳：「甘泉本秦之林光宮而武帝復增通天、高光、迎風宮。」關中記曰：「林光宮一曰甘泉宮，秦所造，在今池陽縣西北故雲陽縣甘泉山上，周回十餘里，有銅人二枚在門外。」三輔黃圖曰：「甘泉宮，漢武帝建元中增廣之，周回一十九里，中有牛首山。」漢官儀注曰：「甘泉通天臺去長安三百里，望見長安城。黃帝以來圓丘祭天處。」開山圖曰：「雲陽，先王之墟也，中有神書、鐵券、玉石之記」。十道志曰：「今按甘泉谷北岸有古槐樹，在故宮之南。」雲陽宮記曰：「甘泉宮北有槐樹，今謂之玉槐，樹根幹盤峙，三二百年木也。耆舊相傳，咸以爲此樹即揚雄甘泉賦所謂『玉樹青葱』者也」。沅按：漢官儀一作「漢舊儀」，「去長安三百里」一作「二百里」。「甘泉，山名」，是漢書音義，蓋即臣瓚之説，不得目爲漢書。又邢承宗西征賦注云「水名」。前殿。漢官儀注曰：「武帝於甘泉宮更置前殿，始廣諸宮室，有芝生甘泉殿邊房中。」漢舊儀曰：「芝有九莖，金色，緑葉殊實，夜有光，乃作芝房之歌。」紫殿。三輔黃圖曰：「漢武帝起紫殿，雕文刻鏤黼黻，以玉飾之。成帝永始四年，行幸甘泉，郊泰畤，神光降於紫殿。」西京雜記曰：「武帝設雲帷、雲幄、雲幕於甘泉紫殿，世謂爲三雲殿。」連綿四百餘里。三輔故事曰：「北至甘泉、九嵕，南至長楊、五柞，連綿四百餘里。」三輔黃圖云：「緣山谷行至雲陽三百八十里，入右扶風，周回五百四十里。」萬靈明庭。漢書曰：「黃帝郊雍上帝，宿三月。鬼臾區號大鴻，卜死葬雍，故鴻冢是也。其後黄帝接萬靈明庭。明庭者，甘泉也。」蘇林曰：「今雍有鴻冢。」諸侯邸。史記曰：「黄帝治明庭，甘泉也。方士多言古帝王盡都甘泉者，其後天子〔一四〕又朝諸侯甘泉，甘泉作諸侯邸。」通天臺。史記：「公孫卿曰仙人好樓居，於是上令長安則作蜚廉、桂觀，甘泉則作益壽觀，使卿持節設具而候神人，乃作通天莖臺，置祠具其下，將招來〔一五〕神仙之屬。於是甘泉更置前殿，始廣宫室。夏有芝生殿房内中。」徐廣曰：「通天莖臺在甘泉。」漢書曰：「武帝元封二年，作甘泉通天臺。」師古曰：「言此臺高，上通于天」。漢舊儀曰：「通天臺高三十丈，望雲雨悉在其下〔一六〕，去長安三百里，望見長安城。黄帝已來祭天圓丘處。武帝祭天，上通天臺，舞八歲童女三百人，置祀祠〔一七〕，招仙人。祭天已，令人升通天臺〔一八〕以候。天神既下祭所，若大流星，乃舉烽火而就竹宫望拜神光。」漢儀注：「上有承露仙人掌，擎玉杯，承雲表之露，元鳳間臺自毁，榱桷皆化爲龍鳳，隨風雨飛去。」西京賦曰：「通天眇而竦峙，徑百常〔一九〕而莖擢。上班華以交紛，下刻峭其若削。」關中記：「左有通天臺，高三十餘丈。祭天時於此候天神下也。」益壽館。延壽館。二館見前。或作「觀」。沅按：史記封禪書作「觀」。竹宫。漢書曰：「武帝用事甘泉圓丘，昏祠至明，夜常有神光如流星〔二〇〕，止集於祠壇，天子自竹宫而望拜。」師古曰：「漢舊儀云竹宫去壇三里。」高光宫。甘泉有高光宫。洪厓宫。旁皇觀。儲胥觀。弩陆宫。棠梨宫。師得宫。漢書注：「師古曰：『棠梨宫在甘泉苑垣外。師得宫在雲陽界，其餘皆甘泉苑垣内之宫觀。陆音袪。』張揖曰：『棠梨宫在雲陽東南三十里。』」石闕觀。一作「石關」。封巒觀。亦曰「三巒」。鳷鵲觀。「鳷」一作「枝」。露寒觀。四觀武帝建元中作，在雲陽甘泉宫外。沅按：此張揖之説。仙人觀〔一二一〕。三輔黄圖曰：「秦林光宫仙人觀，緣山谷行，至雲陽三百八十里，入右扶風，周回五百四十里。」迎風館。漢書曰：「武帝因秦林光宫，元封二年復增通天、迎風、儲胥、露寒。」壽宫。漢書曰：「武帝病癒，起，幸甘泉，置壽宫。」又：「置壽宫、北宫，張羽旗，設共具，以禮神君〔一二二〕。」臣瓚曰：「壽宫，奉神之宫也。」通靈臺。漢武帝内傳曰：「鈎弋夫人既殯，香聞十餘里，帝哀悼，疑其非常人也。乃起通靈臺於甘泉。常有一青鳥集臺上往來。」

右甘泉宫。

昆明池。漢書曰：「武帝元狩三年，發謫吏穿昆明池。」臣瓚曰：「西南夷傳越嶲昆明國有滇池，方三百里。漢使求身毒國而爲昆明所閉。今欲伐之，故作昆明池象之，以習水戰。在長安西南，周回四十里。」師古曰：「滇音顛。」食貨志又曰：「時粤欲與漢用船戰，遂乃大備昆明池，列館環之，治樓船高十餘丈，旗幟加其上。」三輔黃圖曰：「上林苑〔二三〕有昆明池，周匝四十里。」西京雜記曰：「武帝作昆明池，欲伐昆明夷，教習水戰，因於上遊戲養魚，給諸陵廟祭祀，餘付長安市賣之。池周匝四十里。」又曰：「昆明池刻石爲鯨魚，每至雷雨，魚嘗鳴吼，鬐尾皆動。漢世祭之〔二四〕以祈雨，往往有驗。」又曰：「昆明池中有戈船樓船〔二五〕各數百艘。樓船上建樓櫓，戈船上建戈矛，四角悉垂幡旄，旍葆麾蓋，照燭涯涘。」三輔故事曰：「昆明池蓋三百二十〔二六〕頃，池中有豫章臺。」沅按：一作「三百三十二頃」，見玉海。有二石人，牽牛織女象。見漢宮闕疏。堯時已有汙池〔二七〕。關中記曰：「昆明池，漢武習水戰也。中有靈沼〔二八〕神池，云堯時治水，停船此池。蓋堯時已有污池，漢代因而深廣耳。」曹毘〔二九〕志怪曰：「漢武鑿昆明池極深，悉是灰墨，無復土，舉朝不解，以問東方朔，曰：『臣愚，不足以知之。可試問西域胡。』帝以朔不知，難以核問。至後漢明帝，外國道人入來洛陽時，有憶方朔言者，乃試以武帝時灰墨問之。胡人曰：『經云：天地大劫將盡則劫燒，此劫燒之餘。』乃知朔言有自。」大魚銜鉤。三秦記曰：「昆明池中有靈沼，名神池。云堯時治水，停船此池，池通白鹿原。原人釣魚，綸絕而去。魚夢見〔三〇〕於武帝，求去其鉤。明日，帝遊於池，見大魚銜鉤，曰：『豈非昨所夢乎。』帝取魚，去其鉤而放之。間三日，帝復遊池濱，得明月珠一雙。帝曰：『豈魚之報耶？』」養魚以給諸陵祠。三輔故事曰：「漢武帝作昆明池。武帝崩後，於池中養魚，以給諸陵祠，餘付長安市。」廟記曰：「池蓋地〔三一〕二百二十頃，後作豫章大船，可載萬人，上起宮室，因欲遊戲，養魚以給諸陵祭祀，餘付長安市中〔三二〕。」昆明觀。又有昆明觀。三輔黃圖曰：「上林苑有昆明觀，蓋漢武所置。」桓譚新論曰：「元帝被病，求方士。漢中送道士王仲都。詔問所能，對曰能忍寒暑。乃以隆冬盛寒〔三三〕日，令袒，載以駟馬車〔三四〕，於上林昆明池上，環水而馳，御者厚衣狐裘寒戰，而仲都獨無變色。卧於池臺上，暉然〔三五〕自若。夏大暑日，使曝坐，環以十爐火，不言熱，又身不汗。」池臺即此觀〔三六〕也。

右昆明池。

上林苑。秦舊苑也。漢書曰：「武帝建元三年，起上林苑」。又曰：「武帝廣開上林，周回數百里」。又：「武帝微行，以爲道遠勞苦，又爲百姓所患，乃使大中大夫吾丘壽王與待詔能用算者二人，舉籍阿城以南、盩厔以東、宜春以西提封頃畝及其賈直，除以爲上林苑，屬之南山。」西京雜記曰：「初修上林苑，群臣遠方，各獻異樹，亦有制爲美名以標奇麗也。」三輔故事曰：「上林延亘四百餘里。」漢舊儀曰：「上林苑方三百里。」漢宮殿疏曰：「方百四十里。」續漢書百官志曰：「上林苑令一人，六百石，主苑中禽獸。」武帝廣開上林，南至宜春、鼎胡、御宿、昆吾，晉灼曰：「鼎胡，宮名也。黄圖以爲在藍田。昆吾，地名也，有亭。」師古曰：「宜春近下杜。御宿在樊川西。」旁南山而西，至長楊五柞，北繞黄山，瀕渭而東。以上見揚雄傳。苑中養百獸。漢舊儀曰：「上林苑中廣長〔三七〕三百里，置令、丞、左右尉。苑中養百獸，天子秋冬獵射苑中，取禽無數。其中離宮七十所，皆容千乘萬騎。」又曰：「武帝時使上林苑中官奴婢及天下貧民貲不滿五十萬徙置苑中，人日五錢，到帝得七十億萬，以給軍擊西域。」沅按：聚珍板刻舊儀不滿「五十萬」作「不滿五千」，「到帝得七十億萬」作「到元帝」。門十二。關中記曰：「上林苑門十二，中有苑三十六，宮十二，觀二十五。」華原殿即〔三八〕承華殿。漢武帝故事曰：「七月七日上林承華殿齋夜中〔三九〕，忽有一青鳥從西北方來，甫頃王母至。」鳳皇殿。宣帝神爵四年，鳳皇集上林，乃作鳳皇殿，以答嘉瑞。長楊宮。秦時宮。三輔黄圖曰：「上林有長楊宮。」漢書曰：「盩厔縣有長楊五柞宮。」宣帝幸長楊宮屬玉觀。成帝元延二年，幸長楊宮。」射熊館。三輔黄圖曰：「長楊宮有射熊館，在盩厔。」按漢武帝好自擊熊羆，司馬相如從至上林，上疏諫。揚雄作長楊賦以諷。元帝永光五年，上幸長楊射熊館。射音食亦反。平樂館。漢書曰：「武帝元封六年夏，京師民觀角抵於上林平樂館。」薛綜注：「西京賦平樂觀大作樂處。」延壽門。平帝迎王皇后，自上林延壽門入未央宮前殿。陽禄觀。班倢伃生子陽禄柘觀。師古曰：「二觀並在上林中。」柘觀。見上。上蘭觀。王莽請元后校獵上蘭。三輔黃圖曰：「上林有上蘭觀。」豫章觀。見三輔黃圖。昆明觀。三輔黃圖曰：「上林苑中有昆明觀，漢武帝造。」沅按：昆明觀即豫章觀，此似重復。牛首池。張揖曰：「在上林苑西頭。」司馬相如上林賦曰：「濯鷁牛首。」郭璞注曰：「牛首池在豐水西北，近渭〔四〇〕。」昭臺宮。漢書曰：「宣帝霍皇后、成帝許皇后皆廢處昭臺宮。」師古曰：「在上林苑中。」涿沐館。成帝許美人居上林涿沐館，數召入飾室中若舍。儲元宮。馮昭儀與子信都王居儲元宮。師古曰：「黃圖在上林苑中。」繭館。王莽請元后至繭館〔四一〕，率皇后、列侯夫人桑。」師古曰：「漢宮闕疏上林苑有繭觀。蓋蠶繭之所也。」建章館。王莽壞徹城西苑中建章、承光、包陽、大臺〔四二〕、儲元宮及平樂、當路、陽禄館，凡十餘所，取其材瓦〔四三〕以起九廟。師古曰：「自建章以下至陽禄皆上林苑中館。」承光館。包陽館。大臺館〔四四〕。當路館。並見上。鹿館。外戚傳：「成帝許美人在上林鹿館，數召入，飾室。」鼎郊觀。見關中記。虎圈觀。關中記曰：「虎圈觀、昆池觀、朗池觀、博望觀、樛木觀、便門觀、衆鹿觀、走馬觀、則陽觀、陰德觀並在上林苑中。」漢書文帝登虎圈問上林尉禽獸簿及馮倢伃當熊處。郡國志曰：「虎圈在通化門東二十五里。」昆池觀。朗池觀。博望觀。樛木觀。便門觀。衆鹿觀。走馬觀。則陽觀。陰德觀。並見上。燕昇觀。象觀。白鹿觀。三爵觀。椒唐觀。元華觀。郎池觀。益樂觀。華元觀。明光觀。以上皆在上林苑中，見三輔黄圖。西陂池。三輔黄圖曰：「長安有西陂池、東陂池、郎池、皆在上林中」。東陂池。郎池。並見上。蒲萄宫。漢書曰：「元壽二年，單于來朝，舍之上林苑蒲萄宫。」括地志曰：「以太歲厭勝所在，舍之北宫。」十道志曰：「在上林西。」犬臺宫。江充召見犬臺宫。晋灼曰：「黄圖上林有犬臺宫，外有走狗觀。」師古曰：「今本書『犬臺』有作『大臺』，字誤也。漢無大臺宫。」走狗觀。見上。蠶室。咸宣〔四五〕怒其吏成信，信藏上林中，宣使郿令將吏卒闌入上林中蠶室門。龍臺。上林賦曰：「登龍臺。」在豐水西北，近渭，今鄠縣地。牟首池。霍光傳：「牟首池名，在上林苑中。」沅按：即牛首池，所謂「濯鷁牛首」者即是也，此似誤。磃氏館〔四六〕。武帝求神君，舍之上林中磃氏館。如淳曰：「磃音蹄。」鄭氏曰：「音斯。」師古曰：「鄭音是，其字從石從虒。」初池。麋池。蒯池，沅按：漢武故事「蒯池生蒯草，可以織席」，即此。積草池。西京雜記曰：「積草池中有珊瑚樹，高一丈二尺，一本三柯，上有四百六十三條〔四七〕，南越王趙佗所獻，號曰『烽火樹』，夜有光景常焕然。」蹛池〔四八〕。菌鶴池。當路池。犬臺池。以上見三輔黄圖及括地志。沅按：雍録又有清臺，武帝造太初曆之所也，此未及。

右上林苑。關中記曰：「上林苑門十二，中有苑三十六，宫十二，觀二十五。建章宫、承光宫、儲元宫、包陽宫、尸陽宫、望遠宫〔四九〕、犬臺宫、宣曲宫、昭臺宫、蒲萄宫，繭觀、平樂觀、博望觀、益樂觀、便門觀、衆鹿觀、樛木觀、三爵觀、陽禄觀、陽德觀、鼎郊觀、椒唐觀、當路觀、則陽觀、走馬觀、虎圈觀、上蘭觀、昆池觀、豫章觀、郎池觀、華光觀，以上十宫〔五〇〕、二十一觀〔五一〕，在上林苑中。鼎湖宫〔五二〕、步高宫、步壽宫、存神宫、集靈宫、望仙觀〔五三〕，以上五宫一觀，在京兆屬縣。櫟陽宫、甘槃宫、師德宫、池陽宫、谷口宫、長平宫、扶荔宫、白渠觀，以上七宫一觀，在馮翊。首陽宫、望仙宫、長楊宫、禮陽宫、羽陽宫、山桀宫、橐池宫〔五四〕、用取宫、虢宫、回中宫，宜春觀、射熊觀，以上十宫〔五五〕二觀，在扶風。長門宫、鉤弋宫、渭橋宫，仙人觀、霸昌觀、安臺觀、淪沮觀〔五六〕，以上三宫四觀，在長安城外。沅按：漢甘泉宫在雲陽，屬馮翊。「甘槃」疑即「甘泉」之誤。「山桀宫」疑即「梁山宫」，以字形而誤。「橐池宫」當即「橐泉宫」也。「禮陽」疑爲「棫陽」之誤。「用取」未詳。

作室門。見成紀。温調殿。昆德殿。長年殿。麒麟殿。朱鳥殿。龍興殿。含章殿。晉宮閣名〔五七〕有麒麟殿、朱鳥殿。函德殿。漢書曰：「宣帝神爵元年，金芝九莖，産於函德殿銅池中。」服虔曰：「金芝，色象金也。」如淳曰：「函亦含也。銅池，承霤也。」晉灼曰：「以銅作池也。」師古曰：「函德，殿名也。」沇按：函德在建章宫，見三輔黄圖。東明閣。晉宮閣名：「長安有東明閣、西華閣、紫闥閣。」西華閣。紫闥閣。並見上。馬伯騫樓。漢宮閣名曰：「長安有馬伯騫樓。又有貞女樓。」貞女樓。見上。期亭樓。見三輔黄圖。獲福殿〔五八〕。下並見漢宮閣〔五九〕名。清暑殿。商門殿。銅桂殿。尋真臺〔六〇〕。漢武帝内傳曰：「帝登尋真之臺，齋至七月七日夜，天西南如白雲起，頊王母至。」

右總叙殿閣。以上不書所在，故載於此。

五柞宫。漢書曰：「武帝後元二年，幸盩厔，作五柞宫。」張晏曰：「有五柞樹，因以名。」燕刺王旦傳莋宫，「莋」與「柞」同。丙吉傳曰：「後元二年，武帝疾，往來長楊、五柞宫。」師古曰：「長楊、五柞宫並在盩厔，往來二宫之間。」西京雜記曰：「五柞宫有五柞樹，皆連三抱，上枝覆蔭數十畝。其宫西有青梧觀。」水經注曰：「南山耿谷，北流與柳泉合，東北經五柞西。長楊、五柞二宫，去八里〔六一〕，中有青梧觀」。青梧觀。一作「桐」。西京雜記曰：「觀前有二梧桐樹〔六二〕，下有〔六三〕石麒麟二枚，刊其脅爲文字，是秦始皇驪山墓上物。頭高一丈三尺，東邊者左脚折，折處赤如血。父老謂有神皆會血〔六四〕屬筋焉」。宜春宫。漢書曰：「建元三年〔六五〕，武帝微行，東游宜春。」師古曰：「宜春，宫也，在長安東南。說者乃以爲在鄠，非也，在渭南杜縣東南自在鄠者是〔六六〕宜春觀耳。在長安城西，豈得言東游也。」郭璞曰：「在渭南杜縣東」。又上林賦注：「師古曰：『宜春宫在杜縣東，即今曲池是其處也。』」宣曲宫。張揖曰：「在昆明池西。」鼎湖宫。晉灼曰：「鼎湖宫，黄圖以爲在藍田。」天梁宫。龍臺觀。張揖曰：「在豐水西北，近渭。」細柳觀。郭璞曰：「在昆明池南。」飛廉觀。「觀」一作「館」。元封二年，作甘泉通天臺、長安飛廉館」。應劭曰：「飛廉，神禽，能致風氣。」明帝永平五年，至長安，迎取飛廉並銅馬，置上西門外，名平樂館。董卓悉椎毁〔六七〕以爲錢。晉灼曰：「身似鹿，頭如爵，有角而蛇尾，文如豹文。」沅按：三輔黄圖以爲在上林苑。桂觀。郊祀志：「長安作飛廉觀、桂館。」萯陽宫。漢書曰：「萯陽宫，秦文王起。武帝微行長楊、五柞、倍陽，宣曲尤幸〔六八〕。」師古曰：「倍陽即萯陽，其音同耳。宫名，在鄠縣。」宣帝甘露二年，幸萯陽宫。」應劭曰：「宫在鄠。秦文王所起。」伏儼曰：「在扶風。」李斐曰：「萯音倍。」師古曰：「應説、李音是。」屬玉觀。服虔曰：「以玉飾，因名焉。在右扶風。」李奇曰：「屬玉，鸑鷟鳥，其上有此鳥，因以爲名。」晋灼曰：「屬玉，水鳥，似鵁鶄，以名觀也。」師古曰：「晋説是也。屬音之欲反」。池陽宫。宣帝甘露二年，上自甘泉宿池陽宫，上登長平阪，詔單于毋謁，蠻夷君長王侯數萬，咸迎於渭下，夾道陳，上登渭橋，咸稱萬歲。如淳曰：「阪名也，在曲陽南上原之阪，有長平觀，去長安五十里。」師古曰：「涇水之南原，即今所謂睦城阪。」長平觀。見上。「觀」或作「館」。元后登長平館，臨涇水而覽焉。白鶴館。元帝初元三年，茂陵白鶴館災。黄山宫。右扶風槐里縣有黄山宫。孝惠二年起。東方朔傳〔六九〕曰：「武帝微行，西至黄山宫。」世謂之〔七〇〕游城，非也。蘭池觀。三輔黄圖曰：「蘭池觀在城外。」又楊僕傳注：「蘭池宫在渭城」。李善注文選：「咸陽縣東南三十里周氏陂，陂南一里有漢蘭池宫。」霸成觀。見枳道事中。宜春觀。在鄠縣。長門宫。顧城廟無宿宫，竇太主獻長門園。如淳曰：「園在長門。長門在長安城〔七一〕東南。」園可以爲宿館處所，故獻之。上大喜，更名竇太主園爲長門宫。今按漢時長安城無名長門者。雲林館。宣帝霍皇后廢處昭臺宫，徙雲林館。雲陽宫。馮昭儀廢爲庶人，徙雲陽宫。集靈觀。三輔黄圖曰：「武帝起集靈觀。」臨山觀〔七二〕。漢宫殿名曰：「長安有臨山觀、渭橋觀、九華觀、豫章觀、鴻雀觀、昆明觀、走馬觀、華光觀、天梯觀、瑶臺觀、流渠觀、相思觀、宜春觀、華池觀、射熊觀、當市觀、白渠觀、三雀觀、温德觀。」渭橋觀。九華觀。豫章觀。鴻雀觀。昆明觀。華光觀。天梯觀。瑶臺觀。流渠觀。相思觀。華池觀。射熊觀。當市觀。白渠觀。三雀觀。温德觀。並見上。霸昌觀。王莽傳：「王尋發長安，宿霸昌厩。」師古曰：「霸昌觀之厩也。」三輔黄圖曰：「在城外。」龍淵宫。漢書曰：「元光三年，救決河〔七三〕，起龍淵宫。」服虔曰：「宫在長安西。作銅飛龍，故以冠名〔七四〕也。」如淳曰：「三輔黄圖云有龍淵宫，今長安城西有其處。」溝洫志：「救決河，乃起龍淵宫於其傍。」孟康曰：「在西平界。其水可用淬刀劍，特堅利，古龍淵之劍，取于此水。」師古曰：「此言救決河，起龍淵宫，即宫不在長安之西矣。又漢章帝賜尚書韓稜龍淵劍，孟説是也。」漢宫闕名：「在長安。」鼓簧宫。首山宫。交門宫。萬歲宫。夜光宫。扶荔宫。自鼓簧而下，並見漢宫闕名，在長安。步壽宫。漢書：「宣帝神爵二年，鳳皇集祋祤城，於所集處得玉寶，乃起步壽宫。」在今華原縣境。沅按：此與秦步壽宫異。秦宫在今渭南境，此在今耀州東北。高靈館。漢武故事曰：「上自封禪後，夢高祖坐明堂，群臣亦夢想。於是祀高祖於明堂以配天。還作高靈館。」曲臺。漢書：「成帝正月行幸曲臺，臨饗，罷衛士。」如淳曰：「諸衛士更盡得代去，故天子自臨而饗之。」昭靈館。霍光塋起三出闕〔七五〕，築神道，北臨昭靈，南出承恩。服虔曰：「昭靈、承恩皆館名。」承恩館見上。平陽宮。郊祀志：「雍大雨，壞平陽宮垣。」沅按：史記秦武公居平陽封宮，即此地。棫陽宮。蘇武傳：「從至雍棫陽宮。」仙人觀。安臺觀。淪沮觀。鳥魚觀。董賢觀。倉龍觀。以上見三輔黃圖。望仙宮。廟記：「望仙宮漢武置，或云觀。」黃圖：「鄠縣有望仙觀。」

右總叙宮館。張平子西京賦曰：「郡國宮館，百四十五，右極盩厔，并卷豐、鄠。」

思賢苑。西京雜記曰：「文帝爲太子，立思賢苑以招賓。」博望苑。漢書曰：「武帝年二十九，乃得太子，甚喜。太子冠，爲立博望苑，使通賓客，從其所好。」又曰：「博望苑在長安城南杜門外。」又曰：「成帝建始二年，罷太子博望苑。」文穎曰：「武帝爲衛太子作此苑，令受賓客。」水經注曰：「昆明池故渠之北，有博望苑。」甲觀。元帝在太子宮，生成帝甲觀畫堂。應劭曰：「甲觀在太子宮甲地，主用乳生也。」畫堂，畫九子母。」如淳曰：「甲觀，觀名。畫堂，堂名，三輔黃圖云太子宮有甲觀。」師古曰：「甲者，甲乙丙丁之次也。」元后傳言見於丙殿，此其例也。而應氏以爲在宮之甲地，謬矣。畫堂但畫飾耳，豈必九子母乎？霍光止畫室〔七六〕中，是則宮殿中通有彩畫之堂室」。丙殿。元后初入太子宮，見丙殿。

右太子宮。

水衡禁圃。宜春下苑。孟康曰：「宮名也，在杜縣東。」晉灼曰：「史記云葬二世杜南宜春苑中。」師古曰：「宜春下苑即今京城東南隅曲池〔七七〕是。」又貢禹傳：「省宜春下苑，以與貧民。」少府佽飛外池。如淳曰：「漢儀注佽飛具矰繳以射鳧雁，給祭祀，是故有池。」嚴籞池田。晉灼曰：「嚴籞，射苑也。」許慎曰：「池田，苑中田也。」樂游苑。宣帝神爵三年〔七八〕，起樂游苑。師古曰：「三輔黃圖云在杜陵西北。又關中記曰宣帝立廟於曲池之北，號樂游。按其處則今之所呼樂游廟。是也。其餘基尚可識焉。蓋本爲苑，後因立廟。」。西京雜記曰：「樂游苑自生玫瑰樹，下多苜蓿，一名懷風，時人或謂之光風。風在其間常肅然，日照其花有光采，故名曰『苜蓿懷風』。茂陵人謂之『連枝草』〔七九〕。」蓹宿苑。元后夏游蓹宿、鄠、杜之間。師古曰：「蓹宿苑在長安城南，今之御宿川是也。」三秦記曰：「御宿出栗〔八〇〕，十五枚一升；大梨如五升，落地則破。其取梨先以布囊承之，號曰『含消』。此園〔八一〕也。」括地志曰：「臣泰按，其栗味甘而小，不如三秦記所說。含消梨人間往往有之，其大不至五升，亦不出此川矣。」御羞苑。漢書曰：「武帝元鼎二年，初置水衡都尉，掌上林苑，有五丞，屬官有御羞禁圃令、丞。」如淳曰：「御羞，地名，在藍田。其土肥沃，多出御物可進者。揚雄謂之御宿。三輔黃圖御羞、宜春皆苑名也。」師古曰：「御宿即今長安城南御宿川也，不在藍田。羞、宿聲相近，故或云御羞，或云御宿耳。羞者珍羞所出，宿者止宿之義。」百子池。西京雜記曰：「戚夫人侍兒賈佩蘭，説宫中常以七月七日臨百子池，作于闐樂畢，以五色縷相羈爲連愛。」王渠。哀帝爲董賢治大第，開門鄉北闕，引王渠灌園池〔八二〕，使者護作。蘇林曰：「王渠，宫渠也，猶今御溝。」晋灼曰：「渠名，在城東覆盎門外。」師古曰：「晋説是。」獅子圈〔八三〕。三輔故事曰：「獅子圈在建章宫西南。」彘圈。漢宫殿疏有彘圈，有獅子圈，武帝造。故虎圈周匝三十五步，長二十步，西去長安十五里。

右池苑。

長安志卷第四終

校勘記：

〔一〕蓬山　四庫本作「蓬萊山」。

〔二〕綴明月珠　成化、四庫本作「處處明月珠」。

〔三〕金阸　四庫本作「金泥」。

〔四〕厠寶　四庫本作「八寶」。

〔五〕列寶帳　原作闕「列」字，據成化、嘉靖、四庫諸本補。

〔六〕二千人　嘉靖、四庫本作「三千人」。

〔七〕總其籍　成化、嘉靖本作「維其籍」，四庫本作「稽」其籍。

〔八〕後漢書　原作「漢書」，據四庫本改。

〔九〕直門南　成化、嘉靖、四庫諸本俱作「直門南池」。

〔一〇〕妊身　原作「任身」，據四庫本改。

〔一一〕甘泉縣　四庫本作「雲陽縣」。

〔一二〕一百　四庫本作「二百」。

〔一三〕漢書　四庫本作「史記」。

〔一四〕天子　原作「黃帝」，據成化、四庫本改。

〔一五〕将招來　原作「求招來」，據四庫本改。

〔一六〕其下　原闕「其」字，據四庫本補。

〔一七〕祀祠　四庫本作「祠祀」。

〔一八〕升通天臺　原作「舞通天臺」，據四庫並參據成化、嘉靖本改。

〔一九〕徑百常　原作「紀百常」，據四庫本改。

〔二〇〕如流星　原本作「光如流星」，據成化、四庫本改。

〔二一〕仙人觀　成化本作「人觀」，四庫本作「八觀」。

〔二二〕禮神君　四庫本作「祀神君」。

〔二三〕上林苑　原作「上苑」，臆補。

〔二四〕祭之　「之」字原本闕，據四庫本補。

〔二五〕戈船樓船　成化、嘉靖俱作「戈舡樓舡」，本條下文之樓船、弋船，成化、嘉靖本亦作樓舡、戈舡。案「船」、「舡」義同，成化等本多用「舡」字，下不出校。

〔二六〕二十　四庫本作「三十」。

〔二七〕汙池　「汙」字似有譌誤，疑應作「水池」或「此池」。

〔二八〕靈沼　成化、嘉靖、四庫諸本俱作「靈池」。

〔二九〕曹毘　嘉靖本作「曹毗」。

〔三〇〕夢見　原作「夢」，據四庫本補「見」字。

〔三一〕蓋地　四庫本作「盡地」。

〔三二〕長安市中　成化、嘉靖本作「長安廚中」。

〔三三〕盛寒　原作「盛暑」，據成化、嘉靖、四庫諸本改。

〔三四〕載以駟馬車　原作「載馳馬車」，「以」字據四庫本補，「駟」字據成化、嘉靖、四庫諸本改。

〔三五〕暉然　四庫本作「怡然」。

〔三六〕即此觀　原闕「此」字，據上下文義並參據今本三輔黃圖卷五「豫章觀」條引述桓譚新論臆補。

〔三七〕廣長　原作「廣」，據成化、嘉靖、四庫諸本補「長」字。

〔三八〕華原殿即　原本闕此四字，據嘉靖、四庫本補。

〔三九〕齋夜中　原作「齋正中」，據四庫本改。

〔四〇〕近渭　成化、嘉靖本作「近漕」。

〔四一〕至繭館　「至」字原本闕，據四庫本補。

〔四二〕大臺　原作「犬臺」，據成化、嘉靖、四庫本改。

〔四三〕材瓦　原作「林瓦」，據四庫本改。

〔四四〕大臺館　原作「犬臺」，據成化、嘉靖、四庫本改。

〔四五〕咸宣　原作「減宣」，據漢書酷吏傳改。

〔四六〕磃氏館　原本闕此三字，據四庫本補。

〔四七〕四百六十三條　四庫本「條」作「枝」。

〔四八〕踰池　四庫本作「喻池」。

〔四九〕望遠宮　四庫本作「望庭宮」。

〔五〇〕十宮　原作「十二宮」，據四庫本改。

〔五一〕二十一觀　原作「二十二觀」，據四庫本改。

〔五二〕鼎湖宮　成化、四庫本作「鼎胡宮」。

〔五三〕望仙觀　原作「望仙宮」，據四庫本改。

〔五四〕橐池宮　成化本作「橐陁宮」，四庫本作「橐陀宮」。

〔五五〕十宮　原作「十二宮」，據四庫本改。

〔五六〕淪沮觀　成化、四庫本作「臨阻觀」。

〔五七〕晉宮閣名　四庫本作「漢宮閣名」。

〔五八〕獲福殿　四庫本作「獲福殿」。

〔五九〕宫閣　四庫本作「宫闕」。

〔六〇〕尋真臺　原作「尋真殿」，據成化、嘉靖、四庫本改。

〔六一〕八里　原作「八十里」，據成化、嘉靖、四庫本改。

〔六二〕二梧桐樹　四庫本「二」作「三」。

〔六三〕下有　原本闕「下」字，據成化、嘉靖、四庫諸本補。

〔六四〕會血　四庫本作「行血」。

〔六五〕建元三年　原作「建初元年」，據四庫本改。

〔六六〕在鄠者是　原本闕此四字，據四庫本補。

〔六七〕椎毁　四庫本作「銷毁」。

〔六八〕宣曲尤幸　原作「宫」，據四庫本改。

〔六九〕東方朔傳　「傳」字原闕，據成化、嘉靖、四庫本補。

〔七〇〕世謂之　「世」字原闕，據成化、四庫本補。

〔七一〕長安城　「城」字原闕，據成化、嘉靖、四庫本補。

〔七二〕臨山觀　原作「臨僊觀」，據成化、嘉靖、四庫諸本改。下注文同。

〔七三〕救決河　原作「捄決河」，據成化、嘉靖、四庫諸本改。下引漢書溝洫志「救河決」之「救」同。

〔七四〕冠名　四庫本作「名宫」

〔七五〕三出闕　原作「二山闕」，參據成化、嘉靖、四庫諸本改。

〔七六〕畫室　原作「畫堂」，據四庫本改。

〔七七〕曲池　原作「曲江」，據成化、嘉靖、四庫諸本改。

〔七八〕三年　原作「二年」，據成化、嘉靖、四庫諸本改。

〔七九〕連枝草　成化、嘉靖、四庫諸本並作「連支草」。

〔八〇〕出栗　原作「出粟」，據成化、四庫本改。本條下文「其栗味甘」之「栗」同。

〔八一〕此園　原作「此園梨」，據成化、嘉靖、四庫諸本改。

〔八二〕園池　原作「園地」，據成化、四庫本改。

〔八三〕獅子圈　原作「師子圈」，據四庫本改。本卷下文「獅子」同。

長安志卷第五

宮室三

漢下

後漢獻帝　晉司馬氏　前後秦前秦苻氏後秦姚氏〔一〕　西魏元氏　後周宇文氏

漢下

太上皇廟。三輔黄圖曰：「太上皇廟在長安城中香室街酒池之北。」高廟。漢書注：

「晋灼曰：『三輔黄圖高廟在長安城中西安門内東，太常街南。有鐘十枚，可受十石，撞之聲聞百里。』三輔故事曰：『高廟鐘重至〔二〕十二萬斤，光武至長安，見宫闕盡廢，宗廟爲墟，乃徙都洛陽。合聚十廟於高廟〔三〕，作一廟，分十二室。太常卿一人，别治長安，專掌高廟事。』」原廟。漢書曰：「惠帝爲東朝長樂宫，作複道於武庫南。叔孫通諫曰：『此高帝月出遊衣冠之道也，子孫柰何乘宗廟道上行哉？』帝懼曰：『急壞之。』通曰：『人主無過舉。今已作，百姓皆知之矣。願陛下爲原廟渭北，衣冠月出遊之。益廣宗廟，大孝之本。』上乃詔有司立原廟。」漢書：「高祖高廟已在長安城中，惠帝又於渭北作廟，謂之原廟。」沅按：原廟，惠帝四年立也。顔師古曰：「原，重也，言已有正廟，更重立之。」其義爲是。孝惠廟。關中記曰：「惠帝廟在高廟之西。」顧成廟。漢書曰：「文帝四年，作顧成廟。」服虔曰：「廟在長安城中，乃文帝廟也」。應劭曰：「文帝自爲廟，制度卑狹，若顧望而成，猶文王靈臺不日成之意也，故名曰顧成。」崔豹古今注曰：「漢顧成廟有二玉鼎，二真金爐。」十道志曰：「在萬年縣北苑内。」沅按：漢書文帝紀注引服虔説作「在長安城南」，方輿記曰：「在金塢北大道南。」德陽宫。漢書曰：「德陽宫乃景帝廟也。」帝自作之，諱言廟，故爲宫。西京故事曰：「鴻嘉二年八月乙卯，孝景廟北闕災。」沅按：廟中四年三月起。孝武廟。帝王世紀曰：「孝武廟名龍淵廟，在茂陵東。沅按：廟元光三年正月起。孝昭廟。二廟内武昭子孫分葬其中。沅按：孝昭廟號徘徊。千人聚。漢書曰：「武帝衛皇后埋長安城南桐柏〔四〕。宣帝即位，置園邑三百家。」師古曰：「桐柏，亭名，在長安城南杜門外大道東。以倡優雜伎千人葬於邊，故號千人聚。其地在今長安城内金城坊西北隅。」戾后園。漢書曰：「戾太子妃史良娣也。太子遇害，良娣亦死。宣帝即位，思悼不已，尊太子爲悼皇考〔五〕，妃號戾后，改葬長安白亭東，故號曰戾后園。皇考廟。漢書曰：「宣帝元康元年，立皇考廟，益奉明園户，爲奉明縣。」師古曰：「奉明園，即皇考史皇孫之葬所也。」樂游廟。關中記曰：「宣帝許后葬長安縣樂游里，立廟於曲江池北，名曰樂游廟，因葬爲名。」沅按：廟神爵三年春起。孝元廟。漢書曰：「王莽壞孝元廟，更爲文母太后起廟，獨留孝元廟故殿，爲文母〔六〕饗食堂。饗音饌。沅按：元帝廟號長壽。孝成廟。帝王世紀曰：「成帝廟名陽池。」沅按：「陽池」，舊本皆作「池陽」，今用玉海改正。渭陽五帝廟。漢書曰：「文帝十五年夏四月，始幸雍畤，郊見五帝，齊人新垣平，以望氣言長安東北有神氣成五采，於是詔作渭陽五帝廟。廟記曰：「五帝廟在長安東北。」

右宮廟章終。

圜丘。括地志曰：「漢圜丘在長安治内四里居德坊東南隅。」漢書載平帝元始五年，王莽奏言武帝始立太乙祠於甘泉。建始元年，徙甘泉太乙祠、河東后土祠於長安南、北郊。永始元年，復甘泉、河東二祠。綏和二年，復長安南、北郊。建平三年，又復甘泉、汾陰。又用〔七〕孔光等議，罷二祠〔八〕，復長安南、北郊。」冬至日於地上〔九〕祀圜丘，乃天地之祭也。祭郊與祀圜丘一事兩名耳。水經注曰：「昆明故渠南有漢故圜丘，崇二丈，周圍一百二十步。」北郊。見上。靈臺。明堂。漢書曰：「武帝造，在長安城南。平帝元始四年，王莽奏復脩明堂、辟雍。水經注曰：「昆明池故渠東有明堂，南辟雍〔一〇〕。」辟雍。漢書曰：「成帝時犍爲郡〔一一〕水濱得磬十六枚，劉向因曰宜復辟雍庠序。」三雍宫。漢書曰：「武帝元光五年冬十月，河間王德來朝，獻雅樂，對三雍宫。應劭曰：「三雍者，辟雍、靈臺、明堂也。雍者，和也。言天地君臣民人皆和。」曲臺。如淳曰：「行射禮於曲臺。」晉灼曰：「曲臺，天子射宫也。西京無太學，故於此行射禮。」太學。漢書曰：「王莽爲宰衡，復太學弟子書舍萬區，起市郭上林苑中。其門東曰修仁之門，南修禮之門，西守義之門。」三輔舊事曰：「漢太學中有市有獄。」關中記曰：「漢大學、明堂皆在長安城南安門之東、社門之西。

右郊丘章終。

中朝。漢書曰：「中朝，内朝也。大司馬、左右前後將軍、侍中、常侍、散騎諸吏爲中朝，丞相以下至六百石爲外朝也。出孟康注。東朝。如淳曰：「太后朝也。」禁省。如淳曰：「本名禁中。漢儀注曰孝元皇后父名避之，故曰省。」

右朝省章終。

黄門。漢書曰：「元帝初元二年，詔罷黄門乘輿狗馬。」師古曰：「黄門，近署也，故奉御之物在焉。」黄門。鈎盾。藏府。中尚方。長樂。御府。中御府。都内。平準。帑藏。尚方。少府之屬官也，作供御〔一二〕器物。丞相府。西京雜記曰：「平津侯公孫弘自以布衣爲丞相，乃大開東閤，營客館，招延天下士人。其外曰欽賢之館，以待大賢之士；次曰翹材之館，以待大材之士；又次曰接士之館，以待國士。其有德有賢可佐理陰陽者，處之欽賢館；其有材堪九卿〔一三〕將軍二千石者，居翹材之館；其有一介之善、一方之藝者，居接士之館；而躬自菲薄，所得禄俸，悉以〔一四〕奉待三館之士。黄霸爲相，鶡雀飛集丞相府。」御史大夫府。漢書曰：「哀帝時御史府舍百餘區倒塌，井水皆竭。府内柏樹百餘株，有野烏數千，栖宿其上，晨去暮來，號曰『朝夕烏』。烏去數月不來，父老異之。」鴻臚府。王莽以鴻臚府爲定安太后宮。保宮。少府屬官。有居室，武帝更名曰保宮。李陵降匈奴，以母繫保宮。司隸府。舊儀曰：「司隸府治所即孝武帝廟也〔一五〕。」中尉府。舊儀曰：「中尉府在尚冠里街東」。京兆府。即廢中尉府也。左馮翊、右扶風府。並在長安城中。長安厨。三輔黄圖曰：「北出中門，有長安厨，故曰厨城門。」凌室。漢書曰：「永始元年正月癸丑，大官〔一六〕、凌室災。」敖倉。漢書曰：「惠帝六年六月，長安西市修敖倉。」狗監。掌天子〔一七〕之田犬。都厩。惠帝七年七月，都厩災。未央厩。舊儀曰：「天子六厩，未央、承華厩馬皆萬匹。」登華厩。「登」一作「承」。沅按：明康海及聚珍板本「承」皆作「成」。金厩。三輔黄圖曰：「金厩以下共九厩，在長安城内。」輅軨厩。大厩。果馬厩。軛梁厩。騎馬厩。大宛厩。胡河厩。騊駼厩。霸昌厩。郡國志曰：「霸昌厩在長安西三十里。又曰三十五里。」沅按：舊儀六厩，只有未央、承華、騊駼、路軨、騎馬、大厩，餘俱見黄圖。蠻夷邸。元帝建昭三年，斬單于郅支首，詣京師，懸於蠻夷邸。師古曰：「若今鴻臚客館」。又陳湯傳：「斬郅支王首，懸於稾街蠻夷邸。」三輔黄圖曰：「蠻夷邸在長安城内稾街。」若盧獄。屬少府黄門北寺。掖庭秘獄。漢舊儀曰：「掖庭詔獄以宦者爲之，理婦人。」二十四獄。三輔黃圖曰：「長安城中有獄二十四所。」

右宗府章終。

漢長安城。在今府之西北是也。本秦離宮也。漢書曰：「高帝七年，長樂宮成，自櫟陽徙都之。惠帝元年正月，城長安。」水經注曰：「長安有秦離宮，原無城垣，故惠帝城之也。」三年春，發長安六百里内男女十四萬六千人，城長安，三十日罷。鄭氏曰：「城一面，故只一月而罷。」六月，發諸侯王列侯徒隸二萬人城長安。長役不止。五年正月，復發長安一百里内男女十四萬五千人城長安，三十日罷。九月，復作城。成，賜民爵户一級。」帝王世紀曰：「漢初置長安城，嫌其狹小，至惠帝增廣築之。」漢舊儀曰：「長安城十三里，經緯各長十五里。一十二門。城中地九百七十三頃，八街九陌，三宮九府〔一八〕三廟。」三輔舊事曰：「長安城似北斗」。周地圖記曰：「長安城南爲南斗形，北爲北斗形，周回六十五里，八街九陌九市。」續漢書郡國志曰：「長安城方三十里，經緯各長五十里。十二城門，内九百七十三頃。城中皆屬長安令〔一九〕。」三秦記曰：「長安城中地土皆黑壤」，今城赤何也？且堅如石如金，父老所傳曰鑿龍首山中土以爲城，及諸臺閣亦然。沉按：聚珍板所刻漢舊儀作「長安城方六十里」，此云「十三里」者誤。又郡國志注亦作「六十三里」，此云「三十里」者亦誤。十二城門〔二〇〕。門各有候。蕭望之爲小苑東門候。東出北頭三門。第一門名曰宣平門，外郭門曰東都門。第二門名曰清明門，外郭門曰東平門。又曰東城門。沅案玉海引漢宮殿疏作「城東門」。第三門名曰霸城門，外郭門曰青門，亦曰青城門。門外出好瓜。昔廣陵人邵平爲秦東陵侯，秦亡棄仕，於青門外種瓜。南出東頭三門。第一門名曰覆盎門，又曰杜門〔二一〕，又曰端門〔二二〕。與洛門相對，去一十三里二百一十步。門外有魯班所造橋，北對長樂宫，故曰端門。第二門名曰安門，又曰鼎路門。第三門名曰西安門，北對未央宫平門。沅按：平門即便門也。古者平、便字同。西出南頭三門。第一門名曰章門，又曰章城門。第二門名曰直城門，又曰龍樓門。第三門名曰西城門，又曰雍門。北出西頭三門。第一門名曰武朔門，又曰横門。第二門名曰厨城門〔二三〕。第三門名曰洛城門，又曰高門。

右京城章終。

八街九陌。華陽街。香室街。在司天臺北。章臺街。在長安〔二四〕建章臺下街。夕陰街。在右扶風南。尚冠街。在夕陰街之後。大常街。藁街。師古曰：「藁街有蠻夷邸，郅支王首懸於稾街」。前街。漢書長安有熾盛街。九市。長安有九市，内六市在道東，三市在道西。四市。武帝戾太子起兵驅四市人凡數萬衆至西闕下。柳市。長安中豪俠萬家〔二五〕在城西柳市。師古曰：「細柳倉有柳市。」東市。漢書：「晁錯腰斬東市。」西市。惠帝六年六月，起長安西市。直市。在渭橋北。秦文公造直市，平準物價，故曰直市。交門市。在渭橋之北。孝里市。在雍門之東。交道亭市。在便橋東。尚冠里。修成里。黄棘里。宣明里。建陽里。北煥里。南平里。戚里。高祖娶石奮姊爲美人，移家於長安城中，號之曰戚里。帝王之姻戚也。函里。大昌里。秦帝亭。代邸。楚王邸。蕭何第。漢書曰：「蕭何置田宅必居窮僻處。王莽爲安漢公，以故蕭何宅爲安漢公第。」北第。惠帝賜夏侯嬰居，曰令近我〔二六〕以尊異之。以其第近北闕〔二七〕，故曰北第。霍光甲第。甲者一也，第一區宅。王根第。王商第。董賢第。師古曰：「時長安三第，賢第爲最華〔二八〕。」

右街陌里第章終。

後漢獻帝宮在長安故城中，本京兆府舍也。帝王世紀曰：「獻帝聞關東兵起，董卓遷帝都長安，見未央等宮遭赤眉之亂，宮室廢弛，故居京兆府舍。」

晉太極殿。周地圖記曰：「太極殿，晉愍帝之宫，在長安南門，後姚興〔二九〕重建。」

前秦、苻氏。後秦姚氏。太極前殿。晉書曰：「苻健皇始元年稱天王大單于，都長安，繕宗廟，即位於太極前殿。至子厲王苻生，享群臣於太極前殿。至苻堅建元十七年春正月，懸珠簾於太極前殿，以朝群臣。來賓館。前秦苻健永和十年，西虜乞没渾邪遣子入侍，置來賓館於平朔門，以懷遠人。東華門。平朔門。靈臺。杜門。朝門。文武苑。以上自東華至文武苑，皆後秦姚興父子所置〔三〇〕。晉將王鎮惡伐秦，入自平朔門。東宫。晉桓温〔三一〕伐秦，將兵入關，健太子苻萇與温戰，死，立其子生爲太子。健寢疾，其兄子菁勒兵入東宫，欲殺生而自立。時生侍疾在健所。菁以健死，攻東掖門，健升端門，陳兵拒之，使生執菁殺之於東宫下。東掖門。端門。雲龍門。以上並秦苻氏所置〔三二〕。清河王苻法率壯士入雲龍門，廢苻生而立苻堅。東堂。姚興講論道理之所。西廐。苻堅斬樊世猛於西廐。明堂。堅起。祀苻健以配上帝於明堂。露堂。堅將爲赦，與王猛、苻融密議於露堂。東闕。苻堅僭位五年，鳳凰集于東闕。太學。苻堅親臨太學，考試諸生，問難五經。至後秦姚萇立太學以禮賢士。辟雍。苻堅行禮於辟雍，祀先師孔子。明光殿。晉書曰：「有人入秦明光殿，大呼曰：『甲申乙酉，魚羊食人，悲哉無復遺。』」明光殿者，秦苻堅之殿也。聽訟觀。苻堅所置，在未央宫南。西堂。車師前部鄯善王林密駄朝于秦，堅賜以朝服，引見于西堂。東苑。堅游東苑，命沙門道安同輦。徽音堂。在惡犬城之外，苻氏造也。社稷。秦姚萇立於長安。姚興祭告社稷。永安宫。姚萇宫也。律學。姚興所立。諮議堂。姚興常臨此堂，决疑獄無冤滯。西宫。姚興立。姚晃子姚元子監國政，入西宫。逍遥園。姚興常於逍遥園引諸沙門聽番僧鳩摩羅什演講佛經，起逍遥宫，殿庭左右有樓閣，高百尺，相去四十丈。以麻繩大一圍，兩頭各絓樓上。會日，令二人各從樓内出，從繩上行過，以爲佛神相遇。澄玄堂。在逍遥園中。鳩摩羅什演經所。黄龍門。興之宫門也。永貴里有波若臺。姚興集沙門五千餘人，有大道者五十人，起造浮圖於永貴里，立波若臺，居中作須彌山，四面有崇岩峻壁〔三三〕。珍禽異獸、林草精奇〔三四〕、仙人佛像俱有。人所未聞，皆以爲希奇。南臺。武庫。朝堂。皆秦姚興所置。

西魏孝武帝以雍州公廨爲宫。北史：「魏孝武帝永熙三年，高歡入洛，宇文泰迎帝入長安。以雍州公廨爲宫居之。逍遥園。帝宴侍臣，曰：「此處彷佛逍遥園也。」清暉室。魏文帝大統四年，祀天於清暉室。陽武門。文帝〔三五〕大統五年十月，於陽武門外懸鼓、置紙筆，以求直言得失。憑雲觀。大統七年十二月，帝御憑雲觀，引見諸王，叙宗人之禮。圜丘。大統十一年冬，築圜丘於城南。乾安殿。逍遥觀。帝嘗登此觀望逍遥園，見嵯峨山，慨然詔左右曰：「望見此山，令人有脱塵之意。」

後周露門、圜丘、方丘、太社、太廟、乾安殿。北史：「孝閔帝宇文氏元年春正月即位，柴燎告天，朝百官於露門，祀圜丘、太社、太廟也。乾安殿班賞有差。昆明池觀魚。博士姜項諫而止。右寢。閔帝聽訟之所也。延壽殿。明帝元年九月，朝群臣於延壽殿。正武殿。周明帝、武帝並聽訟於正武殿。紫極殿。重陽閣。芳林園。麟趾殿。並明帝所置〔三六〕殿閣也。大武殿。太學。津門。露寢。皆武帝所置。興太學〔三七〕，從三老問道德之所〔三八〕。道會苑。武帝講武臨射之所。露門學。武帝天和七年，於露門學置生員七十二人。宣帝大象二年二月，於露門學親行釋奠之禮。大德殿。玄都觀。崇信殿。雲陽宮。肅章門。會義殿。含仁殿〔三九〕。雲和殿。思齊殿。青城門。太極殿。以上皆武帝所置〔四〇〕。天臺。正陽宮。青門。露寢。天興宮。皆宣帝所置，自號天元。孔子廟。大象二年置，以祭享。應門。大象二年三月，宣帝幸同州，出自應門，至赤岸澤數十里，旛旗蔽日，鼓樂俱作。咸陽宮。宣帝大象二年四月，幸中山，雨作於咸陽宮，避雨御宿。天德殿。通道觀。軍器監。崇義宮。連珠殿。雲和樓。皆後周宮室也。

右後漢、晋、秦、魏、周宮室章終。

長安志卷第五終

校勘記：

〔一〕姚氏　原作「姚興」，據四庫本改。

〔二〕重至　「至」字原闕，成化、嘉靖本作「十」，四庫本作「至」，今從四庫本補。

〔三〕高廟　原作「廟廟」，成化本上字不清，四庫本單作一「廟」字。案此處所引漢書語，實出漢書元帝紀文穎注，作：「高祖已自有廟，在長安城中，惠帝更指渭北作廟，謂之原廟。」依上下文義，宋敏求引述時應是書作「高祖高廟已在長安城中。」

〔四〕桐柏　原作「桐柏園」，據成化、嘉靖、四庫諸本改。

〔五〕悼皇考　原作「皇孝」，據漢書宣帝紀顔師古注改。

〔六〕文母　原作「文安」，據四庫本改。

〔七〕又用　原作「人興」，據四庫本改。

〔八〕罷二祠　「罷」字原闕，據四庫本補。

〔九〕地上　原作「池上」，據四庫本改。

〔一〇〕南辟雍　四庫本作「及辟雍」。

〔一一〕犍爲郡　原作「楗爲郡」，據成化、四庫本改。

〔一二〕供御　原作「御供」，據成化、嘉靖、四庫本改。

〔一三〕九卿　原作「九列」，據四庫本改。

〔一四〕悉以　「悉」字原闕，據四庫本補。

〔一五〕司隸府治所即故孝武帝廟也　原作「司隸府故治府即孝武帝廟也」，成化、嘉靖、四庫諸本作「司隸府治故府即孝武帝廟也」，俱欠通順，疑有舛譌，檢續漢書郡國志梁劉昭注補引漢舊儀作「司隸治所，故孝武廟」，今據改。

〔一六〕大官　原作「大室」，成化、嘉靖、四庫諸本作「大宮」。漢書五行志作「大官」，今據改。

〔一七〕天子　原作「太子」，據四庫本改。

〔一八〕九府　成化、四庫本作「九所」。

〔一九〕長安令　原作「長安今」，據四庫本改。

〔二〇〕十二城門　案今博諸本長安志下文記漢長安城十二門名稱，均頗多脱漏舛譌，在此僅就其版本異同作一般性校勘。

〔二一〕杜門　四庫本作「下杜門」。

〔二二〕又曰端門　四庫本無「又曰」二字。

〔二三〕厨城門　四庫本作「洛門」。

〔二四〕在長安　「在」原本作「今」，據成化、嘉靖、四庫諸本改。

〔二五〕萬家　原作「萬家」，據漢書游俠傳：「萬章，字子夏，長安人也，長安熾盛，街閭各有豪俠，章在城西柳市，號曰城西萬章子夏。」改作「萬家」。

〔二六〕令近我　原作「今近我」，據成化、嘉靖、四庫諸本改。

〔二七〕北闕　原作「北門」，據成化、嘉靖、四庫諸本改。

〔二八〕最華　「華」字原闕，據四庫本補。

〔二九〕姚興　原本闕「姚」字，據四庫本補。

〔三〇〕所置　原作「所署」，據成化、嘉靖、四庫諸本改。

〔三一〕桓温　原作「温桓」，據成化、嘉靖、四庫本乙正。

〔三二〕所置　成化、嘉靖、四庫諸本並作「所有」。

〔三三〕峻壁　原作「峻璧」，據四庫本改。

〔三四〕林草精奇　成化本作「林木草精奇」，四庫本作「林木極精奇」。

〔三五〕文帝　原作「文王」，據成化、嘉靖、四庫諸本改。

〔三六〕所置　成化、嘉靖本作「所有」。

〔三七〕興太學　原作「與大學」，據成化、嘉靖、四庫諸本改。

〔三八〕從三老問道德之所　原作「三老問道作賦之所」，成化本作「三老問道賦之所」，此據四庫本改。

〔三九〕含仁殿　原作「舍仁殿」，據成化、嘉靖、四庫諸本改。

〔四〇〕所置　成化、嘉靖本作「所有」，四庫本作「所立」。

長安志卷第六

宮室四

唐上

京城，即隋文帝開皇二年自故都徙。其地在漢故城之東南，屬杜縣，周之京兆郡萬年縣界。南侵終南山子午谷，北據渭水，東臨灞、浐，西枕龍首原。命左僕射高熲總領其事，太子左庶子宇文愷創制規模，將作大匠劉龍、工部尚書鉅鹿郡公賀樓子乾、太府少卿高龍叉〔一〕並充使營建。

右創都章終。

宮城，東西四里，南北二里二百七十步，周一十三里一百八十步，崇三丈五尺。南即皇城，北抵苑，東即東宫，西有掖庭宫。

右宫城章終。

西内。南面有六門。正殿南承天門。隋開皇二年作。初名曰廣陽門，仁壽元年改曰昭陽門。唐武德元年改曰順天門。神龍元年改爲承天門。外有朝堂。東有肺石，西有登聞鼓。龍朔後天子常居大明宫，乃謂此宫曰西内。神龍元年，又改曰太極宫。門東曰長樂門。次東曰廣運門。内有左藏庫。次北有舊右藏庫。後有中書省〔二〕。西北有武庫。北入安仁門〔三〕。又北肅章門〔四〕，門内入宫中。次東曰重福門〔五〕。即東宫之正門，門東西有左、右永福門〔六〕。次東曰永春門。承天門之西曰永安門。北入安仁門。若元正冬至，陳樂設宴，會赦宥罪，除舊布新，當萬國朝貢使者、四夷賓客，則御承天門以聽政焉。東面一門鳳凰門。隋曰建春門。後改通訓門。明皇時鳳凰飛集通訓門，詔改曰鳳凰門。西面二門。南曰通明門。北曰嘉猷門。北面三門。正北曰定武門〔七〕。次東曰安禮門。東宫北門曰玄德門。當承天門内，北曰太極門。隋曰大興門，後改曰乾福門。貞觀八年，改爲太極門。殿東隅有鼓樓，西隅有鐘樓。貞觀四年置。其内正殿曰太極殿。隋曰大興殿，武德元年改。有東上閤、西上閤〔八〕。朔望視朝，則登此殿。東廊有左延明門，西廊有右延明門。太極門外、承天門之内曰嘉德門，東廊有歸仁門，西廊有納義門。嘉德門東有恭禮門，西有安仁門。門下省，左延明門東南〔九〕。中書省，右延明門西南〔一〇〕。舍人院，在中書省東〔一一〕，弘文館，在門下省東。武德四年置，聚天下書籍。貞觀六年，選朝官有才學者以充學士。九年，改爲昭文館。玄宗開元七年復舊。史館在門下省北。貞觀三年，置秘書内省，以脩五代史；又置史館，以編國史。尋廢秘書内省。太極殿北曰朱明門。左曰乾化門，右曰肅章門。肅章門西曰暉政門。乾化門東曰武德門。其内曰兩儀殿，在太極殿後。隋曰中華殿，至貞觀五年改。常日聽政視事，則臨此殿。其西萬春殿、新殿、千秋殿。公主院左有獻春門，右有宜秋門。百福門，門内曰百福殿，宣宗改雍和殿。内又有親親樓。諸王會宴之所也。承慶門内曰立政殿。立政門東内曰大吉門，沅案：應云「承慶門内曰承慶殿，立政門内曰立政殿，東曰大吉門」，此疑互誤。門内大吉殿。甘露門内曰甘露殿，在兩儀殿之北。殿門外有東、西永巷。東出横門，又東有日華門；西出横門，又西有月華門。院北有東、西千步廊，西有掖庭。明皇自蜀還，常居西内甘露殿。左有神龍門，内曰神龍殿，在武德殿後。右曰安仁門，内有安仁殿，在甘露殿西。乾化門内佛光寺，在神龍殿西。歸真觀，在安仁殿後。觀後有綵彩院。院西有淑景殿。殿西有第三落，次西第四落，又次西第五落。延嘉殿在甘露殿西北〔一二〕。殿南有金水河，往北流入苑。殿西有咸池殿。延嘉北有承香殿〔一三〕。殿東即玄武門，北入苑。殿西有昭慶殿。殿西有凝香閣，閣西有鶴羽殿。延嘉西北有景福臺，臺西有望雲亭。延嘉東有紫雲閣，閣西有南、北千步廊舍，南至尚食院，西北盡宫城。閣南有山水池。次南即尚食内院。紫雲閣之西有凝陰殿。異聞集曰：「天寶七載，旱，明皇於此令葉靖天師祀鏡龍，遂得甘雨。」殿南有凌煙閣，貞觀十八年，太宗圖畫功臣之像二十四人於閣上，帝自爲贊詞，褚遂良題額。又有功臣閣，在凌煙之西。東有司寶庫。凝陰殿之北有毬場亭子、一作鞠場亭子。弘文殿、觀雲殿、北海池、南海池、東海池、西海池。永安門西有掖庭，南隅有内侍省，又有興仁、宣猷、崇道、惠訓、昭德、正禮、宣光、適祖〔一四〕、光昭、華光、暉儀、壽安、綏福等門。

右西内章終。

嘉壽殿。紫微殿。貞觀末阿史那社爾平龜兹，獻俘於此殿。沅案：唐書賀魯傳：「賀魯内屬，會討龜兹，請先馳爲鄉導。詔宴嘉壽殿。」玉海云：「貞觀二十二年，帝游幸，敕奉御王孝積于顯道門内起紫微殿十三間。」翰林院。在明福門内。金波門。貞觀二十二年敕皇太子聽政於金波門長樂殿。

右別見章終。

大安宫。太宗初居承乾殿。武德五年，高祖以秦王有克定天下功，特降殊禮，別建此宫以居之，號弘義宫。八年，帝臨幸，謂群臣曰：「朕以秦王有大功，故於宫中立山林勝景，雅好之至。」貞觀三年，徙居之，改名曰太安宫。沅案：「故於宫中立山林勝景」句義不審。考會要云：「武德五年，營弘義宫，高祖以秦王有克定天下之功，建弘義宫以居之。至九年，高祖以弘義宫有山林勝景，雅好之。貞觀三年，乃徙居之。」是此實用會要之文也，疑有脱誤。

此宫在城之西。垂拱前殿。戢武殿。文殿。翠華殿。祭酒臺。

右大安宫章終。

掖庭宫。宫城東西四里，南即皇城，北抵苑。掖庭西門。貞觀二年，敕左丞戴胄於掖庭西門簡宫人出之。按掖庭宫蓋高祖所起宫人教藝之所也。

右掖庭宫章終。

東宫正殿曰明德殿，本名嘉德殿。東廊左嘉善門，西廊右嘉善門。疑此殿即顯德殿，太宗即位之殿。後避中宗名改也。沅案：唐書太宗本紀：「武德九年，即位于顯德殿。」會要正作「明德殿」。南有嘉德門。門外東廊有左永福門，西廊有右永福門。正南有宣明門。當宫坐者，南面有重明門〔一五〕。嘉德東有奉化門，北有宜春宫。門外道東有典膳厨，道西有命婦院、宜春北院。宫門外有左春坊。坊南有崇文館。嘉德西有西奉化門，北有宜秋宫。門外有右春坊。坊内崇教殿。麗正殿。開元改爲集仙殿。十三年又改集賢殿。光大殿。承恩殿。崇文殿。崇仁殿。八風殿。射殿。又有亭子、山池、佛堂等院。左、右長林門。本名弘禮、嘉福，高祖武德九年改重光、宣明門。

右東宫章終。

禁苑在宫城之北。隋曰大興苑。開皇元年置。東西二十七里，南北三十三里。沅案：玉海引作「二十里」。東接灞水，西接長安故城，南連京城，北枕渭水。苑西即太倉，北距中渭橋，與長安故城相接。東西十二里〔一六〕，南北十三里，亦隸苑中。苑中四面皆有監。南面大樂監〔一七〕，北面舊宅監，東監，西監，分掌宫中植種及脩葺園囿〔一八〕等事，又置苑總監領之，皆隸司農寺。苑中宫亭凡二十四所。南面三門。中曰景曜門。東曰芳林門。西曰光化門。東面二門。南曰光泰門。北曰昭遠門。西面二門。南曰延秋門。北曰玄武門。北面三門。中曰啓運門。一曰北苑。東曰飲馬門。西曰永泰門。啓運門之南有内苑，北曰重玄門，東曰東雲龍門，西曰西雲龍門。苑内有南望春亭、北望春亭、坡頭亭、柳園亭、月坡、毬場亭子，有青城、龍鱗、栖雲、凝碧、上陽五橋，廣運潭。九曲宫，去宫城十二里，在左、右神策軍後。宫中有殿舍山池。貞元十二年，詔浚魚藻池，深一丈。至穆宗又發神策六軍二千人浚之。蠶壇亭。在苑之東，皇后祀先蠶之亭。禎興亭〔一九〕。玄沼宫。神皋亭。七架亭。青門亭，去宫城十三里，在長安故城之東。邵平種瓜之所。桃園亭，去宫城四里。臨渭亭。咸宜宫、未央宫，二所皆漢之舊宫也，去宫城二十一里。唐置都邑之後，因其舊址，復增脩之。宫側有未央池、漢武庫及樗里子墓。武宗會昌元年，因游畋至未央宫，見其遺址，詔葺之。尚有殿舍二百四十九間。作正殿曰通光殿，東曰詔芳亭，西曰凝思亭。立端門。命翰林學士裴素撰記。永泰門去宫城二十三里。西北角亭。南昌國亭。北昌國亭。流盃亭，在未央宫北，漢之舊址。明水園。以上九所並在漢故城内，隸舊宅監所領也。内苑，自玄武門外北至重玄門一里，東西與宫城齊。觀德殿，在玄武門外。永安殿。東、西外垣門。日營門〔二〇〕。月營門。其北重玄門。舊内苑北門也。魚糧門。舊重玄門。東内苑，南北二里，與大明宫城齊。東西盡一坊之地。南即延政門，北即銀臺門，東即太和門。龍下殿。龍首池。凝暉殿。一作承暉，憲宗置也。靈符應聖院。在龍首池東，會昌元年造。内園小兒坊傍有看樂殿、内教坊。元和十四年復置仗内教坊。東下馬橋東頭御馬坊。文宗詔置東頭御馬坊毬場，還龍武軍〔二一〕直殿及亭子殿。

右禁苑、内苑章終。

昆明池，漢武帝置，以習水軍。欲征昆明國，故就此名。至秦姚興時竭。唐德宗貞元十三年，命京兆尹韓皋充使浚之，追尋漢制，引交河、灃水，合流入池。又有蓬萊池、凝碧池。一作臨碧。敬宗時幸凝碧池，令軍士取魚長大者送新浚池。梨園，在通化門外正北。禁苑南有文宗會昌殿。含光殿。昭德宫。櫻桃園。東、西葡萄園。光啓宫。雲韶院。

右别見。

東内大明宫，在禁苑之東南，南接京城之北面，西接宫城之東北隅。南北五里，東西三里。貞觀八年，置爲永安宫。明年〔二二〕，改曰大明宫，以備太上皇清暑。百官獻貲財以助役。龍朔三年，大加興造，號曰蓬萊宫。咸亨元年，改曰含元宫。尋復大明宫。初，高宗命司農少卿梁孝仁製造此宫，北據高原，南望爽塏，每天晴日朗，南望終南山，如指掌，京城坊市街陌，俯視如在檻内，蓋其高爽也。南面五門。正南曰丹鳳門。至德三載，改爲明鳳門。尋復舊名。本當京城翊善坊北門，置宫後分翊善、永昌各爲二坊，當中開街〔二三〕，廣一百二十步，南北盡二坊之地。南抵永興坊北門之東。丹鳳東曰望仙門。南當皇城東第二街。貞元中修，有樓十間。次東曰延政門。抵長樂坊之北。丹鳳西曰建福門。南抵光宅坊之北〔二四〕。望仙、建福二門各有下馬橋，跨東、西龍首渠。門外有百官待漏院。次西曰興安門。東面一門曰太和門。西面一門曰日營門。北面一門曰玄武門。德宗造門樓，外設兩廊，持兵宿衛，謂之北衙。丹鳳門内當中正殿曰含元殿，武太后〔二五〕改曰大明殿，即龍首山之東麓也。階基高平地四十餘尺。南去丹鳳門四十餘步，中無間隔，左右寬平，東西廣五百步。龍朔二年，造蓬萊宫含元殿，又造宣政、紫宸、蓬萊三殿。此本苑内觀德殿，爲三九臨射之所，改拆爲含元殿也。殿東南有翔鸞閣，西南有栖鳳閣，與殿飛廊相接。又有鐘樓、鼓樓。殿左右有砌道盤上，謂之龍尾道。夾道東有通乾門，西有觀象門。閣下即朝堂、肺石、登聞鼓。一如承天之制。又有金吾左右仗院。殿後有宣政門。門外東廊有齊德門，西廊有興禮門。一作齊禮、興德門。宣政門內有宣政殿。殿東有東上閤門，殿西有西上閤門，殿前東廊曰日華門，沅案：唐書溫造傳：「太和二年，宮中昭德寺火，火在宣政殿東隔垣。火勢將及，宰臣、兩省、京兆尹、中付樞密環列於日華門外。」即此也。東有門下省，省東弘文館，次東史館，館東南北街南出〔二六〕含耀門。門南曰昭訓門，北曰崇明門。殿前西廊曰月華門。西有中書省，省北曰殿中內省。西有命婦院，北有親王待制院。省西南北街南出昭慶門，南當光範門。昭慶門北曰光順門。宣政殿北曰紫宸門。內有紫宸殿。後有蓬萊殿。次東有含象殿。後有延英門，內有延英殿。肅宗時殿梁上〔二七〕生玉芝，一莖三華。至僖宗乾符中，改爲靈芝殿。自蜀還，復舊名。殿相對思政殿待制院。蓬萊後有含涼殿。殿後有太液池。池內有太液亭子。穆宗時命侍講韋處厚等入此亭，講毛詩、尚書。文宗又命纂集尚書中君臣事跡，令工匠刊於太液亭，以備觀覽。清暉閣。綾綺殿。在蓬萊殿之西。殿北珠鏡殿。環周殿，在蓬萊西。承歡殿，在環周南。金鑾殿，在環周西北。長安殿，一名長樂。在金鑾西南。

又有金鑾御院、宣化門、武德西門。浴堂門，内有浴堂殿。又有浴堂院。長安殿北有仙居殿。殿西北有麟德殿。此殿三面，南有閣，東西皆有樓。殿北相連，各有障日閣。凡内晏多在於此殿。東亭。會慶亭。東面左銀臺門，西面右銀臺門。内侍省。右藏庫。次北翰林門，内翰林院、學士院。又東翰林院，北有少陽院、結鄰殿〔二八〕。翰林門北曰九仙門。大福殿。拾翠殿。三清殿。含冰殿。承香殿在含冰殿東南，北有長閣。紫蘭殿在承香殿東北。玄武殿在紫蘭東北。明義殿在紫宸殿西。大角觀在珠鏡殿東北。玄武門左曰銀漢門，右曰凌霄門。宮垣之外兩邊掖門。門内有凝霜殿、碧羽殿、紫簫殿、鬱儀閣、承雲閣、脩文閣。

右東内大明宮章終。

長生殿教坊。唐紀曰：「玄宗置左右教坊於蓬萊宮側。帝自爲法曲俗樂以教宮人，號『皇帝梨園弟子』。」光政門。景運門。命婦朝堂。文成殿。白華殿。叛臣朱泚逆亂，於此殿僭號。玄莫觀。含寧殿。玉清殿。竹樓。柿林院。中和殿。會政殿〔二九〕。臨碧殿。元和殿。宣光殿。宣明殿。臨光殿。大明殿。武宗政要曰：「帝傳位於大明殿。」興泰殿。德政殿。嘉慶殿。凝化殿。會昌殿。永安殿，穆宗置也。

與后妃公主宴樂所。玄化門。晨暉門。寶慶殿。百尺樓。昭德門。清思殿。壽昌殿。長慶元年，柱生玉芝，一莖長六尺。是年穆宗降誕於此宫中。宣和殿。昇陽殿。延嘉門。景風門。清思院。敬宗作。工用銅鑑三千片，金薄十萬餅。諫官薛庭老切諫，不聽。東殿。仙韶院，文宗開成三年造。内山亭院。取浙西隱士周息元於内山亭院安置。放鴨池。野狐落。太和二年十一月甲辰，禁中火災，從昭德寺起，延燒宣政殿東，午門益熾，宫垣半爲灰燼。寺之南，禁中呼爲野狐落。宫人居此者，爲火所逐，攀援墻垣以出。出不及者，焚死數百人。又延燒門下省，至暮稍息，凡數日方滅。昭德寺。太和殿。宣徽殿。咸泰殿。文宗開成三年正月望夜，燃燈於咸泰殿中。三宫太后、諸王公主俱集〔三〇〕此晏，行家人禮。文思殿。崇玄館。天寶中明皇命周尹愔爲崇玄館學士。值禄山兵亂，館宇浸廢。至武宗，特詔營創置吏鑄印，以劉玄静爲崇玄館學士，號廣成先生，入居靈符殿。望仙臺。武宗時命神策軍士脩望仙樓及廊舍五百餘間。大中八年，復命葺之，補闕陳嘏上疏諫而止，改爲文思院。含春亭。睿武樓。乾符門。五王内院。宣宗時夔王以下五王居大明宫内院侍讀，五日一入乾符門講讀。延資庫。咸寧殿。靈臺殿。永安宫。孝明鄭太后所居。左齊藏。天儲庫〔三二〕。一作信。章信門。安喜門。昭德殿。唐一十八帝御容所在也。龍紀元年，殿東隅獲金龍一。雲韶殿。此殿嘗考試舉人。同文殿。昭敬殿。昭宗光化三年，有秃鶖鳥鳴於此殿。蓋唐祚將終之兆也。乞巧樓。光化三年造二樓，構飛橋以通來往。思玄門。應乾門。問安宫。昭宗傳位於太子，居東内，爲問安宫。紫延院。保寧殿。昭宗宴李繼昭等將，於保寧殿親制成功曲以褒之，仍命伶官作樊噲排君難雜戲以樂之。壽春殿。保安殿。延喜樓。長樂樓。

右别見。

太和門外之北，從西第一曰左羽林軍，第二曰左龍武軍，第三曰左神策軍。以上左三軍。九仙門外之北，從東第一曰右羽林軍，第二曰右龍武軍，第三曰右神策軍。以上右三軍。玄武門外西曰飛龍院，又曰飛龍厩。内有驥德殿，太和八年災。

右左、右三軍飛龍院章終。

長安志卷第六終

校勘記：

〔一〕高龍叉　原作「尚龍義」，據隋書高祖紀改。

〔二〕中書省　四庫本作「弘文館」。

〔三〕安仁門　四庫本作「歸仁門」。

〔四〕肅章門　四庫本作「乾化門」。

〔五〕重福門　四庫本及類編長安志卷二作「重明門」。又此門下夾注四庫本移置於下文永春門下。

〔六〕卽東宮之正門，門東西有左、右永福門　四庫本此註在下句「永春門」下。

〔七〕定武門　四庫本及類編長安志卷二作「玄武門」。

〔八〕東上閤、西上閤　下原有「門」字，據成化、嘉靖、四庫諸本刪。又案「東上閤」諸本並作「東閤」，無「上」字。

〔九〕左延明門東南　原作「左右延明門東南」據類編長安志卷二改。

〔一〇〕右延明門西南　原作「左右延明門西南」，據類編長安志卷二改。

〔一一〕在中書省東　原本闕，據四庫本補。

〔一二〕西北　原作「近北」，據四庫本改。

〔一三〕承香殿　四庫本作「承春殿」。

〔一四〕適祖　原作「通福」，據成化、嘉靖、四庫諸本改。

〔一五〕重明門　四庫本作「永春門」。

〔一六〕十二里　成化、嘉靖、四庫諸本俱作「十三里」。

〔一七〕大樂監　原作「長樂監」，據成化、嘉靖、四庫諸本改。

〔一八〕園囿　原作「園苑」，據成化、嘉靖、四庫諸本改。

〔一九〕禎興亭　原作「正興亭」，據四庫本改。成化、嘉靖二本作「禎興亭」。

〔二〇〕日營門　原作「目營門」，據成化、嘉靖、四庫諸本改。

〔二一〕還龍武軍　四庫本「還」作「環」。

〔二二〕明年　四庫本作「後」。

〔二三〕當中開街　原作「當北門街」，據四庫本改。

〔二四〕南抵光宅坊之北　原作「南抵光宅門外坊之北」，依上文「延政門，抵長樂坊之北」文例，知此「門外」二字當衍，故刪。

〔二五〕武太后　四庫本作「武后」。

〔二六〕南出　原作「南直」，據成化、嘉靖、四庫諸本改。

〔二七〕梁上　四庫本作「御座」。

〔二八〕結鄰殿　成化、嘉靖、四庫諸本俱作「結麟殿」。

〔二九〕會政殿　原作「會元殿」，據成化、嘉靖、諸四庫本改。

〔三〇〕俱集　原作「供集」，據成化、嘉靖、四庫諸本改。

〔三一〕天儲庫　原作「天諸庫」，據四庫本改。

長安志卷第七

唐皇城

唐京城一

唐皇城

皇城，俗號子城。東西五里一百一十五步，南北三里一百四十步。沅按：新唐書志：「皇城長一千九百一十五步，廣一千二百步。南面三門。正南曰朱雀門。北當宮城之承天門，南當外郭之明德門。東曰安上門。至德三載，改爲光天門，尋復舊。西曰含光門。東面二門，南曰景風門，北曰延喜門。直東當外郭之通化門。貞元四年，修延喜門，複屬於承天門。回鶻使及回鶻公主至，德宗御延喜門觀之。宣宗御延喜門見河隴老幼數千人，賜以冠帶。西面二門，南曰順義門，北曰安福門。西當外郭之開遠門。朝野僉載曰：「睿宗先天二年正月十五日十六、十七夜，於京安福門外作燈輪，高二十丈，衣以錦綺，飾以金銀，燃五萬盞燈，望之如花樹。宮女千數，衣羅綺曳錦綉，耀珠翠，施香粉，一花冠，一巾帔，皆至萬錢。裝束一妓女，皆至三百貫。妙簡長安、萬年少女婦千餘人，衣服、花釵、媚子亦稱是，於燈輪下踏歌三日夜，歡樂之極，未始有之。武元衡赴西川節度，憲宗御安福門慰遣之。懿宗御此門〔一〕迎鳳翔佛骨。昭宗天福元年，御安福樓。按貞元四年築武德東門垣，屬於是，武庫以西〔二〕廢焉。武德東門當在西內。城中南北七街，東西五街，其間並列臺省寺衛。自兩漢以後，至於晉齊梁陳，並有人家在宮闕之間。隋文帝以爲不便於事〔三〕，於是皇城之內，唯列府寺，不使雜人居止。公私有辨〔四〕，風俗齊肅，實隋文新意也。宮城南門外有東西大街。南北三百步，東出皇城之延喜門，西出皇城之安福門。承天門外横街之南有南北大街，曰承天門街。東西廣百步，南出皇城之朱雀門。

承天門街之東、宮城之南，第二横街之北。

從西第一門下外省。次東殿中省。次東左千牛衛。次東左衛。隋左監門衛、左翊衛二府之地，武德初並爲此衛。門額本睿宗所題，開元初進入內。街東安上門街。街東第一東宮內作坊，次東右春坊，次東右清道率府，次東右監門率府，府北右內率府，府東東宮朝堂。有北街。街東第一左監門率府〔五〕，府北左內率府，次東左清道率府，次東家令寺，次東左春坊。坊東有南北街。街東即皇城東面延喜門之內。

承天門街之東第三横街之北。

從西第一左監門衛。武德中分取左武衛地，自北衛移於此。次東左武衛。次東貞觀中有左金吾內府，後廢。次東左驍衛。衛東安上門街。街東第一東宮僕寺，次東率更寺。次東右司御衛，次東右衛率府。府東有南北街。北當東宮朝堂。街東第一左衛率府。次東左司御衛，次東詹事府。府東有南北街，街東即皇城之東面。

承天門街之東面第四横街之北。

從西第一尚書省。省門額本睿宗書，開元初進入內。今額〔六〕右庶子魏華所題。省內當中有都堂，本尚書令廳事。都堂之東，吏部、户部、禮部三行，每行四司，左司統之。都堂之西，兵部、刑部、工部三行，每行四司，右司統之。舊户部在禮部後，武太后改從天地六官之名，以户部爲地官，因移在前。凡二十四司，左、右丞相總領其事。考功員外郎廳前〔七〕有薛稷畫鶴，宋之問爲讚；工部尚書廳前有薛稷畫松石，並爲時所重。右丞廳前有古冢，俗誤爲樗里子墓。按國史補曰：「郎官正事吏部郎中二廳，先小詮，次格式；員外郎二廳，先南曹，次廢置。刑部分四覆，户部分兩賦，其制尚矣。舊説吏部爲省眼，禮部爲南省舍人，考功、度支爲振行，比部得廊下食以飯，從者號北監〔八〕，二十四曹呼左右司爲都公。省中語曰：「後行祠屯，不博中行都門，中行刑户，不博前行駕庫。」因話録曰：「尚書省東南隅通衢有小橋〔九〕，相傳目爲拗項橋。言侍御史〔一〇〕及殿中久次者，至此必拗項而望南宫也。都堂南門道東有古槐，垂陰至廣，相傳夜深聞絲竹之音，省郎有入相者，俗謂之音聲樹。祠部〔一一〕呼爲冰廳，言其清且冷也。」沅按：樗里子葬于武庫，在漢故城中。省東安上門街。街東第一都水監。次東光禄寺。寺東有南北街。北當東宫朝堂。開元初開。街東軍器監。本少府監甲弩坊，後爲軍器使。開元四年置監。監東即皇城東面景風門之北。沅按：新唐書志云武德初有武器監，七年廢，八年復置，九年又廢。開元以前，軍器皆出在尚署，三年置軍器監，十一年廢爲甲弩坊，隸少府。十六年復爲監。敏求叙次不甚明顯。

承天門街之東第五横街之北。

從西第一左領軍衛。衛北有兵部選院。次東左威衛。衛北有刑部格式院。次東吏部選院。以在尚書省之南，亦曰吏部南院。選人看榜名之所也。次東禮部南院。四方貢舉人都會所也。院東安上門街，橫街抵此而絶。

承天門街之東第六橫街之北。

從西第一太僕寺。寺西北隅乘黄署，别開北門署，内貯掌指南車、記里鼓及輦輅之屬。次東太府寺。舊都水監之地。寺東安上門街。街東第一少府監。次東左藏外庫院。隋太府寺置於此，又分置坊。院東有南北街，街東即皇城東面景風門南也。

承天門街之東第七橫街之北。

從西第一太常寺。寺東安上門街。街東第一太廟。其地本隋太府寺玉作坊。坊中有御井。貞觀中廢玉作坊，於此置太府寺賜坊，以曝四方貢賦之物濕者。先天中置廟廢坊焉。中宗廟。元獻皇后廟。韋公肅禮閣新儀曰：「乾元元年，立廟於太廟之西。寶應二年，遷神主于太廟。貞元三年修葺，奉安昭德皇后神主。永貞元年祔於太廟。次東太廟署。署東署南並有〔一二〕街，即皇城東南隅也。

承天門街之西、宫城之南第一橫街之北。

從東第一中書外省。次西四方館。隋曰謁者臺，即諸方通表、通事舍人受事之司。

次西右千牛衛。次西右監門衛。次西右衛。衛西含光門街，橫街抵此而絶。

承天門街之西第三橫街之北。

從東第一右武衛。衛西貞觀中有右金吾内府，後廢。次西右驍衛。次西含光門街。街西將作監。即皇城西南面安福門之南。

承天門街之西第四橫街之北。

從東第一司農寺，寺西含光門街。街西第一尚書局，本帳幕坊。局内有山池。次西尚輦局，次西衛尉寺，次西大理寺，寺西有南北街。街西即皇城西面順義門之北。

承天門街之西第五橫街之北。

從東第一右領軍衛。次西右威衛。衛門本南向，開元七年，御史中丞李尚隱以此衛南門與御史臺門相對不便，遂白政事，移門北向。次西秘書省。監院廳事前有隕星石，隋自咸陽移置於此。少監王劭作瑞石頌以贊美之。監院東有書閣重複，以貯古今圖籍。省西含光門街，橫街抵此而絶。

承天門街之西第六橫街之北。

從東第一宗正寺。次西御史臺。御史臺記曰：「御史臺門北開，蓋取肅殺就陰之義，故京臺門北開矣。」按鄴都故事曰：「御史臺在宮城西南，其門北開。」又：「故城御史臺亦北開。龍朔中置桂坊，爲東朝憲府，門亦北開。然都御史臺門南開〔一三〕，當時創造者不經，反於故事，同諸司，蓋以權宜耶？」譚賓録曰：「北開者，或云是隋初〔一四〕移都之時，兵部尚書李圖通兼御史大夫，欲向省便近，故開北門。元和四年，御史臺佛舍火，罰直御史李膺一季俸料。」次西司天監。本隸秘書省，爲太史局，後别爲渾儀監。尋復舊名，而不屬秘書監。内有靈臺，以候雲物。崇七丈，周八十步。沅按：太史局，武德四年置。改渾儀監，光宅元年也。復舊名，長安二年也。景龍二年，又曰太史監，不隸秘書省。景雲元年又爲局，隸省。開元二年，復爲太史監。十四年，復爲局。天寶元年，復爲監，不隸省。乾元元年，曰司天臺。此叙次亦不甚明顯。監西含光門街，街西第一廢右臺〔一五〕。本司農寺草坊之地，載初中置臺，先天中廢，後爲御史臺推事院。沅按：推事屬侍御史，所謂四推者是也。臺北司農寺草坊。坊門北開。次西驊騮馬坊。坊門北開。坊西有南北街。街西即皇城西面順義門之南。

承天門街之西第七横街之北。横街南即皇城南面朱雀門之西。

從東第一鴻臚寺。德宗建中元年，以鴻臚寺、左右威遠營隸金吾。次西鴻臚客館。

如漢之藁街，四夷慕化及朝獻者所居焉。館西含光門街。街西第一太社。南門額隋平陳所得，即東晋王右軍所題，隋代重以粉墨模之。次西郊社署。署西、署南並有街，即皇城之西南隅。宫城之西有掖庭宫。掖庭西南、安福門内大横街北有内侍省。隋長秋監。唐貞觀三年，改内侍省。光宅元年，爲司宫臺。神龍元年復舊。省内有紫蘭亭。沅按：新唐書志：「長秋監，武德四年曰内侍監，龍朔二年爲省，垂拱元年曰司宫臺」。與此異。

右皇城。

唐京城

外郭城。隋曰大興城。文帝初封大興公，及即位，以名城、縣、門、殿、園、池及寺焉。唐曰長安城，亦曰京師城。東西一十八里一百一十五步，南北一十五里一百七十五步，周六十七里。其崇一丈八尺。隋開皇二年築。永徽四年，率天下口税一錢更築之。南面三門。正中曰明德門。北當皇城朱雀門，南出抵中南山〔一六〕八十里。沅按：「中南」，諸本並作「終」，明文淵閣本作「中」。東曰啓夏門。門外西南二里有圜丘、先農、籍田三

壇〔一七〕。按長安圖東南角有進芳門。西曰安化門。東面三門，北曰通化門。門東七里長
樂坡上有長樂驛，下臨滻水。至德三載，改爲達禮門，尋復舊。德宗幸通化門，觀章敬寺迎御
書額。裴度赴蔡州，憲宗送度於此。按李晟自東渭橋移壁光泰門，以薄都城。光泰門在通化門
東北，小城之東門也。兩京道里記曰：「通化門改達禮門，識者曰：『三年之喪，天下達禮，
非嘉名。』三年而玄、肅晏駕，還復舊名也。」中曰春明門。當門外有漢太子太傅蕭望之墓。
南曰延興門。同昌公主葬，懿宗與郭淑妃御延興門哭送。沅按：主即淑妃所生。西面三
門。北曰開遠門。中曰金光門。西出趣昆明池。南曰延平門。北面一門，曰光化門。
皇城之東五門。並見上〔一八〕大明宮。皇城之西二門。當皇城西第一街曰芳林門。隋曰
華林門，北入苑。元和十三年，西市百姓於芳林門置無遮僧齋。當皇城西第二街曰光化門。
西北出趣長安故城。沅按：即漢故城。郭中南北十四街，東西十一街，其間列置諸坊。
隋煬帝改坊爲里。每里置里司一人，官從九品下，至義寧初廢。有京兆府、萬年、長安二
縣所治。寺、觀、邸、第，編户錯居焉。城中一百八坊。韋述記曰：「其中有折衝府四，
僧寺六十四，尼寺二十七，道士觀十，女冠觀〔一九〕六，波斯寺二，祆祠〔二〇〕四。隋大業初有
寺一百二十，謂之道場；有道觀十，謂之玄壇。天寶後所增，不在其數。當皇城南面朱雀

門有南北大街，曰朱雀門街。東西廣百步。南出郭外之明德門，自朱雀門至明德門，九里一百七十五步。景龍中，韋庶人置石臺於此街，在開化一坊之間，雕刻綵縷〔二一〕，上建頌臺，蛟龍蟠繞，下有石馬、石獅子、侍衛之像。初，韋氏矯稱衣箱有五色雲氣，使畫工圖像以示於朝。及節愍太子遇害，韋氏又上〔二二〕中宗聖威神武頌，刊石以紀其事，謂之頌臺，上官昭容之文也。并勒公卿姓名於上。諂詞僞事，有乖典實。景云元年毀之。萬年、長安二縣以此街爲界。萬年領街東五十四坊及東市，長安領街西五十四坊及西市。皇城之東，盡東郭東西三坊。皇城之西，盡西郭東西三坊。南北皆一十三坊，象一年有閏。每坊皆開四門，有十字街四出趣門。皇城之南東西四坊，以象四時，南北九坊，取則周禮王城九逵之制。隋三禮圖見有其像。每坊但開東西二門，中有橫街而已。蓋以在宮城直南，不欲開北街洩氣以衝城闕。棋布櫛比，街衢繩直，自古帝京未之有〔二三〕也。朱雀街東第一坊，東西三百五十步；第二坊東西四百五十步，次東三坊東西各六百五十步。朱雀街西準此〔二四〕。皇城之南九坊，南北各三百五十步；皇城左右四坊，從南第一第二坊，南北各五百五十步；第三坊第四坊南北各四百步。兩市各方六百步，四面街各廣百步。

右外郭城。

萬年縣所領朱雀門街之東從北第一興道坊。景龍三年，以駙馬都尉武攸暨父名改曰瑶林坊。景云元年復舊。

西南隅，至德女冠觀。隋開皇六年立。太平公主宅。没官後賜散騎常侍李令問居之。

次南開化坊。

半已南，大薦福寺。寺院半以東隋煬帝在藩舊宅。武德中賜尚書左僕射蕭瑀爲西園。後瑀子鋭尚襄城公主，詔别營主第。主辭以姑婦異居，有乖〔二五〕禮則，因固陳請，乃取園地充主第。又辭公主棨戟，不欲異門，乃並施瑀之院門。襄城薨後，官市爲英王宅。文明元年，高宗崩後百日，立爲大獻福寺，度僧二百人以實之。天授元年，改爲薦福寺。中宗即位，大加營飾。自神龍以後，翻譯佛經，並於此寺。寺東院有放生池，周二百餘步，傳云即漢代洪池陂也。西門之北，法壽尼寺。隋開皇六年立。國子祭酒韓洄宅。尚書左僕射令狐楚宅。按酉陽雜俎，楚宅在開化坊，牡丹最盛，而李商隱詩多言晋陽里第，未詳。户部尚書馬總宅。河東節度使兼侍中李光顔宅。穆宗初，賜第崇德坊，以爲别宅。尚書吏部侍郎沈傳師宅。前司徒兼侍中崔垂休〔二六〕宅。漕渠。會要：「京兆尹韓朝宗分渭水入自金光門，置潭於西市西街以貯材木。」又「永泰二年，京兆尹黎乾以京城薪炭不給，鑿渠自京兆府直東至薦福寺東街，北至國子監，正東至子城東街，並逾景風、延喜門入苑」。

次南安仁坊〔二七〕。本名安民坊〔二八〕，永徽元年改。

西北隅。薦福寺浮圖院。院門北開，正與寺門隔街相對。景龍中，宫人率錢〔二九〕所立。東南隅，贈尚書左僕射劉延景宅。坊西南，汝州刺史王昕宅。延景即寧王憲之外祖，昕即薛王業之舅，皆是親王外家，甲第並列，京城美之。萬春公主宅。明皇女，降楊錡。沅按：公主初降楊朏，又嫁楊錡。户部尚書兼殿中監章仇兼瓊宅。前中書侍郎、同中書門下平章事元載宅。譚賓録曰：「元載城中開南、北二甲第，又於近郊起亭榭，帷帳什器，皆如宿設。城南別墅凡數十所，婢僕曳羅綺二百餘人。」杜陽編曰：「載宅有芸輝堂。芸輝，香草名也，出于闐國。」唐實録曰：「毁元載〔三〇〕祖父母〔三一〕墳墓，斲棺〔三二〕棄柩及焚毁載私廟木主，并毁大寧、安仁里二宅，充修葺百司廨宇，汙宫之義也。」又：「貶同州刺史宋晦爲澧州員外司馬。晦嘗任虢州刺史，率百姓採盧氏山木，爲載造東都私第故也。」義武軍節度使、同中書門下平章事上谷郡王張孝忠宅。沅按：權德輿孝忠夫人鄧國夫人谷氏神道碑云夫人終安仁里私第。太子右庶子崔造宅。太子賓客燕國公于頔宅。太保致仕岐國公杜佑宅。

次南光福坊。隋有聖敬寺，大業七年廢。坊東南隅，舊有永壽公主廟。公主中宗女。景云中廢廟，賜姜皎爲鞠場。皎宅在廟北隔街，舊竇懷貞宅。懷貞誅後，賜皇后妹夫竇庭芳。驩州流人竇參宅。檢校司空尚書左僕射同中書門下平章事魏國公賈耽宅。沅按：鄭餘慶神道碑云耽終光福里第。右衛上將軍南充郡王伊慎宅。沅按：權德輿伊慎神道碑云薨于光福里。

次南靖善坊。

大興善寺，盡一坊之地。初曰遵善寺，隋文承周武之後，大崇釋氏，以收人望。移都先置此寺，以其本封名焉。神龍中，韋庶人追贈父玄貞〔三三〕爲酆王，改此寺爲酆國寺。景云元年復舊。酉陽雜俎曰：「寺取大興城兩字、坊名一字爲名。不空三藏塔前多老松，歲旱時，官伐其枝爲龍骨以祈雨。蓋以三藏役龍，意其枝必有靈也。東廊素和尚院，庭有桐〔三四〕四株，元和中卿相多遊此院。桐至夏有汗，污人衣如輠脂，不可浣。招國鄭相惡其汗，謂素曰：『弟子爲伐此樹，各植一松也。』及暮，素戲祝曰：『我種汝三十餘年，汝以汗爲人所惡，來歲若復有汗，我必薪之。』自是無汗。素公不出院轉法華經三萬七千部，夜常有貉子聽經，齋時鳥鵲取掌中食。天王閣，長慶中造，本在春明門內，與南内連墻。其形高大，爲天下之最。太和二年，敕移就此寺。拆時腹中得布五百端，漆數十篇。」寺殿崇廣，爲京城之最。號曰太興佛殿，制度與太廟同。總章二年，火焚之，更營建，又廣前居十二〔三五〕畝之地。

次南蘭陵坊。

東南隅，尚書右僕射韋待價宅。沅按：唐書：「待價歷官吏部尚書攝司空，改爲天官尚書、扶陽郡公，不及右僕射。宅西工部尚書李珍宅。忠武軍節度使曲環家廟。太子賓客燕國公于頔家廟。

次南開明坊。

自朱雀門南第六横街以南，率無居人第宅。自興善寺以南四坊，東西盡郭，雖時有居者，煙火不接，耕墾種植，阡陌相連。光明寺。

次南保寧坊。

昊天觀，盡一坊之地。貞觀初爲晋王宅，顯慶元年爲太宗追福，立爲觀。高宗御書額，并製歎道文〔三六〕。

次南安義坊。坊南抵京城之南面，西南通明德門。

貞順武皇后廟。禮閣新儀曰：「開元二十五年立廟，乾元之後祠享遂絶。」

右朱雀街東第一街九坊。

朱雀街東第二街、北當皇城南面之安上門街東從北第一務本坊。景龍三年，以駙馬都尉楊慎交父名嘉本，改爲玉樓坊。景云元年復舊。

半以西，國子監。監東開街，若兩坊。街北抵皇城南，盡一坊之地。監中有孔子廟，貞觀四年立。領國子〔三七〕、太學、四門、律、書、筭六學。坊南街之北，先天觀。景龍三年，韋庶人立爲翊聖女冠觀。景云元年，改景云觀。天寶八載，改爲龍興道士觀。至德三載，改先天觀。本司空梁國公房玄齡宅。河中〔三八〕節度使兼中書令延德郡王張茂昭宅。左散騎常侍于德晦宅。西川、齊州進奏院。鬼市。輦下歲時記曰：「俗説務本坊西門是鬼市。或風雨曛晦，皆聞其喧聚之聲，秋冬夜多聞賣幹柴，云是枯柴精也。又或月夜聞鬼吟：『六街鼓絶行人歇，九衢茫茫空有月。』有和者云：『九衢生人何勞勞，長安土盡槐根高。』」

次南崇義坊。

坊内横街之北，招福寺。乾封二年，睿宗在藩立〔三九〕。本隋正覺寺。寺南、北門額並睿宗所題。酉陽雜俎曰：「正覺寺，國初毀之，以其地立第，賜諸王，睿宗在藩居之。乾封二年，移長寧公主錦堂，重建此寺。長安二年，内出等身金銅像一鋪〔四〇〕，并九部樂，南、北門額上題，岐、薛二王親送至寺。綵乘象輿，羽衛四合，街中餘香，數日不散。景龍二年，詔寺中别建聖容院，是睿宗在青宫真容也。先天二年，敕出内庫錢二千萬、巧匠一千人重修之。」

西南隅，太子左庶子駙馬都尉蘇勖宅。後爲英王園。其地湫下，無人居。沅案：勖尚高祖女南昌公主。南街之北，博陵郡王崔玄暐宅。宅西秘書監馬懷素宅。工部尚書韋堅宅。沅按：唐書傳堅爲刑部尚書，非工部。贈太尉段秀實宅。德宗所賜。宣宗大中十年，詔秀實崇義坊宅諸院典在人上，計錢三千四百七十五貫，宜賜莊宅錢收贖。仍令鴻臚少卿段文楚〔四一〕追貼舍人計會。鹽鐵常平院。尚書左僕射竇易直宅。明皇雜録曰：「本中書令崔圓〔四二〕宅。禄山盗國，王維、鄭虔、張通皆處於賊庭。洎尅復，俱因於宣陽里楊國忠之舊宅，崔圓因召于私第，令畫，各有數壁。當時皆以圓勛貴無二，望其救解，故運思精巧，頗極能事。其後皆得寬典，至於貶謫，悉獲善地。其第鬻於易直，大和中畫尚存。」劍南東川節度使王承業宅。武俊之孫、士真〔四三〕子也。興元、鄜坊、易定進奏院。

次南長興坊。隋有靈感觀，武德初廢。唐會昌五年，詔皇城南六坊内不得置私廟。其朱雀街緣是南郊御跡，至明德門夾街兩面坊及曲江側近，亦不得置。余圍外深僻坊，並無所禁。

初，武宗行禮南郊，見天街左右諸坊有人家私廟，遂令禁斷。中書門下奏：「朱雀門至明德門凡有九坊，其長興坊是皇城南第三坊，便有朝官私廟，實則逼近宮闕。自威遠軍向南三坊，俗稱圍外地，至閑僻，於此〔四四〕置廟無所妨礙。」從之。

東北隅，侍中駙馬都尉楊師道宅。其地后分裂左監門大將軍韓琦、尚書刑部侍郎崔玄童、荆府司馬崔光意等居。坊内横街之南，中書令張嘉貞宅。本太常少卿崔日知宅。唐書曰：「貞元中，裴延齡爲德陽郡主治第。時將降郭鏦，延齡令嘉貞之子徙所置廟，德宗不許。按韋述記載嘉貞宅于此。延齡所徙乃是廟，而嘉貞碑宅在思順里，今無思順坊，未詳。宅西太子賓客元行冲宅。次北隔街禮部尚書致仕王丘宅。邠寧節度使馬璘宅。德宗實録曰：「大曆十四年七月，毁元載、馬璘、劉忠翼之第。自天寶中，京師堂寢，已極宏麗〔四五〕，而第宅未甚逾制，然衛國公李靖廟已爲嬖人楊氏厩矣。及安、史二逆之後，大臣宿將，競崇棟宇，無復界限，力窮乃止，人謂之木妖，而馬璘之堂尤盛，計錢二千〔四六〕萬貫，他室稱是。璘卒於軍，以喪歸京師，士庶欲觀之，假名於故吏，投刺會吊者數十百人，故命撤毁之。自是，京師樓榭之踰制者皆毁。」沅按：唐書璘傳亦載其事。乾元觀。代宗實録曰：「大曆十三年七月，以涇原節度使馬璘宅作乾元觀，置道士〔四七〕四十九人，其地在皇城南長興里。璘初創是宅，重價募天下巧工營繕，屋宇宏麗，冠絶當時。璘臨終獻之，代宗以其當王城形勝之地，墻宇新潔，遂命爲觀，以追遠之福，上資肅宗，加乾元觀之名。」乾元，肅宗尊號也。然則與德宗實録〔四八〕之言相戾。紀國大長公主宅。肅宗女，降鄭沛。工部尚書致仕晉昌郡王辛京杲宅。黄門侍郎同中書門下平章事杜鴻漸宅。鴻漸於長興立深第〔四九〕，崇飾門館，賦詩曰：「常願追禪侶，安能挹化源。」朝士多和之，沉按：「侶」，唐書傳作「理」。太子右庶子韋聿宅。漢陽大長公主宅。即德陽郡主也，順宗長女。國子祭酒鄭伸宅。貞元時人。禮賓院。元和五年置院坊之北街。鎮海軍節度使同中書門下平章事路隋宅。沉按：唐書作「隨」。河東節度使王璠宅。左神武統軍史憲忠宅。河南尹駙馬都尉鄭顥宅。尚書右僕射駙馬都尉于宗宅。沉按：唐書有于琮，尚廣德公主者，應即其人，然不言其官尚書右僕射，但云乾符中同平章事而已。鎮州進奏院。

次南永樂坊。坊内横街之中有古冢，不詳姓氏。

西南隅，廢明堂縣廨。總章元年，分萬年縣置，其廨地本越王貞宅。長安三年廢，還萬年。後以其廨地賜駙馬都尉裴巽。縣東清都觀。隋開皇七年，道士孫昂爲文帝所重，常自問道〔五〇〕，特爲立觀。本在永興坊，武德初徙於此地，本隋寶勝寺。觀東永壽寺。景龍三年，中宗爲永壽公主立。坊内横街之北，資敬尼寺。隋開皇三年，太保薛國公長孫覽爲其父立。東南隅，左丞相燕國公張説宅。本侍中王德真宅，説大加修葺焉。善相宅者〔五一〕曰：「泓師〔五二〕與説置永樂東南第一宅有永巷者，戒曰：『此宅西北隅最是王地，慎勿於此取土。』越月，泓又至，謂燕公曰：『此宅氣候忽然索漠，恐必甚有取土於西北隅者。』公與泓偕行，至宅西北隅，果有取土坑三，數坑皆深丈餘。泓大驚曰：『禍事，令公富貴一身而已。更二十年，外諸郎君皆不得天年。』燕公大駭曰：『填之可乎？』泓曰：『客土無氣，與地脉不相連，今欲填之，亦猶人有瘡痏〔五三〕，縱以他肉補之，終無益也。』燕公〔五四〕子均、垍皆爲禄山委任，克復後均賜死，垍長流之。」沅按：唐書傳垍與陳希烈爲賊宰相，死於賊中。東門之南，夏官尚書王璇宅。兵部尚書判户部事王紹宅。沅按：李絳神道碑云紹終永樂里私第。司徒中書令晉國公裴度宅。唐實録曰：「度自興元請朝覲，宰相李逢吉之徒百計隳沮。有張權輿者，既爲嗾犬，尤出死力，乃上疏云：『度名應圖讖，宅據岡原，不召而來，其旨〔五五〕可見。』蓋常有人與度作讖詞云：『非衣小兒坦其腹，天上有口被驅逐。』言度曾征討淮西平吴元濟也。又帝城東西横亘六岡，符易象乾卦之數，度永樂里第偶當第五岡，故權輿以爲詞，意欲賊之〔五六〕，然竟不能動揺。」沅按：唐書傳所載與此同。左監門衛上將軍李思忠宅。武宗會昌二年，温没斯〔五七〕内屬，賜姓李〔五八〕，名思忠，命爲左監門衛上將軍，兼撫王傅，賜第永樂坊。尚書兵部侍郎同中書門下平章事蕭寘宅。

次南靖安坊。按「靖」或作「静」。沅按：唐書武元衡傳亦作「静」。

西南隅，崇敬尼寺。本僧寺，隋文帝所立。大業中廢。龍朔〔五九〕二年，高宗爲長安定安公主薨後改立爲尼寺。寺東樂府。隋置。咸宜公主宅。玄宗女再降〔六〇〕崔嵩。沅按：公主初嫁楊洄，又嫁嵩。韓國正穆公主廟。禮閣新儀曰：「德宗女，自唐安公主追册。貞元十七年祔廟。」太子賓客崔倫宅。門下侍郎同中書門下平章事武元衡宅。尚書吏部侍郎韓愈宅。刑部侍郎劉伯芻宅。郴州司馬李宗閔宅。

次南安善坊。

盡一坊之地，爲教弩場。隋明堂在此坊。高宗時，併此坊及大業坊之半，立中市署，領口馬〔六一〕牛驢之肆。然已偏處〔六二〕京城之南，交易者不便，後但出文符於署司而已，貨鬻者並移於東市〔六三〕。至武太后末年，廢爲教弩場。其場隸威遠軍〔六四〕。

次南大業坊。本名弘業。神龍初〔六五〕避孝敬皇帝諱改。

東南隅，太平女冠觀。本宋王元禮宅。儀鳳二年，吐蕃入寇，求太平公主和親，不許。乃立此觀，公主出家爲女冠。初以頒政坊宅爲太平觀，尋徙於此，公主居之。其頒政坊觀改爲太清觀。公主後降薛紹，不復入觀。西有駙馬都尉楊慎交山池，本徐王元禮之池。新昌觀。

次南昌樂坊。

太子太師鄭國公魏徵家廟。大中中，來孫謩爲相，再新舊廟，以玄成爲封祖。沅按：玄成，徵之字。行臺左僕射屈突通宅。沅按：唐書傳：「通拜陝東大行臺右僕射，卒贈尚書右僕射。」山南東道節度使蔣係家廟。官園。坊西官園，供進梨花蜜。

次南安德坊。坊南抵京城之南面，東即啓夏門。沅按：以下康海刻本所無，明文淵閣本有，今用之。

右武衛將軍蘇方宅。術士桑道茂宅。

右朱雀街東第二街九坊。

長安志卷第七終

校勘記：

〔一〕此門　原作「北門」，據成化、嘉靖、四庫本改。

〔二〕以西　原作「從西」，據四庫本改。

〔三〕不便於事　「事」原作「民」，據四庫本改。

〔四〕有辨　原作「有便」，據成化、嘉靖、四庫本改。

〔五〕左監門率府　「左」原作「右」，據成化、嘉靖、四庫本改。

〔六〕今額　原作「後」，據四庫本改。

〔七〕廳前　原作「廳事」，據成化、嘉靖、四庫本改。

〔八〕北監　原作「此盤」，據四庫本改。

〔九〕小橋　原本闕「小」字，據四庫本補。成化、嘉靖本作「必橋」。

〔一〇〕侍御史　原作「待御史」，據嘉靖、四庫本改。

〔一一〕祠部　原作「都堂」，據嘉靖、四庫本改。

〔一二〕並有　原作「並之有」，據成化、嘉靖、四庫本改。

〔一三〕南開　原作「南門」，據太平廣記卷一八七引御史臺記改。

〔一四〕是隋初　原作「自隋初」，據成化、嘉靖、四庫諸本改。

〔一五〕右臺　原作「石臺」，據成化、嘉靖、四庫諸本改。

〔一六〕中南山　成化、嘉靖、四庫諸本並作「終南山」。

〔一七〕三壇　原作「二壇」，據成化、嘉靖、四庫諸本改。

〔一八〕見上　嘉靖、四庫本作「北上」。

〔一九〕女冠觀　原作「女觀」，據成化、嘉靖、四庫諸本改。

〔二〇〕祆祠　原作「胡天祠」，據成化、嘉靖、四庫諸本改。

〔二一〕綵縷　原作「綵樓」，據成化、嘉靖、四庫諸本改。

〔二二〕又上　四庫本作「乃上」。

〔二三〕未之有　成化、嘉靖、四庫諸並作「未之比」。

〔二四〕準此　原作「準此」，據四庫本改。

〔二五〕有乖　原作「有闕」，據成化、嘉靖、四庫諸本改。

〔二六〕崔垂休　原作「崔垂林」，據成化、嘉靖、四庫諸本改。

〔二七〕安仁坊　原作「安仁門」，徑改。

〔二八〕安民坊　原作「安民門」，徑改。

〔二九〕率錢　四庫本作「施錢」。

〔三〇〕毀元載　原本重一「毀」字，據成化本及初印畢沅刻本删。

〔三一〕祖父母　原本作「祖及母」，據初印畢沅刻本長安志改。

〔三二〕踬棺　原本重一「踬」字，據成化、嘉靖、四庫諸本及初印畢沅刻本删。

〔三三〕玄貞　「玄」字原闕，據成化、嘉靖、四庫本補。

〔三四〕有桐　原作「有柏」，據成化、嘉靖、四庫本改，本條下文「柏至夏有汗」之「柏」同。

〔三五〕十二　原本作「二十」，據成化、嘉靖、四庫諸本改。

〔三六〕歎道文　四庫本作「歌」。

〔三七〕國子　原作「國子監」，據成化、嘉靖四庫本改。

〔三八〕河中　原作「河東」，據成化、四庫二本及類編長安志卷四改。

〔三九〕在藩立　四庫本作「以藩第爲之」。

〔四〇〕一鋪　四庫本作「一軀」。

〔四一〕段文楚　原作「段又楚」，據四庫本改。

〔四二〕崔圓　原作「崔圖」，據四庫本改。下同。

〔四三〕士真　原作「士貞」，據成化、嘉靖、四庫諸本改。

〔四四〕於此　二字原本闕，據成化、四庫本補。

〔四五〕宏麗　原作「壯麗」，據成化、嘉靖、四庫諸本改。

〔四六〕二千　成化、四庫本俱作「二十」。

〔四七〕置道士　「置」字原闕，據四庫本補。

〔四八〕實録　「實」字原闕，據四庫本補。

〔四九〕立深第　原作「正源第」，據四庫本改。

〔五〇〕問道　原作「開道」，據四庫本改。

〔五一〕善相宅者　原作「常侍言旨」，據四庫本改。

〔五二〕泓師　原作「洪師」，據成化、嘉靖、四庫諸本改。本條下同。

〔五三〕瘡痏　原作「瘡痛」，據成化、嘉靖、四庫本改。

〔五四〕燕公　原作「燕國公」，據成化、嘉靖、四庫諸本改。

〔五五〕其旨　原作「其意」，據成化、嘉靖、四庫諸本改。

〔五六〕意欲賊之　原作「盡欲成事」，據四庫本改。

〔五七〕温没斯　成化、嘉靖、四庫諸本並作「温殳斯」。

〔五八〕賜姓李　原作「賜李姓」，據成化、嘉靖、四庫本改。

〔五九〕龍朔　原作「龍翔」，據成化、嘉靖、四庫本改。

〔六〇〕再降　原作「降」，據成化、嘉靖、四庫本改。

〔六一〕口馬　四庫本作「駝馬」。

〔六二〕已偏處　四庫本「已」作「以」。

〔六三〕東市　「東」字原闕，據成化、嘉靖、四庫諸本補。

〔六四〕威遠軍　原作「威遠將軍」，據成化、四庫本改。

〔六五〕神龍初　原作「神龍中」，據成化、四庫本改。

長安志卷第八

唐京城二

朱雀街東第三街，即皇城東之第一街，北當興安門、大明宫，南當啓夏門。街東從北第一曰翊善坊。

保壽寺。酉陽雜俎曰：「翊善坊保壽寺，本高力士宅，天寶九載〔一〕捨爲寺。初，鑄鐘成，力士設齋慶之，舉朝畢至，一擊施鏹〔二〕百千，有窺其意連擊二十杵〔三〕。經藏閣規構危巧，二塔火珠授十餘斛〔四〕。河陽從事李琢性好奇古，與僧善，嘗俱至此寺，觀庫中舊物，忽於破瓮中得物如被，幅裂汙坌〔五〕，觸而塵起。琢徐視之，乃畫也，因以州縣圖三及縑三十換之。令家人裝治，大十餘幅。訪於常侍柳公權，方知張萱所畫石橋圖也，玄宗賜力士，因留寺中。後爲䴀畫人宗牧〔六〕言於左軍，尋有小使〔七〕領軍卒數十人，至宅宣敕取之。即日進入，文宗好古〔八〕，見之大悅，命張於雲韶院。」

其西曰光宅坊。本翊善一坊之地置，大明宫後，開丹鳳門街，遂分爲二坊〔九〕。太和九年〔一〇〕，鳳翔獻鄭注首，詔懸於光宅坊西北角三日而去之。

橫街之北，光宅寺。儀鳳二年，望氣者言此坊有興氣，敕令掘得石函。函内有佛舍利骨萬餘粒，遂立光宅寺。武太后始置七寶臺，因改寺額焉。酉陽雜俎曰：「寶臺甚顯，登之四極眼界，其上層窻下尉遲〔一一〕畫，下層窻下吴道玄畫，皆非其得意也。丞相韋處厚自居内庭至相位，每歸輒至此塔，焚香瞻禮。普賢堂本天后梳洗堂。」

次南永昌坊。

坊東丹鳳門街。

丹鳳門街東來庭坊。本永昌一坊之地，與翊善坊同分。隋末有仁法寺，大業七年廢。

丹鳳門街至此而絶。特進王仁祐宅。永徽時人。内侍〔一二〕高延福宅。力士父。沅按：孫翌墓志銘、張説神道碑並云延福終來庭里第。右衛上將軍致仕梁守謙宅。莊宅司。坊西北〔一三〕。

次南永興坊。隋有善果寺，大業中廢。

西南隅左金吾衛。神龍中自崇仁坊徙。街西之北，荷恩寺。景雲元年睿宗立。西門之北，太子太師鄭國公魏徵宅。本隋安平公宇文愷宅。封演見聞録曰：「徵所居室屋卑陋，太宗欲爲營構，輒謙讓〔一四〕不受。洎徵寢疾，太宗將營小殿，遂撤其材〔一五〕，爲造正堂，五日而就。開元中此堂猶在。家人不謹，遺火燒之，子孫哭臨三日，朝士皆赴吊。後裔孫謩相宣宗，居舊第焉。」左龍武軍統軍咸寧郡王戴休顏宅。賜第。沅案：唐書傳但言爲左龍武將軍，不及咸寧郡王。鳳翔、陳許、湖南進奏院。

次東廣化坊。

左衛上將軍内侍監致仕仇士良宅。沅按：鄭薰神道碑云士良終廣化里第。玉山營。六軍十二衛觀軍容使楊復恭宅在廣化坊，近玉山營。復恭假子守信爲玉山軍使，或告云謀亂，詔李順節率禁軍誅之。守信拒戰，昭宗御延喜樓。際晚，守信挈其族出通化門，趨興元。本傳誤作昭化坊。按坊無名「昭化」者，今以延喜及通化門證之即是廣化坊也。

次南崇仁坊。北街當皇城之景風門，與尚書省選院最相近，又與東市相連。按選人京城，無第宅者，多停憩此。因是工賈〔一六〕輻湊，遂傾兩市，晝夜喧呼，燈火不絶，京中諸坊，莫之與比。大曆中魚朝恩於坊之南街設齋會，奏内坊音樂。

西南隅，玄真觀。半以東本尚書左僕射申國公高士廉宅。西北隅本左金吾衛。神龍元年，併爲長寧公主第。東有山池別院，即舊東陽公主亭子。韋庶人敗，公主隨夫爲外官，遂奏請爲景龍觀，仍以中宗年號爲名，初欲出賣，官估木石當二千萬，山池仍不爲數。天寶十二載，改爲玄真觀。肅宗時設百高座講法〔一七〕。沅按：唐書傳士廉爲右僕射申國公，非左僕射。新唐書長寧公主傳公主取西京高士廉第、左金吾衛故營，合爲宅。右屬都城，左頫大道，作三重樓以馮觀，築山浚池。又并坊西隙地，廣鞠場。坊東南隅資聖寺。本太尉趙國公長孫無忌宅。龍朔三年，爲文德皇后追福，立爲尼寺。咸亨四年，改爲僧寺。長安三年七月，火焚之，灰中得經數部，不損一字。百姓施捨，數日之間，所獲鉅萬，遂營造如故。寺額中州刺史殷仲容所題，楷法端妙，京邑所稱。酉陽雜俎曰：「净土院門外，相傳吴生一夕秉燭醉畫。龍鬚〔一八〕戟手，視之恶駭。院門裏盧稜伽畫。盧常學吴勢，吴亦傳以手訣，乃畫總持寺三門〔一九〕，方半，吴大賞之，謂人曰：『稜伽不得心訣，用思太苦，其能久乎？』果畢而卒。」北門之東，寶刹寺。本邑里佛堂院，隋開皇中立爲寺。佛殿後魏時造，四面立柱，當中構虚起兩層閣，榱棟屈曲，爲京城之奇妙，故夫寺〔二〇〕以寶刹爲名。東門之北，尚書左僕射許國公蘇瓌宅。本中書令薛元超宅。沅按：唐書傳亦作右僕射。盧藏用神道碑序云瓌終崇仁里第。右散騎常侍舒國公褚無量宅。賜第。沅按：唐書傳作左散騎常侍。蘇頲神道碑云終崇仁里第。坊南門之西，禮會院。本長寧公主宅。公主〔二二〕及駙馬楊眘交奏割宅向西一半，官市爲禮會院。每公主、郡縣主出降，皆就此院成禮。德宗實録曰：「初，開元中置禮會院於崇仁里，自兵興以來，廢而不修。」東都、河南、商汝汴、淄青、淮南、兖州、太原、幽州、鹽州、豐州、滄州、天德、荆南、宣歙、江西、福建、廣桂、安南、邕州、黔南進奏院。

次南平康坊。

南門之東菩提寺。隋開皇二年，隴西公李敬道及僧惠英所奏立寺。酉陽雜俎曰：「寺之制度，鐘樓在東，惟此寺緣李右座〔二三〕宅在東，故建鐘樓於西。寺內有郭令玳瑁鞭及郭令王夫人七寶帳。大中六年，改爲保唐寺。街之北，陽化寺。隋內史舍人于宣道爲父建平公、義母獨孤夫人所立。西北隅，隋太師申國公李穆宅。其地景龍中爲長寧公主府及鞠場，景雲中廢，并毬場散賣與居人。西門之南，尚書左僕射河南郡公褚遂良宅。自遂良父太常卿亮居焉。沅按：唐書傳云代張行成爲尚書右僕射。西南隅，國子祭酒韋澄宅。蘭陵公主宅。太宗女降兖州都督竇懷哲。萬安觀。天寶七載，永穆公主出家，捨宅置觀。其地西南隅本梁國公姚元崇宅。次東即太平公主宅。其後敕賜安西都護郭虔瓘。後悉併爲觀。東南隅，右相李林甫宅。本尚書左僕射衛國公李靖宅。景龍中，韋庶人妹夫陸頌所居。韋氏敗，靖侄孫散騎常侍令問居之，後爲林甫宅。有堂如偃月，號月堂。每欲排擠大臣，即處之，思所以中傷者，若喜而出即其家碎矣。又説其宅東北隅溝中至夜每火光大起，有小兒持火出入。林甫惡之，奏分其宅東南隅，立爲嘉猷觀。嘉猷觀。見上。明皇御書金字額以賜之。林甫奏女爲觀主。觀中有精思院，王維、鄭虔、吴道子皆有畫壁。林甫死，後改爲道士觀，擇道術者居之。南門之西，刑部尚書王志愔宅。次北户部尚書崔泰之宅。侍中裴光庭宅。太子賓客分司東都張弘靖宅。本國子司業崔融舊第，有融題壁處。沅按：唐書傳叙弘靖官爵加檢校司空平章事，後充幽州、盧龍等軍節度使。軍叛，貶撫州刺史。未幾，遷太子賓客、少保、少師，卒。同華、河中、河陽、襄徐魏、涇原、靈武、夏州、昭義、浙西東、容州進奏院。

次南宣陽坊。

東南隅，萬年縣廨。去府七里。縣門屋宇文愷所造。太平公主降薛紹於縣廨，設婚席，初以縣門隘窄，欲毁之。高宗敕宇文愷所造，製作多奇，不須毁折〔二三〕也。坊西南隅，淨域寺。隋文帝開皇五年立。恭帝禪位，止於此寺，薨焉。酉陽雜俎曰：「本太穆皇后宅。寺僧云三階院〔二四〕門外是神堯皇帝射孔雀處。佛殿内西座蕃神甚古質。貞元已前西蕃兩度盟，皆載此神，立於壇而誓。相傳當時頗有靈。按此寺與造與韋述記不同。街之西北，秋官尚書譙國公李誨宅。後爲韋温宅。韋氏誅後，賜恩國公主。沅按：唐書有兩韋温，此乃韋庶人從父兄。南門之西，杞國公竇毅宅。毅即太穆皇后之父。宅西有皇后歸寧院，後施淨域寺。宅南有杞公廟。西門之北，尚書左僕射舒國公韋巨源宅。宅東有陝州刺史劉布進、少府監楊務廉宅。次西北隔巷有國子祭酒韋叔夏、光禄卿單思遠宅。街東之北，刑部尚書李乂宅。次西有益州長史李衮、太子賓客鄭惟忠宅。沅按：蘇頲李乂神道碑云乂終宣陽里第。東北隅，兵部尚書郭元振宅。奉慈寺。本開元中虢國夫人楊氏宅。虢國即貴妃之姊。其地本中書令馬周宅。津陽門詩曰：「八姨新起合歡堂。」注曰：「虢國構一堂，價費萬金。堂成，工人償價之外，更邀賞技之直。復與絳羅五千段，工者嗤而不顧〔二五〕。虢國問其由，工曰：『某平生之能，殫於此矣。苟不以信，願得螻蟻蜥蜴蜂蠆〔二六〕之類，數其目而投於堂中，使有間隙，得亡一物，即不論功直也。』於是又以繒綵珍具與之。」又明皇雜録曰：「貴妃姊虢國夫人，恩傾一時，大治第宅，棟宇之盛，世無與其比。所居本韋嗣立舊宅。韋氏諸子，亭午方偃息於堂廡間，忽見一婦人，衣黄帔衫，降自步輦，有侍婢數十，笑語自若，謂韋氏諸子曰：『聞此宅欲貨，其價幾何？』韋氏降階，言曰：『先人舊廬，所未忍捨。』語未畢，有工人數百，登西廂掘其瓦木。韋氏諸子既不能制，乃率家僮，挈其琴書，委於衢路，而自嘆曰：『不才無爲〔二七〕，勢家所奪。古人之戒，將見於今日乎？』而與韋氏隙地十畝餘，其他一無所酬。虢國中堂既成，召匠圬墁，以二百萬償其直，而復以金盆二、瑟瑟三斗爲賞。後曾有暴風拔樹，委於堂上，已而視之，略無所傷。既徹瓦以觀，皆承以木瓦。其制精妙，皆此類也。」按嗣立宅在歸德坊，與上文不同。又諸坊亦無名歸德者。酉陽雜俎曰：「安禄山僞命百官，以田乾真〔二八〕爲京兆尹，取其宅爲寺，後爲駙馬都尉郭曖宅。今上即位之初，太皇太后爲昇平公主追福，奏立奉慈寺，賜錢二十萬〔二九〕，繡幀〔三〇〕三車〔三一〕，抽左街十寺僧〔三二〕四十人居之。前司空兼右相楊國忠宅。虢國夫人居坊之左，國忠第在其南。沅按：唐書云國忠山第在宫東門之南，與虢國相對，韓國、秦國，甍棟相接。西門之南，右羽林軍大將軍高仙芝宅。東門之北，京兆尹李齊物宅。司徒致仕薛平宅。右驍衛大將軍韓公武宅。沅按：唐書傳：「公武居宣陽里之北門，官右驍衛將軍。」將作監韋文恪宅。文宗時人。右神武統軍張議潮宅。咸通六年，歸義軍節度使張議潮自沙州入覲，詔除統軍，賜第一區。邠寧、東川、振武、鄂州進奏院。榷鹽院。

次南親仁坊。

西南隅，咸宜女冠觀。睿宗在藩之第。明皇升極於此。開元初，置昭成、肅明二皇后廟，謂之儀神廟。睿宗升遐，昭成遷入太廟，而肅明留於此。開元二十一年，肅明皇后亦祔入太廟，遂爲肅明道士觀。寶應元年，咸宜公主入道，與太真觀換名〔三三〕焉。西北隅，尚書右僕射燕國公于志寧宅。後併入相府，閑地置廟，後敕賜貴妃豆盧氏。後左金吾大將軍程伯獻、黄門侍郎李暠等數家居焉。沅按：唐書志寧傳作「左僕射」。街東之北，太子詹事韋琨宅。次東又有中書侍郎楊弘武、太僕卿王希雋二宅。雋所居即隋兵部尚書樊于蓋宅。沅按：唐書傳：「弘武爲西臺侍郎。」北門之東，駙馬都尉鄭萬鈞宅。東門之北，滕王〔三四〕元嬰宅。叛臣安禄山宅。禄山故事曰：「舊宅在道政坊。玄宗以其隘陋，更於親仁坊選寬爽之地，出内庫錢更造。堂皇院宇，窋窱周匝，帳帷幔幕，充牣其中。天寶九載，禄山獻俘至京，命入新宅。」譚賓録曰：「禄山入朝，敕於親仁坊南街造宅，堂皇三重，皆象宫中小殿。房廊窋窱，綺疏詰屈，無不窮極精妙。什物充牣，以金銀織傍筐、笊籬等。每欲賞賜之，明皇皆謂左右曰：『禄山眼孔大，勿令笑人。』」回元觀。即禄山舊宅，見津陽門詩。尚父汾陽郡王郭子儀宅。譚賓録曰：「宅居其地四分之一，通永巷。家人三千，相出入者，不知其居。」又曰：「親仁里〔三五〕大啓其第〔三六〕，里巷負販之人，上至公子簪纓之士，出入不間。或云王夫人趙氏愛女方妝梳對鏡，往往公麾下將吏出鎮去及郎吏皆被召，令汲水持帨，視之不異僕隸。他日子弟集列啓諫，公三不應，於是繼之以泣，曰：『大人功業已成，而不自崇重，以貴以賤，皆游卧內。某等以爲雖伊、霍〔三七〕不當如此也。』公笑而謂曰〔三八〕：『爾曹固非所料，且吾官馬食粟者五百匹，官餼者一千人，進無所往，退無所據。向使崇垣扃户，不通内外，一怨〔三九〕將起，構以不臣，其有貪功害能〔四〇〕之徒，成就其事，則九族虀粉，噬臍莫追。今蕩蕩無間，四門洞開，雖讒毀是興，無所加也。吾是以否〔四一〕。』諸子皆伏。」其西本于志寧宅。昌樂公主宅。明皇女，降嗣畢國公竇鍔。太子太師汧國公李勉宅。沅按：唐書傳云加太子太保。兵部尚書致仕歸崇敬宅。劍南東川節度使馮宿宅。盧氏雜説曰：「宿從子袞爲給事中，宅南有山亭院，多養鵝鴨及雜禽之類，常遣一家人主之，謂之『鳥省』。」西華公主宅。宣宗女，降工部尚書嚴祁。沅按：即齊國恭懷公主。大同軍節度使李國昌〔四二〕宅。咸通中，朱耶赤心平徐州龐勛，以功，懿宗賜姓名，編入屬籍，系鄭王房〔四三〕，又賜第〔四四〕一區。

次南永寧坊。隋有明覺寺。大業七年廢。

東南隅，京兆府籍坊。南門之東，隋尚書左僕射房國公蘇威宅。西門之北，隋兵部尚書田弘宅。弘子仁恭、德懋及孫玄基，並以孝義旌表，時論美之。南門之西，禮部尚書裴行儉宅。東門之北，贈太尉祁國公王仁皎宅。本禮部尚書鄭善果宅，後臨江王囂買之。神龍初，宗正卿李晋居焉。繕造廊院，稱爲甲第。晋誅後，敕賜仁皎。沅按：太宗第十一子江王囂，非臨江王也。此誤。西北隅，中書令裴炎宅。炎死後没官，後爲徒坊。永寧園。賜禄山永寧園爲邸。又賜永穆公主池觀爲遊燕地。司天監。乾元元年，改太史監爲司天監，於永寧坊張守珪宅置官六十人。其地即安禄山所賜永寧園也。開府儀同三司博陵郡王李輔國宅。沅按：唐書輔國封博陵王。彭王傅徐浩宅。尚書右僕射致仕高郢宅。河東節度使同中書門下平章事王鍔宅。鍔子稷進永寧里第宣義亭子，時議以鍔因緣，累居大鎮，營第華侈，既殁而入於官，固其所也。前京兆尹楊憑宅。憑治第，功役叢興，又幽妙妾於永樂別舍〔四五〕，訛議頗讙。坐是貶臨賀尉。沅按：窮幽記三白樂天得楊憑宅，竹木池館，有林泉之致，因爲池上篇。」前司空兼門下侍郎同中書門下平章事王涯宅。乃楊憑故第。家書與秘府侔名，書畫以金玉爲奩軸，鑿垣貯之，重復秘固，若不可窺者。及被誅，爲人被垣，剔取奩軸金玉，而棄其書畫於道，籍田宅入於官〔四六〕。河東節度使兼侍中李載義宅。太和五年，載義自幽州入朝，文宗賜以居第及米面錢帛芻籍極厚。太子太保涼國公李聽宅。衛尉卿李有裕宅。太傅致仕白敏中宅。沅按：唐書傳云太子太師致仕。金吾大將軍張直方宅。自幽州入朝，居此。沅按：唐書傳直方爲金吾時以幽州節度副使入朝也。義成軍節度使兼中書令王鐸宅。三水小牘曰：「第中別立書齋，每於退朝〔四七〕獨處其中，欣欣如也。」

次南永崇坊。

東南隅，七太子廟。其地本萬、夔六州之邸，總章中以爲明堂縣，後徙縣於永樂坊。神龍初，立懿德太子廟，即中宗之長子。禮閣新儀曰：「天寶六載，詔章懷、節愍、惠莊、惠宣、惠文太子，雖官爲立廟，比來子孫自祭，或時物有闕，禮儀不備，宜與隱太子及懿德太子列次諸室，同爲一廟。遂於永崇坊東街，就懿德太子同立廟，呼爲七太子廟。寶應二年停享。大曆三年，又加靖恭太子一室。廟西靈應觀。隋道士宋道標所立。街西之南，刑部尚書韋抗宅。秘書監楊銛宅。明皇貴妃之兄。沅按：太真外傳云：「銛與國忠五家，於宣陽里甲第洞開，僭擬宮掖，每造一堂，費逾千萬。」宗道觀。本興信公主宅，賣與劍南節度使郭英乂〔四八〕。其後入官。大曆十二年，爲華陽公主追福，立爲觀。司徒兼中書令李晟宅。興元元年，賜晟永崇里甲第，詔宰臣諸節將會送。是日，特賜女樂八人、錦綵銀器等，令教坊、太常備樂，京兆府供具鼓吹，迎道集宴，京師以爲榮觀。東都留守杜亞宅。吏部尚書充諸道鹽鐵轉運等使李巽宅。司徒兼中書令韓弘宅。放生池。

次南昭國坊。隋有香海寺，大業七年廢。按此坊本犯中宗廟諱，長安中改。唐中葉後多云「招國」，「招」字殊無義理，未詳。

西南隅，崇濟寺。本隋慈恩寺。開皇三年，魯郡夫人孫氏立。貞觀二十三年，以尼寺與慈恩僧寺相鄰，而勝業坊〔四九〕甘露尼寺又比於崇濟僧寺，敕换所居焉〔五〇〕。本弘字〔五一〕，神龍中改。酉陽雜俎曰：「寺内有天后織成蛟龍被襖子及綉衣六事。太府少卿裴子餘宅。即廢香海寺之地。太子太傅致仕鄭絪宅。尚書右丞庾敬休宅。國史補曰：「敬休宅屋壁有畫奏樂圖，王維嘗至其處。維熟視而笑，或問其故，維曰：『此霓裳羽衣曲第三疊第一拍〔五二〕。』好事者集樂工驗之，無一差者。」沅按：唐書傳作「尚書左丞」。夏綏宥等州節度使李寰宅。寰堅守〔五三〕博野鎮，穆宗賜其子方回宅。山南西道節度使崔琯宅。柳玭云：「崔氏居昭國宅，子孫昌盛，衣纓不絶。」

次南進昌坊。按唐人多云「晋昌坊。」然「晋」「進」義同。

半以東，大慈恩寺。隋無漏寺之地，武德初廢。貞觀二十二年，高宗在春宫，爲文德皇后立爲寺，故以慈恩爲名。仍選林泉形勝之所。寺成，高宗親幸。佛像幡華，並從宫中所出。太常九部樂，送額至寺。寺南臨黄渠，水竹森邃，爲京都之最。會昌五年，詔天下廢寺，上都每街各留寺兩所，僧各三十人。左街留慈恩、薦福，右街〔五四〕留西明、莊嚴。六年，左街添置寺八所。興唐、保壽寺兩所依舊額，六所請改舊名。僧寺四所，寶應寺改爲資聖寺，青龍寺改爲護國寺，菩提寺改爲保唐寺，清禪寺改爲安國寺。尼寺二所，法雲寺改爲唐安寺，崇敬寺改爲唐昌寺。右街西明寺改爲福壽寺，莊嚴寺改爲聖壽寺。八所添置〔五五〕，二所依舊名。僧寺一所天福寺，尼寺一所興聖寺，並依舊。所請改名僧寺五所，化度寺改爲崇福寺，永泰寺改爲萬壽寺，温國寺改爲崇聖寺，經行寺改爲龍興寺，奉恩寺改爲興福寺。尼寺一所，萬善寺改爲延唐寺。酉陽雜俎曰：「寺本浄覺故伽藍，因而營建焉。凡十餘院，總一千八百九十七間，敕度三百僧。初三藏自西域迴〔五六〕，詔太常卿江夏王道宗設九部樂，迎像入寺，綵車凡千餘兩。上御安福門觀之。太宗常賜三藏衲，直百餘金，其工無鍼綖之迹。殿庭大娑羅樹，大曆中安西進其木椿，賜此寺四橛，橛皆灼固〔五七〕。其木大德行逢自種之，一株不活。」寺西院浮圖六級，崇三百尺。永徽三年，沙門玄奘所立。初唯五層，崇一百九十尺。塼表土心，倣西域窣堵波制度，以置西域經像。後浮圖心内卉木鑽出，漸以頹毁。長安中更拆改造，依東夏刹表舊式，特崇於前。有辟支佛牙，大如升，光彩焕爛。東有翻經院。西南隅，楚國寺。本隋興道寺之地，大業七年廢。高祖起義并州，第五子智雲在京，爲隋留守陰世師等所害，後追封爲楚哀王，因立此寺〔五八〕。水竹幽静，類於慈恩。酉陽雜俎曰：「寺内楚哀王身金剛像，哀王繡襖半袖猶在。長慶中，賜織成雙鳳夾黄襖子，鎮在寺中。門内〔五九〕有放生池，太和中賜白氎黄胯衫。東南隅，興唐寺。神龍元年，太平公主爲武太后立爲罔極寺。窮極華麗，爲京都之名寺。開元二十六年，改爲興唐寺。明皇御容在焉。西門之南，左侍極兼右相陸敦信宅。次南大理卿孫伏伽宅。南門之東，户部尚書許圉師宅。北門之南，太子詹事陸餘慶宅。前中書侍郎同中書門下平章事元載别宅。沅按：唐書載傳有大寧、安仁二宅，不及此。河中〔六〇〕節度使兼中書令渾瑊宅。興元元年賜，兼賜女樂五人、錦綵銀器等。宰臣節將會送，有司備饌，次於李晟焉。沅按：唐書傳言：「賜大寧里甲第，入第之日，宰臣節將〔六一〕送之，一如李晟入第之儀。」義章公主宅。德宗女，降張茂宗，賜第。太清宫。禮閣新儀曰：「開元二十九年，始詔兩京及諸州各置玄元皇帝廟一所，依道法醮。天寶元年正月，陳王府參軍田同秀上言玄元皇帝降見於丹鳳門之通衢，以『天下太平，聖壽無疆』之言傳於玄宗，仍告賜靈符尹喜之故宅。上遣使就桃林縣函谷關令尹臺西得之。於是置廟於太寧坊，東都於積善坊。九月，改廟爲太上玄元皇帝宮。二年正月，加號『大聖祖』。三月，敕西京改爲太清宫，東都爲太微宫，諸州爲紫極宫。十二載二月，加號『大聖祖高上大道金闕玄元天皇大帝』，每歲四時及臘修廟獻之禮〔六二〕。初建廟，取太白山白石爲真像，衮冕之服，當扆南向。玄宗、肅宗、德宗侍立於左右，皆朱衣朝服。宫垣之内，連接松竹，以象仙居。殿十二間，四柱，前後各兩階，東西各側階一。其宫正門曰瓊華，東門曰九靈，西門曰三清。御齋院在宫之東，公卿齋院在宫之西，道士雜居其間。天寶五載，詔刻石爲李林甫、陳希烈像，列侍於聖容之側。林甫犯事，又刻楊國忠之形，而磨塵林甫之石。及希烈、國忠敗，又盡毁之。八載，立文宣王像，與四真人列待左右〔六三〕。沅按：合上元載、渾瑊二宅，應並在大寧坊，内本誤入於此也，然無善本可證。

次南安興坊。後改廣化坊。隋有總化寺，大業七年廢。

街之西北，净住寺。本隋吏部尚書裴弘齊〔六四〕宅，開皇七年立爲寺。有石塔，本姚萇之浴室。街北之東，尚書左僕射郇國公韋安石宅。叛臣朱泚宅。建中中，群盗夜分數百騎，取泚於進昌〔六五〕。先泚號其宅爲「潛龍宫」，徙珍寶實之，人謂「潛龍勿用」，亡兆也。

次南通善坊。

杏園。黄渠。

次南通濟坊。坊南街抵城之南面。

侍中扶陽郡王桓彦範宅。山南西道節度使令狐楚家廟。沅按：廟碑劉禹錫撰。

尚書右僕射盧鈞家廟。

右皇城東第一街之十五坊。沅按：實十七坊，「五」字當誤。

朱雀街東第四街，即皇城之東第二街，街東從北第一長樂坊。後改延政坊。

大半以東，大安國寺。睿宗在藩舊宅，景雲元年立爲寺，以本封安國爲名。憲宗時，吐突承璀盛營安國寺，欲使李絳爲碑文，絳不肯撰。後寖摧圮〔六六〕。宣宗欲復修，未克而崩。咸通七年，以先帝舊服御及孝明太皇太后金帛，俾左神策軍再建之。酉陽雜俎曰：「紅樓，睿宗在藩時造。元和中廣宣上人住此院，有詩名，時號爲紅樓集」。西南隅，興唐觀。本司農園地，開元十八年造觀。其時有敕令速成之，遂折興慶宫通乾殿造天尊殿，取大明宫乘雲閣造門屋樓、白蓮花殿造精思堂屋，坼甘泉殿造老君殿。元和初年〔六七〕，命中尉彭忠獻帥徒三百人，修興唐觀，賜錢千萬，使壯其舊制。其觀北拒禁城，因是開複道爲行幸之所。以内庫絹千四、柴千斤爲夫役之賜，莊宅錢五千萬〔六八〕、雜穀千石，充修齋醮之費。教坊。元和十四年〔六九〕，徙置仗内教坊於延政里。

次南大寧坊。

南門之東，寧王憲宅。宅以東，岐王範宅。沅按：唐書憲傳憲於勝業東南角賜宅，範於安興坊東南賜宅。西門之北，户部尚書陸象先宅。沅按：唐書傳象先歷工、刑二部尚書，無户部。次北開府儀同三司宋璟宅。譚賓録曰：「璟宅中造屋，悉東西正陽〔七〇〕。」亳州刺史致仕王同晊宅。同皎從父兄。尚書兵部侍郎李嚴宅。天寶中人。

次南勝業坊。本名宜仁，後改。

西南隅，勝業寺。武德初，高祖爲沙門景暉立。景暉言事多中。高祖龍潛，景暉夙啓先覺，既立寺，其坊因此改名。寺東又爲立祠焉。街北之西，修慈尼寺。本弘濟僧寺，隋開皇七年立，貞觀二十年，以與甘露尼寺相近，初自昭國坊〔七一〕換居之。寺西甘露尼寺。隋開皇五年立。西北隅，薛王業宅。本贈禮部尚書韋行佺宅。東北隅，寧王憲山池院。街北之東，銀青光禄大夫薛繪宅。繪兄弟子侄數十人，同居一曲，姻黨清華，冠冕茂盛，坊人謂之薛曲。左散騎常侍徐堅宅。大僕卿駙馬都尉豆盧建宅。尚玄宗建平公主〔七二〕。沅按：李紓神道碑云巨川終上都勝業里私第。沅按：即衛國公主。禮部尚書席豫宅。中書舍人朱巨川宅。狗脊嶺。陝府、鄭滑進奏院。

次南東市。隋曰都會市。南北居二坊之地。東、西、南、北各六百步，四面各開二門〔七三〕，定四面街各廣百步。北街當皇城南之大街，東出春明門，廣狹不易於舊。東西及南面三街向内開拓〔七四〕〔七五〕，廣於舊街。市内貨財二百二十行，四面立邸，四方珍奇皆所積集。萬年縣户口減於長安。又公卿以下〔七六〕居止〔七七〕多在朱雀街東，第宅所占略盡〔七八〕，由是商賈所湊，多歸西市。東市有口馬牛驢行〔七九〕，自此之外，繁雜稍劣於西市矣。當中東市局。次東平準局。並隸太府寺。東北隅，有放生池。分滻水，渠自道政坊東入城，西流注此池，俗號爲「海池」。

次南安邑坊。隋有右武衛大將軍宋國公賀若弼宅。

街之北，玄法寺。本隋禮部尚書張穎宅。開皇六年立爲寺。酉陽雜俎曰：「安邑坊玄法寺者，本里人張穎宅。穎嘗供養一僧，僧念法華經爲業，積十餘年。張門人譖僧通其侍婢，因以他事殺之。僧死後，闔宅〔八〇〕嘗聞經聲不絶。張尋知其冤，慚悔不及，因捨宅爲寺。」西南隅，左衛大將軍范陽公張延師宅。延師兄太師，銀青光禄大夫、華州刺史。次兄儉〔八一〕，金紫光禄大夫、營州都督。兄弟三人，同時三品〔八二〕，甲第宏敞〔八三〕，高門洞開，一宅之中，棨戟齊列，時人榮之，號「三戟張家〔八四〕」。其地景龍中司農卿趙履温居焉。沅按：履温，安樂公主駙馬。次東金吾大將軍楊執一宅。太真觀。天寶五載，貴妃姊裴氏請捨宅置太真女冠觀，寶應元年，與肅明觀换名焉。奉誠園。司徒兼侍中馬燧宅在安邑里。燧子少府監暢以貲甲天下。暢亦善殖財。貞元末，神策中尉楊志廉〔八五〕諷使納田産，遂獻舊第爲奉誠園。中書侍郎、同中書門下平章事趙國公李吉甫宅。盧氏雜説曰：「李吉甫宅，泓師〔八六〕謂其地形爲玉杯，牛僧孺宅爲金杯。云『玉杯一破無復全，金杯或傷重可完』。僧孺宅在新昌里，本天寶中將作大匠康䛒宅。䛒自辨圖阜，以其地當出宰相，每命相，䛒必引頸望之。宅卒爲僧孺所得，吉甫宅至德裕貶，其家滅矣。」

次南宣平坊。「平」或作「政」。

西南隅，法雲尼寺。隋開皇三年爲周太傅〔八七〕鄖國公韋孝寬所立，初名法輪寺。睿宗升儲〔八八〕，改法雲寺。景龍二年，韋庶人改翊聖寺。景雲元年復舊。寺本隋太保薛國公〔八九〕長孫覽宅。寺東義陽府。貞觀中置。沅按：唐書志京兆下無義陽府，此可以補史之缺。街南之西，鼓吹局教坊。街東宗正卿李琇宅。又有琇弟左監門將軍琓宅。二人齊居。尚書左僕射嚴綬宅。見乾𦠆子。太子賓客羅珦宅。太子少師鄭朗宅。宣慈寺。

大理卿劉遵古宅。

次南昇平坊。

東北隅，漢樂游廟。漢宣帝所立，因樂游苑爲名。在高原上，餘址尚存〔九〇〕長安中，太平公主於原上置亭遊賞，後賜寧、申、岐、薛王。其地居京城之最高，四望寬敞，京城之內，俯視指掌。每正月晦日、三月三日、九月九日，京城士女，咸就此登賞祓禊。西北隅，有東宫藥園。尚書右僕射裴遵慶宅。國史補曰：「遵慶罷相知選，朝廷優其年德，令就第注官，自宣平坊牓引士子以及東市兩街，時人以爲盛事。」遵慶子向爲吏部尚書，致仕，所居内外支屬百餘人，所得禄俸，必與同費，稱其孝睦。沅按：唐書云向以吏部尚書致仕，于新昌里第内外支屬百餘人，向所得俸禄，必同其費。然則向第在新昌坊也，此事不應附遵慶宅下，敏求之誤。刑部尚書魏少遊宅。沅按：唐書少游爲刑部侍郎，非尚書也。左散騎常侍潘孟陽宅。孟陽盛葺第舍，伎媵用度過侈。憲宗微行，至樂遊原，望見之，以問左右，孟陽懼不敢治。兵部尚書柳公綽宅。公綽字仲郢，自拜諫議大夫後，每選官，群烏大集於第之庭，木軐架皆滿，比五日而散。家人以爲候。唯除天平軍節度，烏不復集，遂卒於鎮。太子太傅致仕劉沔宅。沅按：唐書傳作「太子太保致仕」。

次南修行坊。本名修華，武太后時避諱。改修行坊，景雲元年復舊，後又改之。隋有通法寺，大業七年廢。

贈太子少保鄭宜尊宅。蒲州刺史杜從則宅。工部尚書李建宅。沅按：白居易有唐善人墓碑，建終修行里第。嶺南節度使胡証宅。証在鎮，好聚斂自奉。修行坊第連亘閭巷，車器奢侈，議者非之。李訓敗，衛軍利其財，聲言賈餗匿其家，争入剽劫，執其子殷内左軍斬之。沅按：殷，唐書傳作「溵」。崔州司馬楊收宅。收兄發、假弟嚴皆顯貴，號「修行楊家」，與靖恭諸楊相比。沅按：唐書傳貶端州司馬。

次南修政坊。

尚書右丞相張九齡宅。尚書省亭子。宗正寺亭子。輦下歲時記曰：「新進士牡丹宴或在於此。」

次南青龍坊。

東南隅，廢普耀寺。隋開皇三年，獨狐皇后爲外祖崔彦珍所立。開元二年廢。西南隅，廢日嚴寺隋煬帝爲晋王，仁壽元年施營第材木所造，因廣招名僧以居之。貞觀六年廢。次南，曲池坊。坊南街抵京城之南面，以近芙蓉園，因以名。東北隅，廢建福寺。龍朔三年，爲新成公主所立。其地本隋天寶寺。寺内隋彌勒閣，崇一百五十尺，開元二年廢。

右皇城東第二街之十一坊及東市。沅按：實十坊及東市，「一」字當衍。

長安志卷第八終

校勘記：

〔一〕九載　原作「九年」，據成化、嘉靖、四庫諸本改。

〔二〕施鏹　二字原闕，據四庫本補。

〔三〕連擊二十杵　四庫本作「遂擊一千杵」。

〔四〕授十餘斛　四庫本作「投十餘斛」。

〔五〕汗坌　原作「汗坌」，據成化、嘉靖、四庫諸本改。

〔六〕鬻畫人宗牧　原作「鬻畫文宗特」，成化本作「鬻畫人宗特」，四庫本作「鬻畫者言於文宗左右特」，類編長安志卷五作「鬻畫人宗牧」，今本酉陽雜俎續集卷六同，故從類編長安志改。

〔七〕尋有小使　「尋」原本作「﨟」，四庫本此處作「令節度使」，類編長安志卷五作「方有小使」，據今本酉陽雜俎續集卷六，知「﨟」應爲「尋」字形譌。

〔八〕好古　二字原闕，據成化、嘉靖、四庫諸本改。

〔九〕二坊　原作「一坊」，據嘉靖、四庫本改。

〔一〇〕九年　原作「元年」，據成化、嘉靖、四庫諸本改。

〔一一〕尉遲　原作「殿是」，成化、嘉靖、四庫本俱作「尉是」，今本酉陽雜俎作「尉遲」，今據改。

〔一二〕内侍　四庫本作「供奉内侍」。

〔一三〕坊西北　四庫本作「坊西」。

〔一四〕輒謙讓　「輒」原本作「徹」，據嘉靖、四庫本改。

〔一五〕撤其材　四庫本作「輟其材」。

〔一六〕工賈　原作「一街」，成化本作「一價」，嘉靖本作「二價」，四庫本作「工賈」，今從之。

〔一七〕講法　「法」字原闕，據四庫本補。

〔一八〕龍髯　原作「就中」，據四庫本改。

〔一九〕寺三門　原作「三門寺」，參據歷代名畫記卷九改。

〔二〇〕夫寺　原作「天子」，成化本作「天寺」，嘉靖、四庫本作「夫寺」，今從之。

〔二一〕公主　原作「主」，據成化、嘉靖、四庫本增「公」字。

〔二二〕李右座　原作「李石座」，據成化、嘉靖、四庫諸本改。

〔二三〕毀折　原作「毀折」，據成化、四庫本改。

〔二四〕三階院　原作「三偕院」，據四庫本改。

〔二五〕嗤而不顧　「嗤」原作「段」，據成化、嘉靖、四庫諸本改。

〔二六〕蜂蠆　原作「蜂蠆」，據四庫本改。

〔二七〕無爲　四庫本作「每爲」。

〔二八〕田乾真　原作「田軏真」，據酉陽雜俎續集卷六改。

〔二九〕二十萬　原作「二千萬」，據四庫本並參據酉陽雜俎續集卷六改。

〔三〇〕繡幀　四庫本作「繡像」。

〔三一〕三車　原作「三千」，據成化、嘉靖、四庫諸本改。

〔三二〕抽左街十寺僧　原作「軸左衛十寺僧」，據四庫本並參據酉陽雜記續集卷六改。

〔三三〕與太真觀換名　嘉靖、四庫本「與」俱作「興」。

〔三四〕勝王　原作「勝王」，據成化、四庫本改。

〔三五〕親仁里　原作「親王里」，據成化、嘉靖、四庫諸本改。

〔三六〕大啓其第　原作「大啟其地」，據類編長安志卷四並太平廣記卷一七六引譚賓録改。

〔三七〕伊、霍　原作「尹、霍」，據類編長安志卷四並太平廣記卷一七六引譚賓録改。

〔三八〕笑而謂曰　「而」字原闕，據成化、四庫本改。

〔三九〕一怨　四庫本作「百怨」。

〔四〇〕害能　原作「害事」，成化本作「害佳」，四庫本作「害義」，類編長安志卷四並太平廣記卷一七六引譚賓録作「害能」，今從之。

〔四一〕吾是以否　四庫本作「吾是以然」。

〔四二〕李國昌　原作「李昌國」，據成化、嘉靖、四庫本改。

〔四三〕鄭王房　原作「鄭正房」，據成化、四庫本改。

〔四四〕又賜第　原作「及賜第」，據四庫本改。

〔四五〕永樂別舍　原作「水樂別含」，據成化、四庫本改。

〔四六〕入於官　原作「入於宮」，據成化、四庫本改。

〔四七〕每於退朝　「每於」二字原闕，據四庫本補。

〔四八〕郭英乂　原作「鄭英乂」，據成化、嘉靖、四庫諸本改。

〔四九〕勝業坊　原作「騰業坊」，據本書下文「勝業坊」改。

〔五〇〕勑換所居焉　「焉」原本作「爲」，據成化、嘉靖、四庫本改。

〔五一〕本弘字　原作「本宏寺」，四庫本作「本牛弘宅」，此從成化、嘉靖本改。

〔五二〕第一拍　原作「弟一拍」，據嘉靖、四庫本改。

〔五三〕堅守　原作「監守」，據成化、嘉靖、四庫諸本改。

〔五四〕右街　原作「右街八所」，據上下文義，「八所」二字應屬涉上文「右街添置寺八所」之「八所」誤衍，今刪。

〔五五〕八所添置　四庫本作「六所添置」，審上下文義，應屬館臣誤改。

〔五六〕自西域迴　「迴」字原闕，據酉陽雜俎續集卷六補。

〔五七〕灼固　原作「灼因」，據酉陽雜俎續集卷六改。

〔五八〕因立此寺　原作「因此立寺」，徑改。

〔五九〕門内　「内」字原闕，據四庫本補。

〔六〇〕河中　原作「河東」，據成化、嘉靖、四庫本改。

〔六一〕節將　原作「等將」，據成化、嘉靖、四庫諸本改。

〔六二〕修廟獻之禮　「修」原作「終」，據成化、嘉靖、四庫諸本改。

〔六三〕列侍左右　「侍」字原闕，據四庫本補。

〔六四〕裴弘齊　原作「斐宏齊」，據成化、嘉靖、四庫諸本改。

〔六五〕取泚於進昌　四庫本作「迎泚於進昌坊」。

〔六六〕摧圮　原作「推圮」，據四庫本改。

〔六七〕初年　四庫本作「年間」。

〔六八〕五千萬　成化、嘉靖、四庫本並作「五十萬」。

〔六九〕十四年　「年」字原闕，據成化、嘉靖、四庫本補。

〔七〇〕東西正陽　四庫本作「東面朝陽」。

〔七一〕昭國坊　原作「昭固坊」，據嘉靖、四庫本改。

〔七二〕建平公主　成化本作「建平太公主」。

〔七三〕二門　原作「一門」，據嘉靖、四庫本改。

〔七四〕東西　原作「東面」，據成化、嘉靖、四庫本改。

〔七五〕開拓　原作「開壯」，四庫本作「開北」，成化本此字不清，似「拓」字，作「開拓」文義勝，故改。

〔七六〕又公卿以下　「又」原作「文」，據四庫本改。

〔七七〕居止　原作「民止」，據成化、四庫本改。

〔七八〕略盡　原作「勳貴」，四庫本作「甚多」，成化本作「勳由」，檢靜嘉堂文庫藏朱彝尊潜採堂抄本乃作「勳盡」，俱不辭，應有舛譌。疑本作「略盡」或「殆盡」，姑徑改作此。

〔七九〕東市有口馬牛驢行　原作「西市有口焉止號行」，四庫本作「西市户口少列律寬」，因下文云「自此之外，繁雜稍劣於西市」，知此處「西市」應正作「東市」，蓋涉上文「西市」致譌。又前文卷七安善坊下謂高宗時於此坊立中市署，「領口馬牛驢之肆」，後「貨鬻者並移于東市」。可知「口焉止號」四字正應爲「口馬牛驢」形譌。

〔八〇〕闔宅　原作「閤宅」，據四庫本改。

〔八一〕次兄儉　原作「况兄植」，據成化、嘉靖、四庫諸本改。「况」爲「次」，據舊唐書張儉傳改「植」爲「儉」。

〔八二〕三品　原作「二品」，據嘉靖、四庫本以及類編長安志卷四改。

〔八三〕宏敞　原作「宏廠」，據成化、嘉靖、四庫本改。

〔八四〕張家　原作「張宅」，據成化、嘉靖、四庫諸本改。

〔八五〕楊志廉　原作「申志廉」，據成化、嘉靖、四庫諸本改。

〔八六〕泓師　原作「洪師」，據成化、嘉靖、四庫諸本。

〔八七〕爲周太傅　原作「本傳」，四庫本作「令周」，周書本傳載韋孝寬卒於北周大象元年十一月，贈太傅，故「本傳」二字應爲「太傅」形譌，類編長安志卷五即書作「太傅」，唯據文義「太傅」前似有闕文，今參照四庫本，姑臆補「爲周」二字。

〔八八〕升儲　原作「在儲」，成化、嘉靖本作「才儲」，據類編長安志卷五改。

〔八九〕薛國公　「公」字原闕，據隋書本傳，長孫覽封薛國公，故補。

〔九〇〕尚存　原作「尚有」，據四庫本改。

長安志卷第九

唐京城三

朱雀街東第五街，即皇城東之第三街，街東從北第一坊，盡坊之地築入苑。

十六宅〔一〕。政要：「先天之後皇子幼則居内，東封後以年漸成長，乃於安國寺東，附苑城同爲大宅，分院居之，名爲十王宅。令中官押之，於夾城中起居，每日家令進膳。十王謂慶、忠、棣、鄂、榮、光、儀、潁、永、濟也。其後盛、壽、陳、豐、恒、凉六王又就封，入内宅。天寶中唯十四王居内，而府幕列於外坊，歲時通名起居而已。外諸孫成長，又於十宅外置百孫院。十王宫人，每院四百餘人，百孫院三四百人。又於宫中置維城庫，諸王月俸物納之給用，諸孫婚嫁亦就十宫中。太子不居東宫，但居於乘輿所幸别院。太子之子，亦分院而居，婚嫁則同親王、公主，於崇仁坊之禮會院也。」沅按：唐書及新唐書俱云慶、忠、棣、鄂、榮、光、儀、潁、永、延、盛、濟十二王，言十王舉全數也。後壽、信、義、豐、陳、恒、涼七王亦居之，鄂、光廢死，忠王爲太子，慶、潁繼薨，唯榮、儀十四王居院，與此不同。

次南興寧坊。南街東出通化門。

南門之東清禪寺。隋開皇三年，文帝爲沙門曇崇所立。大中六年改爲安國寺。西南隅，開府儀同三司姚元崇宅。屋宇並官所造。其東本太平公主宅。後賜安西都護郭虔瓘。沅按：此即興道坊宅。宅北特進王毛仲宅。東南隅，左衛大將軍泉男生宅。太子少保崔琳宅。琳祖義玄，父神慶，伯父神基，皆爲相，其父昆弟之子洎其自出參朝宴者數十人，鳴玉啓道，自興寧里謁大明宮，冠蓋相望，一時〔二〕矚目。華封觀。天寶六載，驃騎將軍高力士捨宅置觀。大中報聖寺。東觀奏記：「宣宗出内藏緡帛，建大中報聖寺，奉獻皇后〔三〕容，曰介福殿〔四〕。又以休憩之所爲虔思殿，由複道出造於寺。淄青節度使同中書門下平章事李愬宅。賜第。

次南永嘉坊。

坊南龍首渠。一名澭水渠，隋開皇三年開，自東南龍首堰下支分澭水，北流至長樂坡，西北分爲二渠，東渠北流入苑，西渠屈而西南流〔五〕，經通化門南，西流入城，經此坊，又西南流，經興慶宮，又西流〔六〕，經勝業坊、崇仁坊、景龍觀，又西入皇城，經少府監南，屈而北流，又經都水監、太僕寺。内坊之西，又北流入城〔七〕。東北隅，太子太保李綱宅。綱子孫茂盛，四代緦麻服同居，朝廷美之。沉按：唐書傳綱以武德時爲太子少保，貞觀時進太子少師，非太保。東門之南，侍中張文瓘宅。後併入興慶宮。宅東兖州都督韋元琰宅。薛王妃父。西南隅，申王撝宅。本中書令許敬宗宅，後爲無量壽寺，寺廢，賜申王撝宅。沉按：唐書傳云申王於安興坊東南賜宅，即此是也。宅南贈禮部尚書永興公虞世南廟。廟北近於興慶宮及廣宮地，明皇以世南盛德之祠，特敕不許毁廢。街南之西，成王千里宅。南門之東，蔡國公主宅。沉按：本書通義坊下有九華觀，云開元十八年蔡國公主捨宅立。新唐書玄宗女無封蔡國者，未詳何人。次東禮部尚書竇希玠宅。西北隅，涼國公主宅。此坊隋末有方士云貴氣特盛，自武德、貞觀之後，公卿王主居之多於衆坊，公主，睿宗女，降薛伯陽。碑云嫁温彦博孫曦。沉按：新唐書只言伯陽，蘇頲神道碑云公主終永嘉里第。

次南興慶坊。本名隆慶，明皇即位改。坊内東南隅有隋禪林寺及中書令馬周、尚書左僕射温國公蘇良嗣二宅，並併入宮地。其後寧王、岐王宅亦以益之。唐春秋曰：「開元二十年，毁東市東北角及道政坊西北角，廣花萼樓前之地。」今以六典參著其事。

南内興慶宫，距外郭城東垣。武后大足元年，睿宗在藩，賜爲五王子宅。明皇始居之，宅臨大池。中宗時，望氣者云此池有天子氣，故嘗宴遊此池〔八〕，上巳泛舟以厭之。南街東出春明門。開元二年置宫，因本坊爲名。四十年，又取永嘉、勝業坊之半增廣之，謂之南内，置朝堂。十六年正月，以宫成，御朝德音，釋徒以下罪。二十年，築夾城。入芙蓉園，自大明宫，夾東羅城複道，經通化門觀，以達此宫。次經春明、延喜門，至曲江芙蓉園，而外人不之知也。宫之正門西向，曰興慶門，南曰通陽門。北曰躍龍門。西南隅曰勤政務本樓。樓南向，開元八年造。每歲千秋節，酺飲樓前。元和十四年，以左右軍官健〔九〕三千人〔一〇〕修勤政樓。其西榜曰花萼相輝樓。置宫後，寧王憲、申王撝、岐王範、薛王業邸第相望，環於宫側，明皇因題花萼相輝之名，取詩人棠棣之義。帝時登樓，聞諸王音樂，咸召升樓，同榻宴謔。宫内正殿曰興慶殿。即正衙殿也，在通陽門北。其後曰文泰殿。天寶十載作。前有瀛州門，内有南薰殿，北有龍池。在躍龍門南，本是平地，自垂拱載初後，因雨水流潦成小池，後又引龍首渠支分溉之，日以滋廣。至神龍、景龍中，彌亘數頃，澄澹皎潔，深至數丈，常有雲氣，或見黄龍出其中。本以坊名爲池，俗呼「五王子池」，置宫後謂之龍池。拾遺蔡孚作龍池篇以讚其事，公卿多和之。今雍人相傳呼爲景龍池，非是。又曰九龍池，取老子生九龍池水之義以名之。池東有沉香亭。松窗録：「開元中禁中初種木芍藥，得四本，上因移於興慶池東沉香亭前。躍龍門。天寶十三載，御躍龍殿門，張樂宴群臣。左有芳苑門，右有麗苑門。勤政樓之北曰大同門，其内大同殿。殿前左右有鐘樓、鼓樓。天寶七載，大同殿柱產玉芝，有神光照殿。太和三年，修大同殿十三間。唐畫斷〔一一〕曰：「玄宗天寶中，忽思蜀中嘉陵江山水，遂假吴生驛遞，令往寫貌〔一二〕。及回日，帝問其狀，奏云：『臣無粉本，並記在心。』遣於大同殿圖之。嘉陵江三百里山水，一日而畢。時有李將軍，山水擅名，亦畫大同殿壁，數月方畢。玄宗云：『李思訓數月之功，吴道玄一日之跡，皆極其妙也。』又畫内殿〔一三〕五龍，鱗甲飛動，每欲大雨，即罩烟霧。」大同門西曰金明門，内有翰林院。學士院記曰：「駕在〔一四〕興慶宮，則於〔一五〕金明門内置院。」瀛州門左曰僊雲門，北曰新射殿。通陽門東曰明義門，門内曰長慶殿。六典所載如此。按唐雜説曰：「明皇爲太上皇，居興慶宮，每置酒長慶樓，南俯大道，徘徊觀覽。」睿武門。又按：行中宮至睿武門。勤政樓東曰明光門。會要：「大和三年，修明光樓。」其内曰龍堂。五龍壇。唐王涇郊祀録曰：「在勤政樓東通陽門内。宮内有義安殿。敬宗母王太后居義安殿。積慶殿。文宗母蕭太后徙居興慶宮積慶殿。中書門下奏準義安殿太后故事，號積慶皇太后。

沉按：義安太后即寶曆太后，積慶太后，本居大内，後徙居此殿，故以得稱。冷井殿。懿宗母〔一六〕郭太后崩于宫内〔一七〕冷井殿。宜天門。又有同光、承雲、初陽、飛軒、玉華等門，飛仙、同光、榮光等殿，並出六典。金花落。在宫之東，俗所傳蓋衛士所居。

次南道政坊。隋大業七年廢。有護持寺。

北門之西，吏部尚書侯君集宅。後爲申王府。南門之西，尚書右僕射張行成宅。宅西又有羅國公張平高宅。沉按：唐書行成傳作「尚書左僕射」。東門之北，工部尚書劉知柔宅。寶應寺。代宗實録與會要曰：「本王縉宅。縉爲相，溺於釋教。妻李氏，實妾也。大曆四年，以疾請捨宅爲寺。代宗嘉之，賜以題號。每有節度使至，輒諷令出錢助之。」酉陽雜俎曰：「韓幹，藍田人，少時常爲酒家送酒。王右丞兄弟未遇，每貰酒漫游。幹嘗徵債於王家，戲畫地爲人馬。右丞精思丹青，奇其意趣，乃歲與錢二萬，令幹畫十餘年。今寺中釋梵天女悉齊公妓小小等寫真也。寺彌勒殿即齊公寢堂。」

次南常樂坊。坊内街之東有大冢。俗誤以爲董仲舒墓，亦呼爲蝦蟆陵。曲中出美酒，京都稱之。國史補曰：「董仲舒墓，門人至〔一八〕皆下馬，故謂之下馬陵。諺訛爲蝦蟆陵。」

西南隅，趙景公寺。隋開皇三年，獨孤皇后爲父趙景武公獨孤信所立。酉陽雜俎曰：

「隋本曰弘善寺，至開皇十八年改。南中三門裏東壁上，吴道玄畫地獄變相，筆力勁怒〔一九〕，變狀陰怪，睹之不覺毛戰。吴畫中得意處也〔二〇〕。」南門之西，靈花寺〔二一〕。本隋大司馬竇毅宅，開皇六年，捨宅爲寺。酉陽雜俎曰：「本曰大慈。大曆初僧儼講經，天雨花，至地咫尺而滅，夜有光燭室，敕改爲靈花寺。儼即康藏之師也。」街南之東，中書令來濟宅。殿中監張九皋宅。九齡之弟。和政公主宅。肅宗女，降柳潭。壽州刺史郭敬之宅。子儀父。沉按：苗晉卿神道碑：「敬之終常樂里第。」贈太子太師渾釋之廟。瑊之父也。吏部尚書致仕錢徽宅。洞靈觀。

次南靖恭坊。沉按：唐書楊汝士傳作「静恭」。

街南之西，祆祠。沉按：北魏書作「天祠」，同，古無「祆」字。西北隅，駙馬都尉楊慎交宅。宅南隔街有司農卿韋玢宅。沉按：唐書傳作「睿交」，新唐書云長寧公主嫁楊慎交。中書舍人王敬從宅。開元中爲給事中、中書舍人。沉按：逖神道碑：「敬從官終太子右庶子。」輔國大將軍符璘宅。璘爲昭義軍節度使，薛嵩軍副。嵩卒，田承嗣盜其符，璘以衆降焉，遂賜靖恭里第一區，藍田田四十頃。秘書監致仕韋建宅。太常卿韋渠牟宅。翰林學士吴通微〔二二〕集書院。工部尚書楊汝士宅。與其弟虞卿〔二三〕、漢公、魯士同居，號「靖恭楊家，」爲冠蓋盛族〔二四〕。沅按：汝士以工部侍郎改户、兵二部，旋檢校禮部尚書，未爲工部尚書也。魏博節度使史憲誠宅。太子太傅崔彦昭宅。秦中記：「靖恭崔公尚書爲樂卿，自靖恭宅露冕從板輿入太常，觀者樂之。沅按：唐書傳無爲太常卿事，云是太子太保，非太傅。金州進奏院。

次南新昌坊。南街東出延興門。

南門之東，青龍寺。本隋靈感寺，開皇二年立。文帝移都，徙掘城中陵墓，葬之郊野，因置此寺，故以靈感爲名。至武德四年廢。龍朔二年，城陽公主復奏立爲觀音寺。初，公主疾甚，有蘇州僧法朗，誦觀音經，乞願得愈，因名焉。景雲二年，改爲青龍寺。北枕高原，南望爽塏，爲登眺之美。崇真觀。本李齊古宅。開元初立。吏部尚書裴向竹園。元和中，宰相武元衡遇害，或告賊匿於新昌坊向之竹林者。尚書左僕射致仕楊於陵宅。於陵子嗣復。文宗時，嗣復子損〔二五〕官平盧軍節度使。其第〔二六〕與宰相路嚴居相接。嚴以狹，欲易損馬廄廣之。損兄弟在朝者且十數，曰：「時相可拒之耶？」損曰：「凡尺寸地，非吾等所有，先人舊業，安可以奉權臣。」嚴不悦，自殿中侍御史，命鞫獄黔中。太子少師牛僧孺宅。其事具安邑坊李吉甫宅下。秘書監張仲方宅。沅按：唐書張九齡傳云：「仲方，弟九皋之曾孫。」

又有仲方傳云：「仲方，祖九皋，伯祖九齡。」白居易墓志云仲方王父九皋。應從本傳爲是。

又云仲方終新昌里第。禮部尚書温造宅。太子少傅致仕盧弘宣宅。儋州流人路巖宅。

沅按：唐書傳無流儋州事，見新唐書。

次南昇道坊。

西北隅，龍華尼寺。高宗立，尋廢。景龍二年復置。寺東侍中李日知宅。寺南曲江。寺南有流水屈曲，謂之曲江。其深處下不見底。司馬相如賦曰「臨曲江之隑州，」蓋其所也。張揖曰：「隑，長也，苑中有曲江之象，中有長洲也。」師古曰：「曲岸頭曰隑，隑即埼字耳。言臨曲江之洲，今猶謂其處曰曲江。隑，鉅依反。」劇談録曰：「曲江池本秦時隑洲。唐開元中疏鑿爲勝境〔二七〕，南即紫雲樓。芙蓉苑西即杏園。慈恩寺花卉周環，烟水明媚，都人游賞，盛於中和。上巳節即錫宴臣僚，會於山亭，賜太常教坊樂。池備綵舟，唯宰相、三使、北省官、翰林學士登焉，傾動皇州，以爲盛觀。」紫雲樓。綵霞亭。文宗太和九年，發左右神策軍各一千五百人，淘曲江池，修紫雲樓、綵霞亭。内出二額，左軍仇士良以百戲迎之。帝御日營門觀之，仍敕諸司，如有力要創置亭館者，宜給與閑地，任營造。先是，鄭注言秦中有災，宜以土工厭之，故浚昆明、曲江二池。帝又曾讀杜甫詩云「江頭宫殿鎖千門」，遂思復昇平事，而加修創焉。崖州司馬楊炎家廟。開元中，蕭嵩將於曲江池側置廟，或言近遊幸之所，嵩遂止。後楊炎置之爲私廟，俄有飛語，言炎知此地有王氣，故取之。貞元普濟寺。貞元十三年，敕曲江南彌勒閣賜名。太子太保鄭畋宅。見劇談録。沅按：唐書作「太子少保」。

次南修德坊。坊内有韋庶人父酆王玄真廟，韋氏敗後毁。

興福寺。本王君廓宅。貞觀八年，太宗爲太穆皇后追福，立爲弘福寺。神龍元年改名。

夾城。憲宗元和十二年，中尉第五守進以衆二千築夾城，自雲韶過芳林門，至修德里以達興福寺。又詔所築夾城別開門曰玄化，造樓曰晨暉。河西隴右副元帥同中書門下平章事李抱玉宅。

次南立政坊。隋有弘化寺，大業七年廢。按長安圖此坊分爲談寧坊，非是。

讓皇帝廟。禮閣新儀曰：「開元二十九年，建廟於啓夏門内立政坊。上元二年，禮儀使杜鴻漸請停四時享獻，每至禘祫之月，則一祭焉。」河東節度使韋湊家廟。大中五年，湊孫武昌軍節度使損〔二八〕請重修廟。

次南敦化坊。一作敦教坊。按長安圖乃分爲〔二九〕常和坊〔三〇〕，非是〔三一〕。

東門之北，都亭驛。南街之北，淨影寺。隋文帝爲沙門惠遠立。寺額中州刺史殷仲容所題。東南隅，行臺左僕射鄖國公殷開山宅。本隋蔡王智積宅。西門之北，秘書監顔師古宅。貞觀、永徽間，太常少卿歐陽詢、著作郎沈越賓亦住此坊，殷顔〔三二〕即南朝舊族，歐陽與沈又江左士人，時人呼此坊〔三三〕爲「吴兒坊」。沅按：唐書詢傳：「詢仕隋爲太常博士，高祖遷給事中。貞觀初，至太子率更令弘文館學士，封勃海縣男。鄭國夫人楊氏宅。武惠妃之母。京兆尹韋武宅。元和人。

次南豐樂坊。

西南隅，法界尼寺。隋文獻皇后爲尼華暉、令容所立。有連階〔三四〕雙浮圖，各崇一百三十尺。橫街之北，大開業寺。本隋勝光寺。文帝第四子〔三五〕蜀王秀所立。大業元年，徙光德坊，於此置仙都宫，即文帝别廟。武德元年，高祖爲尼明昭〔三六〕廢宫立爲證果尼寺。貞觀九年，徙崇德坊，於此置静安宫，即高祖别廟。儀鳳二年，廢宫復立爲開業寺。

次南安業坊。

西南隅，資善尼寺。隋蘭陵公主捨宅立。東南隅，濟度尼寺。隋太師申國公李穆之别宅。穆妻元氏立爲修善僧寺，其濟度尼寺本在崇德坊，永徽中置宫，乃徙於此。其額太子少詹事殷令名所題。横街之北〔三七〕，鄎國〔三八〕公主宅。睿宗女，降鄭孝義。沅按：公主初嫁薛儆，又嫁孝義。次南唐昌觀。劇談録曰：「觀有玉蕊花，花每發若瓊林玉樹〔三九〕。元和中，春物方盛。車馬尋玩若相繼。忽一日，有女子年可十七八，衣緑繡衣，垂髻雙環，無簪珥之飾，容色婉娩，迥出於衆。從以二女冠、三小僕，僕皆丱髻黄衫，端麗無比。既下馬，以白角扇障面，直造花所，異香芬馥，聞於數十步之外。觀者疑出自宫掖，莫敢逼而視之。佇立良久，令小僕取花數枝而出。將乘馬，顧謂黄冠者曰：『曩有玉峰之期，自此可以行矣。』時觀者如堵，或覺烟飛鶴唳，景物輝焕。舉轡百餘步，有輕風擁塵，隨之而去。須臾塵滅，望之已在半天，方悟神仙之遊。餘香不散者經月餘。時嚴休復、元稹、劉禹錫、白居易俱有詩。休復曰：『終日齋心禱玉宸，魂銷眼冷〔四〇〕未逢真。不如滿樹瓊瑶蕊〔四一〕，笑對藏花洞裏人。』元稹曰：『弄玉潛過玉樹〔四三〕時，不教青鳥出花枝。的應未有詩人覺，只是嚴郎卜得知。』劉禹錫曰：『羽車潛下玉龜山，塵世何由睹蕣顔。唯有無情〔四二〕枝上雪，好風吹綴緑雲鬟。』元稹又曰：『玉女來看玉樹花，異馥〔四四〕先引七香車。攀枝弄雪時迴首〔四五〕，驚怪人間日易斜。』又曰：『雪蕊瓊絲〔四六〕滿院春，羽衣〔四七〕輕步不生塵。君平簾下徒相問，長伴吹簫别有人。』白居易曰：『嬴女偷乘鳳下時，洞中潛歇弄瓊枝。不緣啼鳥春饒舌，青鎖仙郎何得知〔四八〕。』」

京兆尹張去奢宅。弟去逸、去盈，同時三品，亦號「三戟張家」。左龍武軍統軍歸誠郡王程懷直宅。貞元十年，賜懷直甲第一區、伎女〔四九〕一人，令歸滄州。初，懷直自滄州歸朝，德宗賜務本里宅，又賜安業里別宅，有池榭林木之勝。

次南崇業坊。街前爲選場。

玄都觀。隋開皇二年，自長安故城徙通道觀於此，改名玄都觀。東與大興善寺相比。初，宇文愷置都，以朱雀街南北盡郭，有六條高坡，象乾卦，故於九二置宮殿，以當帝王之居；九三立百司，以應君子之數；九五貴位〔五〇〕，不欲常人居之，故置此觀及興善寺以鎮之。劉禹錫元和十年自朗州承召至京，戲贈看花諸君子詩曰：「紫陌紅塵拂面來，無人不道看花迴。玄都觀裏桃千樹，盡是劉郎去後〔五一〕栽。」又再游玄都觀絶句曰：「余貞元二十一年爲屯田員外郎時，此觀未有花。是歲，出牧連州，貶朗州司馬。居十年，召至京師，人人皆言有道士手植仙桃，滿觀如紅霞，遂有〔五二〕前篇，以志一時之事。旋又出牧，今十有四年〔五三〕，復爲主客郎中，重游玄都，蕩然無復一樹，唯兔葵燕麥，動揺於春風耳。因再題二十八字，以俟後游。時大和二年三月日。百畝庭中半是苔，桃花凈盡菜花開。種桃道士歸何處，前度劉郎今獨來。」福唐觀。本新都公主宅。景雲元年，公主生子武仙宮〔五四〕，出家爲道士，遂立爲觀〔五五〕。沅按：公主中宗女，嫁武延暉。新昌觀。天寶六載，新昌公主因駙馬都尉蕭衡卒，奏請度爲女冠，遂立此觀。前司空同中書門下平章事王涯家廟。沅按：廟長慶三年置。

次南永達坊。

華陽池。度支亭子。輦下歲時記：「新進士牡丹宴，或在永達亭子。」

次南道德坊。隋有澄靈觀，武德中廢。

開元觀。本隋秦王浩宅。武后朝置永昌縣。神龍元年，縣廢，遂爲長寧公主宅，景雲元年，置道士觀。開元五年，金仙公主居之，改爲女冠觀。十年〔五六〕，改爲開元觀。東南隅，廢崇恩廟。神龍初立，以祀武氏祖禰。景雲元年廢。成德軍節度使兼中書令王武俊家廟。

次南光行坊。「行」字本犯中宗諱，長安中改。一作「光仁」。

東南隅，華州刺史宇文經野〔五七〕宅。觀軍容使魚朝恩宅。

次南延祚坊。坊南街抵京城之南面。

右朱雀街西第一街九坊。沅按：以上共十八坊。修德坊以上共九坊，立政坊以下共九坊，此内應有脱文。

朱雀街西第二街，北當皇城南面之含光門，街西從北第一太平坊。坊内有隋尚書左僕射趙士茂宅。

西南隅，温國寺。本實際寺。隋太保薛國公長孫覽妻鄭氏捨宅所立。景龍元年，殤帝爲温王改温國寺。大中六年，改崇聖寺。西門之北，定水寺。隋荆州總管上明公楊文紀〔五八〕以宅立寺。東南隅，舒王元名宅。後爲京兆府學。又爲户部尚書唐思貞宅。節敏太子妃楊氏宅。御史大夫王鉷宅。天寶中，鉷有罪賜死，縣官簿録鉷太平坊宅，數日不能遍。宅内有白雨亭子，檐上飛流四注，當夏處之，凛若高秋。又有寶鈿井闌，不知其價。武成王廟。户部尚書王源中宅。京兆尹羅立言宅。中書侍郎同中書門下平章事裴垍宅。

次南通義坊。

西南隅，興聖尼寺。高祖龍潛舊宅。武德元年，以爲通義宫〔五九〕。貞觀元年，立爲寺。西北隅，右羽林大將軍彭國公〔六〇〕李思訓宅。本左光禄大夫李安遠宅。武太后時，高平王武重規居焉。神龍中又爲中宗女成安公主〔六一〕宅。又爲思訓所居。思訓善畫。後爲九華觀。開元二十八年〔六二〕，蔡國公主捨宅，立即思訓宅。東南隅，户部尚書長平公楊纂宅。沅按：唐書不及長平公。荆南節度使同中書門下平章事魏國公崔鉉宅。

次南興化坊。隋有成道寺，大業七年廢。

西南隅，空觀寺。隋駙馬都尉元孝恭捨宅所立。寺東尚書右僕射密國公封德彝宅。中宗時嗣虢王邕居之。西門之北，邠王守禮宅。宅南隔街〔六三〕有邠王府。東門之南，京兆尹孟温禮宅。晋國公裴度池亭。白居易詩宿裴相興化池亭兼借船舫遊泛〔六四〕。

次南崇德坊。本名弘德，神龍初改。

西南隅，崇聖寺。寺有二門〔六五〕。西門本濟度尼寺，隋秦孝王俊捨宅所立。東門本道德尼寺，隋時立。至貞觀二十三年，徙濟度寺於安業坊之修善寺。以其所爲靈寶寺，盡度太宗嬪御爲尼以處之，徙道德寺。額於嘉祥坊之太原寺，以其所爲崇聖宮，以爲太宗別廟。儀鳳二年，併爲崇聖僧寺。輦下歲時記：「進士櫻桃宴在崇聖寺佛牙閣上。」東北隅，證果尼寺。本隋月愛僧寺，貞觀九年徙豐樂坊〔六六〕之證果寺於此，改爲尼寺。西北隅，廢報恩寺。嗣虢王邕景龍中娶韋庶人妹，捨宅立寺。韋氏敗，寺廢。鑄錢院。

次南懷貞坊。武太后以母號太真夫人，諱真字，改爲懷賢坊。神龍元年復舊。

東北隅，廢乾封縣廨。本施、巫等八州邸。户部尚書畢構宅。即乾封縣廨。西南隅，介公廟。本御史大夫樂思晦宅，後爲廟。懿宗咸通中〔六七〕詔增修。横街之北，尚書右僕射唐休璟宅。惠昭太子廟。禮閣新儀曰元和八年置。義成軍節度使駙馬都尉韋讓宅。大中三年，侵街造舍，爲有司舉劾〔六八〕。

東門之北，燕國公張説宅。按説宅在永樂坊，此乃別宅。叛臣安禄山池亭。司徒致仕李逢吉宅。園林甚盛。

次南宣義坊。隋有應法、寶積二寺，并廢。

次南豐安坊〔六九〕。隋有宣化尼寺，武德中徙永平坊。

户部尚書裴寬宅。

次南昌明坊。全一坊隋漢王諒宅。諒敗後，賜伶官〔七〇〕，屬家令寺。

家令寺園。貞觀中日南王入朝，詔於此營第。尋還國，宅遂廢，復爲園。

次南安樂坊。坊南街據京城之南面，西即安化門。

叛臣〔七一〕李希烈宅。

右朱雀街西第二街九坊。

長安志卷第九終

校勘記：

〔一〕十六宅　四庫本作「十王宅」。

〔二〕一時　四庫本作「時人」。

〔三〕獻皇后　成化、嘉靖、四庫諸本並作「憲皇后」。

〔四〕介福殿　嘉靖本作「命福殿」，四庫本作「神福殿」。

〔五〕屈而西南流　「屈」原作「曲」，據四庫本改。

〔六〕又西流　原作「入西流」，據上下文義徑改。

〔七〕入城　原本作「入成橋下」，四庫本作「出城」，此從成化、嘉靖本改。案：「入城」係指龍首渠水流入宫城。

〔八〕嘗宴遊此池　「嘗」原作「龍」，據四庫本改。

〔九〕以左右軍官健　原作「以置左右軍」，置字據成化、嘉靖、四庫諸本删。又四庫本「官健」作「健卒」。

〔一〇〕三千人　成化、四庫本作「二千人」。

〔一一〕唐畫斷　原作「唐畫記」，據嘉靖、四庫本改。

〔一二〕寫貌　原本闕「貌」字，成化、嘉靖、四庫諸本此處並作「寫呈」，今本唐畫斷（亦題作「唐朝名畫録」）作「寫貌」，疑長安志原本書作「寫皃」，後以形近譌作「寫呈」。兹據今本唐畫斷補「貌」字。

〔一三〕内殿　原作「殿内」，據今本唐畫斷改。

〔一四〕駕在　四庫本作「駕往」。

〔一五〕則於　原作「側於」，據成化、嘉靖、四庫諸本改。

〔一六〕懿宗母　原作「懿安」，成化本作「懿母」，據四庫本改。

〔一七〕崩于宫内　原作「崩宫之」，據四庫本改。

〔一八〕門人至　「至」字原闕，據成化、四庫本補。

〔一九〕勁怒　原作「勁悠」，四庫本作「勁特」，據酉陽雜俎續集卷五改。

〔二〇〕得意處也　「也」字原闕，據四庫本補。

〔二一〕靈花寺　呂大防長安圖殘石繪此寺名作「靈華寺」，又唐閻朝隱撰大唐大薦福寺故大德康藏法師之碑，崔致遠撰唐大薦福寺故寺主翻經大德法藏和尚傳，並云唐藏師智儼乃於雲華寺講經。案「花」、「華」通，「靈」、「云」形似易譌。

〔二二〕吴通微　原作「吴通徵」，據成化、四庫本改。

〔二三〕虞卿　原作「虞鄉」，據四庫本改。

〔二四〕盛族　原作「盛游」，據四庫本改。

〔二五〕子損　二字原本闕，「子」據成化、嘉靖本補，「損」據文義並參據新唐書楊嗣復傳補。

〔二六〕其第　原作「其弟損」，據成化、嘉靖本，「弟」本作「第」，「損」字衍。

〔二七〕勝境　原作「勝障」，成化本作「勝璋」，類編長安志卷三「曲江池」條作「勝境」，今據改。蓋「境」譌爲「璋」，復譌作「障」。

〔二八〕節度使損　四庫本「損」作「謂」。

〔二九〕乃分爲　原作「及分爲」，四庫本作「此坊分爲」。案，及、乃形近易譌，據文義改。

〔三〇〕常和坊　原作「長和坊」，據成化、嘉靖、四庫諸本及類編長安志卷二改。

〔三一〕非是　案下文所記敦化坊内設置俱屬朱雀街西第一街從北第二坊通化坊，今傳諸本長安志此處俱有大段脱文，蓋以敦化、通化二坊名稱相近，誤將通化坊下内容舛置於敦化坊名下。詳見辛德勇隋唐兩京叢考。

〔三二〕殷顏　原作「毁顏」，據成化、嘉靖、四庫本改。

〔三三〕此坊　原本闕此二字，據成化、嘉靖四庫本補。

〔三四〕連階　原本闕此二字，嘉靖本「連」下字不清，四庫本作「前隋」，類編長安志卷五作「連階」，義勝，今從之。

〔三五〕第四子　原作「第二子」，嘉靖、四庫本俱作「第三子」，檢隋書文四子傳，秀乃第四子，續高僧傳曇遷傳亦記云文帝「勅爲第四子蜀王秀於京城置勝光寺」，今據改。

〔三六〕爲尼明昭　「爲」字原闕，據文義臆補。

〔三七〕横街之北　「北」原作「地」，據成化、四庫本改。

〔三八〕鄎國　成化、四庫本俱作「息國」。

〔三九〕玉樹　四庫本作「瑶樹」。

〔四〇〕眼冷　四庫本作「目斷」。

〔四一〕滿樹瓊瑶蕊　成化、嘉靖本俱作「瓊瑶瓊樹蕊」。

〔四二〕無情　四庫本作「多情」。

〔四三〕玉樹　四庫本作「玉蕊」。

〔四四〕異馥　原作「異香」，據成化、嘉靖本改。

〔四五〕迴首　原作「迴首」，據四庫本改。又四庫本「首」作「顧」。

〔四六〕瓊絲　原作「瓊枝」，成化本作「瓊終」，四庫本作「瓊絲」，應是。

〔四七〕羽衣　原作「雨衣」，據成化、嘉靖、四庫諸本改。

〔四八〕何得知　原作「可得知」，據成化、四庫本改。

〔四九〕伎女　原作「妓女」，據成化、嘉靖、四庫諸本改。

〔五〇〕貴位　原作「賁位」，四庫本作「尊位」，唐會要卷五〇記同事作「貴位」，「貴」、「賁」形近易譌，故從會要改。

〔五一〕去後　成化、嘉靖、四庫本俱作「別後」。

〔五二〕遂有　「遂」字原闕，據成化、四庫本補。

〔五三〕十有四年　原作「有十四年」，據成化、四庫本改。

〔五四〕武仙宮　原作「武仙官」，據四庫本改。

〔五五〕遂立爲觀　「遂」字原闕，據嘉靖本補。

〔五六〕十年　成化本作「七年」。

〔五七〕宇文經野　「宇」字原闕，據成化、嘉靖、四庫諸本改。

〔五八〕楊文紀　原作「楊紀」，據四庫本改。

〔五九〕通義宮　原作「通義官」，據成化、嘉靖、四庫諸本改。

〔六〇〕彭國公　原作「邢國公」，成化、嘉靖本作「邦國公」，四庫本作「邠國公」，兩唐書本傳記載李思訓封彭國公，今據改。

〔六一〕成安公主　原作「咸安公主」，並附畢沅校語云：「新唐書中宗女無咸安公主。」今案成化、嘉靖、四庫諸本俱作「成安公主」，今據改，並刪畢氏校語。

〔六二〕二十八年　原作「一十八年」，據類編長安志卷五改。

〔六三〕隔街　原作「隅街」，據成化、嘉靖、四庫本改。

〔六四〕遊泛　四庫本作「遊之」。

〔六五〕二門　原作「東門」，成化本作「工門」，據四庫本改。

〔六六〕豐樂坊　「坊」字原闕，據成化、嘉靖、四庫諸本補。

〔六七〕咸通中　「中」字原闕，據四庫本補。

〔六八〕舉劾　原作「舉効」，據成化、嘉靖、四庫諸本改。

〔六九〕豐安坊　原作「安豐坊」，據成化、嘉靖、四庫諸本及類編長安志卷二改。

〔七〇〕伶官　原作「零官」據四庫本改。

〔七一〕叛臣　原作「判臣」，據成化、嘉靖、四庫諸本改。

長安志卷第十

唐京城四

朱雀街之第三街，即皇城西之第一街，南出安化門，北出芳林門入苑。街西從北第一修德坊。本貞安坊，武太后改。

德明興聖廟。禮閣新儀曰：「天寶二載建，在安化門内道西。貞元十九年祔獻祖、懿祖神主於廟。」西北隅，興福寺。本右領軍大將軍彭國公王君廓宅。貞觀八年，太宗爲太穆皇后追福，立爲弘福寺。神龍中改爲興福寺。寺北有果園，復有萬花池二所。太宗時廣召天下名僧居之，沙門玄奘於西域回，居此寺西北禪院翻譯。寺内有碑，面文賀蘭敏之寫金剛經，陰文寺僧懷仁集王羲之寫太宗聖教序及高宗述聖記，爲時所重。政要：「元和十二年，詔築夾城，自雲韶門，過芳林門，西至修德坊，以通〔一〕興福佛寺。」沅按：今懷仁書聖教序記碑後並無賀蘭敏之金剛經。右神策軍營。昭宗自華還京，以輔興、修德二坊别設右神策軍營。

次南輔興坊。

東南隅，金仙女冠觀。景雲元年，睿宗第八女西城公主、第九女昌隆公主並出家爲女冠，因立二觀。二年，西城改封金仙公主，昌隆改封玉真公主，所造觀便以金仙、玉真〔二〕爲名。武宗會昌中，建御容殿於金仙觀，宰相李德裕爲贊。沅按：新唐書傳金仙初封西城縣主，玉真初封崇昌縣主，皆非公主，今此作「昌隆」，與史不同也。西南隅，玉真女冠觀。本工部尚書畢國公竇璡宅，武太后時以其地爲崇先府。景雲二年，爲玉真公主作觀。此二觀南街，東當皇城之右〔三〕安福門，西出城之開遠門，車馬往來，實爲繁會。

次南頒政坊。隋有惠雲、澄覺二寺，大業七年並廢。沅按：張九齡徐堅神道碑作「頒政」同。

南門之東，龍興寺。本普光寺。貞觀五年，太子承乾所立。神龍元年，兩京及天下諸州並置中興寺，遂改此寺爲中興寺。又改爲龍興寺。西北隅本隋之惠雲寺。有舊佛殿。寺内有鄭法輪畫。街東之北，建法尼寺。隋開皇三年，坊人田通捨宅所立。文帝初移都，便出寺額一百二十枚，於朝堂下制云：「有能修造，便任取之。」通孤貧，子然〔四〕唯有環堵之室，乃發憤，詣闕請額而還〔五〕，置於所居。柴門甕牖，上穿下漏。時陳臨賀王叔敖母與之鄰居，又捨宅以足之，其寺方漸修建。街北之東，證空尼寺。本工部尚書段倫之祖廟，貞觀十七年立爲真空寺。武太后改「真」爲「證」〔六〕。西北隅，昭成觀。本楊士達宅。咸亨元年，太平公主立爲太平觀。尋移於大業坊，改此觀爲太清觀，高宗御書飛白額。至垂拱三年，改爲魏國觀。載初元年，改爲大崇福觀〔七〕，武太后又御書飛白額。開元二十七年〔八〕，爲昭成太后追福，改立此名。西南隅，尚書左僕射芮國公豆盧欽望宅。崇明觀。舊圖。東南隅右散騎常侍徐堅宅。沅按：唐書作「左散騎常侍」。護國天王院。天寶二年建顯聖天王寺，咸通七年改。右軍巡院。舊圖。

次南布政坊。隋有明法、道覺二寺，大業、武德中並廢。本名隆政，避明皇名改。

西門之南，法海寺。本隋江陵總管清海公賀拔業宅。開皇九年，爲沙門法海捨宅立寺，因以法海爲名。北門之東，濟法寺。隋開皇二年，沙門法藏所立。地本梁村之佛堂及隋武侯將軍韋和業宅。其佛殿隋光德太子之寢堂，太子薨後捨施，坼於此造。西禪院，房國公蘇威所立。街東之北，明覺尼寺。本隋御史大夫裴藴宅，開皇中，太保河間王弘立爲寺。本名「顯」，避中宗諱改。東北隅，右金吾衛。隋曰右武候衛〔九〕。西南隅，胡祆祠。武德四年立，西域胡祆神〔一〇〕也。祠内有薩寶〔一一〕府官，主祠祆神〔一二〕。亦以胡祝充其職。沅按：胡祆神始末見北魏書。靈太后時立此寺。東南隅，廢鎮國大波若寺〔一三〕。本蔣王惲園地，景龍三年立爲寺。景雲中廢。東門之北，侍中魏知古宅。中書令蕭嵩宅。開府儀同三司畢國公竇瑰宅。賜第。昭成太后之弟。沅按：瑰即希瓘，後改名。福祥觀。即瑰宅，天寶十三載立爲觀。左神武軍〔一四〕大將軍河間郡王舍利澄宅。善果寺。舊圖西南隅。

次南延壽坊。隋有惠覺寺，大業七年廢。

南門之西，懿德寺。本慈門寺。隋開皇六年，刑部尚書萬安公李圓通所立。神龍元年，中宗爲懿德太子追福，改名加飾焉。東南隅，駙馬都尉裴巽宅。其地本隋齊州刺史盧賁宅。高宗末，禮部尚書裴行儉居之。武太后時，河内王武懿宗居之。土地平敞，水木清茂，爲京城之最。沅按：巽尚中宗女宣城公主。成安公主宅。中宗女，降韋捷。寶應經坊。大曆十二年，淮西節度兵馬使李重倩敗汴州，李靈輝請捨所居延壽里宅爲佛經坊，許之，仍賜名寶應一切經坊〔一五〕。

次南光德坊。隋有常法寺，大業七年廢。

東南隅，京兆府廨。府内廨宇並隋開皇中制度，其後隨事改作。開元九年〔一六〕，孟溫禮爲京兆尹，因奏請以賦贖錢修繕。宣宗時〔一七〕韋澳爲尹，又賜錢加葺之。西南隅，勝光寺。本隋幽州總管燕榮〔一八〕宅，大業元年自豐樂坊徙勝光寺於此。街東之北，慈悲寺。武德元年，高祖爲沙門曇獻立，屬隋末饑饉，常賑給貧乏爲事，故寺以慈悲爲名。南門之東，尚書左僕射劉仁軌宅。仁軌薨後，尚宮〔一九〕柴氏居之，後立爲光德寺，柴便度爲尼。景雲初，追柴氏入宮寺，遂廢。鄱陽公主邑司〔二〇〕。孫思邈嘗居〔二一〕於是，庭前有病梨木，盧照鄰爲賦紀之。太子賓客裴珀〔二二〕宅。吏部尚書崔邠宅。邠與弟浙西觀察使郾、金吾大將軍鄯及宰相淮南〔二三〕節度使鄲皆貴顯，同居光德舊第。鄲嘗構便齋，宣宗聞而歎曰：「崔氏一門孝友，可爲〔二四〕士族之法。」因題曰德星堂。後京兆民即其里爲德星社云。兵部尚書劉崇望宅。

次南延康坊。隋有明輪寺，大業七年廢。

西南隅，西明寺。顯慶元年，高宗爲孝敬太子病愈所立。大中六年，改爲福壽寺。本隋尚書令越國公楊素宅。大業中，素子玄感謀反，誅後沒官。武德中爲萬春公主〔二五〕宅。貞觀中以賜濮王泰。泰薨後，官市之立寺。東南隅，靜法寺。隋開皇十年左武侯大將軍陳國公竇抗所立。寺門折抗宅棨戟門所造。西院有木浮圖，抗弟璡爲母安成公主〔二六〕建。重疊綺麗，崇一百五十尺〔二七〕，皆伐抗園梨木充用。其園本西魏大統寺，周武帝廢佛教，以其寺賜抗爲宅焉。北門之西，中書令閻立本宅。後申王傅符太玄居之，西亭有立本所畫山水。邠甯節度使馬璘池亭。璘卒，池亭入官。貞元後，群臣多賜宴於此〔二八〕。諸王府。寶曆二年，以延康坊官宅一區爲諸王府。唐朝故事，王府在京師〔二九〕，即合有曹局。自天寶以後，王不出閤，所置寮寀，過於閑冗，其胥吏數司方共一員，至是瓊王府長史裴簡求奏論，遂創官府。

次南崇賢坊。隋有緣覺、融覺、賢覺三寺，並大業、武德中廢。

南門之西，海覺寺。隋開皇四年淮南公元偉捨宅爲沙門法聰所立。街北之西，大覺寺。隋開皇三年〔三〇〕文帝爲醫人周子臻所立。西門之南，法明尼寺。隋開皇八年長安富商王道買捨宅所立。又有慈仁尼寺，本在法明寺西。開皇三年，隋大興公主有女出家爲尼，號曰女郎師，隋帝爲立此寺。至開元二年，敕併入法明尼寺。街東之南，崇業尼寺。本弘業寺，隋開皇十年，尼法覺立於法界寺〔三一〕之西〔三二〕，其地湫隘〔三三〕。大業三年，合州刺史崔鳳捨宅移於此置。神龍元年，改爲崇業。西南隅，秘書監嗣虢王邕宅。西門之北，黄門監盧懷慎宅。懷慎居官清儉，宅在陋巷，屋宇殆不蔽風雨。光禄少卿〔三四〕竇瑗宅。昭成太后之從父。父弟被。咸通中河中節度使竇璟與弟河東節度使澣同居崇賢第，家富於貲，疑是瑗之後。

次南延福坊。隋有神通寺，大業七年廢。

西南隅，紀國寺。隋開皇六年，獻皇后獨孤氏爲母紀國夫人崔氏所立。東南隅，玉芝觀。本越王貞宅。後乾封縣權治於此。又爲新都公主宅，施爲新都寺。寺廢，乃爲郯王府。天寶二年，立爲玉芝觀。街東之北，宣平府。西北隅，瓊山縣主宅。縣主開元中適慕容氏，即吐谷渾之苗裔，富於財産。宅内有山池院，溪磴自然，林木葱鬱，京城稱之。真化府。舊圖。

次南永安坊。

右羽林軍〔三五〕大將軍高仙芝宅。浙江西道都團練觀察使薛蘋家廟。

次南敦義坊。

東北隅，廢福田寺。本隋靈覺寺，開皇六年觀德王雄〔三六〕所立。武德初廢。乾封二年，武后爲其姊賀蘭氏復立爲崇福寺。儀鳳二年，改福田寺。開元二年廢。東南隅，廢法覺尼寺。隋置。開元二年，併入資善寺。太尉中書令臨淮郡王李光弼宅。山南西道節度使鄭餘慶家廟。

次南大通坊。

東南隅，左羽林將軍竇連山宅。尚父汾陽郡王郭子儀園。後爲岐陽公主別館。

次南大安坊。坊南街抵京城之南面。

大安亭。越王臺。西街永安渠。隋開皇三年，引交水西北流入城，自此流經〔三七〕大通、信義、永安、延福、崇賢、延康六坊之西。又經西市之東。又北流經布政、頒政、輔興、崇德四坊及興福寺之西。又北流入芳林園。又北流入苑，注之於渭。東街清明渠。開皇初引泬水西北流，又屈而東北流入城。當此坊南街，又屈而東流〔三八〕，至安樂坊〔三九〕之西南隅，屈而北流，經安樂、昌明、豐安、宣義、懷真、崇德、興化、通義、太平九坊之西，又北流經布政坊之東右金吾衛之東南，屈而東南流，入皇城。經太社北，又東至含光門街〔四〇〕，又屈而北流〔四一〕，經尚食局東，又北流經將作監、內侍省東，又北流入宮城。南康郡王韋皋家廟。

右皇城之西十三坊。

朱雀街西之第四街，即皇城西之第一街，街西從北第一安定坊。

東南隅，千福寺。本章懷太子宅。咸亨四年。捨宅立爲寺。大中六年，改興元寺。西南隅，福林寺。其地本隋律藏寺。武德元年，置太原寺於永興坊，以義師初起太原，因以名寺。後移於此。咸亨三年，改爲福林寺。東北隅，五通觀。隋開皇八年爲道士焦子順所立。子順能驅役鬼神，傳諸符籙，預告隋文膺命之應。及即位，拜爲開府永安公，立觀以五通爲名，旌其神術。右神策軍護軍中尉第五守進宅。

次南休祥坊。太和二年，休祥坊百姓三百接宰相，訴當坊右龍武城地賜百姓已經〔四二〕四十餘年不納税，今被擗仗使〔四三〕田全操並却〔四四〕征索時久。操令角觝者五十人，分捕所訴者，遂鬬於通衢，久之方散。文宗以地爲百姓業久矣，不欲收奪，因賜左右三軍錢各一千五百貫，其休祥坊〔四五〕地盡歸百姓。

坊内有漢顧成廟餘址。廟北漢奉明園。宣帝父悼皇考墓園也。園北漢奉明縣。東北隅，崇福寺。本侍中觀國公楊恭仁宅。咸亨元年，以武皇后外氏故宅，立爲太原寺。垂拱三年〔四六〕，改爲魏國寺。載初元年，又改爲崇福寺。寺額武太后飛白書。東南隅，萬善尼寺。本在故城中，周宣帝大象二年置。開皇三年移於此，盡度周氏皇后嬪御以下千餘人爲尼以處之。寺西昭成尼寺。隋大業元年，元德太子爲尼善惠、玄懿立爲慈和寺。永徽元年，廢崇德坊之道德寺，乃移額及尼於此寺。先天二年，又爲昭成皇后追福，改爲昭成寺。南門之西，武三思宅。本駙馬都尉周道務宅。神龍中，三思以子〔四七〕崇訓尚安樂公主，大加雕飾。三思誅後，主移於金城坊。開元中，道務子勵言復居之。延唐觀。

次南金城坊。本漢博望苑之地。初移都，百姓分地版築，土中見金聚，欲取便沒。隋文帝曰：「此取金城〔四八〕之兆」，因以金城爲坊名。隋釋梵、法衆二寺，大業七年廢。

西南隅，匡道府，即漢思后園。漢武帝衛皇后墓園也。宣帝追謚，改葬於此地。本長安故城之杜門外大道東也。北門有漢戾園。戾太子史良娣墓。園東南漢博望苑。本在門外道之東。東南隅，開善尼寺。隋開皇中，宮人陳宣華、蔡容華二人所立。寺北廢太清觀。本悖逆庶人〔四九〕宅。初封安樂公主，出降武三思子崇訓，誅後，自休祥坊移宅於此，改適武承嗣之子延秀〔五〇〕。及誅後，敕太清觀道士史崇玄居焉。崇玄以先天二年謀逆伏法，其觀遂廢。西南隅，會昌寺。本隋海陵公賀若誼宅。義甯元年，義師入關，太宗頓兵〔五一〕於此。武德元年立爲寺。街南之東，樂善尼寺。本名舍衛寺。隋開皇六年，尉遲迥孫大師〔五二〕爲其祖所立。景龍元年，改爲溫國寺。二年，又改爲樂善寺。瑞聖寺。舊圖。

次南醴泉坊。本名承明坊。開皇二年，繕築此坊，忽聞金石之聲，因掘得〔五三〕甘泉浪井七所，飲者疾愈，因以名坊。隋有光寶、救度二寺〔五四〕，大業、武德中廢。

西南隅，三洞女冠觀。本靈應道士觀，隋開皇七年立。貞觀二十二年，自永崇坊換所居於此。觀北妙勝尼寺。開皇三年〔五五〕，周静帝皇后平原公主所立。街北之西，醴泉寺。隋文帝於此置醴泉監，取甘泉水供御廚。開皇十二年，廢監立寺。街南之東，舊波斯胡寺。儀鳳二年，波斯王卑路斯奏請於此置波斯寺。景龍中，倖臣宗楚客築此寺地入其宅，遂移寺於布政坊之西南隅祆祠之西。西門之南，祆祠。東南隅，太平公主宅。公主死後没官，爲陜王府。宅北有異僧方回宅，太平公主爲造之〔五六〕。南門之東，中書令宗楚客宅。楚客既死，其宅後賜申王撝。烈士臺。世傳安金藏之居。

次南西市。隋曰利人市。

南北盡兩坊之地。市内有西市局。隸太府寺。市内店肆如東市之制。長安縣所領四萬餘户，比萬年爲多，浮寄流寓，不可勝計。市西北有池，長安中沙門法成所穿，支分永安渠以注之，以爲放生池。放生池。平準局。獨柳。刑人之所。

次南懷遠坊。隋有法寶寺，大業七年廢。

東南隅，大雲經寺。本名光明寺。隋開皇四年，文帝爲沙門法經所立。時有延興寺僧曇延，因隋文帝賜以蠟燭，自然發焰，隋文帝〔五七〕奇之，將改所住寺爲光明寺。曇延請更立寺，以廣其教。時此寺未制名，因以名焉。武太后初幸此寺〔五八〕，沙門宣政進大雲經，經中有女主之符，因改爲大雲經寺，遂令天下每州置一大雲經寺。此寺當中寶閣，崇百尺，時人謂之七寶臺。寺内有二浮圖〔五九〕，東西相值。東浮圖之北佛塔號「三絶塔」〔六〇〕，隋文帝所立。塔内有鄭法輪、田僧亮、楊契丹畫跡及巧工韓伯通塑作佛像，故以「三絶」爲名。街東之北，功德尼寺。本在安定坊。開皇五年，周宣帝女細腰公主〔六一〕所立。武德中移於此。

次南長壽坊。隋曰廣恩坊，避煬帝諱改。有願力寺，大業七年廢。

西南隅，長安縣廨。去府六里。南門之東，永泰寺。本梁太尉吴王蕭岑宅。隋開皇四年，文帝〔六二〕爲沙門曇延立爲延興寺。寺東院莒公蕭琮宅〔六三〕。當隋亡，捨入寺。神龍中，中宗爲永泰公主追福，改爲永泰寺。大中六年改爲萬壽寺〔六四〕。北門之東，大法寺。本弘法寺，武德中左光禄大夫〔六五〕李遠所立。神龍元年改。街西之北，崇義寺。本隋延壽公于詮宅。武德二年，桂陽公主〔六六〕爲駙馬都尉趙慈景所立，街北之西，酇國公楊温宅。開府儀同三司尉遲敬德宅。中書令閻立本宅。前中書侍郎同中書門下平章事元載家廟。大曆四年，有虎止於載之私廟，命將軍薛岌、周皓發弩手射殺之。

次南嘉會坊。

西南隅，褒義寺。本隋太保吴武公尉遲剛宅。初，剛兄迥置妙象寺於故都城中，移都後剛捨宅立寺，名褒義，材木皆舊寺者。街西之北，靈安寺。武德三年，高祖爲衛懷王霸立。鄭國莊穆公主廟。禮閣新儀曰：「德宗女，自義章公主〔六七〕追册，貞元十七年祔廟。」

次南永平坊。本名永隆，明皇即位改。

東門之北，宣化尼寺。隋開皇五年，周昌樂公主及駙馬都尉王安捨宅所立。東南隅，宣城公主宅。公主薨後，太子太師竇希球居之。高安長公主〔六八〕宅。高宗女，降潁州刺史王勖。天平軍節度使殷侑家廟。沅按：廟太和甲寅歲立。馮宿撰碑文。

次南通軌坊。

鄘公廟。文敬太子廟。禮閣新儀曰：「貞元十七年置，在長安坊，後徙於此。」

次南歸義坊。

全一坊隋蜀王秀宅。隋文帝以京城南面闊遠〔六九〕，恐竟虚耗〔七〇〕，乃使諸子並於南郭立第〔七一〕。秀死後没官，爲家令寺園。

次南昭行坊。本名顯行，犯中宗諱〔七二〕，長安中改。坊南街抵京城之南面。

街之南，汝州刺史王昕園。引永安渠爲池，彌亘頃畝，竹木環布，荷荇叢秀。

右皇城西第二街之十一坊及西市。沅按：實十二坊，疑字誤。

朱雀街西第五街，即皇城西之第三街，街西從北第一修真坊。隋有積善寺，武德中徙義寧坊。

坊有漢靈臺餘阯。崇五尺，周一百二十步。述征記曰：「長安宮南有靈臺高十仞〔七三〕，上有相風銅烏，或曰此烏遇千里風乃動。」

次南普寧坊。南街西出通開遠門〔七四〕。

坊西街有漢太學餘阯。其地本長安故城南安門之外。次東漢辟雍。次東漢明堂。二所並磨滅，無復餘迹。東南隅，東明觀。顯慶元年，孝敬升儲所立。街東之北靈化寺。隋開皇五年〔七五〕，沙門善吉所立。北冢崇五丈〔七六〕，不詳姓名。西南隅，太尉英國公李勣宅。北門之西，司農卿〔七七〕韋機宅。西北隅，祆祠。

次南義寧坊。本名〔七八〕熙光坊，義寧元年改。

南門之東，化度寺。本真寂寺。隋尚書左僕射齊國公高熲宅，開皇三年，熲捨宅奏立爲寺，武德二年，改化度寺。寺中有無盡藏院。敬宗賜「化度寺經院」〔七九〕金字額。御數以觀之〔八〇〕。大中六年改爲崇福寺。西北隅，積善尼寺。隋開皇十二年〔八一〕，高熲妻賀跋氏所立，其宅本賀跋氏之別第〔八二〕。街東之北，波斯胡寺。貞觀十二年，太宗爲大秦國胡僧阿羅所立〔八三〕。東南隅，尚書右僕射戴至德宅。

次南居德坊。南街西出通金光門。坊內隋有依法、寶岸、凝觀三寺，並大業中〔八四〕廢。漢圜丘餘阯。東南隅，先天寺。本寶昌寺〔八五〕。隋開皇三年，敕大興、長安兩縣各置一寺，因立寶昌、禪林二寺，東西相對，時人謂之「縣寺」。其地本漢之圜丘，先天元年，改爲先天寺。西北隅，普集寺。隋開皇七年，突厥開府儀同三司鮮于遵義捨宅所立。南門之西，奉恩寺。本將軍尉遲樂宅。神龍二年，立爲寺。大中六年，改興福寺。南門之東，司禮太常伯劉祥道宅。宅接先天寺，兼據漢圜丘舊阯，因其高〔八六〕築亭焉。

次南群賢坊。隋有監門大將軍黃城公元瓚、上柱國酈城公梁軌二宅。又有法身、寶王二寺，大業七年廢。

東門之南，真心尼寺。隋開皇八年，宦者儀同三司宋祥捨宅所立〔八七〕。街東之北，真化尼寺。開皇十年，冀州刺史馮臘捨宅所立。武太后改爲光化寺。神龍元年復舊。東南隅，中宗昭容上官氏宅。後爲南陽郡王〔八八〕所居。

次南懷德坊。

西南隅，羅漢寺。隋開皇六年，雍州牧楚公豆盧勣所立。街西之北，辯才寺。本孝王亮隋代舊宅。亮子司空淮安王神通以開皇十年爲沙門智凝〔八九〕立此寺於群賢坊。以智凝辯才不滞，因名寺焉〔九〇〕。武德二年徙於此。東門之北，慧日寺。開皇六年所立〔九一〕。天官侍郎李至遠宅。沅按：唐書本傳至遠爲天官郎中，與此異。弘光寺。

次南崇化坊。本名弘化，避孝敬皇帝諱改。

東南隅，龍興觀。本名西華觀。貞觀五年太子承乾有疾，敕道士秦英祈禱獲愈，遂立此觀。垂拱三年，以犯武太后祖諱，改爲金臺觀。神龍元年，又改爲中興觀。三年，改爲龍興觀。東門之北，經行寺。本隋長安令屈突蓋宅。開皇十年，邑人張緒市之，立爲寺。大中六年，改龍興寺。西南隅，靜樂尼寺。隋開皇六年所立。河陽節度使烏重胤家廟。

次南豐邑坊。南街西出通延平門。此坊多假賃方相轜車送喪之具。

東北隅，清虚觀。隋開皇七年〔九二〕，文帝爲道士吕師玄所立。師玄辟穀煉氣，故以〔九三〕清虚名之。

次南待賢坊。此坊隋初立天下諸州朝集使邸，故以「待賢」爲名。隋又有左領軍〔九四〕

大將軍史萬歲〔九五〕宅。

東北隅，天長觀。本名會昌觀。隋開皇七年，文帝爲秦孝王俊所立。開元二十八年改千秋觀。天寶七載，又改天長觀。節愍太子廟。

次南永和坊，本名淳和，元和初避憲宗名改。

東北隅，隱太子廟。

次南常安坊。

東北隅，章懷太子廟。神龍中立。

次南和平坊。

坊内南北街之東築入莊嚴寺，街之西築入總持寺。

次南永陽坊。坊之西南即京城之西南隅。

半以東，大莊嚴寺。隋初置宇文弢〔九六〕別館於此坊。仁壽三年，文帝爲獻后立爲禪定寺。宇文愷以京城之西有昆明池，地勢微下，乃奏於此寺建木浮圖，崇三百三十尺，周回一百二十步，大業七年成。武德元年，改爲莊嚴寺。天下伽藍之盛，莫與爲此〔九七〕。寺内有佛牙，長三寸，宋時〔九八〕沙門法獻從烏躔國取以歸，豫章王暕自揚州持入京，隋文帝改置此寺。大中六年，改聖壽寺。半以西，大緫持寺。隋大業三年，煬帝爲文帝所立。初名大禪定寺，寺内〔九九〕制度與莊嚴寺正同。武德元年，改爲總持寺。莊嚴、總持，即隋文、獻后宫中之號也。寺中常貢梨花蜜〔一〇〇〕，景龍文館記曰：「隋主自立法號，稱總持，呼蕭后爲莊嚴，因以名寺。」恭僖、貞獻二太后廟。

右皇城西第三街之十三坊。

昌化坊。

太華公主宅。明皇女，降楊錡。義陽公主宅。德宗義陽公主，降王士平，宅在昌化坊。禮賓院。敬宗初廢禮賓院，賜教坊。檢校尚書左僕射同中書門下平章事韓滉宅。岐陽公主宅。憲宗女，降宰相杜悰。疏龍首池爲沼。同昌公主宅。懿宗女。降宰相韋保衡。杜陽編曰：「其宅，房櫳户牖，以衆寶飾之，金銀爲井欄，水精、火齊、琉璃、玳瑁等床，悉楷以〔一〇一〕金龜銀鏨〔一〇二〕，合百寶爲圓案〔一〇三〕。大會韋氏一族於廣化里，暑氣特甚，公主命取澄水帛以蘸之，掛於南軒，滿座則皆思挾纊。澄水帛似布，明薄可鑒，其中有龍涎，故能消暑。」按保衡宅在昌化里，此云廣化，誤也。

延平坊。其街乃刑人之所。元和五年，斬成德軍逆將一十五人於延平坊街，范陽所獻也。

修仁坊。

弘道觀。坊内舊有隋國子學及右屯衛大將軍麥鐵杖宅。顯慶二年，盡併一坊爲雍王第。王升儲，永隆元年立爲觀。

正平坊。

安國觀。本太平公主宅。長安二年，睿宗在藩，公主奉焉。至景雲元年，立爲觀，乃以本封爲名。開元十年，玉真公主居之，改爲女冠觀。

右四坊別見。疑改易坊名。

李義琰宅。義琰宅至褊隘，雖居相位，在官清儉，竟終方丈之室。高宗聞而嗟嘆，遂敕將作造堂以安靈座焉。

報聖寺。宣宗時河湟平，出内藏緡帛建報聖寺於京城，設憲宗聖容於介福殿。又建虔思殿爲更衣之所，帝數臨幸焉。

右別見。皆失坊名。

章敬寺。大曆元年作章敬寺於長安之東門，總四千一百〔一〇四〕三十餘間、四十八院。内侍魚朝恩請以通化門外莊爲章敬皇后立寺，故以章敬爲名。代宗實録曰：「是莊連城對郭，林沼臺榭，形勝第一。朝恩初以恩賜〔一〇五〕得之，及是造寺〔一〇六〕，窮極壯麗。以爲城市材木，不足充費，乃奏壞曲江亭館、華清宮觀風樓及百司行廨，並將相没官宅，給其用焉。土木之役，僅逾〔一〇七〕萬億。」會要曰：「因拆哥舒翰宅及曲江百司廨室〔一〇八〕及華清宮之觀風樓造焉。」沅按：唐書魚朝恩傳作大曆二年。定昆池。神龍中，安樂公主恃寵請昆明池，中宗不與，主發怒，自以家財別穿池，號曰「定昆池」。沅按：唐書武延秀傳：「延秀令楊務廉於城西造定昆池於其莊，延袤數里。」振旅亭。譚實録曰：「天寶八載，於開遠門外作振旅亭，以待兵回。」

右城外。

長安志卷第十終

校勘記：

〔一〕以通　「以」字原闕，成化、嘉靖本作「佛通」，四庫本作「俱通」，均不通，據類編長安志卷五補。

〔二〕玉真　原作「玉貞」，據成化、嘉靖本改。

〔三〕之右　「右」原本闕，成化、嘉靖本作「之之」，據四庫本補。

〔四〕孑然　原作「子然」，據兩京新記殘卷改。

〔五〕請額而還　「還」字原闕，據成化、嘉靖、四庫諸本改。

〔六〕改「真」爲「證」　原作「改真爲證空」，據成化、嘉靖、四庫諸本刪「空」字。

〔七〕大崇福觀　原作「大業崇福觀」，據類編長安志卷五並兩京新記殘卷改。

〔八〕二十七年　原作「一十七年」，據嘉靖、四庫本及類編長安志卷五改。

〔九〕右武候衛　原作「右武候府」，據嘉靖、四庫本改。

〔一〇〕胡祆神　成化、嘉靖本俱作「胡天神」。

〔一一〕薩寶　原作「薩寶」，據成化、四庫本改。

〔一二〕祠祆神　原作「祠拔神」，成化本作「祠祓神」，據四庫本改。

〔一三〕鎮國大波若寺　原作「鎮國公波若寺」，據成化、嘉靖、四庫本改。

〔一四〕左神武軍　「軍」字原闕，據成化、四庫本補。

〔一五〕寶應一切經坊　「一切」二字原闕，據成化、嘉靖、四庫諸本補。

〔一六〕九年　原作「元年」，冊府元龜卷一五九及高陵縣出土唐達奚珣撰東渭橋記殘石載孟温禮任京兆尹乃在開元九年，今據改。

〔一七〕宣宗時　原作「玄宗時」，成化、嘉靖二本俱作「宗時」；四庫本作「其後」，案本書卷二記載韋澳任京兆尹在大中十年，故明成化、嘉靖二本應脱「宣」字。畢刻則本誤補爲「玄」，今訂正。

〔一八〕燕榮　原作「燕營」，據隋書本傳改。

〔一九〕尚宫　原作「尚官」，據成化、嘉靖、四庫諸本改。

〔二〇〕邑司　四庫本作「邑園」。

〔二一〕嘗居　原作「常居」，據嘉靖、四庫本改。

〔二二〕裴珀　四庫本作「裴泊」。

〔二三〕淮南　原作「進南」，據成化、嘉靖、四庫諸本改。

〔二四〕可爲　原作「可謂」，據四庫本改。

〔二五〕萬春公主　原作「萬春宫主」，據成化、嘉靖、四庫本改。

〔二六〕安成公主　原作「成安公主」，嘉靖本作「成公主」，四庫本作「成太主」，此據隋書之高祖紀及竇榮定傳改。

〔二七〕一百五十尺　原作「一百五十丈」，據成化、嘉靖、四庫諸本改。

〔二八〕於此　原作「於中」，據嘉靖、四庫本改。

〔二九〕在京師　原作「在王京師」，據四庫本刪「王」字。

〔三〇〕三年　原作「二年」，據兩京新記殘卷改。

〔三一〕法界寺　「寺」字原闕，據成化、嘉靖、四庫諸本補。

〔三二〕之西　成化、嘉靖本作「之業」，四庫本作「之南」。

〔三三〕湫隘　四庫本作「狹隘」。

〔三四〕少卿　原作「少鄉」，據成化、嘉靖、四庫本改。

〔三五〕右羽林軍　「軍」字原闕，據成化、嘉靖、四庫本補。

〔三六〕觀德王雄　原作「親王楊雄」，據四庫本改。

〔三七〕流經　原作「經流」，據成化、嘉靖、四庫諸本改。

〔三八〕東流　四庫本作「東北流」。

〔三九〕至安樂坊　「至」原作「之」，據成化、嘉靖本改。四庫本作「入」。

〔四〇〕含光門街　原作「含光門後」，據成化、嘉靖、四庫本改。

〔四一〕北流　「北」字原闕，據成化、嘉靖、四庫諸本補。

〔四二〕已經　「已」字原本闕，成化本作「百經」，四庫本作「歷經」，案「百」、「已」形近易譌，故據文義改此。

〔四三〕擗仗使　四庫本「儀仗使」。

〔四四〕並却　四庫本作「一例」。

〔四五〕休祥坊　「坊」字原闕，據成化、嘉靖、四庫本改。

〔四六〕三年　成化、嘉靖、四庫諸本並作「二年」。

〔四七〕以子　嘉靖、四庫本無「以」字。

〔四八〕取金城　原作「收金城」據嘉靖、四庫本改。

〔四九〕悖逆庶人　原作「勃逆庶人」，據四庫本改。

〔五〇〕延秀　原作「建秀」，據舊唐書武承嗣傳附延秀傳改。

〔五一〕頓兵　原作「領兵」，據四庫本改。

〔五二〕太師　原作「太師」，據成化、四庫二本並兩京新記殘卷以及類編長安志卷五改。

〔五三〕掘得　原作「撅得」，據四庫本改。

〔五四〕二寺　原作「三寺」，據四庫本改。

〔五五〕三年　原作「二年」，據嘉靖、四庫二本及兩京新記殘卷改。

〔五六〕造之　原作「造宅之」，據成化、嘉靖、四庫本刪「宅」字。

〔五七〕隋文帝　原作「隋文」，據嘉靖，四庫本改。

〔五八〕初幸此寺　「幸」字原闕，據成化、嘉靖、四庫諸本補。

〔五九〕二浮圖　「二」字原闕，據兩京新記殘卷補。

〔六〇〕號「三絶塔」　原作「名三絶塔」，據四庫本改。

〔六一〕細腰公主　成化、嘉靖、四庫諸本俱作「細要公主」。

〔六二〕文帝　原作「立帝」，據成化、嘉靖、四庫諸本改。

〔六三〕蕭琮宅。當隋亡　成化、嘉靖、四庫諸本「宅當」二字作「之堂」。

〔六四〕大中六年改爲萬壽寺　原本闕，據嘉靖、四庫本補。

〔六五〕左光禄大夫　原本闕「左」字，成化本此字泐損，嘉靖本作「二」，四庫本作「二年」，此據兩京新記殘卷改。

〔六六〕桂陽公主　嘉靖、四庫本並作「杜陽公主」。

〔六七〕自義章公主　「自」原作「曰」，成化、嘉靖本作「目」，據四庫本改。

〔六八〕高安長公主　成化、嘉靖、四庫諸本並作「高長安公主」。

〔六九〕闊遠　原作「次遠」，據四庫本及兩京新記殘卷改。

〔七〇〕恐竟虛耗　原作「竟虛文耗」，四庫本作「無以彈壓」，據兩京新記殘卷改。

〔七一〕並於南郭立第　原作「並南郭産名」，四庫本作「並南郭参居」，據兩京新記殘卷改。

〔七二〕犯中宗諱　「犯」原作「避」，據成化、嘉靖、四庫本改。

〔七三〕有靈臺高十仞　原本闕「有」與「高十仞」四字，據四庫本補。

〔七四〕開遠門　原作「衢遠門」，據嘉靖、四庫本改。

〔七五〕五年　嘉靖、四庫二本及兩京新記殘卷並作「二年」。

〔七六〕五丈　原作「五尺」，據四庫本及兩京新記殘卷改。

〔七七〕司農卿　原作「司農鄉」據嘉靖、四庫本改。

〔七八〕本名　原作「李名」，據成化、嘉靖、四庫諸本改。

〔七九〕化度寺經院　原作「化度經院」，據成化、嘉靖、四庫諸本改。

〔八〇〕御數以觀之　四庫本作「御蹕數往觀之」。

〔八一〕十二年　原作「十一年」，四庫本作「十三年」，據嘉靖本及兩京新記殘卷改。

〔八二〕別第　原作「別宅」，據成化，嘉靖、四庫諸本改。

〔八三〕阿羅所立　「所」原作「斯」，據成化、嘉靖、四庫諸本改。

〔八四〕大業中　「中」字原闕，據四庫本補。

〔八五〕寶昌寺　原作「寶國寺」，據成化、嘉靖、四庫諸本改。

〔八六〕因其高　原作「因基高」，據成化、嘉靖、四庫諸本改。

〔八七〕所立　「所」字原闕，據成化、四庫本補。

〔八八〕南陽郡王　兩京新記殘卷作「南陽縣主」。

〔八九〕智凝　原作「智疑」，據四庫本及兩京新記殘卷改。

〔九〇〕因名寺焉　「焉」原本作「彥」，據嘉靖、四庫本改。

〔九一〕所立　「所」字原闕，據成化、嘉靖、四庫本補。

〔九二〕七年　原作「十年」，據類編長安志卷五及兩京新記殘卷改。

〔九三〕故以　原作「改以」，據兩京新記殘卷改。

〔九四〕領軍　原作「鎮軍」，據四庫本及太平廣記卷三二七引兩京新記佚文改。

〔九五〕史萬歲　原作「史萬年」，據成化、嘉靖、四庫諸本改。

〔九六〕宇文弢　原作「宇文改」，四庫本作「宇文政」，據隋書本傳改。

〔九七〕莫與爲此　原作「莫與于此」，四庫本作「莫盛于此」，此據類編長安志卷五改。

〔九八〕宋時　二字本闕，據四庫本及類編長安志卷五改。

〔九九〕寺内　「寺」字原闕，據四庫本及類編長安志卷五改。

〔一〇〇〕梨花蜜　原作「梨范密」，據嘉靖、四庫本改。

〔一〇一〕悉楮以　原作「悉搘以」，據成化、四庫本及類編長安志卷四改。

〔一〇二〕銀塹　原作「銀塹」，據四庫本及類編長安志卷四改。

〔一〇三〕圓案　原作「圓按」，據四庫本及類編長安志卷四改。

〔一〇四〕一百　原作「一面」，據成化、四庫本改。

〔一〇五〕恩賜　二字原闕，據類編長安志卷五補。

〔一〇六〕造寺　原作「進幸」，四庫本作「建寺」，據類編長安志卷五改。

〔一〇七〕僅逾　原作「僅餘」，據成化、嘉靖、四庫諸本改。

〔一〇八〕廨室　成化、嘉靖本作「看室」，四庫本作「館室」，類編長安志卷五作「堂室」。

長安志卷第十一

縣一

萬年

萬年縣。唐赤，今次赤。本漢舊縣，高帝置，屬左馮翊。在今〔一〕櫟陽縣東北二十五里櫟陽故城是。沅案：元和郡縣志云「三十五里」。三輔黄圖曰：「太上皇葬櫟陽北原，起萬年陵，因置萬年縣。王莽改曰異赤。」沅案：此縣爲漢南陵、霸陵、杜陵、奉明四縣地，故城皆在焉。其奉明故城敏求缺載。晋屬京兆郡。沅案：此縣亦爲晋杜城、霸城地。後魏復屬馮翊郡。沅案：此縣亦爲後魏杜、山北、霸城三縣地。周地圖記曰：「後周明帝二年，分長安、霸城及姚興所置山北三縣，於長安城中别置萬年縣，屬京兆尹，沅案：太平寰宇記云：「八角街已東，屬京兆尹。」取漢縣舊名也。太和三年，省山北縣，建德二年，又省霸城、杜城二縣，皆併入。沅案：杜城當作杜。地形志云：「杜，晉曰杜城，後改也。」隋開皇三年遷都，改萬年爲大興，徙治宣陽坊。沅案：太平寰宇記云「宣陽坊東南隅。」領市一，坊五十四。唐武德元年，復爲萬年縣。二年，析置芷陽縣。七年省。總章元年，析置明堂縣。沅案：元和郡縣志及唐書皆云乾封元年置此，及太平寰宇記云「總章」誤。治永樂坊。長安二年省。沅案：唐書志云「三年」。太平寰宇記云「二年六月」。天寶七載，改萬年縣爲咸寧縣。至德三載復舊。沅案元和郡縣志及唐書志云「乾元復舊」，即至德三載也。梁開平元年，改爲大年縣。後唐同光元年復舊。

縣境。東西三十七里南北二百七十里。

七鄉，管二百九十六村，二里。唐四十五鄉。霸橋東有大陵鄉。元載祖墓在黃臺鄉。真光〔二〕中有霸城鄉。餘不傳。沅案：水經注奉明縣有廣明鄉。庾信撰將軍侯英陳道生墓志云葬於京兆洪原鄉。又安平縣公崔訧神道碑云葬於京兆平原鄉之吉遷里。常袞撰新平郡王嚴墓志云遷窆於萬年縣龜川鄉細柳原。白居易撰永穆公主墓志云詔葬於萬年縣上好鄉洪平原。韓愈撰校書郎〔三〕李觀墓志云葬之於國東門之外七里，鄉曰慶義鄉，則皆古鄉名也。

洪固鄉。在縣南一十五里，管村四十八。胄貴里。沅案：路嚴撰渾侃神道碑云侃大父城葬於京兆府萬年縣洪固鄉胄貴里。歐陽詹撰左驍衛將軍馬實墓志云葬於京兆府萬年洪固鄉延信里司馬村之少陵原。

龍首鄉。在縣東一十五里，管村三十五。神鹿里。

少陵鄉。在縣南三十里，管村四十八。沅案：權德輿撰右僕射姚南仲神道碑云與夫人之殯合祔於少陵原黄渠里，則是此鄉里名也。

白鹿鄉。在縣南四十五里，管村五十。

薄陵鄉。在縣東三十五里，管村三十六。

東陵鄉。在縣東三十里，管村四十。

苑東鄉，在縣東北二十里，管村三十九。

社壇。在縣東南二十里，平康坊。

南郊壇。

百神壇。

靈星壇。以上並在縣南十五里啓夏門外。

風師壇。

青帝壇。

先農壇。以上並在縣東北一十五里滻水東。

九宮壇。在縣東南一十里古城春明門外。

馬祖壇。大曆五年置。

鳴犢鎮。在縣南六十里。鎮西原下有鳴犢泉，俗傳因犢跑鳴而得泉。武宗略於〔四〕太白原，即鎮之西原也。

霸橋鎮〔五〕。在縣東二十里。滋水驛疑在此。

渭橋鎮。在縣東四十里。即東渭橋李晟屯兵處。

義谷鎮。在縣南八十里。入乾祐路，俗曰谷口鎮。

莎城鎮。唐昭宗乾寧二年，駐啓夏門出居之，今廢。

太寧驛。在縣城東草市，東至昭應驛四十六里，西至秦川驛四里。

滋水驛。在縣東北三十里。兩京道里記曰：「隋開皇十六年置。」

長樂驛。在縣東十五里長樂坡下。兩京道里記曰：「聖曆元年，敕滋水驛去都亭驛路遠，馬多死損，中間置長樂驛，東去滋水驛一十三里，西去都亭驛一十三里。

霸橋〔六〕。隋開皇三年造。唐隆二年，仍舊所爲南北兩橋。漢有霸館，王莽更曰長存館。霸橋，王莽更曰長存橋。

橫霸官渡。在縣東南二十五里。入藍田路。

渭橋渡。在縣東北二十里。

光泰門渡。在縣東二十里。入高陵、耀州路。

官磑店。在縣東界。

終南山。在縣南五十里。東自藍田縣界西入縣界石鱉谷，以谷水與長安縣爲界。東西四十里。禹貢「終南、惇物，至於鳥鼠」，孔安國注：「三山名，言相望也。」詩曰：「終南何有？有條有梅。」毛注：「周之名山，中南也。」春秋左氏傳曰：「荆山、中南，九州之險也。」杜注曰：「中南在始平武功縣南。」漢書曰太一山，又爲終南山。」沅案：地理志：「太一，古文以爲終南。」五經要義曰：「太一，一名終南山，在扶風武功縣」。則終南、太一不得爲一山明矣。蓋終南，南山之總名，太一，山之别號耳。沅案：水經注曰：「太一山，亦曰太白山。」關中記曰：「終南山一名中南，言在天中，居都之南也。」又曰：「終南、太一，左右三十里内，名福地。」沅按：初學記云：「福地記曰終南太一山在長安西南五十里，左右四十里，内皆福地。」此云關中記，非。三秦記曰：「太一在驪山，西去長安二百里，山之秀者也。」沅案：初學記所引文與此不同。一名地胏山。西京雜記曰：「終南山多合離草，葉似江離而紅緑相雜，莖皆紫色，如羅勒。有樹直上百尺，無枝，上結叢條，狀如車蓋，一青一赤，望之斑駁如錦綉，長安謂之丹青樹，亦云華蓋樹。」皇甫謐高士傳曰：「秦有東園公、夏黄公、綺里季、角里先生，時呼四皓。」沅案：高士傳無「時呼四皓」四字。共入商雒，隱地胏山，以待天下定。及秦敗，漢高帝召之，四人乃深自匿終南山，不能屈已。沅案：初學記引云：「漢高祖徵之，不至，乃深自匿終南山。」今本高士傳同。「已」舊作「之」，非。漢東方朔傳曰：「終南山，天下之大阻也。」沅案：傳無「終」字、「大」字。其山多沅案：「多」傳作「出」。玉石、金銀、銅鐵、豫章、檀柘異類之物，不可勝原，此百工所取給，沅案：舊本脱「所」字。萬姓所仰足也。」唐文宗詔曰：「每聞京師舊説，以爲終南山興雲即必有雨，若晴霽，雖密雲他至，竟夕不霑濡，宜命有司建立祠宇。」

畢原。在縣西南二十八里。沅案：史記集解：「皇覽云文王、武王、周公冢皆在京兆長安鎬聚東杜中。」史記正義引括地志云武王墓在雍州萬年縣西南二十八里畢原上。元和郡縣志曰書序云「周公薨，成王葬於畢」是也，而敏求於此縣不載文、武、周公墓，今人竟以渭北之秦文、武冢當之矣。

白鹿原。在縣東南二十里。沅案：元和郡縣志曰在縣東二十里。自藍田縣界至滻水川，盡東西一十五里，南接終南，北至霸川，盡南北一十里，亦謂之霸上。事見藍田。

少陵原。在縣南四十里。南接終南，北至滻水，西屈曲六十里，入長安縣界，即漢鴻固原也。宣帝許后葬於此，俗號少陵原。沅案：前云三十里，此云四十里，微異。又案：外戚傳云許后葬杜南，是謂杜陵南原。師古曰：「即今之所謂小陵者，去杜陵十八里。」

樂遊原〔七〕。在縣南八里。漢書：「宣帝起樂遊廟、在曲江北，亦曰樂遊原。」沅案：太平寰宇記云在昇平坊。

長樂坡。在縣東北一十里，即滻水之西岸。十道志曰：「舊名滻坂，隋文帝惡之，改曰長樂坡。蓋漢長樂宮在其西北。」

高望堆。長安圖曰在延興門南八里。潘岳西征賦曰：「馮高望之陽隈。」

御宿川。在縣西南四十里。沅案：元和郡縣志及太平寰宇記云在縣南三十七里。揚雄羽獵賦序曰：「武帝開上林，東南至御宿川。」沅案：雄傳無「東」字、「川」字。孟康注曰：「爲諸離宮別觀，禁御不得使人往來游觀，止宿其中，故曰御宿川。」漢元后傳：「夏游籞宿。」師古曰：「籞宿苑，在長安城南，今之御宿川是也」。三秦記曰：「樊川一名御宿川。」

樊川。一名後寬川，在縣南三十五里。十道志曰：「其地即杜陵之樊鄉。沅案：説文「樊鄉」字作「鄻」。漢高祖至櫟陽，以將軍樊噲灌廢丘，功最，賜噲食邑於此，故曰樊川。」三秦記曰：「長安正南秦嶺，嶺根水流爲秦川，一名樊川。」

金塢。在縣北，漢文帝廟在其北。一作縣北苑內。

義谷。在縣東南八十里。東南至乾祐縣及金、商等州，西南有路至興元府。

錫谷。在縣東南六十里。有路至舊歸安鎮，合義谷路通興元府。

羊谷。在縣東南六十里。

炭谷。在縣南六十里。

郊谷。在縣東南六十里。

竹谷。在縣南六十里。方輿記曰：「竹水，俗謂之赤水，出於媚谷。」沅案：水經注云竹水南出竹山，北逕媚加谷，歷廣鄉原東，俗謂之大赤水，北流注於渭，即此水也。西山經：「竹山，赤水出是。」

石鱉谷。在縣西南五十五里〔八〕。

荆谷。在縣東南二十五里。

渭水。在縣北五十里。西自長安縣界流經縣界入臨潼。渭陽之詩曰：「我送舅氏〔九〕，於渭之陽。」史記曰：「西伯獵，遇太公渭之陽，與語大説」。又曰：「秦武王三年，渭水赤三日。昭王三十四年，又赤三日。」洪範五行傳曰：「赤者，火色也。盡赤，以火沴水也。渭水，秦大川也。陰陽亂，秦用嚴刑，敗亂之象。」漢書曰：「武帝元光六年春，穿漕渠通渭。」三輔決録曰：「項仲山飲馬渭水，日與三錢以償之。」山海經曰：「渭水出鳥鼠同穴山，東注河，入華陰北。」鳥鼠同穴山，今在隴西首陽縣，渭水出其東，經南安、天水、略陽、扶風、始平、京兆，至弘農華陰縣入河。列子曰：「夸父逐日，渴飲渭水，不足，乃渴死。」淮南子曰：「渭水多力宜黍。」

霸水。亦作灞〔一〇〕。在縣東二十一里。沅案：元和郡縣志云在縣東二十里。自藍田縣來，合滻水北流入渭。

滻水。亦作産〔一一〕。在縣東。北流四十里入渭。十道志曰：「荆谿、狗枷二水之下流也。」水經注曰：「滻水出京兆藍田谷，北至霸陵入霸。沅案：水經曰滻水出京兆藍田谷，北入於霸，此云是「注」，又增「至霸陵」三字，非。二水終始，盡於苑中，不復出。」沅案：此十一字水經注無之。地理志曰：「滻水出南陵縣之藍田谷，西北流，與一水合，水出西南莽谷」。沅案：「西北流」以下十三字地理志所無，蓋敏求誤以水經注文屬於地理志。又曰：「滻水北至霸陵入霸水。」史記曰秦都咸陽，霸、滻、長水、灃、澇、涇、渭，皆非大川，以近咸陽，盡得祠之。沅案：「又曰」已下所引亦與今本不同，或今本水經注脱之。

潏水。今名沉水。一作沇。自南山皇子陂西北流入縣界。字林曰：「潏水出杜陵縣。」許慎説文曰：「潏，古穴反。沅案：此徐鉉音反，今作切。水名，在京兆杜陵。」漢書注：晋灼曰：「潏，音決。」師古曰：「地理志鄠縣有潏水，北過上林苑入渭」。而今之鄠縣則無此水。沅案：地理志鄠有潏水，「潏」當爲「涝」字之誤。説文云「涝水出扶風鄠縣，北入渭」是也。然唐本已誤爲「潏」。師古有音，此云縣無，此本蓋承其誤矣。水經注曰：「潏水自樊川西北流，經杜伯冢，沅案：水經注云杜伯冢南。又西北經下杜城。」其字或作水旁穴，與沈字相似，俗人因名沈水。沅案：「其字」下十七字非水經注。括地志曰：「潏水又名石壁谷水，又名高都水。漢王氏五侯，大治池宅，引高都水入長安城。」事見上卷王根第下。李善曰：「潏水逕至昆明池入渭。十道志曰：「漕水即沈水也。亦名潏水。」沅案：太平寰宇記亦曰長安縣漕水即沈水也，東自萬年縣界流入，今俗名皂河是也。

福水。即交水也。水經注曰：「上承樊川御宿諸水，出縣南山石壁谷，南三十里與直谷水合，亦曰子午谷水。沅案：水經注云：「豐水西北流，又北交水自東入焉。」又曰：「沈水又西，北支合故渠。渠有二流，上承交水，合於高陽原而北，逕河池陂東而北注沈水。」此所引無之。太平寰宇記文與此同，亦不云出水經注。

庫谷澗水。沅案：地形志云：「山北有苦谷，滻水出焉。」水經注亦云：「西川上承魄山之斫盤谷，次東有苦谷。」俱作「苦」。北流二十五里，合採谷水，下流入荆谷水，號滻水。下流二十五里，合霸水，號霸水。北流二里入渭。

採谷水。來自藍田縣界，西北流三十里入縣界。二十里合採谷爲滻水，北流四十里入霸水。

石門谷水。來自藍田縣，北流一十里〔一二〕入縣界，合採谷水。北流一十五里，合庫谷水爲滻水。

荆谷水。一名荆谿。來自藍田縣，至康村入縣界，西流二十里出谷，至平川，合庫谷、採谷、石門水爲荆谷水，一名滻水。兩京道里記曰：「荆谿，本名長水，後秦姚興避諱改焉。」

義谷水。自縣界由乾祐縣下流，入山一百里，至谷口，西北流二十里，合錫谷、羊谷水入坑河〔一三〕，西流一十五里，入長安縣界。

郊谷水。北流一十里，合錫谷水，自谷口北流一十里，爲坑河，入長安縣分界。

石鱉谷水。北流一十五里，復西流一十里，入長安縣界。

漕水。由縣界坑河分水，約五里，西流。

龍首渠。一名滻水渠。漢書曰：「穿渠得龍骨，故名龍首渠。沅案：漢龍首渠引洛水，在今同州。隋龍首渠引滻水在此，名偶同耳，敏求誤合爲一。自縣界龍首鄉馬頭埪堰滻水入此渠，西流由府城東過，入長安縣界。兩京道里記曰：「隋開皇二年，引水北流入苑。渠在長樂坡〔一四〕上。」

黄渠。自義谷口澗分水入此渠。北流一十里，分兩渠，一東北流入庫谷，一西流入樊川，灌溉稻田，西流入坑河。

九龍池。在縣東南五里，九曲池在其西。

曲江。在縣南一十里〔一五〕。

永安坡。在縣南二十五里。周七里。十道志曰：「秦葬皇子，起冢陂北原上，因名皇子陂。沅案：此即秦悼太子冢，前人俱未考耳。據史記秦本紀云：「昭襄王四十年，悼太子死魏，歸葬芷陽。」徐廣曰：「今霸陵」。正義曰：「括地志云在雍州藍田縣西。」今臨潼與咸寧、藍田〔一六〕爲界也。隋文帝改。

豐潤陂。在縣東北二十五里。周六里。三輔舊事曰：「後周太祖名爲中都陂，隋文帝改。

洛女陂。在縣東一十五里。三輔舊事曰：「洛女冢南有洛陂，俗號洛女陂。」

軹道。在通化門東北十六里。沅案：史記作「軹」，漢書作「枳」。漢元年，秦王子嬰素車白馬降沛公處。蘇林曰：「枳道，亭名，在長安東十三里。」沅案：史記索隱引蘇林説作「三十里」，非。師古曰：「枳，音軹。軹道亭在霸成觀西四里。」沅案：師古語止此。漢時有白蛾飛自東郭門，經軹道入苑内。地道記曰：「在霸水西。」

長門亭。漢書：「文帝出長門」，沅案：漢書注：「如淳曰亭名也。」史記封禪書作「出長安門」，徐廣曰：「在霸城。」正義曰：「括地志云長安門故亭在雍州萬年縣東北苑中。」後館陶公主長門園，武帝長門宫，皆以此立名。

若見五人於道北，立五帝壇。

郎官亭。漢武帝陳皇后葬霸陵郎官亭東。沅案：水經注曰在長安東南三十里。

千人聚。皇覽曰：「衛思后葬城東南桐柏園，今千人聚是。」關中記曰：「宣帝父曰悼皇考，母曰悼夫人，墓曰奉明園。衛皇后曰思后，以倡優雜伎千人樂思后園，今所謂千人鄉者是。漢書：「成帝建始四年，長安城南有鼠銜黃柏葉〔一七〕上民冢柏及榆樹爲巢，桐柏尤多。」師古曰：「桐柏本亭名，衛思后於其地葬也。」沅案：地理志有奉明縣，宣帝置。本紀云元康元年益奉明園户爲奉明縣。本名廣明，其故城亦當在此。

獸圈。在通化門東北二十五里。

霸陵故城。在縣東北二十五里霸水之東。沅案：史記正義同，太平寰宇記云「在東北二十三里。」十三州志曰：「霸陵，秦襄王所葬芷陽也。沅案：史記秦本紀云莊襄王、昭襄王俱葬芷陽，此蓋昭襄。漢文帝更名霸陵，莽曰水章。」郡國志曰：「在通化門東二十里。沅案：太平寰宇記「二」作「三」。秦襄王葬於其坂，謂之霸上。其城即秦繆公所築。沅案：郡國志無此文，太平寰宇記文與此同，不云出郡國志。漢王元年十月，至霸上，子嬰降。文帝後六年，宗正劉禮爲將軍，次霸上，文帝後葬其地，謂之霸陵，因爲縣。東南至文帝陵十里。王仲宣詩曰：「南登霸陵岸，回首望長安。」晉改爲霸城。沅案：霸城後魏爲咸陽郡治，見地形志，此缺載。後周建德二年省。關中記曰：「秦爲銅人十二〔一八〕，董卓壞以爲錢。餘二枚，魏明帝欲徙詣洛，載到霸城，重不可致，今在霸城大道南。銅人即金狄也。」水經注曰：「城東之人見薊子訓〔一九〕，沅案：水經注無「城東之人」四字，但云人有見薊子訓。與一老翁沅案：水經注云「一父老。」共摩挲沅按：水經注無「挲」字。銅人，曰：『正見鑄此，計時已近五百年〔二〇〕矣。』」

南陵故城。在縣東南二十四里白鹿原上。沅案：史記正義引括地志同。漢文帝七年置，屬京兆尹。沅案：史記景帝紀云二年置南陵，則地理志云文帝七年非也。

漢舊儀曰：「薄太后葬之所，亦謂之南霸陵，因置縣以奉陵寢，後漢〔二一〕省。」漢書：「沂水出藍田谷，北至霸陵入霸水。沂音先歷反。」沅案：漢書「沂」字當爲「滻」字之誤。顏師古不知音先歷反，此遂誤引之，非也。

杜陵故城。在縣東南一十五里。沅案：元和郡縣志云在縣東南三十里，太平寰宇記同此。漢宣帝以杜東原上爲初陵，置縣曰杜陵，而改杜縣爲下杜城，王莽改此杜陵〔二二〕曰饒安。沅案：漢書昭帝紀元康元年以杜東原上爲初陵，更名杜縣爲杜陵。又案：地形志云晉曰杜城，後改。今晉志作杜陵，誤，而此皆不詳。後魏改杜陵爲杜縣。後周建德二年省。漢書有周右將軍、杜主祠四所。沅案：説文杜陵有亳亭。

漢長樂宮。在縣東北十里。

唐大明宮。在縣東北五里。今舊迹悉廢，唯複道洎含元、蓬萊殿、蓬萊山遺阯略存。

南内興慶宮。在縣東南五里。宮墻、複道今悉存。

翠微宮。貞觀二十年營太和宮於終南山之上，改爲翠微宮。正門北開，謂之雲霞門。視朝殿曰翠微，寢殿曰含風。并爲太子構別宮，開正西門曰金華，殿曰善安。

望春宮。在縣東十里，臨滻水西岸，在大明宮之東，東有廣運潭。

靈符觀。兩京道里記曰：「天寶初，桃林獲寶符，將入城，宿於此，因置觀。在長樂坡南。」

太一觀。在縣南六十里終南山炭谷口。

薦福寺聖容院塔院。在縣南三里。唐寺。

慈恩寺。在縣東南八里。唐寺。

義善寺。在縣南十五里。貞觀十九年建。

華嚴寺會聖院真如塔。在縣南三十里。貞觀中建。

興教寺。在縣南五十里。總章三年建。

興唐寺。在縣東北五里。唐寺。

三像寺。在縣東南五十里。開元中建。

鎮國寺。在縣東。兩京道里記曰：「乾元二年，方士王列國奏畿内置寺〔二三〕四十九所，此其一也。」

乾元寺。在縣東北四十里。乾元三年建。

靈應臺并下院共九處。去縣六十里，并在終南山。陸長源辨疑志曰：「長安城南四十里有靈母谷，俗呼爲炭谷，入谷五里，有惠炬寺，寺西南澗水緣崖側一十八里至峰，謂之靈應臺。臺上置塔，塔中觀世音菩薩鐵像。像是六軍散將安太清鑄造。」

牛頭寺。在縣西南二十五里。貞元〔二四〕六年建。

羅漢寺。在縣南六十里終南山石鱉谷。有羅漢石洞三。

太平興國寺。在府東街。舊圖經曰：「本唐紫微宫，天祐初爲寺。」按西京記：「承天門南爲皇城，乃左右春坊與東宫重明門之地。」

廣惠公祠。唐開成二年，册終南山爲廣惠公，命長安縣令杜熖南山下置祠宇，以季夏土王日致祭。

靈臺神廟。在縣東北〔二五〕四里。十道志曰：「漢文帝罷露臺於此。」

九龍堂。在縣東六里。事具九龍池。

澄源夫人湫廟。按今縣有顯應夫人廟，所在與此正同，當是澄源改封。在終南山炭谷，去縣八十里。唐封澄源夫人湫池尚在。

漢文帝廟。在縣東本陵北，去縣二十五里。

漢宣帝廟。在縣東南本陵北，去縣一十里〔二六〕。

四皓廟。在終南山，去縣五十里。唐元和八年重建。

唐杜相公祠。在古城啓夏門内道東，去縣八里。咸通六年建。

漢太上皇陵。按高祖十年，太上皇崩，葬萬年。師古曰：「三輔黄圖曰：『高祖初居櫟陽，故太上皇因在櫟陽，及崩，葬其北原，起萬年邑，置長丞。』」

薄太后陵。在縣東南三十五里白鹿原上。兩京道里記曰：「陵高四十丈，周圍三里六十步，去道五里。」沅案：漢書云葬於長安城〔二七〕東平望亭南。又案：汝州志：「郟縣有薄姬墓。明李宜培有碑。」蓋傳譌也。

文帝霸陵。在縣東一十里〔二八〕。沅案：太平寰宇記云陵北去縣二十五里。白鹿原上。顔師古曰：「在長安東南。」關中記曰：「陵上爲池，池有四出道〔二九〕以瀉水。」

宣帝杜陵。在縣東南一十五里。臣瓚曰：「在長安南五十里。」沅案：元和郡縣志云在萬年縣東南二十里。

唐明皇貞順武皇后敬陵。在縣東四十里。

武宗母宣懿韋太后福陵。在縣東二十五里。

下馬陵。歲月深遠，誤傳爲「蝦蟆」爾。

蕭望之墓。在縣東南五里古城春明門外。沅案：太平寰宇記無，明一統志云望之墓一在沂州，一在西安。據本傳云望之徙茂陵，死，天子追念不忘，每歲遣使者祠祭望之家，終元帝世。則當以此爲是。

唐杜如晦墓。在縣南三十里。沅案：太平寰宇記云在大趙村。又案：樂史、敏求云杜如晦墓在此，考舊唐書云貞觀七年十二月狩於少陵原，詔以少牢祭杜如晦、杜淹、李綱之墓，則此是，而敏求記昭陵陪葬名位又有杜如晦，誤也。又鄠陵縣志、山東通志萊蕪縣俱有如晦墓，蓋誤。

郱吉墓。在縣南二十里。沅案：太平寰宇記云在三趙村。

昭宗母恭憲王太后安陵。在縣東二十五里。

靖恭太子陵。在見子西原。中宗常幸見子陵獵。今案霸橋近東三里，有大陵鄉，俗語訛呼爲「建子陵」。

昭靖太子陵。在細柳北原。

尖冢。兩京道里記曰：「在通化門東二里。」皇覽云是呂不韋冢。沅案：史記呂不韋傳云：「就國河南，乃飲酖而死。」駰案：「皇覽曰不韋冢在河南洛陽北邙道西大冢是也。」皇覽寔不云在此，敏求誤引耳。三輔舊事云是子楚母冢，皆非也。沅案：子楚母即夏太后也。史記呂不韋傳：「夏太后別葬杜東。」正義曰：「夏太后陵在萬年縣東南三十五里。」其冢制度廣大，豈人臣所宜據。韋述兩京記云秦襄王壽陵。沅案：史記秦始皇本紀云孝文王葬壽陵，莊襄王葬茝陽，則壽陵孝文王陵，此云襄王，蓋誤。蓋不韋始皇之父母，而始皇莊襄王之子，以此致惑也。沅案：史記正義引括地志云：「秦莊襄王陵在雍州新豐縣西南三十五里，俗亦謂爲子楚。始皇陵在北，故亦謂爲見子陵。」索隱曰：「莊襄王名子楚，四年卒，葬陽陵。」則此莊襄王陵也。

馬冢。漢滕公夏侯嬰冢也。東臨霸水。郡國志曰：「滕公乘馬至此，馬跑地悲鳴。因掘地得石椁，銘曰：『佳城鬱鬱，三千年見白日。吁嗟，滕公居此室。』公曰：『天也，吾死即安此乎？』」冢在飲馬橋南，時人謂之馬冢。長安圖曰：「漢時七里渠有飲馬橋，夏侯嬰冢在橋南三里。」沅案：郡國志無此文，太平寰宇記文同，不云出郡國志。此亦見博物志及三輔故事、史記索隱。

蝦蟇陵〔三〇〕。在縣南六里。韋述兩京記：「本董仲舒墓。」沅案：太平寰宇記云興平縣董仲舒墓在縣東北二十里，又未知何據。又今渭南志、通許縣志亦俱有董仲舒墓，非。李肇國史補曰：「昔漢帝幸芙蓉園，即秦之宜春苑也，沅案：史記秦始皇本紀云二世葬杜南宜春苑中。正義曰：「括地志云秦故胡亥陵在雍州萬年縣南三十四里。」顏師古漢書注云：「宜春下苑，即在京城東南隅曲江地是。」每至此墓下馬，時人謂之下馬陵。歲月深遠，誤傳蝦蟇爾。」

懿宗母元昭晁太后慶陵。在縣東二十五里。

僖宗母惠安王太后壽陵。在縣東北二十五里。

顏師古墓。在縣南二十里。沅案：太平寰宇記曰在三趙村。

王君㚟墓在縣東界滋水驛東道北。兩京道里記曰：「君㚟開元中任凉州都督，死王事，招魂葬此。張説爲碑文。」沅案：太平寰宇記無張説撰神道碑，云：「飾柩至闕，歸魂上國，以十六年十月，詔葬於萬年縣見子之原。」

渾瑊墓。在縣西南十五里。沅案：太平寰宇記曰在西李村。權德輿撰神道碑云：「貞觀五年，葬太師於萬年縣洪固原。」今臨潼志、延安府志俱有瑊墓，非也。又案：太平寰宇記有元載墓，在縣南三十里大楊村；王圭墓，在縣南四十五里。此皆不載。

長安志卷第十一終

校勘記：

〔一〕在今　原作「今在」，據成化、嘉靖、四庫諸本改。

〔二〕真光　疑爲「貞觀」之訛，存原文。

〔三〕校書郎　「郎」原作「即」，徑改。

〔四〕略於　「略」成化、四庫本作「獵」，嘉靖本作「臘」。

〔五〕霸橋鎮　成化、嘉靖、四庫諸本作「灞橋鎮」。

〔六〕霸橋　成化、嘉靖、四庫諸本並作「灞橋」。下「霸館」、「橫霸官渡」同。

〔七〕樂遊原　原作「樂遊廟」，據成化、嘉靖、四庫諸本改。

〔八〕五十五里　原作「五十里」據成化、嘉靖、四庫諸本改。

〔九〕舅氏　原作「舊氏」，據成化、嘉靖、四庫諸本改。

〔一〇〕亦作灞　三字原闕，據成化、嘉靖、四庫本補。

〔一一〕亦作産　三字原闕，據成化、嘉靖、四庫本補。

〔一二〕一十里　「一」字原闕，據成化、嘉靖、四庫諸本補。

〔一三〕坑河　類編長安志卷六作「坑河」。

〔一四〕在長樂坡　「在」原作「水」，據成化、四庫本改。

〔一五〕一十里　「一」字原闕，據成化、四庫本補。

〔一六〕藍田　原作「田藍」，徑改。

〔一七〕黃柏葉　原作「黃蒿柏葉」，據成化、嘉靖、四庫本改。

〔一八〕十二　原作「十三」，據類編長安志卷七改。

〔一九〕薊子訓　原作「薊于訓」，據成化、四庫本改。

〔二〇〕五百年　原作「百年」，據成化、嘉靖、四庫諸本補「五」字。

〔二一〕後漢　「漢」字原闕，據成化、嘉靖、四庫本補。

〔二二〕此杜陵　「此」字原闕，據嘉靖本及類編長安志卷七補。

〔二三〕奏畿内置寺　「奏」原作「秦」，徑改。

〔二四〕貞元　原作「貞觀」據成化、嘉靖、四庫諸本改。

〔二五〕東北　原作「北」，據成化、嘉靖、四庫諸本改。

〔二六〕一十里　「一」字原闕，據成化、四庫本補。

〔二七〕長安城　原作「長城」，據漢書外戚傳改。

〔二八〕一十里　「一」字原闕，據成化、嘉靖、四庫本補。

〔二九〕四出道　原作「田出道」，據文選卷二七謝朓休沐重還道中詩唐李善注引關中記改。

〔三〇〕蝦蟇陵　原作「蝦墓陵」，據成化、四庫本改。

長安志卷第十二

縣二

長安

長安縣。唐赤，今次赤。本漢舊縣，蓋秦之地名也。沅案：元和郡縣志云秦舊縣，非。史記秦始皇本紀曰：「王弟長安君成蟜將兵擊趙。」又曰：「盧綰封長安侯。長安，故咸陽也。」漢書曰：「楚懷王封項羽爲長安侯。」沅案：史記云：「封項羽爲長安侯。」漢書云：「以項羽爲魯公，封長安侯。」此節文。又曰：「長安縣，高帝五年置，屬京兆尹。」括地志曰：「案史傳所載長安之名久矣〔一〕。」又盧綰封之，初項羽尚未滅，蓋長安得名，非始於漢，但未詳所在耳。及高帝五年入關，乃取長安以名縣也。司馬遷云長安故咸陽者〔二〕，據當時之名，因終説其事，非謂封綰之日改咸陽爲長安矣。又案：史記趙亦有長安君，未詳。趙取嘉名，將更有長安地名也。」王莽曰常安。」唐賈耽郡國縣道記曰：「長安縣故城，今謂之苑城，漢京兆府在故城内上冠里，其縣治今失其所在。長安，蓋古鄉聚名，在渭水南，隔渭水北對秦咸陽宫。漢於其地築未央宫，謂大城曰長安城。沅案：太平寰宇記云歷後漢、魏、晋、苻、姚、後魏及周不改。又案：後漢以咸陽縣來并，此缺載。隋開皇三年遷都，徙縣治長壽坊西南隅。括地志曰：「案今縣界兼有周鎬京及杜伯國之地。鎬京，在今縣治西北十八里鎬池是。杜伯國在今縣治東南九里下杜故城是。又有漢奉明縣地，今縣治北八里奉明故縣治是。沅案：奉明漢屬京兆郡，宣帝置。領市一，坊五十四。唐總章元年析置乾封縣，沅案：舊唐書云乾封元年置。治懷真坊。長安三年省。梁開平元年改爲大安縣。後唐同光三年復舊。

縣境。東西四十里，南北一百五十二里。

六鄉，管六里。唐五十九鄉。有渭陰鄉見於下，餘不傳。沅案：李至遠撰騶虞縣子安附國神道碑云葬於雍州長安縣孝悌鄉之原，張貴然撰忠武將軍茹義忠神道碑云葬於京兆長安縣永平鄉阿房殿之墟，則皆唐鄉名也。

義陽鄉。在縣西南二里，管布政里。沅案：裴燿卿撰冀公希球神道碑云薨於長安布政里賜第。

善政鄉。在縣西一十五里，管安化里。

同洛鄉。在縣西南四十里，管安寧里。

豐邑鄉。在縣西二十里，管龍臺里。

苑西鄉。在縣北三里，管崇徽里。

華林鄉。在縣南一十五里，管居安里。

子午鎮。在縣南四十里，至東杜角村〔三〕。景祐二年置，以南山子午谷爲名。

社壇。在縣西南五里光德坊。

黄帝壇。

百神壇。

赤帝壇。以上并在縣南一十里安化門外。

白帝壇。在縣西一十里開化門外。

夕月壇。在縣西一十里開遠門外。

雨師壇。在縣西一十里金光門外。

黑帝壇。在縣北二十里中橋。

司中司命壇。在縣西北一十里開遠門外。

杜角鎮〔四〕。在縣南四十五里。又有西杜角〔五〕。

秦杜鎮〔六〕。在縣西南灃水西四十里，入鄠縣路。

臨皋驛。在縣西北一十里〔七〕開遠門外，今廢。

子午關。在縣南一百里。漢書曰：「平帝元始五年，王莽通子午道。」因置關。今廢。沅案：漢書王莽傳云：「莽以王后有子孫瑞，通子午道。」此敏求以意增改。又曰：「子午道從杜陵直絶南山，徑漢中。」師古曰：「子，北方也。午，南方也。」言通南北道相當，故謂之子午耳。今京城直南山有谷通梁、漢道者，沅案：漢書注無「者」字。名子午谷。」括地志曰：「漢書王莽以皇后有子孫瑞，通子午道。蓋以子午爲陰陽之王氣也。」風土記曰：「王莽以皇后有子，通子午道，從杜陵直抵終南。」

中橋。渭水渡，在縣北二十六里。

嘉麥。渭水渡，在縣北二十六里。

段留。渭水渡，在縣東北二十六里。

北澧店。澧水渡，在縣西四十里。

南澧店。澧水渡，在縣西四十五里

南山，一名終南山。在縣南七十里，連乾祐縣界。

龍首山。在縣北一十里。三秦記曰：「龍首山長六十里，頭入渭水，尾達樊川。頭高二十丈，尾漸下，可六七丈。土赤不毛，秦時沅案：初學記引此作「云昔時」。有黑龍從南山出飲渭水，其行道因成土山。」括地志曰：「今案山首在長安故城中。自漢築長安城及營宮殿，咸以湮平。其餘即今宮城之太倉以東是也。」

武將山。長安記曰：「長安城西北有武將山，即前漢末辛孟所隱之處。」沅案：今縣無武將山，而太平寰宇記及此記武將山皆無去縣道里，是誤會長安記「長安城西北」之言，而附此也。三秦記亦云長安城西有九嵕山，蓋後漢省咸陽入長安，其所云「在西」，去縣甚遠，即今醴泉縣境。然則武將山亦當以在醴泉爲是矣。醴泉在後漢長安西北也。

少陵原。在縣南四十里。東接萬年縣界西入縣界五里。

高陽原。在縣西南二十里。

細柳原。在縣西南三十三里。

尖丘。在縣西北一十五里。今謂之尖丘社。

渭水。西從鄠縣〔八〕界流入。水經注曰：「渭又東，過長安縣北，豐水從南來注之。」沅案：此當云水經，不當有「注」字。今本但云「渭水過槐里縣南，又東豐水從南來注之」，又「東過長安縣北」在後。

豐水。一作「酆」，又作「灃」。出縣西南五十五里終南山豐谷。其原闊一十五步，其下闊六十步，水深三尺，自鄠縣界來，經縣界，繇馬坊村入咸陽，合渭水，詩曰：「豐水東注，維禹之績。」箋云：「昔堯時洪水，而豐水亦汜濫爲害，禹治之，使入渭，東注於河，禹之功也。文王、武王今得作邑於其旁，地爲天下所同心，而歸太王爲之君，乃由禹之功，故引美之。豐邑在豐水之西，鎬京在豐水之東。」詩又曰：「豐水有芑，武王豈不仕。貽厥孫謀，以燕翼子。」夏書〔九〕曰：「漆沮既從，豐水攸同。」顏師古曰：「豐水出鄠之南山，言沮水，既從入渭，豐水亦同來也。」又張揖曰：「豐水出鄠南山豐谷，北入渭。」文子曰：「老子云豐水之深十仞，而不受塵垢，金鐵在中，形見於外。」決録注曰：「鎬在豐水東，豐在鎬水西，相去二十五里。」水經注曰：「豐水出豐溪，西北流〔一〇〕分爲二水。一水東北流爲支津，一水西北流，又北，交水自東入焉。又北，昆明池水注之。又北，經靈臺西，又北，至石墩，注於渭。」又曰：「渭水東與豐水會短陰山，無他高山異巒，唯原阜石墩而已。沅案水經注作「石激」，又水經注文多數字。水上舊有便門橋。」括地志曰：「豐水渠今名賀蘭渠，東北流注交水。」

鎬水。或作「滈」。出縣西北十八里鎬池。水經注〔一二〕曰：「鎬水上承鎬池於昆明池北。周武王之所都也。故詩云「考卜維王，宅是鎬京。維龜正之，武王成之。」鎬水又北流，沅案：水經注有「西北注」三字。與滮池水合。又北，經清泠臺西，沅案：太平寰宇記作「清靈」。經慈石門，注於渭。帝王世紀曰：「今鎬池即周之故都也。」廟記曰：「長安城西有鎬池，在昆明池北。周匝二十一里，蓋地二十三頃。」史記曰：「始皇帝三十六年，使者從關東來，夜過華陰，沅案：史記「關東」下無「來」字，云「過華陰平舒道」。望見素車白馬，從華山上下。沅案：此十一字史記所無。持璧與客曰：沅案：史記云：「有人持璧遮使者曰。」『爲我沅案：史記「我」作「吾」遺鎬池君。』因言曰：『今年祖龍死。』使者問其故，因忽不見，置其璧去。使者奉璧具以聞，始皇默然良久曰：『山鬼不過知一歲事。』退言曰：

『祖龍者，人之先也。』使御府視璧，乃二十八年行渡江所沉璧也。」蘇林曰：「祖，始也。龍，人君象。謂始皇也。」張晏曰：「武王居鎬，鎬池君則武王也。」師古曰：「鎬池在昆明池北。」後漢志曰：沅案：即郡國志。「鎬在上林苑中。」孟康曰：「長安西南有鎬池。」古史考曰：「武王遷鎬，長安豐亭，鎬池也。」皇覽曰：「文王、周公冢〔一二〕皆在鎬聚東杜中。」括地志曰：「今案鎬池水又北流入永通渠，不至慈石門，亦不復渭矣。今圖經滈水在縣西四十里，其水自鄠縣界入本縣界一十里，入清渠。」沅案：史記索隱引括地志云「今案滈水流入來通渠」，「來」，「永」字之誤。又案皇覽，知文、武、周公葬今杜曲，無復丘隴也。

滮池水。出縣西北二十里滮池。詩曰：「滮池北流，浸彼稻田。」毛萇注曰：「滮，流浪也。」鄭玄云：「豐鎬之間，水北流也。」括地志曰「今案其池周十五步。」沅案：太平寰宇記云：「滮水亦謂聖女泉。又曰高都水，蓋以其與沉水通也。」

澇水。來自鄠縣界，北流入渭。

潏水。在縣南一十里〔一三〕，東自萬年縣界流入。師古曰：「潏音決。」

交水。一作「郊」。東自萬年縣界流入。水經注曰：「交水又西南流，與豐水支津合。其北又有漢故渠出焉。又西至石堨〔一四〕，分爲二水。一水西流注豐，一水自石堨〔一五〕北經細柳諸原，北流入昆明池。圖經曰：「郊河水在縣南三十二里，自萬年縣界經本縣三十里合豐水。」沅案：水經注文與此皆不同。戲水。水經注曰：「源出驪山。」沅案：水經注曰：「戲水出驪山馮公谷。」此水在臨潼，不知敏求何由誤入此縣，樂史亦然。

坑谷水。沅案：「坈」即「沇」字之俗〔一六〕，亦滈水也。下皆放此。在縣南二十七里。自萬年縣界流經本縣五里合交水。

梗梓谷水。出南山，北流合成國渠〔一七〕。又西北，豹林谷水入焉。又西北流，至縣東南三十里，入交水。

豹林谷水。出南山，北流三里，有竹谷水自南來會。又北流二里，有子午谷水自東來會。自此〔一八〕以下，亦謂之子午谷水。圖經：「豹林谷水、子午谷水並合入郊河。」

龍騾谷水。合郊河。

太河谷水。合郊河。

灃谷水。合豐水。

祥谷水〔一九〕。合豐水。

白谷水。合豐水。

聖女泉。出縣西二十里昆明池北平地上。周十步。西北流五十步，與牧猪泉合。圖經曰：「水池在縣西北五里。」按十道志：「長安西有滮池，亦名聖女泉。」蓋滮池水相近也。

野韭澤。即漢牛首池也〔二〇〕，在縣西北三十八里。沅案：太平寰宇記在長安。

漕河。在縣南一十五里〔二一〕，自萬年縣界來，經縣界五里，入於渭。漢書：「武帝元光六年春，穿漕渠通渭。」沅案：此即潏水，水以注云泬水，亦曰漕渠是。

龍首渠。在縣東北五里，自萬年縣界流入，注於渭。沅案：此隋龍首渠。

明渠〔二二〕。漢時渠也。水經注曰：「在長樂宮、桂宮之間。」沅案：此節水經注文。

清渠。在縣西五十里，自鄠縣界來，經縣界一十里〔二三〕，流注於渭。

漆渠。在縣西南二十里〔二四〕，舊自縣之坈河分水，經縣界二十里入漕河。漢書曰：「穿此渠通漆水，故曰漆渠。」括地志曰：「胡亥築阿房宫，開此渠而運南山之漆。」沅案：史記、漢書俱無此語，敏求誤引。又案：水經注云：開山圖曰麗山西北有温池，温池西南八十里岐山。在杜陵塬有渠謂之漆渠。即此，而胡亥事則不知所本。

永安渠。隋文帝開皇三年開，在縣南引交水西北入城，經西市而入苑。沈水自南入焉。有福堰，下分爲二水。流一里，一水合郊水，一水西北流，又東流爲瀆，越沈水上過，名永安瀆。

清明渠。東南自萬年縣流入，西北流，又屈而東北流，入京城。沅案：太平寰宇記云：「清明渠亦在太安坊。開皇初引沈水西北流入城，經太社、尚食局、將作監、内侍省而入宫城。」即此。

永通渠〔二五〕。隋開皇四年開。起縣西北渭水興城堰，初名富民渠，仁壽四年改。

漕渠。唐天寶二年，京兆尹韓朝宗引渭水入金光門，置潭於西市，以貯林木。大曆元年，尹黎幹自南山谷口開漕渠，抵景風、延喜門入苑，以漕薪炭。

石闥堰。在縣西南三十二里。水經注曰：「交水西至石堨，漢武帝元狩三年穿昆明池所造。」

昆明池。在縣西二十里。今爲民田。沅案：漢書注：「臣瓚曰：『在長安西南周回四十里。』」

定昆池。在縣西南十五里。景龍文館記曰：「安樂公主西莊在京城西延平門外二十里。司農卿〔二六〕趙履温種殖，將作大匠楊務廉〔二七〕引流鑿沼，延袤十數里，時號定昆池。」通典曰：「神龍中，安樂公主恃寵請昆明池，中宗不與。主發怒，自以家財别穿池。號曰定昆池。」

鶴池。在縣西十里。

盤池。在縣西北二十里。

鴈鶩陂。廟記曰：「在鎬池北。地方六頃，承昆明池下流。」

河池陂。水經注曰：「昆明故渠，上承昆明池，而沅案：「而」字當爲「東口」二字。東經河池陂而北，亦曰女觀陂。」

雍門。顔師古曰：「在長安西北孝里。西南去長安三十里。」廣記曰：「趙父家在門西，即鈎弋趙后父也。」

長安故城。在縣西北十三里。沅案：元和郡縣志云：「周回六十五里。漢長樂宮在縣西北十四里，漢未央宮在縣西北十五里，并在長安故城中。」

下杜城。在縣南一十五里。其城周三里一百七十三步。春秋左氏傳「晉范宣子曰：『昔匄之祖在周爲唐杜氏。』」杜預注曰：周成王滅唐，遷之於杜，爲杜伯國。」記曰：「周宣王四十三年杜伯入爲王卿士，無罪而王殺之。」史記曰：「秦武公十一年，初縣杜。」即此地也。括地志曰：「蓋宣王殺杜伯，以後子孫微弱，附於秦。及春秋後，武公滅之爲縣。漢宣帝時修杜之東原爲陵，曰杜陵縣，更名此爲下杜城。」沅案：太平寰宇記云陵在安化門〔二八〕南七里。廟記曰：「下杜城，杜伯所築。東有杜原，城在底下，故曰下杜。」杜伯冢在城之東南。

秦阿房宮。一名阿城。在縣西二十里。沅案：史記正義引括地志及元和郡縣志云在縣西北十四里。東、西、北三面〔二九〕有墻，南面無墻，周五里一百四十步，崇八尺，上闊四尺五寸，下闊一丈五尺，今悉爲民田。十六國春秋曰：「苻堅建元二十年，慕容沖據阿房城。初，民謡曰『鳳凰鳳凰止阿房』，堅以鳳凰非梧桐不棲，非竹實不食，乃植桐竹〔三〇〕數千萬株於阿城，以待鳳凰之至。沖小字鳳凰，終爲堅賊。」

漢未央宮。在縣西北一十四里。沅案：史記正義同此，元和郡縣志云：「十五里」，誤。石虎建武十一年，發雍州、梁州〔三一〕十六萬人城長安未央宮。餘見唐禁苑中。

建章宮。在縣西北二十里。

長樂宮。在縣西北十五里。沅案：史記正義同此，元和郡縣志云：「十四里」，誤。

桂宮。在縣西北一十三里〔三二〕。

柏梁臺。在未央宮北。沅案：玉海引此有云「廟記曰在北闕内道西」，又有注云「三秦記曰上有銅鳳，名鳳闕」，疑此脱文。

漸臺。在未央宮西。

神明臺。在縣西北二十里長安故城西。

苻堅、姚萇宮。在長安故城内。

後周宮室。在長安故城中。隋文帝開皇三年遷都以後，並灌爲陂，即漲陂是。

漢博望苑。在縣北五里。

上林苑。在縣西南二十四里。〔三三〕周二百四十里。沅案：舊本作「二十四里」，今據元和郡縣志改正。

玉真觀。在縣西北四里。

金仙觀。在縣西北三里。

開元觀。在府城西北街。

永慶寺。在縣南六十里太和谷口。沅案：元和郡縣志云太和宮在縣南五十五里終南山太和谷。初，唐武德八年造太和宮。貞觀十年廢。二十一年，太宗厭禁内煩熱，公卿重請修築，命將作大匠閻立德再葺焉，號翠微宮。籠山爲苑，宮北開曰雲霞門。有翠微殿、含風殿。太子宮西開曰金華門。有安善殿。元和中改爲翠微寺。皇朝太平興國三年改今名。

開利寺。在縣南三十里皇甫村，唐香積寺也。永隆二年建，皇朝太平興國三年改。

三會寺。在縣西南二十里宮張村。唐景龍中中宗幸寺。其地本倉頡造書堂。

大寧寺。在縣西南五十里江留村，唐靈感寺也。景龍二年建，皇朝太平興國三年改。

興教院。在縣南六十里樫梓谷口。本百塔信行禪師塔院，唐大曆六年建，皇朝太平興國三年改。

嚴福寺。在縣南五十里董村。唐咸通七年置。本翠微下院，皇朝太平興國三年改。

妙果尼寺。在府西南。舊爲西臺寺，唐御史臺也，有崔湜所撰御史臺精舍碑。皇朝開寶中改。

石門山神廟。在縣西一十三里〔三四〕劉弼橋西。

石炭堰神廟。在縣西南四十里荊任村。唐貞元十四年置。

石父廟。

石婆神廟。並在縣西南三十五里昆明池右。張衡西京賦曰：「昆明靈池，黑水玄沚，牽牛立其左，織女處其右。」注云：立牽牛、織女於池之東西，以象天河。今石人宛在，疑後人〔三五〕名石父、石婆云。

河伯廟。在縣北二十六里中橋村。

漢高祖廟。在縣西四里班政坊。皇朝開寶〔三六〕三年敕修。

雍侯廟。在府城北街。漢元年，立秦三將〔三七〕分關中，以章邯爲雍王，都廢丘。自漢遷都長安而雍地無復侯王之名，章邯死廢丘而廟食長安，亦雍之舊地。又雍齒亦侯，未知孰是。

安平公廟。在府西街。隋宇文愷封安平公。文帝開皇中遷都，城實愷之功，故廟食存焉。

周穆王陵。在縣西南二十五里張恭村。沅案：元和郡縣志無。太平寰宇記有。

樗里子墓。在縣東北長安故城中。史記：「樗里子，秦惠王之弟，昭王七年卒，葬於渭南章臺之東，謂人曰：沅案：史記無「謂人」二字。「後百歲，當有天子之宮夾我墓也。」沅案：史記無「也」字。至漢興，長樂宮在其東，未央宮在其西，武庫正直其墓。秦人諺曰：「力則任鄙，智則樗里。」樗里疾〔三八〕室在昭王廟西，渭陰鄉〔三九〕樗里，故俗謂之〔四〇〕樗里子。

唐息隱太子陵。在縣境。

恭懿太子陵。在高陽原。沅案：已上二陵太平寰宇記無，而有李靖墓在縣西南大李村二十五里，賈耽墓在縣南二十里居安坊，此不載。考李靖陪葬昭陵，當在醴泉，樂史云在此，誤也。

長安志卷第十二終

校勘記：

〔一〕久矣　原作「舊矣」，據成化、四庫本改。

〔二〕故咸陽者　「者」原作「縣」，據成化、四庫本改。

〔三〕東杜角村　原作「東社角村」，據成化、四庫本改。

〔四〕杜角鎮　原作「社角鎮」，據成化、嘉靖、四庫諸本及類編長安志卷七改。

〔五〕西杜角　原作「西社角」，據成化、四庫本及類編長安志卷七改。

〔六〕秦杜鎮　原作「秦社鎮」，據成化、嘉靖、四庫諸本改。案類編長安志卷七作「秦渡鎮」，「渡」、「杜」音同，知作「社」字係「杜」之形譌。

〔七〕一十里　「一」字原闕，據成化、嘉靖、四庫諸本補。

〔八〕從鄠縣　原作「在鄠縣」，據四庫本改。

〔九〕夏書　成化、嘉靖、四庫諸本俱作「漢書」。

〔一〇〕西北流　原作「西流」，據成化、四庫本改。

〔一一〕水經注　「經」字原闕，徑補。

〔一二〕周公冢　原作「周公家」，據成化、四庫本改。

〔一三〕一十里　「一」字原闕，據成化、嘉靖、四庫本補。

〔一四〕石堨　成化、嘉靖、四庫諸本俱無「石」字。

〔一五〕石堨　原作「堨石」，據成化、嘉靖、四庫本改。

〔一六〕「坹」即「泬」字之俗　原本「坹」作「泬」，據文義徑改。

〔一七〕成國渠　案成國渠在渭水北岸，出自南山之梗梓谷水，無由入之，此處必有舛誤，然類編長安志卷六已作此，成化、嘉靖二本作「閏國渠」，四庫本及大明一統志卷三二，作「潤國渠」，均別無記載，疑同樣有誤。審其流向，或爲「興成渠」、「漕渠」之誤。

〔一八〕自此　原作「自北」，據類編長安志卷六改。

〔一九〕「祥谷水」條至「永安渠」條之「南引交水」止　傳世諸本長安志均舛置於卷一三咸陽縣下，今訂正。

〔二〇〕牛首池也　「也」原作「地」，據成化、嘉靖、四庫諸本改。

〔二一〕一十五里　「一」字原闕，據本卷重出者補。

〔二二〕明渠。漢時渠也　原作「清渠」在縣西五十里，據成化、嘉靖、四庫諸本改。

〔二三〕一十里　原作「十里」，據成化、嘉靖、四庫諸本補「一字」。

〔二四〕西南二十里　本卷重出者原本及成化本作「西二十里」，嘉靖、四庫本作「西一十里」。

〔二五〕「永通渠」條至「漕渠」條之間傳世諸本長安志均重出「野韭澤」條至「永安渠」條，今刪。唯此段重出文字間有優長之處，今取以校訂。又畢沅在此重出内容下所附案語，亦酌加吸取。

〔二六〕司農卿　原作「司農鄉」，據成化、嘉靖、四庫本改。

〔二七〕楊務廉　原作「楊務濂」，據成化、嘉靖、四庫諸本改。

〔二八〕安化門　原作「安仙門」，今傳諸本太平寰宇記並同。案此「安仙門」應爲「安化門」之誤，蓋據唐長安城外郭南面西側一門而言，「化」、「仙」形近致譌。

〔二九〕東、西、北三面　「東」字原闕，據類編長安志卷七補。

〔三〇〕桐竹　「竹」字原闕，據成化、嘉靖、四庫本補。

〔三一〕雍州、梁州　成化本作「雍梁」。

〔三二〕一十三里　「一」字原闕，據成化本補。

〔三三〕二十四里　案成化本作此。

〔三四〕一十三里　嘉靖、四庫本作「一十五里」。

〔三五〕疑後人　「疑」字原闕，據成化、嘉靖、四庫本補。

〔三六〕開寶　原作「門寶」，據成化、嘉靖、四庫諸本改。

〔三七〕三將　原作「王將」，據成化本改。

〔三八〕樗里疾　原作「樗里矦」，據成化本改。

〔三九〕渭陰鄉　原作「渭南陰」，據成化、嘉靖、四庫本改。

〔四〇〕俗謂之　原作「谷謂之」，據四庫本改。

長安志卷第十三

縣三

咸陽

咸陽縣。周畿，今次畿。正東微南至本府四十里。本周王季所都，秦舊縣也。孝公十二年，於渭北城咸陽，沅案：史記秦本紀云孝公十二年作爲咸陽，始皇本紀云十三年始都咸陽。自汧隴徙都焉。三秦記曰：「咸陽，秦所都，在九嵕山南、渭水北，山水俱陽，故名咸陽。」李吉甫元和郡縣圖志：「山南曰陽，水北亦謂之陽，縣在北山之南、渭水之北，故曰咸陽。」秦自孝公，惠文、悼武、昭襄王，始皇、二世胡亥，並都之。始皇二十六年，一天下，收天下兵聚之咸陽，徙天下豪富二十萬户於咸陽。胡亥時閻樂爲咸陽令。沛公元年，秦二世子嬰〔一〕降漢，項羽引兵西屠咸陽，殺子嬰，燒秦宫室，火三月不滅。漢高帝元年，更名新城。七年，罷入長安。元鼎三年，更曰渭城縣，屬右扶風。王莽改曰京城。後漢省入長安。按秦咸陽，在今縣東二十里故城是也。沅按：史記正義引括地志云：「咸陽故城，亦名渭城，在雍州北五里。今咸陽縣東十五里。」元和郡縣志云「今縣東二十二里」，太平寰宇記云「十五里」，又各不同。漢渭城縣亦治於此。沅按：漢長陵、安陵、陽陵、平陵故治皆在此縣，而敏求俱缺載。平陵與興平爲界，則見興平。前趙石勒於渭城置石安縣。秦苻堅於今縣東北長陵城〔二〕置咸陽郡。後魏太和二十年，徙咸陽郡於涇水北，今涇陽縣是也。隋開皇初，郡廢。九年，改涇陽爲咸陽。十一年，徙故咸陽城西三里，屬雍州，即秦之杜郵也。大業二年，省入涇陽。唐武德元年，復析涇陽、始平置咸陽縣，屬京兆郡，寄治鮑橋。沅按：舊唐書地理志云初治鮑橋，其年移，與此不同。三年〔三〕，徙白起堡。六年，又徙便橋西北，即今縣也。天授二年，武后以其母順陵在縣界，陞爲赤縣。神龍元年，沅案：太平寰宇記云「元年十月。」復爲畿，今爲次畿。

縣境。東西七十五里。南北四十八里。

五鄉，管五里。唐二十鄉。有五雲鄉、長陵鄉，餘皆不傳。沅案：庾信撰大將軍爾綿永神道碑云：「葬於京城南高陽原高司里。」亦古里名，高陽原今在縣東三十里。

河南鄉。在縣南。管資川里。

平原鄉。在縣北。管平城里。

安業鄉。在縣北。管介公里。

龍首鄉。在縣北。管慶雲里。

奉賢鄉。在縣東。管奉城里。

縣城。崇一丈五尺，壕深九尺，闊一丈二尺，周四里。

中橋鎮。在縣東二十五里。

陶化驛。在縣郭下。東去府四十里，西去興平縣四十五里。

臨皋驛。在縣東南二十里。

温泉驛。在縣西二十里。今廢。

渭河浮橋。在漢渭城縣南、北兩城中間，架渭水上。即漢之便橋也。沅案：元和郡縣志云：「便橋在縣西南十里。」〔四〕漢書曰：「武帝建元三年春，初作便門橋。」沅案：舊本脱「門」字〔五〕。蘇林曰：「去長安四十里。」服虔曰：「在長安西北茂陵東，去長安二十里。」沅案：今本漢書注無「去長安二十里」六字，水經注云：「張昌曰橋在長安西北茂陵東，如淳曰去長安四十里。」顏師古曰：「便門長安城北面西頭門，即平門也。古者平、便皆同字，於此道作橋，跨渡渭水以趨茂陵，其道平易，沅案：漢書注云易直。即今所謂便橋是其處也。便讀如本字。」唐末廢。皇朝乾德四年重修，後爲暴水所壞。淳化三年，徙置孫家灘。至道二年，復修於此。元和郡縣圖志曰：長安城西門曰便門，此橋與門相對，因號〔六〕便橋。」沅案：水經注云：「水上舊有便門橋，與便門對值。」

中渭橋。在縣東南二十里。沅案：史記正義引括地志云在雍州咸陽縣東南二十二里，與此不同者，據武德時縣治而言。本名横橋，沅案：漢書武五子傳云：「焚蘇文於横橋上。」孟康曰：「横音光。」師古曰「即横門渭橋也。」架渭水上。水經注曰：「秦始皇作離宮於渭水南北，以象天宮，故三輔黃圖〔七〕曰：『渭水貫都，以象天漢，横橋南渡，以法牽牛。』渭水南有長樂宮。北有咸陽宮，欲通二宮之間，故造此橋。廣六丈，南北三沅案：舊作「一」〔八〕，非。百八十步，洞六十八，柱七百五，梁二百二十二〔九〕。沅案：水經注作「六十八間七百五十柱、百二十二梁〔一〇〕。」橋南北沅案：水經注作「橋之南北」，是。有堤激，立石柱。柱南京兆主之，柱北馮翊主之。有令丞，各領徒一千五百人。」張釋之傳：「上行出中渭橋。」張晏曰：「在渭橋中路。」漢末董卓入關，遂燔之。魏武帝更造。舊圖經曰：「劉裕入關，又毀之。」後魏重造。唐貞觀十年廢。沅案：元和郡縣志云貞觀十年移於今所。三輔舊事曰：「漢承秦制，造橫橋，置都水令以掌之，號『石柱橋』。」水經注曰：「秦始皇造橋，鐵鐓重不勝，故刻石作力士孟賁等像祭之，鐓乃可移動也。橋之北首，壘石水中〔一一〕，舊有忖留神像。此神嘗與魯班語，班令其人出，忖留曰：『我貌丑，沅案：水經注作「狠丑」。卿善圖物容，我不能出。』班於是拱手與言曰：『出頭見我。』忖留乃出首，班以脚畫地，忖留覺之，便還没水。故置其像〔一二〕於水中，惟背以上出水，沅案：水經注作「立水上」。其後魏武帝重造忖留之像。因乘馬見之，驚，又命下之水中。」沅案：水經注云：「曹公乘馬見之，驚，又命下之。」「其後」至末敏求增損之。

中橋渡。在縣東二十五里。

安劉渡。在縣東三十五里。

兩寺渡。在縣西十五里。淳化三年廢。

嘉麥渡。在縣東三十五里。

畢原。在縣北。詩曰：「終南何有？有紀有堂。」毛注曰：「紀，基也。堂，畢道平如堂也。」鄭注曰：「畢，終南山之道名，邊如堂之墻然。」尚書曰：「周公薨，成王命葬公於畢。」劉向傳曰：「文、武、周公葬於畢。」師古曰：「畢陌在長安西四十里。」三輔故事曰：「文王、武王、周公，皆葬畢陌南北。」沅案：元和郡縣載兩畢原極明。其萬年縣云：「畢原在縣西南二十八里。」書序云：「周公薨，成王葬於畢」是也。此謂杜曲，蓋合皇覽鎬聚之説，其咸陽縣畢原云：「即縣所理也。左傳曰畢、原、酆、郇，文之昭也，亦謂之畢陌，蓋合杜預畢國之説。是以長安西南畢原爲文、武、周公葬於畢之畢，以咸陽北畢陌爲周時畢國。太平寰宇記亦然。惟敏求據師古之説，引文、武、周公葬畢之事，以爲在此。然師古以爲長安西，不云「西北」，或「西」下脱「南」字，未可知也。春秋左氏傳〔一三〕曰：「王使詹桓伯辭於晉，曰：『我自夏以后稷〔一四〕，魏、駘、芮、岐、畢，吾西土也。』」蓋武王克商之後，以其地封文王次子。又曰：「畢、原沅案：舊脱此字〔一五〕。酆、郇，文之昭。」杜注曰：「畢在長安西北。」關中記曰：「高陵北有畢原陌，此謂原之陌也。秦記曰〔一六〕：「池陽原，漢長坂。」

元和郡縣圖志曰：「畢原即縣所理。原南北數十里，東西二三百里，無山川陂湖，井深五十丈，亦謂之畢陌。漢朝諸陵並在其上下。又名石安原，即石勒置石安縣之所。按石安原見涇陽。短陰原。在縣西南二十里。沅案：水經注云：「地説云渭水又東，與豐水會於短陰山內，水會無他高山異巒，所有唯原阜石激而已。」

渭水。西自興平縣界來，流入高陵縣界。沅案：元和郡縣志云渭水南去縣三里。豐水。在縣西十一里。自長安縣界來，流至宋村，合入渭水。水經注曰：「渭水又東，與豐水會於短陰山內。其水緣南山〔一七〕郊水合流。」沅案：「其水」已下九字敏求語。

馬跑泉。在縣西二十五里。

要册泉。在縣北八里。

下村泉。在縣西北一十五里。

李村泉。在縣西北一十里〔一八〕。

蘭池陂。即秦之蘭池〔一九〕也。在縣東二十五里。沅案：水經注云：「渭城地理志曰縣有蘭池宫。秦始皇微行，逢盜於蘭池，今不知所在。」史記封禪書「穿蒲池溝水」，正義曰：「括地志云渭北咸陽縣有蘭池，始皇逢盜蘭池者也。言穿溝水入蘭池也。疑『蘭』字誤作爲『蒲』，重更錯矣。」

周氏陂。周十三里。舊圖經曰：「漢周勃冢在此。其子亞夫有功，遂賜此陂，故地以氏稱之。」長安圖曰：「周氏曲在咸陽縣東南三十里。」李善曰：「今周氏陂南一里，有漢蘭池宮。」

興成渠。在縣西十八里。唐李石爲相，奏咸陽令韓遼治之。東建永豐倉，自秦漢以來疏鑿爲漕渠，起咸陽抵潼關，三百里無車輓之勞，其後堙廢，自此復之。

細柳倉。在縣西南三十里。漢舊倉也。文帝後六年，周亞夫爲屯，將軍次細柳。服虔曰：「在長安西北。」如淳曰：「長安細柳倉在渭北，近石徼。」張揖曰：「在昆明池南。今有柳市是也。」師古曰：「匈奴傳云置三將軍，軍長安西細柳、渭北棘門、霸上，此則細柳不在渭北，揖説是也。」三輔故事曰：「周亞夫軍於細柳，今石徼是也。石徼西有細柳倉。城東有嘉禾倉。」樊噲傳：「柳中即細柳地也，在長安西。沅案：史記索隱云：「按三輔故事細柳在直城門外阿房宮西北維也」。

棘門。在縣東北十八里。漢文帝後六年，徐厲爲將軍，次棘門。沅案：徐廣史記注云：「表作松兹侯姓徐，名悍」。孟康曰：「在長安北，秦時宫門也。」如淳曰：「三輔黄圖〔二〇〕：棘門在横門外」。

杜郵亭。在縣西南三十八里。沅案：地形志云石安有杜郵亭，今本地形志作「鄠」，非。白起自刎之處。水經注曰：「杜郵亭在咸陽西四十七里。沅案：今本水經注作「去咸陽十七里」，脱「西」字。今名孝里亭，中有白起祠。」三秦記曰：「長安城西有九嵕山，西有杜山又有畢陌，西北有孝里，西有白起墓。」杜預曰：「畢國在西北。」

杜郵館。在古縣城東。

曲郵。在縣境。漢書：「高帝征黥布，張良送至曲郵。」

交道厩。去長安六十里近連陵〔二一〕。

秦咸陽故城。在縣東二十里。沅案：元和郡縣志作「二十二里」，太平寰宇記同此。

漢渭城亦治於此。沅案：水經注云：「安陵北有安陵縣故城。」又曰：「故渠又東，逕姜原北，又東逕平陵縣故城南。」則二縣故城在此縣境，敏求皆缺載。

隋故縣城。在縣東二十二里渭水北。即秦之杜郵。其城周八里。沅案：史記正義引括地志云：「今咸陽縣，古之杜郵，白起死處。」即指此城。又曰：「在雍州西北三十五里。」

唐故縣城。在渭河北杜郵館西。城崇一丈五尺。沅案：此武德三年已前縣城也。

唐望賢宮[二二]。在縣東數里。唐明皇自蜀還京，肅宗至望賢宮迎，明皇上馬[二三]，帝親籠馬行數十步，執鞭弭[二四]道引明皇[二五]入開遠門内[二六]。

善因寺。唐穆宗由複道幸咸陽，止於此寺。

周文王廟。二處。一在縣西，一在縣東，相去各十五里。沅案：地形志石安有周文王祠即此。

武王廟。在縣北五里。

成王廟。在縣西十五里。

康王廟。在縣北七里。

漢呂太后廟。在縣東北三十五里。

景帝廟。在縣東北十五里。

武帝廟。在縣東北八里。

介子推廟。在縣西北三十五里。

武安君秦將白起廟。在縣五里。

四皓廟。在縣東二十五里。漢高帝時人，商山隱士也。沅案：地形志石安有四皓祠，即此。

漢酇侯蕭何廟。在縣西三十里。沅案：舊本「酇」作「鄼」〔二七〕，此字實當爲酇，從虘聲。

周文王陵。在縣北十五里。沅案：史記秦始皇本紀云惠文王葬公陵，正義曰：「括地志云秦惠文王陵在雍州咸陽縣西北一十四里。」尚書曰：「周公薨，成王葬於畢。」注曰：「不敢臣周公，故使近文、武之墓。」孟子曰：「文王生於岐周，卒於畢郢。」注：「書曰〔二八〕太子發上祭於畢，下至於盟津。」畢，文王墓，近鎬也。漢書劉向傳曰：「文、武、周公葬於畢。」師古曰：「畢陌在長安西北〔二九〕四十里。」皇覽曰：「文、武、周公冢皆在京兆。」沅案：舊本「京兆」二字作「長安」〔三〇〕，誤。今據裴駰史記注引改正。又「文、武」裴作「文王、武王」。長安鄗聚東杜中。」又曰：「秦武王冢在扶風安陵縣西北，畢陌中大冢是也。」沅案：劉昭注郡國志安陵縣下亦引此文。人以爲周文王冢非也。文王冢在杜中。」沅案：裴駰史記注亦引此文。皇覽以此爲秦文王、武王所葬，元和郡縣志咸陽縣亦不載文王陵也。

武王陵。在縣北十五里〔三一〕。沅案：史記秦本紀云悼武王葬永陵，徐廣曰：「皇甫謐曰葬畢，今安陵西畢陌。」正義曰：「括地志云秦悼武王陵在雍州咸陽縣西十里，俗名周武王陵，非也。又云武王墓在雍州萬年縣西南二十八里畢原上。」此以周武王陵爲在今杜曲也。

成王陵。在縣西北二十里。

康王陵。在縣北十五里。沅案：已上二陵元和郡縣志無，太平寰宇記有。

漢高祖長陵在縣東三十五里。沅案：史記正義引括地志云在縣東三十里，太平寰宇記亦云長陵〔三二〕在縣東三十里，長陵故城在今縣東北四十里，與此不同。漢書曰：「在長安北四十里。」沅案：當云「漢書注臣瓚曰」。呂后六年，城長陵。張晏曰：「起縣邑，故築城也。」師古曰：「此說非也。」黃圖云：『長陵城周七里一百八十步，因爲殿垣，門四出〔三三〕，及便殿、掖庭諸官寺〔三四〕皆在中。』是即就陵爲城〔三五〕，非止謂邑居也。」皇甫謐曰：「長陵山，東西廣一百二十步，高十三丈，在渭水北，去漢長安城三十五里。」關中記曰：「長陵城有南、北、西三面，東面無城，陪葬者皆在東。徙關東大族萬家，以爲陵邑。長陵令秩祿千石〔三六〕，諸陵皆六百石〔三七〕。」

呂后陵。在高祖長陵東。沅案：裴駰注史記云皇甫謐曰合葬長陵，皇覽曰高帝、呂后山各一所也。史記外戚世家曰：「高后合葬長陵。」注曰：「漢帝后同塋則爲合葬，不合陵也。諸陵皆如此。」沅案：此裴駰引關中記。

惠帝安陵。在縣東三十五里。元和郡縣圖志：「陵在縣東北二十里。」沅案：太平寰宇記同元和郡縣志。又案：裴駰引皇甫謐曰去長陵十里，去長安北三十五里，長安北即咸陽東也。臣瓚曰：「在長安北三十五里。」三輔黃圖〔三八〕曰：「去長陵十里。」關中記〔三九〕曰：「徙關東倡優樂人五千户，以爲陵邑。善爲啁戲〔四〇〕，故俗稱安陵啁〔四一〕也。」沅案：地形志云石安有安陵城。

四皓祠。在安陵西。

張敖冢。在安陵東三十里。冢上有五嶽之像，今人謂之五嶽冢〔四二〕。沅案：元和郡縣志、太平寰宇記俱無。

景帝陽陵。在縣東十五里。元和郡縣圖志曰陵在縣東四十里。沅按：史記正義引括地志及太平寰宇記俱同元和郡縣志。漢書曰：「景帝五年，作陽陵邑〔四三〕。後三年，葬陽陵。」臣瓚曰：「陵在長安東北四十五里。」帝王世紀曰：「陽陵山方一百二十步，高四十丈」。

昭帝平陵。在縣東北一十三里。沅案：太平寰宇記同此，水經注云東南去長安七十里，元和郡縣志云在縣西北二十里。又案：太平寰宇記云故城在縣東北七十里。漢書曰：「帝作陵，制令流水而已。石椁廣一丈二尺，長二丈五尺〔四四〕。無作墳，陵東北作廡，長三丈五尺。外爲小厨，裁足祠祀。萬年之後，埽地而祭。」沅案：此見三輔黄圖〔四五〕。臣瓚曰：「陵在長安西北。」沅案：當云「在長安西北七十里」。又案：河南通志云漢昭帝陵在洛陽縣，非。

元帝渭陵。在縣東北一十三里。沅案：太平寰宇記同此，元和郡縣志云在縣西北七里。臣瓚曰：「陵在長安北三十六里。」王莽遣使壞渭陵園門罘罳〔四六〕，曰：「無使民復思漢氏也。」沅案：此出三輔黄圖〔四七〕。

成帝延陵。在縣西北十五里。沅案：太平寰宇記同此，元和郡縣志云在縣西北十三里。漢書曰：「成帝葬延陵，在扶風，去長安六十二里。」沅案：此當云「臣瓚曰」。關中記曰：「延陵在長安西北四十里，渭陵之東延鄉〔四八〕是也。成帝起延陵，城邑以成，言事者以爲不便，乃更造昌陵，在霸城東二十里。運沙渭濱，取東山土，東山土與粟同價，所費巨億，數年而陵不成。谷永等奏：『昌陵積土爲高山，樟材〔四九〕猶在實土之上、浮土之下，非永年之基。延鄉之地，居高臨下，道貫二州二十餘縣，宜還就延鄉。』乃遣衛尉淳于長行視。長奏宜如永等議。乃徙延陵而棄初言者，將作大匠郭萬年於敦煌配役。」三輔舊事曰：「成帝作延陵，及起廟，竇將軍有青苗地在廟角，恐犯蹈之，故言作陵不便，乃徙昌陵，取土東山下〔五〇〕，土與粟同價。」

哀帝義陵。在縣西八里。沅案：太平寰宇記同此，元和郡縣志云「在縣北八里」。漢書臣瓚曰：「義陵在右扶風，去長安四十六里。」

平帝康陵。在縣西二十五里。沅案：元和郡縣志、太平寰宇記俱云在縣西北九里。漢書臣瓚曰：在「長安北六十里。」舊圖經曰：「康陵在興平原口。」沅案：三輔黃圖云在興平原口。

漢傅太后廢陵。水經注曰：「在霸城西北。」沅案：水經注云恭王廟，在霸城西北，廟西北即傅太后陵。王莽奏毀其陵。沅案：水經注作奏毀傅太后冢。今其處積土猶高，謂之「增墀」，又謂之「增阜」。沅案：舊本「其處」作「本處」，「墀」作「屏」，

「阜」作「埠」〔五一〕，非。

唐代祖〔五二〕元皇帝興寧陵。在縣東三十五里五雲鄉，周五里。此陵乃武后之父母也，追贈皇帝、皇后。沅案：已上二陵太平寰宇記無。

承天皇帝順陵。在縣東北二十五里長陵鄉，周二里。

周太公墓。在縣東二十五里。沅案：元和郡縣志云太公墓在縣東北十里，太平寰宇記云在縣東北二十五里。周尚父齊太公呂望也。鄭玄曰：「太公受封於齊，留爲太師，五世之後，乃歸葬於齊」。沅案：此亦節禮記注文。又案：裴駰引皇覽曰：「呂尚冢在臨菑縣城南，去縣十里」，則古以爲在山東也。

周公墓。在縣東北三十里。沅案：裴駰引皇覽云周公冢在京兆長安鎬聚東社中，則當在長安杜曲。史記正義引括地志云周公墓在雍州咸陽北十三里畢原上，元和郡縣志同，與皇覽異，不知何據。皇覽魏時書，當近古可信也。太平寰宇記云在縣北一十里，又不同。

漢蕭何墓。在縣東北三十七里。沅案：今志云「三十里」，恐非。今縣即唐宋治也。又敏求云何墓在此，本東觀漢記及括地志，而今城固縣志並河南永城縣志并載何墓，蓋傳譌矣。

曹參墓。在縣東北三十五里。沅案：今方志云「二十五里」，「二」當爲「三」。

張良墓。在縣東北三十六里。沅案：今方志云「三十五里」，「五」當爲「六」。留侯陪葬長陵，與高祖長陵相去五里。沅案：史記留侯世家云留侯死，並葬黄石冢，史記正義曰：「括地志云漢張良墓在徐州沛縣東六十五里，與留城相近。」敏求以爲在此，未知何據。

揚雄墓〔五三〕。按揚雄家諜曰：「子雲以天鳳五年卒，詔陪葬安陵阪上。弟子鉅鹿侯芭負土作墳，號曰玄冢。」沅案：桓譚新論云雄爲中散大夫，病卒，無以辦喪事，以貧困故，葬長安，妻子棄其墳墓而歸於蜀。」則雄墓在此是也。四川通志云雄墓在郫縣西，非是。

順陵。在縣東北三十里。唐武后追尊其母曰孝明皇后，號順陵。沅案：元和郡縣志有蒙恬祠，在縣西北十五里。太平寰宇記有蒙恬冢，在縣東北二十里；紀信冢，在縣北四十里；馮唐冢，在縣東北三十五里；李左車冢，在縣北十四里；董賢冢，在縣東北十八里；鉏麑冢，在縣東北三十里；戚夫人冢，在縣西十五里；尉遲敬德冢，在縣東三十里。此皆不載。考尉遲敬德陪葬昭陵，當在醴泉，樂史云在此，誤甚也。

長安志卷第十三終

校勘記：

〔一〕秦二世子嬰　子嬰非二世子，知此處有訛誤，姑依原本存之。

〔二〕長陵城　「城」字原闕，據成化、嘉靖、四庫本補。

〔三〕三年　原作「二年」，據成化、嘉靖、四庫本改。

〔四〕「沉案」至「南十里」　此條案語原在上文「架渭水上」句下，據文義改繫於此。

〔五〕舊本脱「門」字　案成化、嘉靖、四庫諸本俱無「門」字。

〔六〕因號　原作「故名」，據成化、嘉靖、四庫本改。

〔七〕黄圖　原作「皇圖」，據成化、四庫本改。

〔八〕舊作「一」　案成化、嘉靖、四庫本俱作「一」。

〔九〕梁二百二十二　「十」原作「下」，據四庫本改。又案，此句下畢沅案語原置于「二百」與「二十二」之間，今移至「二百二十二」一語之下。

〔一〇〕六十八間七百五十柱、百二十二梁　「百二十二」之「二十」，原舛入「六十八間」之「六十」下，作「六十二十八間」。

〔一一〕水中　「水」字原闕，據成化、嘉靖、四庫本補。

〔一二〕其像　原作「其象」，據成化、四庫本改。

〔一三〕春秋左氏傳　原本上有「又案」二字，據成化、嘉靖、四庫諸本刪。

〔一四〕以后稷　「以」字原闕，據四庫本補。

〔一五〕舊脱此字　案成化、嘉靖本俱脱此「原」字，四庫本不脱。

〔一六〕秦記曰　原作「秦謂」，據成化、嘉靖、四庫諸本改。

〔一七〕緣南山　「緣」原本作「經」，據成化、嘉靖、四庫諸本改。案作「緣」字文義仍不甚妥帖，疑應正作「與」。

〔一八〕一十里　「一」字原闕，據成化、嘉靖、四庫本改。

〔一九〕蘭池　案此畢沅引史記正義，「蘭池」，俱譌作「藺池」，今據原書更正。

〔二〇〕黄圖　原作「皇圖」，據四庫本改。

〔二一〕連陵　四庫本作「延陵」，從原本。

〔二二〕唐望賢宫　案此條原文爲：「唐望賢宫，在縣東數里、開遠門外」。其前繫卷一二長安縣下錯置於此的「白谷水」條至「永安渠」條前半内容，在「永安渠」條内容下，有大字「入宫之北門」，並附雙行小注云：「唐明皇，自蜀遠京，肅宗至望賢宫迎明皇，帝親籠馬行數十步，執鞭引道過渠入宮。」檢類編長安志卷二「望賢宮」條，知此小注本屬望賢宮内容，蓋後人爲彌縫錯簡而妄加挪移聯綴，今訂正。

〔二三〕上馬　二字原闕，據類編長安志卷二補。

〔二四〕鞭弭　原作「鞭引」，據成化、嘉靖、四庫諸本及類編長安志卷二改。

〔二五〕道引明皇　原作「道過渠」，「過渠」云云應是後人爲牽合永安渠事而妄書，此據類編長安志卷二改。

〔二六〕入開遠門内　原作「入宮」，與「開遠門」不相連屬，且「開遠門内」作「開遠門外」，而成化、嘉靖、四庫諸本俱作「開遠門内」，此據類編長安志卷二並參據成化等本改。

〔二七〕舊本「鄠」作「鄭」　案成化、嘉靖、四庫諸本俱作「鄠」。

〔二八〕書曰　「書」字原闕，據成化、嘉靖、四庫諸本補。

〔二九〕西北　「北」字原闕，據成化、四庫本補。

〔三〇〕舊本「京兆」二字作「長安」　案成化、四庫二本俱作「長安」。

〔三一〕縣北十五里　成化本作「縣十五里」，四庫本作「縣北五里」。

〔三二〕長陵　原作「長陵縣」，據類編長安志卷八刪「縣」字。

〔三三〕門四出　原作「門西出」，據成化本改。

〔三四〕官寺　原作「宮寺」，據類編長安志卷八改。

〔三五〕爲城　原作「城爲」，據漢書高后紀唐顏師古注改。

〔三六〕千石　原作「千鐘」，成化本作「千鐘」，據類編長安志卷八改。

〔三七〕六百石　原作「六石」，據類編長安志卷八改。

〔三八〕黄圖　原作「皇圖」、據成化、四庫本改。

〔三九〕關中記　原作「開中記」，據成化、四庫本改。

〔四〇〕啁戲　四庫本作「詼啁」。

〔四一〕安陵啁　原作「女啁陵」，成化、嘉靖本作「安啁陵」，據四庫本及類編長安志卷八改。

〔四二〕五嶽冢　成化本及類編長安志卷八並作「五角冢」。

〔四三〕陽陵邑　「邑」原作「也」，據成化、嘉靖、四庫本改。

〔四四〕五尺　原作「五步」，據類編長安志卷八改。

〔四五〕黄圖　原作「皇圖」，徑改。

〔四六〕壞渭陵園門罘罳　原本「壞」作「瓌」，據成化、嘉靖、四庫諸本改，又「罳」原作「思」，據類編長安志卷八改。

〔四七〕黄圖　原作「皇圖」，徑改。

〔四八〕延鄉　原作「延陵」，據類編長安志卷八改。

〔四九〕樟材　原作「樟邨」，成化本作「樟村」，四庫本作「陵寢」，據類編長安志卷八改。

〔五〇〕取土東山下　原作「取十一餘里」，據四庫本改。

〔五一〕「舊本」至「阜」作「埠」　案成化、嘉靖、四庫諸本俱如畢氏所説「舊本」。

〔五二〕代祖　四庫本作「世祖」。

〔五三〕揚雄墓　原作「楊雄」，據四庫本改。下「揚雄」同。

長安志卷第十四

縣四

興平　武功

興平

興平縣。唐畿，今次畿。東至府九十里。本周犬丘之地。帝王世紀曰：「周懿王二年，王室大衰，自鎬徙都犬丘，今槐里也。」史記：「秦之先大駱生非子，居犬丘，秦名曰〔一〕廢丘。沅案：漢書注：「韋昭云秦欲廢之，更名廢丘也。」項羽封章邯爲雍王，都廢丘。漢高帝三年，改曰槐里縣。沅案：史記本紀作「二年」，地理志作「三年」。莽曰槐治。今縣北故城是。沅案：史記正義引括地志云：「犬丘故城一名槐里，亦名廢丘，在雍州始平縣東南十里。屬右扶風。武帝析置茂陵縣，沅案：漢書武帝紀云建元二年置茂陵邑。王莽曰宣城。沅案：師古曰：「黃圖云本槐里之茂鄉。」昭帝又析置平陵縣屬右扶風，王莽曰廣利，今縣東二十里咸陽縣界平陵古城是。魏黃初元年，改平陵爲始平縣，沅案：太平寰宇記云改爲「始平國」，「國」字當爲「縣」，此是也。宋書州郡志云「始平令，魏立」。因原以名之。晉太始二年，沅案：宋書州郡志亦作「二年」，晉地理志作「三年」，非。置始平郡，沅案：元和郡縣志云晉武改置始平國。領槐里、始平、武功、鄠、蒯城五縣。苻堅徙始平於茂陵故城。後魏太武太平真君七年省始平郡，縣入扶風郡焉。孝莊帝永安元年，又徙縣於今縣東北一十五里。十道志曰：「永安元年，移扶風郡於文學城，領槐里、始平、盩厔三縣，屬雍州。」恭帝元年，又徙今縣東北二十五里。後周宣帝大象二年，復徙今縣東南十五里〔二〕文學城。沅案：舊本脱「里」字。隋開皇三年，隸京兆郡。沅案：隋地理志云：「始平，故置扶風郡，開皇三年郡廢。」大業九年，徙於今治。唐天授二年，隸稷州。大足元年，還雍州。景龍四年，沅案：新唐書作「二年」，誤。金城公主降吐番贊普，中宗送至縣，因改爲金城，徙於馬嵬故城。至德初，置興平軍。二載，改爲興平縣。沅案：舊唐書云二年十月改。又案：太平寰宇記云：「尋又復爲金城，今改爲興平。」此缺載。

縣境。東西五十里。南北六十里。

六鄉，管二百二十村。唐二十鄉。有扶風鄉、湯祠鄉，餘不傳。沅案：説文茂陵有兀桑里。

被化鄉。在郭下。管村四十。

耿祠鄉。在縣西三里。管村四十。

零保鄉。在縣東三里。管村四十。

文渭鄉。在縣南五里。管村三十六。

保安鄉。在縣東北五里。管村三十六。

崇節鄉。在縣北三里。管村二十八。

縣城。周七里餘二百步，崇二丈。隋大業九年築。六門。

槐里驛。在郭下。東至咸陽驛四十五里，西至武功驛六十五里。馬嵬驛在縣西二十里，今廢。

石橋。在縣西二十里馬嵬店。

龍光渡〔三〕。在縣西南三十五里。渭水上。

始平原。在縣北一里〔四〕。東西五十里，南北八里。東入咸陽界，西入武功界。三秦記曰：「長安城北有始平原數百里，其人井汲巢居，井深五十丈，漢時亦謂之北芒巖。」西京雜記曰：「茂陵富人袁廣漢，藏鏹巨萬，家僮九百人。於北芒巖築園，東西四里，南北三里，激流注其内，構石爲山，高十餘丈，連延數里。養白鸚鵡、紫鴛鴦、旄牛、青兕。廣漢後有罪誅，没入官爲園，鳥獸草木皆徙植上林苑。」又曰：「何武葬於北芒龍薄坂。」

王嘉冢。在縣東北一里。

渭水。南去縣二十九里。沅案：元和郡縣志云南北廣四里，東西二十一里。自武功縣界來，澇水注之，入咸陽縣界。

玉女泉。在縣東南。

史家泉。在縣北楊妃故冢西。

板橋泉。在縣西北一十七里。深百尺。流入白渠。後魏地形志曰槐里縣有板橋泉。

龍泉。亦名温泉，又名姜子泉。在縣西一十七里。周數十步，深不可測。

涇龍泉，新泉。相去十餘步。在縣西一十七里。周數十步，流入白渠。

馬嵬泉。在縣西二十里。周數十步，深百尺。流入白渠。

靈寶泉。在縣東南二十里。周數十步，深不可測。舊圖經曰：「漢帝時邊詔得靈寶符於此泉，後祈晴有應〔五〕，因名之。」

醴泉。在縣東南二十里。周數十步，深不可測。舊圖經曰：「醴泉在扶風鄉。唐貞觀十二年自然涌出，其味如醴，飲之疾愈。」

成國渠。在縣北一里。西自武功縣界流入縣界，凡六十里，溉田二百四十餘頃〔六〕。東流入咸陽縣界。即古白渠也。水經注曰：「成國故渠，故沅案：水經注「故」字作「渠」。魏尚書左僕射〔七〕衛臻征蜀所開也。上承汧水於陳倉東，東過郿及武功、槐里縣。」案唐李石記：「咸通十三年夏四月戊子，京兆府奏修六門堰畢，其渠合韋川、莫谷、香谷、武安四水，溉武功、興平、咸陽、高陵等縣田二萬餘頃，俗號渭白渠，言其利與涇白相上下。」又曰：「成國渠見漢書地理志，元魏時僕射衛臻征蜀，復開以溉田。大統十三年，魏始築堰，置六斗門以節水。貞觀中，役九州夫匠，沈鐵牛、鐵劍以御魑魅，始就其功。永徽四年，左僕射于志寧治之。尋次聖曆中，敕稷州刺史張知謇修焉，始引武安水。久視元年，副西京留守雍州長史薛季昶得許公稚者，縛土牛以殺水勢，春官郎中薛稷刻石叙之。咸通十一年七月，咸陽縣民薄逵〔八〕等上言：『六門淤塞，緣渠之地，二十年不得水耕耨，而其官歲以水籍爲稅。請假錢二萬八千九百八十貫，以爲修堰工作之費，候水通流，追利户錢以還。』京兆府爲之奏，乃詔借内藏錢以充命，中使董其事，又令本縣官專之。既訖役〔九〕，凡用萬七千緡云。」今涸。沅案：「元魏時僕射衛臻征蜀復開」，「元」字當衍，或誤也。

昇原渠。在縣南一十五里。西自武功縣流入縣界，凡六十里，溉田七十餘頃。東流入咸陽。其原出汧水，自鳳翔虢縣城西北原，流至武亭，合流數里，西南至六門堰東成國渠，合流西南出縣界，以其昇原而流，故名之。唐垂拱初運岐隴木〔一〇〕。今涸。

普濟渠。在縣南十里。自武功縣流入縣界，凡六十里，溉田七十餘頃。東流入咸陽。今涸。

清渠。在縣南二里。東流入咸陽縣界。

馬牧澤。在縣東南二十里〔一一〕。南北廣四里，東西二十一里。

百頃泊。沉案：元和郡縣志、太平寰宇記「泊」皆作「澤」。在縣西二十五里。周一十六里。沉案：元和郡縣志作「周迴六十里」，誤。

宋泊。在縣西二十里。周十四里〔一二〕。

曲泊。在縣西南十五里。百頃泊而下並有蒲漁之利，邑人利焉。隋開皇十五年各築堤防護。

浪井。在耿祠鄉。唐貞元五年自然涌出，有疾者飮之，皆得愈。遠近汲取，朝夕如市。

章邯臺。在縣東南十里。

石星。晋穆帝永和年中隕於槐里。

槐里故城。即犬丘城。在縣東南一十里〔一三〕。周十二里，崇二丈五尺。晋太康中始平郡治也。其城繞帶防陸，舊渠尚存，即漢書所謂「槐里環堤者」也。晋灼曰「繞環〔一四〕槐里堤」者是也。

小槐里。李奇曰：即槐里之西城也。東已有槐里城，故以此城爲小槐里。魏志：「太祖以陽阜爲武都太守，以武都孤遠，欲移之。人多戀土，然阜威信素著，前徙人在京兆、扶風、天水界者萬餘户，於是徙郡於小槐里，百姓襁負隨之。」沅案：太平寰宇記在武功。

茂陵故城。在縣東北一十九里。沅案：元和郡縣志云在縣東北十七里。周三里。三輔舊事曰：「武帝於槐里茂鄉徙户六萬一千置茂陵縣，屬右扶風。」舊圖經曰：「徙陵城蓋苻堅時也。魏恭帝末年，徙於今城。」十道志曰：「舊志：『茂陵，宣帝置。』」按武帝時〔一五〕已徙户居之。至宣帝時爲縣。」

文學城。在縣東。崇二丈五尺。十道志曰：「今謂之故縣城。」

武學城。在縣東一十里〔一六〕。沅案：元和郡縣志云在縣東南十里。崇二丈五尺。與文學城相接。二城並秦章邯築。

樊噲城。在縣南一十里。崇二丈〔一七〕。西京記曰：「漢王襲雍，章邯敗走廢丘城，命將軍樊噲圍之於城西，築臺以望之。」今縣西南有武延臺，疑是焉。

馬嵬故城。在縣西北二十三里。孫景安征途記曰：「馬嵬，人名，於此築城以避難，未詳何代人。姚萇時扶風王驎以數千人保馬嵬故城。」

漢黄山宫。在縣西南三十里。

隋僊林宫。在縣西十八里。文帝置。

登真觀。在縣西南一里半。唐垂拱元年置。

天興觀。在縣東北一里。景龍元年置。

要册廟。在縣北一里。

露膊將軍廟。在縣西北五里。

商湯祠。在縣西北二十里。湯祠鄉。沅案：史記秦本紀云：「寧公遣兵伐蕩社，三年與亳戰，亳王奔戎，遂滅蕩社。」正義曰：「括地志云雍州三原縣有湯陵。又有湯臺，在始平縣西北八里。」索隱曰：「皇甫謐云周桓王時自有亳王號湯，非殷也。」則此蓋亳王祠耳，云商湯者，非也。近顧炎武駁説文「亳，京兆杜陵亭」，以爲誤以湯居亳爲在此，不知杜陵自有亳王，而湯居亳之字。墨子、荀子等本作「薄」字。然則識之不可不廣也故，附論之。

漢武帝龍淵故廟。沅案：水經注云故渠北故坂北即龍淵廟，元和郡縣志作「龍泉」，避高祖諱。在縣東北一十七里。

龍淵廟。在縣東北二十四里。武帝廟沅案：疑有「號」字。也。

漢武帝茂陵。在縣東北十七里。武帝建元二年置茂陵邑，後元二年葬。師古曰：「本槐里之縣茂鄉，故曰茂陵。」臣瓚曰：「茂陵在長安西北八十里。」元帝初元三年四月乙未，孝武園白鶴館災，園中〔一八〕五里。馳逐走馬之館，師古曰：「五里」者言其周五里。不當在山陵昭穆之地。關中記曰：「漢諸陵皆高十二丈，方一百二十步，惟茂陵十四丈，方百四十步。徙民置縣者凡七，長陵、茂陵各萬户，餘五陵各五千户。陵縣屬太常，下隸郡也。守陵溉樹埽除凡五千人。陵令屬官各一人，寢廟令一人，園長一人，門吏三十三人，候四人。元帝時三輔七十萬户，始斷不復徙人陪陵。渭陵、延陵、義陵皆不立銘，漢帝諸陵自各立廟，或在城内，或在城外，或在陵旁，又陵下園中有寢室，有便殿。日祭於寢，月祭於廟，時祭於便殿。寢日四上食，廟歲二十五祠於便殿，又月一遊衣。時至元帝始正迭毀禘祫之制，惟祖宗之廟，世世不毀，餘五廟親盡而毀。四時祭於廟，除諸寢園，不除衣冠之遊。其後或廢或興，至於王莽。」漢武故事曰：「帝見形謂陵令薛平曰：『吾雖失勢，猶爲汝君，柰何令吏卒上吾丘〔一九〕上磨刀劍乎？自今以後可禁之。』平頓首謝因不見。推問陵旁，果有方石，可以爲礪，吏卒嘗盜磨刀劍。霍光欲斬之，張安世曰：『神道芒昧，不宜爲法。』乃止。

故阮公咏懷詩曰：『失勢在須臾，帶劍上吾丘。』」

李夫人墓。亦名習仙臺〔二〇〕。崇二十丈，周二百六十步。在縣東北十六里。茂陵西北一里，俗名英陵。」水經注曰：「李夫人冢，冢形三成，世謂之英陵。」三輔黄圖曰：「李夫人墓東西五十步，南北六十步，高八丈。

霍去病墓。在縣東北十九里。崇二丈。漢書曰：「去病爲驃騎〔二一〕將軍大司馬冠軍侯，元狩六年薨，上悼之，發屬國玄甲，軍陳自長安至茂陵，爲冢象祁連山。」師古曰：「在茂陵旁，冢上有豎一石〔二二〕，冢前有石人馬者是。」沅案：今鄧州志云有霍去病墓，蓋非。

衛青墓。在縣東北十五里。沅案：元和郡縣志、太平寰宇記皆云「十九里」。崇二丈。漢書曰：「青爲大將軍大司馬長平侯，尚平陽主。元封五年薨，與主合葬，起冢象廬山云。」師古曰：「在茂陵東，次去病冢之西相併者是」。

原氏仟。漢書：「原涉自以先人墳墓儉約，迺大治起冢舍。初，武帝時京兆尹曹氏葬茂陵，民謂其道爲『京兆仟』。涉慕之，買地開道，立表曰沅案：漢書表下有「署」字。『南陽仟』。人不肯從，謂之『原氏仟。』」沅案：元和郡縣志有漢公孫弘墓，在縣東北十八里。太平寰宇記有李延年墓，在縣東北一十八里；董仲舒墓，在縣東北二十里，此皆不載。

四馬務。在縣東南二十餘里。從東第一曰飛龍務，次大馬務，次小馬務，次羊澤務，地凡三百七十一頃，南渡渭河。慶曆中爲營田，尋罷之。其後民占佃，簿籍亡散，不復歸於有司。

武功

武功縣。唐畿，今次畿。東南至府一百四十里。古有邰國，堯封后稷之地。周平王東遷，以賜秦襄公。孝公作四十一縣，斄、美陽、武功各其一也。武功蓋在渭水南郿縣地是。案漢書右扶風有斄、有郿、有武功。今此縣舊文斄、美陽各爲縣，而又云「縣在郿縣地」，疑斄、郿、美陽後皆入〔二三〕武功耳。左傳：「周景王使桓伯讓於晋曰：『我自后稷，邰、芮、岐、畢，吾西土也。』」杜注云：「邰在始平武功縣，邰地是也。」廟記曰：「武功本名邰，後改名〔二四〕斄城。」闞駰十三州志曰：「斄，古文作郃，古今字異耳。舊縣境有武功山、斜谷水，亦曰武功水。是則縣本以山水立名也。」漢屬右扶風。王莽曰新光。後漢省，永平八年復，自渭水南徙武功縣於故斄城。任安以武功小邑，無豪易高，故居武功。晉屬始平國。沅案：地形志云晉屬扶風，非。宋書州郡志亦云太康地志屬始平。後魏太和十一年改爲美陽〔二五〕，又置武功郡，沅案：地形志云太和十一年分扶風置。兼領美陽、莫沅案：地形志作「漠」。西二縣，屬岐州。沅案：太平寰宇記云周武天和四年美陽還舊理。後周孝明帝武成二年，以武功郡屬雍州。武帝建德三年，省武功郡美陽縣。自此以前，皆治斄城，今西南二十二里故斄城是。其後復立〔二六〕武功縣於今治所中亭川。唐武德三年，分雍州之武功、好時、盩厔，郿州之郿四縣，於今治置稷州，沅案：舊唐書云分雍州之武功、好時、盩厔、扶風四縣置稷州，其年割郿州之郿、鳳泉來屬，則當云以「武功、好時、盩厔、扶風、郿、鳳泉六縣置稷州」也。因后稷所封爲名。又析始平置扶風縣。四年，以岐州之圍川隸之。沅案：舊唐書云四年隸雍州，此缺載。七年，以郿隸岐州。貞觀元年，廢州，省扶風，以圍川、鳳泉隸岐州，盩厔、武功隸雍州。天授二年，復爲稷州，領武功、奉天、始平、盩厔、好時等五縣。大足元年，廢稷州，縣復隸京兆。沅案：當云「復隸雍州」。後唐同光中隸鳳翔。長興元年，還屬京兆府。

縣境。東西四十六里，南北五十里。

四鄉，管四里。唐一十四鄉。有中水鄉，餘不傳。

高望鄉。在縣東。管望鄉里。

周源鄉。在縣南。管懷德里。

節婦鄉。在縣東南。管顯陽里。

義門鄉。在縣北。管順義里。

縣城。周三里二百二十步，崇九尺，上闊一尺五寸〔二七〕，下闊四尺五寸。

太一山〔二八〕。在縣東。漢書：「古文以爲終南。」

垂山。在縣東。漢書：「古文以爲惇物〔二九〕。」沅案：史記索隱引地理志「垂山」作「華山」。秦本紀：「武公元年，伐彭戲氏，至於華山下，居平陽封宮。」正義曰：「宮在岐州。」則此華山必非太華山也。地理志所云：「古文以爲惇物之山，在武功者，當是此山，而水經禹貢山水澤地所在云「華山爲西岳」，注云「古文之惇物山」，蓋謬矣。又案封禪書有岳山，疑亦此。

太白山。沅案：水經注云：「地理志云縣有太一山，古文以爲終南，杜預以爲中南，亦曰太白山。」則太一、太白一山也，敏求兩載之，非是。三秦記曰：「太白山在縣南，去長安二百里，不知高幾許。俗云：『武功太白，去天三百。』山下軍行不得鳴鼓角〔三〇〕，鳴鼓角則疾風暴雨兼至也。」沅案：此亦見水經注，不云出三秦記，或今本脱，字亦有數字不同。周地圖記：「太白山甚高，上常積雪，無草木。半山有横雲如瀑布則澍雨，人常以爲候，驗之如離畢焉。故語曰：『南山瀑布，非朝則暮。』」水經注曰：「太白山南連武功山，於諸山最爲秀傑，冬夏積雪，望之皓然。」沅案：此水經注引杜彦達語。魏略曰：「吉茂、蘇則值亂隱於扶風南太白山中，以經籍自娱。」

三時原。在縣西南二十里。崇五十丈。西入扶風縣界。

上武亭川東原。至興平縣西界三十五里。

上武亭川西原。至鳳翔府扶風縣東界一十一里〔三一〕三百二步。

高望川。在縣東二十五里。

渭水。自鳳翔府扶風縣來入縣界。水經曰：「渭水東經武功縣北。」沅案：水在今縣東三十五里。

斜水。漢書：「出衙領山，北至郿入渭。」水經注曰：「出縣西南衙領山，北歷斜谷，過五丈原東。沅案：水經注「過」作「逕」。原在縣西十餘里。水出武功縣，亦謂之武功水。諸葛亮表：『遣虎步監孟琰沅案：水經注云：「是以諸葛亮表云『臣遣虎步監孟琰。』」據武功水東，司馬懿因水出騎萬人，來攻琰營。沅案：水經注云：「司馬懿因水長攻琰營。」亮作車橋，懿見橋垂成，便引兵退。』」沅案：水經注云：「臣作竹橋，越水射之，橋成馳去。」後漢志引西征賦注曰：「褒斜谷在長安西南，南口褒，北口斜，長百七十里，其水南流。」

褒水。漢書：「亦出衙領山，至南鄭入沔。」

武亭水。北自好畤縣來，至縣南立節渡合渭水。沅案：水經注謂之武水，云俗名大橫水，疑即杜水，世謂之故縣川，凡三名。今俗以爲漆水，非也。漆水乃雍水上流所合之水。

白水。本名雍水，亦曰圍川水。西自扶風縣界來〔三二〕，至縣合武亭水。沅案：水在今縣西南一十三里。

莫谷水。水經注曰：「莫谷水南經美陽縣，與中亭川水相合。」沅案：今本水經注誤作荚水，云：「水出好畤縣梁山大嶺，東南逕梁山宮西，又南逕美陽縣之中亭川，注雍水，謂之中亭水。」舊圖經曰：「自奉天縣界一十里〔三三〕流至縣東北，合武亭水。」

十道志曰：「三畤原莫谷水南經武功縣北。」沅案：水在今縣東北。康海武功縣志、胡渭禹貢錐指以爲即禹貢之沮水，云水本名浴水，關西人讀「浴」若「于」，「於」、「沮」固易〔三四〕譌者，不經甚矣。禹貢「又東過漆沮」，乃朝邑入渭之洛也。

雍水。十道志曰俗名白水，亦曰圍川水。西北自扶風縣界流入。沅案：上既云「白水本名雍水」云云，此重出。

温泉水。出太一山。其水沸涌如湯。水經注：「杜彥達曰可治百病，世清則疾愈，世濁則無驗。其水下合溪流，北注渭。」

白渠。在縣南一十三里。西魏大統十三年置。入興平縣。今無基址。隋志有永豐渠〔三五〕、普濟渠。

成國渠。注渭水。在縣境。

五泉渠。十道志曰：「西自岐州扶風縣界流入。渠經三畤原上，東流經縣西南，去縣十二里。隋文帝葬原上，因絶此水。又東合成國渠。」

六門堰。十道志曰：「西魏文帝大統十三年，置六斗門節水，因名之。」

陂池。在縣北二十里義門鄉。

纛亭。新論曰：「郃在縣西〔三六〕，其民有會日約以〔三七〕相與夜中市，如不爲，則有災咎。」後漢書曰：「王忳字少林，除郿令，到官，至纛亭，亭長曰：『亭有鬼，數殺過客〔三八〕，不可宿也。』忳曰：『仁勝凶邪，德除不祥，何鬼之避。』即入亭止宿。夜中聞女子稱冤之聲，忳曰：沅案：後漢書作「忳咒曰」。『有何枉狀，可前求理乎？』女子曰：『無衣，不敢進。』忳便投衣與之。女子乃前訴曰：『妾夫爲涪令，之官過宿此亭，亭長無狀，枉殺妾家十餘口，埋在樓下，悉盜取財貨〔三九〕。』忳問亭長姓名，女子曰：『即今門下游徼者也。』忳曰：『汝何故數殺過客？』對曰：『妾不得白日自訴，每夜陳冤，客輒眠，不見應，不勝感恚，故殺之。』忳曰：『當爲汝理侵冤。勿復害良善也。』沅案：後漢書「害」作「殺」。因解衣於地，忽然不見。旦沅案：後漢書「明旦」。召遊徼詰問，具伏罪〔四〇〕。即收繫，及同謀十餘人悉伏辜。遣吏送其喪歸鄉里。於是亭遂清晏。」沅案：後漢書作「清安」。

孝義臺。在縣北二十里義門鄉。

故斄城。一名武功城。在今縣西南二十里。沅案：元和郡縣志云「二十三里」，太平寰宇記云「二十二里」。周郃國也。

周城。在美陽城西北中水鄉。周太王所居邑也。詩曰：「古公亶父，來朝走馬。率西水滸，至於岐下。」又曰：「周原膴膴，堇荼如飴。爰契我龜，築室於茲。」帝王世紀曰：「周大王避狄，循漆水，踰梁山，徙邑於岐山之陽。」今扶風美陽西北有岐陽城，舊周地也。沅案：説文云：「郊，周武、文王所封，在右扶風美陽中水鄉是。」

美陽故城。在縣西七里。漢書曰：「美陽縣屬右扶風。」注：「周大王所邑，有高泉宮〔四一〕，秦宣太后所起。沅案：地理志無「所」字。後魏太和十一年廢。

慶善宮。在縣南一十八里〔四二〕。神堯之舊第也，太宗降誕之所。南臨渭水。武德元年建武功宮，六年改慶善宮。貞觀六年，太宗臨幸，讌群臣，賦詩。後廢爲慈德寺。

武太后行宮。在縣東五里高望鄉。

乘本寺。在縣西北一里。本唐神堯宅，太中元年，建爲報本寺。

寶意寺。在縣西一里。亦唐神堯别宅。乾封三年，建爲寶意寺。周顯德二年，改重恩寶意寺〔四三〕。寺東臨絶崖。

垂山、斜水、淮水祠三所。沅案：此地理志文。

后稷祠。在縣西南二十二里。

姜嫄祠。在縣西南二十二里〔四四〕。沅案：地形志武功有美原廟當爲「姜」。

隋文帝泰陵。在縣西南二十里三時原。

唐殤帝陵。在縣西原上。

漢蘇武墓。在縣北一十里〔四五〕義門鄉。案郡國志：「蘇武冢在好畤縣東三十里，里名守節鄉〔四六〕。與此地里相接。沅案：郡國志無文，豈今本脱之？又案：文獻通考云醴泉有蘇武墓，今韓城縣志亦有蘇武墓，當以此爲是。

長安志卷第十四終

校勘記：

〔一〕名曰　「曰」字原闕，據成化、嘉靖、四庫諸本補。

〔二〕東南十五里　成化、嘉靖、四庫諸本俱作「十里」。

〔三〕龍光渡　原作「龍宮渡」，據成化、嘉靖、四庫諸本及類編長安志卷七改。

〔四〕一里　原作「二十里」，據成化、嘉靖、四庫諸本及類編長安志卷七改。

〔五〕祈晴有應　成化、嘉靖二本無「應」字，四庫本「應」作「靈」。又成化本及類編長安志卷六「晴」作「請」。

〔六〕二百四十餘頃　「十餘」二字原闕，據成化、嘉靖、四庫諸本補。案類編長安志卷六作「二百四十頃」。

〔七〕左僕射　成化、嘉靖、四庫諸本並作「右僕射」。

〔八〕薄遠　原作「簿遼」，據成化、四庫本及類編長安志卷六改。

〔九〕既訖役　原作「溉記役」，四庫本作「後記役」，此據類編長安志卷六改。

〔一〇〕岐隴木　原作「岐隴水」，據成化本及類編長安志卷六改。

〔一一〕二十里　原作「二十一里」，據成化、四庫本及類編長安志卷六改。

〔一二〕十四里　類編長安志卷六作「二十四里」。

〔一三〕一十里　「一」字原闕，據成化、嘉靖、四庫諸本補。

〔一四〕繞環　原作「統環」。案「統環」不辭，「統」、「繞」形近易譌，故據文義徑改。

〔一五〕按武帝時　「按」原作「接」，據四庫本改。

〔一六〕一十里　「一」字原闕，據成化、嘉靖、四庫本補。

〔一七〕二丈　嘉靖、四庫本並作「一丈」。

〔一八〕園中　「中」字原闕，據嘉靖、四庫本補。

〔一九〕吾丘　成化、嘉靖、四庫諸本俱作「吾陵」。

〔二〇〕習仙臺　四庫本作「望仙臺」。

〔二一〕驃騎　原作「票驕」，據成化、嘉靖、四庫諸本改。

〔二二〕一石　「一」字原闕，據成化、嘉靖、四庫諸本補。案類編長安志卷八同畢沅刻本，無此「一」字。

〔二三〕後皆入　「後」字原闕，據成化、嘉靖、四庫諸本補。

〔二四〕改名　原作「改爲」，據成化、嘉靖、四庫諸本改。

〔二五〕美陽　原作「義陽」，據太平寰宇記卷二七改。

〔二六〕復立　「復」字原闕，據四庫本補。

〔二七〕五寸　原作「五門」，據嘉靖、四庫本改。

〔二八〕太一山　成化本作「太壹山」，四庫本作「太乙山」。

〔二九〕惇物　案今本漢書地理志及成化、嘉靖二本俱作「敦物」。四庫本同此。畢沅刻本作「惇物」。

〔三〇〕鳴鼓角　「鳴」字原闕，據成化、嘉靖、四庫諸本改。

〔三一〕一十一里　原作「十一里」，據成化、嘉靖、四庫諸本改。

〔三二〕自扶風縣界來　「來」字原闕，據成化、嘉靖、四庫諸本補。

〔三三〕一十里　「一」字原闕，據成化、嘉靖、四庫諸本補。

〔三四〕固易　原作「因易」，據康海武功縣志卷一改。

〔三五〕永豐渠　原作「永曹渠」，據隋書地理志改。

〔三六〕縣西　原作「漆縣」，據四庫本改。

〔三七〕約以　「約」字原闕，據四庫本補。

〔三八〕數殺過客　「數」字原闕，據成化、嘉靖、四庫本補。

〔三九〕悉盜取財貨　「悉」字原闕，據成化、嘉靖、四庫諸本及類編長安志卷八補。案原本附有畢沅校語云：「後漢書『盜』字上有『悉』字。」今删。

〔四〇〕具伏罪　原作「具狀伏罪」，據成化、嘉靖、四庫本改。案原本附有畢沅校語云：「後漢書無『狀』字。」今删。

〔四一〕高泉宮　「宮」原作「官」，據四庫本改。

〔四二〕一十八里　「一」字原闕，據成化、嘉靖、四庫本補。

〔四三〕改重恩寶意寺　「改」字原闕，據成化、嘉靖、四庫本補。

〔四四〕二十二里　原作「二十三里」，據成化、嘉靖、四庫本改。

〔四五〕一十里　「一」字原闕，據成化、嘉靖、四庫諸本補。

〔四六〕里名守節鄉　案太平寰宇記卷三一作「今里名守節焉」。

長安志卷第十五

縣五

臨潼　鄠〔一〕

臨潼

臨潼縣。唐次赤，今次畿。西至府五十里。本周驪戎國。春秋時晉獻公伐驪戎，其後秦滅之爲驪邑。漢書：「高祖七年，沉案：史記本紀云「十年」。置新豐縣。應劭曰：「太上皇思東歸，於是高祖改築城寺街里以象豐，徙豐民以實之，故號新豐。」三輔舊事曰：「太上皇不樂關中，思慕鄉里，高祖徙豐、沛屠兒、酤酒煮餅商人，立爲新豐。」西京雜記曰：「高祖既作新豐，並移舊社街巷，棟宇物色如舊土，男女老幼〔二〕相攜路首，各知其室，放犬羊雞鴨於通衢，亦競識其家。匠人胡寬〔三〕所爲也。移者皆喜其似而憐之，故競加賞贈，月餘致累百金。」別本曰：「太上皇徙長安，居深宮，淒愴不樂。高祖竊因左右問故，以平生所好，皆屠販少年，酤酒賣餅，鬬雞蹵踘，以此爲歡。今皆無此，故不樂。高祖乃作新豐，移諸故人實之。太上皇乃悅，故新豐多無賴，無衣冠子弟故也。高祖少時，常祭枌榆〔四〕之社，及移新豐，亦立焉。」郡國縣道記曰：「今縣東十二里故新豐縣，西南四里新豐故城，即高帝爲太上皇所立。沅案：成帝紀：「鴻嘉元年，以新豐戲鄉爲昌陵縣，奉初陵。」諸書及此俱缺載。後漢靈帝末，徙安定郡陰盤縣，寄治於此城，今亦謂之陰盤城。沅案：水經注云：「靈帝建寧三年，改爲都鄉，封段熲爲侯國，後立陰槃城。」後魏太和九年，徙陰盤縣於今縣東三十二里，泠水西、戲水東司馬村故城是。沅案：地形志云：「陰槃，真君七年併新豐。太和十一年復。」此缺載。其新豐縣自陰盤寄治。後又徙於故城東三十里，蓋在零水側。周閔帝元年，又徙於天寶廢新豐縣東南七里。隋大業七年〔五〕，又徙於天寶中廢縣所治。垂拱二年，以縣東南三十里有山湧出，改爲慶山縣。天授二年，於縣界零口置鴻州，析慶山、渭南兩縣置鴻門縣，沅案：

太平寰宇記云取兩縣十二鄉於郭下置鴻門縣。以慶山、高陵、櫟陽、渭南五縣隸焉。久視元年，廢州並鴻門縣。神龍元年複改慶山爲新豐縣。開元後玄宗每歲十月幸溫湯，歲盡而歸。以縣去湯泉稍遠，天寶四載，沅案：唐書志云「二年」，是。新唐志云「三年」，此云「四載」非。析新豐、萬年二縣，於溫泉宮置會昌縣於今治，以山名名之，又升爲〔六〕赤縣。六載，發馮翊、華陰丁夫築會昌羅城，於溫湯所置百司及公卿邸第。七載，省新豐，改會昌縣及山曰昭應。鄭嵎津陽門詩注曰：「時有詔改新豐爲會昌縣，移自陰盤故城，置於山下。至明年十月，老君見於朝元閣南，而於其處立降聖觀，改新豐爲昭應縣。廨宇始成，令大將軍高力士率禁樂以樂之〔七〕。」皇朝大中祥符八年，避玉清昭應宮名改縣爲臨潼。

縣境。東西五十五里，南北四十里。

三鄉，管一百一十六村。唐十八鄉。

旌儒鄉。在縣西南。管村三十九。

會德鄉。在縣東南一十里。管村三十六。

潤渭鄉。在縣東〔八〕四十五里。管村四十一。

零口鎮。在縣東四十里〔九〕。

昌亭驛〔一〇〕。在縣西南五十步。東至華州渭南縣驛八十里，西至本府秦川驛〔一一〕五十里，南至藍田縣七十里，北至櫟陽縣三十五里。

戲水驛。兩京道里記曰：「大業六年，置在戲水店。」

驪山。在縣東南二里。驪戎來居此山，故以名。案土地記曰：「即藍田山也。」三秦記：「始皇作閣道至驪山八十里，溫湯出山下，其陽多寶玉，其陰多黃金。」述征記曰：「長安東人行橋上，車行橋下。今石柱猶存。山上立祠，名曰靈臺。」天寶元年，則驪山，西則白鹿原，北望雲陽，悉見山阜之形，而恒若雲霧之中。」天寶元年，更驪山曰會昌山。七載又改〔一二〕曰昭應山，山神曰玄德公。水經曰：「浮胏山，蓋驪山之麓而有異名，一作胏浮。」沅案：水經注云「連麓異名」，太平寰宇記云「別麓而有異名」。

慶山。在縣東南三十五里。唐垂拱二年湧出。譚賓錄曰：「新豐縣因風雷有慶山湧出，高二百尺。荆州人俞文俊詣闕上書曰：『臣聞天氣不和而寒暑併，人氣不和而疣贅生，地氣不和而堆阜出。今陛下以女主處陽位，反易剛柔，故地氣隔塞，而山變爲災。陛下謂之慶山，臣以爲非慶也。』疏奏，天后大怒，放之於嶺外。」兩京道里記曰：「慶山湧出，初六七尺〔一三〕，漸至三百餘尺〔一四〕。居守以聞，百寮畢賀，給事中魏叔璘竊戲〔一五〕曰：『此平地生骨堆，何足可慶？』或以上聞，坐賜死。識者謂叔璘竊語〔一六〕是被戮，故禍不及家，止身而已。」

鴻門阪。在縣東十七里。漢舊：「大道北下阪口名也。」關中記曰：「鴻門在始皇陵北十里新豐縣。」漢書沛公會項羽處，又文帝登霸陵，指新豐路，示慎夫人曰：「此是北走邯鄲道也。」又亭尉呵李廣處。續漢書郡國志：「新豐縣東有鴻門亭。」

坑儒谷。在縣西南五里。沅案：太平寰宇記云在縣東南。秦始皇坑儒於驪山下，故名坑儒鄉。漢書注師古曰：「今新豐縣溫湯之處號愍儒鄉。溫湯西南三里有馬谷，谷之西岸有坑，古老相傳以爲秦坑儒處也。衛宏詔定古文官書〔一七〕序云：『秦既焚書，患苦天下不從所改更法，而諸生到者拜爲郎，前後七百人。乃密令冬種瓜於驪山阬谷中溫處。瓜實成，詔博士、諸生說之，人人不同。乃命就視之，爲伏機。諸生、賢儒皆至焉，方相難不決，因發機，從上填之以土，皆壓〔一八〕，終乃無聲。』此則閔儒之地，其不謬矣。」唐天寶中改爲旌儒鄉，立旌儒廟。賈至作碑。

磑千谷〔一九〕。在縣西南七里。

鳳凰原。後漢延光二年，鳳凰集新豐，即此原也，亦驪山之唐韋嗣立構別廬〔二〇〕於驪山鳳凰原。

鸚鵡谷。有重崖洞壑，飛流瀑水。中宗臨幸，改爲清虚原幽棲谷。唐書曰：「新豐鸚鵡谷水清，代傳云『此水清，天下平』。開皇之初暫清，尋濁，至是而復清。」

很石〔二一〕。在縣東十里秦始皇陵東南二里。形似龜。初，始皇之葬，遠採此石，將致之驪山，至此不復動。石崇一丈八尺，周十八步。

渭水。在縣北十里。西自萬年縣界來，東入渭南縣界。

泠水。一作「零」。在縣東三十五里。來自渭南縣界，亦曰百丈水。水經注曰：「泠水出肺浮山，歷陰盤、新豐兩原之間，北流注於渭。」沅案：地形志陰盤有靈谷水，即此。零、泠、靈三字音同。

戲水。在縣東二十七里。漢書曰：「陳涉之將周章西入關，至戲，秦將章邯距破之。」應劭曰：「戲，弘農湖縣西界也。」孟康曰：「水名也。」蘇林曰：

「在新豐東南三十里。」師古曰：「戲在新豐東，今有戲水驛。其水本出藍田〔二二〕北界横嶺，至此而北流入渭。孟、蘇説是，應説失之。戲，許宜反。」水經注曰：「泠水出浮胏山，戲水出驪山鴻谷，「鴻」一作「馮」。沅案：水經注作「馮公谷」，即師古所云愍儒鄉之馬谷，「馬」字誤耳。又北，歷戲亭東，即周幽王死處。」沅案：此亦節損本文。兩京道里記曰：「戲水，周幽王以褒姒遊於此，故以爲名，水至濁，北流入渭。東西有店，南去昭應縣二十九里。」

陰盤城河水。在縣東北一十四里〔二三〕。出縣北楊村社。

魚池水。在秦始皇陵東北五里。周四里。水經注曰：「泉出驪山。本導源北流，始皇葬於山北，水過而曲行，東注北轉。初造陵，取土其地，汙深水積成池，謂之魚池。」

市谷水〔二四〕。在縣東三十里。流入渭。沅案：地形志作「首谷水」。

䨻澄泉。在縣西南五里。䨻，從緣切，雨而泉出也。

鳴犢泉。在縣西北一十里〔二五〕。

石澗河。在縣西二里。

水碓河。在縣西五里。

王橋河。在縣東三十里。流入渭。

渴牛井〔二六〕。在縣東北上七里官道側。井旁有還道縈繞，及於水次。

温湯。在縣南一百五十步，驪山之西北。雍州圖曰：「温湯在新豐縣界温谷，即温泉也。」三秦記曰：「驪山湯，舊説以三牲祭，乃得入〔二七〕，可以去疾消病，不爾沅案：水經注作「不祭」，初學記無此句。即爛人肉。沅案：水經注所引云云不同，此與初學記同。俗云始皇與神女戲，不以禮，沅案：水經注、初學記皆作「游而忤其指」。神女唾之，則生瘡。始皇怖謝，神女爲出温泉而洗除，後人因以爲驗。」沅案：此亦同初學記。漢武故事曰：「驪山湯，初始皇砌石起宇，至漢武又加修飾焉。」張衡賦序曰：「余適驪山觀温泉，浴神井，嘉洪澤之普施。」十道志曰：「今案泉有三所。其一處即皇堂石井，周武帝天和四年大冢宰宇文護所造。隋文帝開皇三年，又修屋宇，列樹松柏千株餘。貞觀十八年，詔左屯衛大將軍姜行本、將作少匠閻立德營建宮殿、御湯〔二八〕，名湯泉宮〔二九〕。太宗因幸製碑。咸亨二年，名温泉宮。唐年小録曰開元十年置温泉宮，實録與元和郡縣圖志曰開元十一年初置温泉宮。

天寶六載，改爲華清宫。驪山上下，益治湯井爲池，臺殿環列山谷，明皇歲幸焉。又築會昌城。是歲，發馮翊、華陰等郡丁夫築會昌羅城。即於湯所置百司及公卿邸第焉。華清宫北向，正北門外有左右朝堂，門北相對有望仙橋，北有左、右講武殿。正門曰津陽門，宫北門之内曰津陽門，門外有弘文館。以下見津陽門詩注及今所在遺迹。東面曰開陽門，宫之東面正門也。門外有宜春亭。西面曰望京門，宫之西面正門也。門外近南有御夾道〔三〇〕，上嶺通望京樓。南面曰昭陽門。宫之南面正門也，今謂之「山門」，門外有登朝元閣之路，本唐之御輦便路也。津陽門之東曰瑶光樓。南有小湯。其南曰飛霜殿。寢殿也，白少傅以長生殿爲寢殿，非也。御湯九龍殿，在飛霜殿之南。亦名蓮花湯。明皇雜録曰：「玄宗幸華清宫，新廣湯池〔三一〕，制作宏麗。安禄山於范陽以白玉石爲魚龍鳧鴈，仍以石梁及石蓮花以獻。雕鐫巧妙，殆非人功。上大悦，命陳於湯中，仍以石梁横亘湯上，而蓮花纔出水際。上因幸華清宫，至其所，解衣將入，而魚龍鳧鴈皆若奮鱗舉翼，狀欲飛動。上甚恐，遽命撤去〔三二〕，而蓮花今猶存。又嘗於宫中置長湯，數十間屋環回，甃以文石，爲銀鏤小船〔三三〕及白香木船致於其中，至於楫棹，皆飾以珠玉。又於湯中壘瑟瑟及沉香爲山，以狀瀛洲方丈。」津陽門詩注曰：「宫内除供奉兩湯外，而内外更有湯十六所。長湯每賜諸嬪御，其修廣與諸湯不侔，甃以文蟲密石，中央有玉蓮捧湯泉，噴以成池。又縫綴錦綉爲鳧鴈，致於水中，上時於其間泛銀鏤小舟以嬉游焉。次西曰太子湯。又次西少陽湯。又次西尚食湯。又次西宜春湯。又次西長湯。十六所今唯太子、少陽二湯存焉。玉女殿。今名星辰湯。南有玉女殿，北有虚閣，閣下即湯泉，二玉石甕，湯所出也。七聖殿。殿在宫中。自神堯至睿宗、昭成肅明皇后，皆衮衣立侍〔三四〕。繞殿石榴皆太真所植。南有功德院，其間瑶壇羽帳皆在焉。順與影堂、果老藥室亦在禁内。宜春亭。在開陽門外。重明閣。今四聖殿北臨高有重明閣，倚欄北瞰，縣境如在諸掌。閣下有方池，中植蓮荷。池東鑿井，每盛夏，泉極甘冷，邑人汲之。四聖殿。重明之南曰四聖殿。殿東有怪柏。長生殿。齋殿也，有事於朝元閣，即齋沐此殿。山城内多馴鹿，有流澗，號飲鹿泉。金沙洞、玉蕊峰皆玄宗爲名。洞居殿之左，玉蕊峰上有王母祠。實録：「天寶元年，新作長生殿、集靈臺以祀神。集靈臺。朝元閣。天寶七載，玄元皇帝見於朝元閣，即改名降聖閣。案上文立降聖觀，疑非是。老君殿。朝元閣之南。玉石爲老君像，制作精絶。鐘樓。在朝元閣之東。明珠殿。長生殿之南近東也。筭殿。殿側有魏温泉堂碑，其石瑩徹，見人形影，宫中號頗黎碑。觀風樓。樓在宫外東北隅。屬夾城而達於内，前臨〔三五〕馳道，周視山川。大曆中魚朝恩〔三六〕毁坼以修章敬寺。鬬鷄殿。在觀風樓之南。按歌臺〔三七〕。在鬬鷄殿之南，臺南臨東繚墻。毬場。宜春亭之北門外曰毬場，其西曰小毬場。連理木。飲鹿槽。丹霞泉〔三八〕。並在朝元閣之南。羯鼓樓。在朝元閣之東近南繚墻之外。禄山亂後，天子罕復游幸〔三九〕。唐末〔四〇〕遂皆圮廢。晋天福中改爲靈泉觀，賜道士居之。

安幕坳。兩京道里記曰：「相傳漢高祖幸新豐，安營幕於此。」

枌榆社。漢書曰：「高祖禱豐枌榆社。」張晏曰〔四一〕：「白榆社，新豐東北十五里。」

謝聚。關中記曰：「在始皇陵北十餘里。」

鴻門亭。在縣東七里。

曲郵亭。張良追漢高祖處。

步昌亭。三輔黄圖曰：「成帝於霸陵北步昌亭起昌陵。」即成帝之廢陵也。

驪戎〔四二〕故城。在縣東二十四里。殷、周時驪戎國城也。兩京道里記曰：「城高一丈五尺，周回四望〔四三〕。」

幽王城。一名幽王壘。在縣東南戲水上。城高八尺，周二百八十步。兩京道里記：「在縣東北四十里。」國語曰：「幽王滅於戲。」蘇林曰：「戲，邑名也，在新豐縣東南三十里戲亭是也。」史記曰：「褒姒不好笑。幽王爲烽燧沅案。史記「烽」作「熢」。大鼓，有寇至，舉烽火，沅案：史記作「舉熢火」。諸侯悉至。至而無寇，褒姒乃大笑。幽王欲説之，沅案：史記無「欲」字。爲數舉烽火。其後不信諸侯，諸侯益不至。沅案：史記無上「諸侯」二字。「益」下有「亦」字。犬戎共攻幽王，沅案：此節史記文，增「共」字。幽王舉烽火徵兵，兵莫至，遂殺幽王驪山下。」潘岳西征賦曰：「犬戎之侵地，疾幽王之詭惑。舉僞烽以沮衆，淫嬖褒而縱慝。軍敗戲水之上，身死驪山之北，赫赫宗周，滅爲亡國。」

陰盤城。在縣東北一十四里。漢縣，事見上。兩京地里記：「湯泉水，陰盤故城東門外，去昭應十五里。故城漢高祖與太上皇所置新豐邑，漢靈帝改封段熲陰盤侯即此是。陰盤城高一丈三尺，東西南北各三千一百步。往來大路，必由此城，行人憧憧，無所留礙。近古帝王，未嘗經度，必迂迴城西，別開御路。貞觀中，乘輿將自東門入。湯泉水岸深數丈，時水暴漲〔四四〕平岸，又見物狀如豬〔四五〕，當土門。臨命有司致祭，其物起向北，因失所在。開元八年冬，乘輿自南入，行至半城，黑氣自城東北角起，倏忽滿城，從官皆相失。上策馬踰城，赴官路，下至渭川，雲氣稍解。侍臣分散，尋求乘輿所在。既謁見，悲喜迸涕，上亦悵然。自是還宮，數日不出。翰林學士通事舍人王翰作答客問上之，詞曰：「龍躍湯泉雲漸迴，龍飛〔四六〕香殿氣還來。龍潛龍見雲皆應，天道常然何問哉！」

新豐故城。在縣東北十八里。沅案：元和郡縣志云在縣東十八里。

昌陵故城。漢成帝鴻嘉元年，以新豐戲鄉爲昌陵縣，師古曰：「戲水之鄉。」

白鹿觀。在縣西南一十五里驪山中。本驪山觀，有老母殿。唐高祖武德六年，幸温泉，傍觀川原，見白鹿，遂改觀名。

沅案：水經注曰：「關中記曰昌陵在霸城東二十里。」

太玄觀。兩京道里記曰：「唐武德二年置，在驪山下。開元二十七年，以宮墻逼近於肅敬〔四七〕，乃令諫議大夫道士尹愔徙之。今在宮北一里。」

靈臺觀。在零口店北二百步。兩京道里記曰：「天寶初，供奉睦霞奏置。」

寶雲寺。在零口鎮市東坡上，臨零口，去縣二十六里。隋開皇中置，號靈巖寺。唐會昌五年廢。咸通六年再置，名鷲嶺寺。太平興國六年，改持國寺。津陽門詩注曰：「本名慶山寺，德宗時改。寺有緣閣複道而上，武后朝以禁匠取宮中制度結構之。」

福嚴寺。兩京道里記曰：「在縣東五里南山半腹，臨石甕谷。有懸泉激石成臼，似甕形，因以谷名名石甕寺。」太平興國七年改。津陽門詩注曰：「石魚巖下有天然石，其形如甕，以貯飛泉，故玄宗以石甕爲之寺名。寺僧於上層飛樓中懸轆轤，斜引脩綆，長二百餘尺，以汲甕泉，出於紅樓橋樹之杪。」開元中，以造華清宮餘材脩繕佛殿，中有玉石像，幽州〔四八〕所進，與朝元閣道像同至精巧無比，叩之如磬。餘像並揚惠之塑，脱空像皆元伽兒之製，能妙纖麗，曠古無儔。紅樓在佛殿之西巖，下臨絶壁〔四九〕，樓中有玄宗題詩草八分，每句一體；王維山水兩壁〔五〇〕。寺前有孔雀，於下有赤茯苓，入土千年則成琥珀。

露臺祠在縣東南三十里〔五一〕，即秦始皇祠〔五二〕也。三秦記曰：「驪山顛有始皇祠，不齋戒而往，即風雨迷道，强即死之〔五三〕。」沅案：劉昭注郡國志引三秦記字多不同。兩京道里記曰：「到彼即下視諸山，有羲、軒已降形。」唐王璵請於昭應縣〔五四〕南三十里山頂置天華〔五五〕、上官、露臺、大地、婆父祠，疑是此。然三秦記已有之，未詳。

秦始皇廟。在縣東一十五里會德鄉。

李真人廟。兩京道里記曰：「真人名順興，後魏時得道於此。」津陽門詩注曰：「順興後周時修道此山。神堯傳禪真人，潛告符契，至今山下有祠宇。」

周幽王陵。在縣東北二十五里。兩京道里記曰：「陵高一丈三尺，周三百步。」

秦始皇陵。在縣東一十五里。沅案：史記正義引括地志云在雍州新豐縣西南十里，元和郡縣志、太平寰宇記云在縣東八里。史記：「始皇初即位，穿治酈山。及并天下〔五六〕，天下徒送詣〔五七〕沅案：舊本脱此字。七十餘萬人，穿三泉下錮。徐廣曰：「一作錮，錮鑄塞也。」而致椁，宮觀、百姓〔五八〕、奇器、珍怪徙臧滿之。令匠〔五九〕作機弩矢，有所穿近者，輒射之。以水銀爲百川、江河、大海，機相灌輸。上具天文，下具地理。以人魚骨膏〔六〇〕爲燭，徐廣曰：「人魚似鮎，四脚。」度不滅者久之。二世曰：『先帝後宮，非有子者，出焉不宜。』皆令從死，死者甚衆。葬既已下，或言工匠爲機藏皆知之，藏重即泄。大事畢，已藏閉中羨，下外羨門，盡閉工匠，藏者無復出者。樹草木以象山。」漢書劉向傳：「秦始皇帝葬於驪山之阿，師古曰：「阿謂山曲也。」下錮三泉，上崇山墳，其高五十餘丈，周回五里有餘。石椁爲游館，李奇曰：「壙中爲游戲之觀也。」師古曰：「多累石作椁於壙中，以爲離宮別館也。」人膏爲燈燭，水銀爲江海，黃金爲鳧鴈，珍寶之藏〔六一〕，機械之變，孟康曰：「作機發木人之屬，盡其巧變也。」晉灼曰：「工匠爲機，咸皆知之，已下閉羨門，皆殺工匠也。」棺椁之麗，宮館之盛，不可勝原。師古曰：「言不能盡其本數。」又多殺宮人，生薶工匠，計以萬數。天下苦其役而反之。驪山之作未成，而周章百萬之師至其下矣。師古曰：「周章，陳勝之將。」項籍燔其宮室營宇，往者咸見發掘。師古曰：「言至其墓所者發掘之而求財物也。」其後牧兒亡羊，羊入其鑿，師古曰：「鑿，謂所穿冢藏者，音在到反。」牧者持火照求羊，失火燒其藏椁。自古至今，藏未有盛如始皇者也，數年之間，外被項籍之災，內離牧豎之禍，師古曰：「離，遭也。」豈不哀哉！是故，德彌厚者葬彌薄，知愈深者葬愈微。無德寡知，其葬愈厚，丘隴彌高，宮廟甚麗，有掘〔六二〕必速。由是觀之，明暗之效，葬之吉凶，昭然可見矣。」賈山傳曰：「始皇死葬乎驪山，吏徒數十萬人，師古曰：「吏以督領、徒以役作也。」曠日十年，師古曰：「曠，空也，廢也，言爲重役，空廢時日，積年歲也。」下徹三泉，師古曰：「三重之泉，言其深也。」合採金石，治銅錮其内，桼塗其外，師古曰：「錮，謂鑄而合之也，音固。沅案：今本漢書「桼」作「漆」，非。被以珠玉，飾以翡翠，中成觀游，上成山林。爲葬薶沅案：今本漢書「薶」作「埋」，皆俗改，此是。之侈至於此，使其後世曾不得蓬顆蔽冢而托葬焉。」師古曰：「顆謂土塊，蓬顆言塊上生蓬者耳。舉此以對冢上山林，故言蓬顆蔽冢也。顆音口果反。」沅案：今本漢書注無「舉此已下」十五字。古史考曰「秦始皇使刑徒〔六三〕七十萬人作驪山，北山石爲碣。」水經注曰：「項羽入關，發之，以三十萬人，三十日運，物不能窮。關東盜賊銷椁取銅。牧人取羊燒之，沅案：水經注「取」作「尋」〔六四〕。火延千日沅案：水經注作「九十日」。不能滅。郡國志曰：「始皇陵有銀蠶金鴈，以多奇物，故俗云秦王地市。」沅案：郡國志無此文。關中記曰：「秦始皇陵在驪山之北，高數十丈，周六里，今在陰盤縣〔六五〕界。此陵雖高大，不足以消六十萬人積年之功，其用功力，或隱不見。不見者，驪山水泉本北流，北流者被障〔六六〕，使東西流。又此土無石，於渭北諸山運取大石，故其歌曰：『運石甘泉口，渭水爲不流。千人一唱，萬人相鈎。』今陵下餘石大如藟土屋，其消功力，皆此類也。」三輔故事曰：「始皇陵周七百步〔六七〕，以明珠爲日月，魚膏爲脂燭，金銀爲鳧鴈，金蠶三十箔，四門施徼，奢侈太過。六年之間，爲項籍所發。」兩京道里記曰：「陵高一千二百四十尺，内院周五里，外院周十一里。俗呼當陵南嶺尖峰作望峰，言築陵望此爲準。」沅案：裴駰引皇覽曰：「墳高五十餘丈，周回五里餘。」

始皇太子扶蘇墓。在縣東南三十四里。墓崇九尺。沅案：元和郡縣志、太平寰宇記俱無。

後漢馮衍墓。在縣東十四里，墓崇二丈。沅案：章懷太子賢後漢書注曰：「衍墓在今新豐縣南四里」，太平寰宇記云在縣西四里。

唐奉天皇帝齊陵。在縣東一十六里旌儒鄉新豐店西。

唐文敬太子、惠昭太子二陵。在縣東一十五里旌儒鄉。

恭哀太子陵。在縣境。沅案：方志云在縣北。

莊恪太子莊恪陵。在驪山北原。

贈太尉段秀實墓。在縣西一十五里。

僧一行葬塔。在銅人原。明皇幸温湯，過其塔前，駐馬徘徊。

鄠〔六八〕

鄠縣。唐畿，今次畿。東北至府六十五里。本夏之扈國也。尚書：「啓與有扈戰於甘之野。」孔安國曰：「甘有扈郊。」春秋左氏傳：「夏有觀、扈。」杜預曰：「始平鄠縣有扈鄉。」帝王世紀曰：「扈至秦改爲鄠。姚察漢書訓纂曰：「案户、扈、鄠三字一也，古今字不同耳。」甘亭，殷爲崇國，文王伐崇〔六九〕是。」漢志鄠縣屬右扶風。有扈谷亭。晋屬始平郡。沅案：春秋左傳「舍諸靈臺」，杜預云在京兆〔七〇〕鄠縣，蓋承後漢地志云爾。後魏太平真君七年，屬京兆郡。自漢至隋，皆於鄠城置縣，即今縣北二里故城是。沅案：太平寰宇記云其城周四里，頽垣尚在。大業十年徙今治。

縣境。東西五十二里，南北一百里。

五鄉，管五里。唐二十四鄉。漢有長水鄉，餘不傳。

宜善鄉。連縣郭。管陳平里。

扈亭鄉。在縣西北一十二里。管甘泉里。沅案：地理志云鄠有扈谷亭，即此。

太平鄉。在縣東一十五里。管仁讓里。

萯陽鄉〔七二〕。在縣西一十三里。管五萯里。沅案：說文云⿰崩阝，右扶風鄠鄉，讀若倍，即謂萯鄉。李斐音萯爲倍，是古音同也。古文尚書「丕子之責」，今文作「負子」是。

珍藏鄉。在縣北一十二里。管貨泉里。

縣城。周二里二十四步。

甘泉鎮。在縣西北三十里。

秦渡鎮。在縣東四十里。一作四十五里〔七二〕。

馬祖壇。在縣東北三十二里龍臺澤中。

驛。在縣北門〔七三〕內，東北去本府秦川驛七十里，西至盩厔縣驛七十里。

終南山。在縣南二十里。

鷄頭山。在縣東南三十里〔七四〕。十六國春秋曰：「苻生不能守長安，欲西上隴山，士卒散盡，遂入鷄頭山，尋爲追兵所害。」

牛首山。在縣南〔七五〕二十三里。南接終南山，在上林苑中。西京賦曰：「繞黄山而款牛首。」山海經曰：「牛首之山，有鬼草，其葉如葵，赤莖，其秀如禾，服之使人沅案：中山經無「使人」二字。不憂。三輔黄圖曰：「甘泉宫中有牛首山。沅案：山海經牛首之山在霍山南四十里，澇水、潏水出其山，與水俱在今山西浮山縣，非此牛首也。水經注引山海經、云潏水即巢山之水也，西北流與澇水合，亂流西北逕高陵城北，西流入於汾水。元和郡縣志臨汾縣有潏水，今澇水出浮山縣，潏水出龍角山，逕臨汾縣，皆在山西，故山海經云：「又北四十里曰霍山。」樂史、敏求誤附於此，今世人并以此地所出飛魚爲可已痔，誤矣。

五床山。在縣境。沅案：此亦無去縣道里，恐郊祀志鄠有五床，爲是祠而非山，或其山在醴泉，此亦祠之與？漢書曰：「鄠有五床。」案近世僧院有在重雲山、紫閣山、雲際山、白雲山者，此並不載。

渭水。北去縣十七里。

豐水。經縣東二十八里，北流入渭。

潏水。北過上林苑入渭。沅案：潏水舊作「玉」〔七六〕，非。

澇水。在縣西二里。説文曰：「澇水出扶風鄠，北入渭。」山海經曰：「牛首之山，澇水出焉，西注於潏水。多飛魚，狀似鮒，可已痔疾。」沅案：此亦誤以山西澇、潏爲在此，説見前。「疾」山海經作「衕」。李善注文選，曰潦水即澇水也。漢書注顔師古曰：「潦，音牢，亦水名，出鄠縣西南山潦谷，而北流入於渭。」

高觀谷水。在縣東南三十里。闊三步，深一尺。其底並碎砂石。北流入長安縣界，合豐水。

太平谷水。在縣東南三十里。闊七步，深二尺，其底並碎砂石。北流入長安縣界，合豐水。十道志曰：「太平谷水一名林谷水，即清水〔七七〕「水」一作「渠」之上流也，源亦出終南山。」

檀谷水。十道志曰：「長樂渠之上流也。源出縣南終南山檀谷。」

甘谷水。在縣西南二十二里。闊三步，深一尺，其底並碎砂石。北流入興平縣界，合渭水。

耿谷水。在縣西南三十里。闊三步，深一尺，其底並碎砂石。北流入興平縣界，合渭水。

扈陽谷水。沅案：今俗云化羊谷，「扈」、「化」聲相近。十道志曰：「一名扈水，又名馬腹陂水。」水經注曰：「扈水上承扈陽池。」沅案：水經注無文，而太平寰宇記亦引之。

没豬泉。在縣東南。其源澄湛，俗傳昔有野猪没而爲泉。圖經曰：「案説文『猪亦豬也，水所停曰豬。』尚書禹貢曰『大野既豬』，亦曰『彭蠡既豬』、『滎波既豬』，皆由水所停〔七八〕爾。又曰：『黑水、西河爲雍州。終南、惇物，至於鳥鼠，原隰底績，至於豬野。』今鄠縣實終南之隈。沅案：豬野澤在今甘肅，敏求以爲在此，誤矣。没，汨没也。蓋泉澤即水所停爾，俗而神之，非也。」今傍有禹廟。

渼陂。沅案：渼，水經注、元和郡縣志俱作「美」。在縣西五里。出終南諸谷，合胡一作朝公泉爲陂。十道志曰：「有五味陂。陂魚甚美，因誤名之。本屬奉天。」又説文曰：「渼陂，在京兆鄠縣。其周一十四里，北流入澇水。」唐寶曆二年，敕渼陂令尚食使收管〔七九〕，不得雜人〔八〇〕採捕。其水任百姓溉灌，勿令廢碾硙之用。文宗初，詔並還府縣。

龍臺澤。在縣東北三十里。周二十五里。有唐馬祖壇在其中。十道志：「上林有龍臺觀，上林賦曰『登龍臺，掩細柳』是。」方輿記在豐水西北，近渭。

八部澤。在縣東南〔八一〕一十八里。周五十里。沅案：元和郡縣志、太平寰宇記皆云在縣東南五里。

滿地濼。在縣東北二十八里。周三里。即鎬水上源。東北流入長安縣界馮席村。

甘亭。在縣西南五里。續漢書曰在甘水之東長水鄉。漢有營校之地，胡騎所屯。劉屈氂傳。

文殊臺。一在縣東三十里。沅案：春秋左傳云秦獲晋侯以歸，乃舍諸靈臺。杜預云在京兆鄠縣周之故臺，此缺載。

論公臺。在縣西南五里。

望仙臺。在縣西三十里。

新羅王子臺。在縣東南六十里。

縣故城。在縣北一里〔八二〕。即漢鄠城也。周四里。縣枕終南山，灃、鎬二水合流入渭。山水之勝，甲於秦中，故班孟堅西都賦曰：「商洛緣其隈，鄠杜濱其足。」

鐘官城。又名灌鐘城。在縣東北二十五里。秦始皇收天下兵器銷爲鍾鐻〔八三〕處。

周酆宫。在縣東三十五里。沅案：舊本脱「三十」二字。

秦萯陽宫。在縣西南二十三里。

隋太平宫。在縣東南三十一里。沅案：舊本脱「一」字〔八四〕。對太平谷。

隋甘泉宫。在縣西南二十二里。對甘泉谷。

漢宜春觀。在縣境。

逍遥栖禪寺。在縣東南三十里。後秦弘始三年置。

雲際山大定寺。在縣東南六十里。隋仁壽元年置爲居賢捧日寺。本朝太平興國三年改。寺内有李順興先生古記云：「順興初居長安大統鄉昆明池南居賢村，爲周太祖所重，令以〔八五〕所居村置寺，以居賢人，號居賢寺，因名村爲居賢村。順興自魏武之始，隱居此山，念持金剛經，聚壘瓦塔，以記經數，南北三嶺，時稱爲中垝士嶺也。其地舊有寺，周武末寺廢。至大業中，乃以此地賜駙馬都尉吴國公尉遲安爲柴莊。安嘗見一老人，素服，謂安曰：『此古寺地，何不再葺之？』安遂求置寺，因掘地得順興石像焉。」

周王季冢。在南山。沅案：呂氏春秋云王季葬於渦山之尾，即扈山也。渦、扈聲相近，論衡作「滑」，字之誤。國策作「楚山」。

漢陳平墓。在縣南十里。沅案：明一統志：「陳平墓，一在完縣，一在永城縣，一在陽武縣。」河南府志云在洛陽縣，蘭陽縣志云在縣鴉鶻劉村，皆無書傳可據，當以此爲是。

長安志卷第十五終

校勘記：

〔一〕鄠　原作「鄠縣」，據成化、嘉靖、四庫諸本刪「縣」字。

〔二〕男女老幼　成化、嘉靖、四庫諸本及類編長安志卷七並作「士女老幼」。

〔三〕胡寬　成化、四庫本俱作「朝寬」，唯類編長安志卷七同畢沅刻本作「胡寬」。

〔四〕枌榆　原作「枋榆」，據成化、四庫本改。

〔五〕七年　原作「六年」，據成化、嘉靖、四庫諸本改。

〔六〕升爲　原作「外爲」，據四庫本改。

〔七〕樂之　原作「落之」，據成化、嘉靖本改。

〔八〕縣東　原作「縣東南」，據成化、嘉靖、四庫諸本改。又類編長安志卷一作「縣東北」。

〔九〕四十里　原作「四十五里」，據成化、嘉靖、四庫諸本及類編長安志卷七改。

〔一〇〕昌亭驛　原作「昌驛亭」，據成化、嘉靖、四庫諸本及類編長安志卷七改。

〔一一〕秦川驛　原作「秦州驛」，據類編長安志卷七改。

〔一二〕又改　原本作「二改」，據成化、嘉靖、四庫諸本改。

〔一三〕初六七尺　原作「初時六七尺」，據類編長安志卷六改。

〔一四〕三百餘尺　原作「百餘尺」，據類編長安志卷六改。

〔一五〕竊戲　二字原闕，據類編長安志卷六補。

〔一六〕竊語　原作「翻語」，據四庫本改。

〔一七〕古文官書　漢書儒林傳唐顏師古注作「古文尚書」。

〔一八〕皆壓　原作「皆厭」，據成化、嘉靖、四庫諸本改。

〔一九〕磑千谷　疑應作磑子谷。

〔二〇〕別廬　二字原闕，據成化、嘉靖、四庫諸本補。

〔二一〕很石　原作「狠石」，成化本作「佷石」，據四庫本及類編長安志卷七改。

〔二二〕藍田　原作「田藍」，據成化、嘉靖、四庫諸本改。

〔二三〕一十四里　「一」字原闕，據成化、四庫本補。

〔二四〕市谷水　原作「酋谷水」，據成化、嘉靖、四庫諸本及類編長安志卷六改。

〔二五〕一十里　原作「十里」，據成化、嘉靖、四庫諸本補。

〔二六〕渴牛井　成化、嘉靖本作「蝎吽井」，四庫本作「蝎蚸井」，類編長安志卷六作「喝吽井」。

〔二七〕得入　原作「得人」，據成化、嘉靖四庫本改。

〔二八〕御湯　原作「御賜」，據成化本及類編長安志卷六改。

〔二九〕湯泉宮　原作「溫泉宮」，據成化、嘉靖、四庫諸本改。

〔三〇〕御夾道　原作「御交道」，據類編長安志卷九改。

〔三一〕湯池　成化、嘉靖、四庫諸本及類編長安志卷六俱無「池」字。

〔三二〕撤去　原作「撒去」，據嘉靖、四庫本改。

〔三三〕小船　原作「漆船」，據成化、四庫本改。

〔三四〕衮衣立侍　原作「立衣衮衣」，據類編長安志卷九改。

〔三五〕前臨　原作「前驅」，據類編長安志卷九改。

〔三六〕魚朝恩　原作「魯朝恩」，據成化、嘉靖、四庫諸本改。

〔三七〕按歌臺　原作「桉歌臺」，據四庫本及類編長安志卷九改。

〔三八〕丹霞泉　「泉」字原闕，據成化、嘉靖、四庫諸本補。

〔三九〕罕復遊幸　「罕」原作「罕」，據成化、嘉靖、四庫諸本改。

〔四〇〕唐末　原作「唐未」，據成化、嘉靖、四庫諸本改。

〔四一〕張晏曰　案今本漢書郊祀志唐顏師古注引此，作「晉灼」語。

〔四二〕驪戎　原作「麗戎」，據成化、嘉靖、四庫本改。

〔四三〕周回四望　原作「周回望」，據類編長安志卷七改。案四庫本作「周回里」。

〔四四〕暴漲　原作「暴張」，據成化、嘉靖、四庫諸本改。

〔四五〕狀如豬　「狀」字原闕，成化本作「狀豬」，此據四庫本補。

〔四六〕龍飛　類編長安志卷八作「雲飛」。

〔四七〕宮牆逼近於肅敬　案此處疑有脱誤，四庫本作「宮牆逼近，難禁匠。」唐詩紀事卷六二鄭嵎津陽門詩注作「禁臣」，或是。

〔四八〕幽州　原作「幽州山」據成化、嘉靖、四庫諸本改。

〔四九〕絶壁　原作「絶壁」，據成化、四庫本改。

〔五〇〕兩壁　原作「兩璧」，據成化、嘉靖、四庫諸本改。

〔五一〕三十里　原作「十里」，據成化、嘉靖、四庫諸本改。

〔五二〕秦始皇祠　類編長安志卷五作「人祖廟」。

〔五三〕強即死之　四庫本「即」作「殛」。

〔五四〕昭應縣　原作「昭唐縣」，據類編長安志卷五改。

〔五五〕天華　原作「尺華」，據舊唐書王璵傳改。

〔五六〕并天下　原作「平天下」，據四庫本改。

〔五七〕送詣　成化、嘉靖、四庫諸本俱無「詣」字。

〔五八〕百姓　原作「百官」，據成化、四庫本改。

〔五九〕令匠　原作「今匠」，據四庫本改。

〔六〇〕骨膏　原闕「骨」字，據成化本補。

〔六一〕珍寶之藏　「藏」原作「臧」，據成化、嘉靖、四庫本改。本條下「藏」字同。

〔六二〕有掘　原作「發掘」，據成化、嘉靖、四庫諸本改。

〔六三〕刑徒　原作「形徒」，據成化、嘉靖、四庫諸本改。

〔六四〕「取」作「尋」　原本乙誤爲「尋」作「取」，據文義及水經渭水注更正。

〔六五〕陰盤縣　原作「陰平縣」，據本卷臨潼縣沿革，「平」應爲「盤」字之譌。

〔六六〕被障　原作「陂障」，據類編長安志卷八改。

〔六七〕周七百步　「周」字原闕，據類編長安志卷八改。

〔六八〕鄠　原作「鄠縣」，據成化、嘉靖、四庫諸本改。

〔六九〕伐崇　「伐」原作「代」，據成化、嘉靖、四庫諸本改。

〔七〇〕京兆　原作「京北」，案「京兆」乃郡名，徑改。

〔七一〕貟陽鄉　成化、嘉靖、四庫本俱作「負陽鄉」。

〔七二〕四十五里　成化本作「十十五里」，四庫本作「十五里」。

〔七三〕縣北門　「縣」字原闕，據成化、嘉靖、四庫諸本補。

〔七四〕三十里　原作「三十一里」，據成化、嘉靖、四庫諸本改。

〔七五〕縣南　原作「縣西南」，據成化、嘉靖、四庫諸本改。

〔七六〕舊作「玉」 案成化、嘉靖、四庫諸本並作「玉」。

〔七七〕清水 原作「清渠水」，無小注，據成化、嘉靖、四庫諸本改。

〔七八〕所停 原作「所亭」，據成化、嘉靖、四庫諸本改。

〔七九〕收管 原作「牧管」，據成化、四庫本改。

〔八〇〕雜人 原作「雜入」，據成化、嘉靖、四庫本改。

〔八一〕縣東南 「縣」字原闕，據成化、嘉靖、四庫本補。

〔八二〕一里 原作「二里」，據成化、嘉靖、四庫諸本改。

〔八三〕鍾鐻 四庫本作「鐘簴」。

〔八四〕舊本脱「一」字 成化、嘉靖、四庫諸本俱無「一」字。類編長安志卷二同無此字。

〔八五〕今以 原作「今以」，據成化、四庫本改。

長安志卷第十六

縣六

藍田　醴泉

藍田

藍田縣。唐畿，今次畿。東北至府八十里。秦舊縣也。沅案：史記六國表云秦孝公六年爲縣。竹書紀年曰：「梁惠成王命太子向爲藍田君。」沅案：太平寰宇記及此舊云「惠王」，脱「成」字〔一〕，非。水經注曰：「藍田縣蓋子向之邑。」漢書曰「藍田縣，秦孝公置。山出美玉。」周禮曰：「玉之美者曰球，其次曰藍。」沅案：周禮無文，通典縣下亦有此語，而不云周禮。三秦記曰：「蓋以縣出美玉，故名藍田。」案縣秦屬內史，漢屬京兆尹。沅案：魏、晉皆因之。後魏太武帝太平真君七年省縣。沅案：地形志云并霸城。孝文帝太和十一年復置，隸京兆郡。沅案：地形志有山北縣，亦此縣地。後周閔帝二年〔二〕，析縣置玉山、白鹿縣，以三縣〔三〕置藍田郡。武帝建德二年省郡，廢玉山、白鹿入藍田，以隸京兆，自縣西三十里故城徙嶢柳城，今治是也。唐武德二年，析置白鹿縣。三年更曰寧民，沅案：舊唐書作「寧人」，蓋承舊史避諱字。又析藍田置玉山縣。貞觀三年，皆省。沅案：舊唐書云貞觀元年廢寧人、玉山入藍田縣，則此及新書志云「三年」誤。

縣境。東西八十里，南北一百里。

四鄉，管四里。唐二十三鄉〔四〕。有節婦鄉傳〔五〕。

奉道鄉〔六〕。連縣郭。管安仁里。

玉山鄉。在縣東一十里。管嚴朱里。

白鹿鄉。在縣西南二十里。管安道里。

盧珍鄉。在縣西北一十里。管康和里。

縣城。本名嶢柳城。沅案：「嶢柳」字王莽傳亦作「嶢霤」，以前對嶢山，其中多柳，因取爲名。水經注曰：「泥水歷嶢柳城南，魏置青泥軍於城内，俗亦謂之青泥城。」晋中興書曰：「桓温伐苻健，遣京兆太守薛珍擊青泥城，破之。」即其處也。城周八里，今縣城但占〔七〕東南一隅而已。周三里餘八十步，崇一丈六尺，凡三門。

青泥驛。在縣郭下。

藍田驛。在縣西北二十五里〔八〕。

韓公堆驛。在縣南二十五里。作「桓公驛」者非。

藍橋驛。在縣東南四十里。

藋平驛。在縣南五十五里。以上五驛並廢。

玉溪館。在縣東南四十五里。入商州路。俗曰砲子平。

藍田關。在縣東南九十八里。沅案：史記正義引括地志云在縣東南九十里。即秦嶢關也。漢書曰：「趙高遣將將兵距嶢關，應劭曰：「嶢音堯，嶢山之關〔九〕。」李奇曰：「在上洛北、藍田南，武關之西。」沛公引兵繞嶢關，踰蕢山，擊秦軍，大破之。」後周明帝武成元年，徙青泥故城側，改曰青泥關。武帝建德三年，改曰藍田關，因縣爲名。隋煬帝大業元年，徙復舊所，即今關是。

終南山。在縣南七十里。

藍田山。在縣東南三十里。沅案：元和郡縣志在縣東二十八里。范子計然曰：「玉英〔一〇〕出藍田。」一名覆車山。郭緣生述征記曰：「山形如覆車之象，其山出玉，亦名玉山。」後魏風土記曰：「山巔方二里，聖賢仙隱之處。沅案：太平寰宇記引云「仙聖游集之所」。」劉雄鳴學道於此。下有神祠甚嚴。灞水之源出藍田谷。西又有〔一一〕尊盧氏冢，次北有女媧氏谷，則知此地是三皇舊居之所。」帝王世紀曰：「尊盧氏，赫胥氏後。」魏略曰：「劉雄鳴，藍田人，少以採藥射獵爲事，常居覆車山。每晨夜出行雲霧中，識其道不迷，時人因謂之能爲雲霧。」晋太康地記曰：「藍田出美玉，故曰藍田。」括地志曰：「臣泰案：聖賢冢墓記：『驪山之陽多美玉。』今縣西北四十里有驪山，即此山之北阜，驪山之陽，或謂此也。」

蕢山。在縣東南二十五里。事見上。鄭氏曰：「蕢，音匱。」蘇氏曰：「蕢，音蒯。」師古曰：「蘇音是〔一二〕也，丘怪反。」沅案：水經注有魄山，即蕢山也。魄、蕢聲相近。

倒虎山。一名玄象山。在覆車山北。苻堅時，王子年始隱於東陽谷，後避石季龍之亂，徙於此。

嶢山。在縣南二十里。

虎候山。在縣境。出地道記。沅案：今俗云虎坷山，在縣西十五里。候、坷聲相近，字之誤也。志家不知，乃云虎候山或即倒虎山，非矣。

金山。在縣南一十里。沅案：今方志云金山在縣東北三十里，蓋非。

七盤山。在縣南二十里。

王順山。在縣東南二十里。舊圖經曰：「昔道人王順隱此山得道。」沅案：今俗呼望舜山，聲之誤。

阜兒山。在縣東六十里〔一三〕。鄉俗所傳，嘗有一禽止此山，衆禽隨之，疑爲鳳也，因名鳳兒山，語訛作阜兒山。

白鹿原。在縣西五里。沅案：元和郡縣志云「六里」。三秦記曰：「周平王東遷，有白鹿游於此原，以是得名。蓋秦運之象。」其原接南山，西北入萬年縣界，抵滻水。」晉書：「苻雄與桓沖戰於白鹿原。」晉中興書曰：「桓温伐苻健，督護鄧遐等奮擊於白鹿原。」

涼風原〔一四〕。一作風涼。在縣西南四十五里。南接石門山，北入萬年縣界。遁甲開山圖曰：「驪山之西川，有阜名曰風涼原，亦雍州之福地，即魄山〔一五〕之陰也。沅案：水經注引云：「在魄山之陰。」水經注曰：「狗枷川水有二原，西川水出魄山之斫盤谷〔一六〕，與苦谷〔一七〕二水合而東北流，逕風涼原西。」沅案：舊本脱「逕」字、「西」字〔一八〕。

橫嶺。在縣北三十五里。自臨潼驪山東入縣界，橫接華州界。

桓公堆。在縣南二十五里。晉書：「桓温伐苻健，遣苻雄等拒温於秋思堆，後因名桓公堆。」

繂坡。在縣東南。通典曰：「七盤十二繂，藍關之險路也。」

傾谷。在縣東五十里。

同谷。在傾谷之西。沅案：水經注作「銅谷」。

倒回谷。在縣東南五十里。霸水〔一九〕上源出此谷。谷内通商州洛南縣界。

藍谷。在縣東南二十里。

輞谷。在縣南二十里。

採谷。在縣西南三十里。與輞谷並有細路通商州上洛縣。

石門谷。在縣西南四十里。唐昭宗乾寧二年，行莎城鎮，又次石門鎮之聖壽寺。

庫谷。在縣西南五十里。谷有關。

霸谷水〔二〇〕。一作灞〔二一〕。古滋水也，亦名藍田谷水，即秦嶺水之下流也。東南自商州〔二二〕上洛縣界流入。漢書曰：「霸水出藍田谷，北入渭，古曰〔二三〕滋水。秦穆公更名，以章霸功。」水經注曰：「霸者，水上地名也。水出縣之藍田谷。」三秦記曰：「有川方三十里，其水北流，出玉銅鐵石。」圖經曰：「其源出縣東南秦嶺倒回谷，西北流九十里，出縣界入萬年縣界奪村。」岸闊六十尺。十道志「霸水源出終南山金谷。」沅案：鄭樵通志地理略云：「霸水出永興藍田縣終南山金谷，東經臨潼，北入渭」，然長安志云：「霸水從上洛界入漢。」今長安志無此文，霸水，亦無由入漢也，即云入漢，或由俗本字誤，鄭樵以爲經證，非矣。

沅案：舊本「古曰」上有「師」字，蓋後人依俗本地理志加入，非也，此班固自注。

金谷水。出縣西南終南山之金谷。水經注曰：「水東北流，注滻水。又北流，歷藍田川，北注於霸。沉案：水經注云：「滻水西北流與一水合，水出西南莽谷，東北流注滻水。滻水又北流，歷藍田川，北流注於霸水。」即此水也。

劉谷水。一名泥水。出縣東南劉谷。水經注曰：「水出藍田山之東谷，俗謂之劉谷，西北與石門水合。」沉案：水經注但云「輞谷水又西流入泥水，泥水又西逕嶢關北」，此所引皆無之，蓋今本脱文。

銅谷水。出縣東銅谷。水經注曰：「石門谷東有銅谷水，合輕谷水〔二四〕西注泥水。沉案：水經注云「西北有銅谷水，次東有輞谷水，二水合而西注，又西入泥水」，上無石門谷文，石門谷文在後，云「東川水出南山之石門谷」。

白馬谷水。出縣東白馬谷。南流經縣南，又西北流入霸水。

白牛谷水。出縣西北白牛谷〔二五〕。西南流入霸水。

圍谷水。又有岐谷水。出縣西南岐谷，南流入霸水。

狗枷東川水。出縣西南終南山。水經注曰：「上有狗枷堡，秦襄公時，有天狗來下。有賊則狗吠之，一堡無患，故川得名焉。」沉案：水經注云「得厥目焉」。又曰：「狗枷東川水出南山之石門谷，次東有孟谷，次東有大谷，次東有雀谷，次東有土門谷，五水合而西北流，歷風涼原東〔二六〕。」沅案：今本水經注作「五水出谷，西北歷風涼原東」，非。入萬年縣界。沅案：此五字敏求增。

荆谷水。自白鹿原東流入萬年縣唐村界。沅案：此即水經注之「長水出杜縣白鹿原，謂之荆谿」也。

輞谷水。出南山輞谷，北流入霸水〔二七〕。

藍谷水。南自秦嶺西流，經藍關、藍橋，過王順山下。水出藍谷，西北流入霸水。

傾谷水。自秦嶺出，南流入霸水。

採谷水。自秦嶺出，北流三十里入萬年界。

石門谷水。自秦嶺出，北流三十里入萬年界。

庫谷水。自南山出，北流入萬年界，合滻水。

蓼子澗。在縣南三里。出南山，西北流，合輞谷水入霸水。

咽瓠泉。在縣西北一十五里。舊圖經曰：「唐李筌於此遇驪山老母，説陰符經。傳教既畢，令筌取水，筌乃携瓠就泉汲水，已，失老母，因名咽瓠泉。」

桂泉。在縣東北四十里。泉畔舊有桂一根。唐武德六年，寧民令顔昶引南山水入京城。

冰池。在縣東南六十里。唐鑿冰之所。

淹池。在縣東北三十五里。淹一作□。

石門湯。在縣西南四十里石門谷口。舊圖經曰：「唐初有異僧止於此。大雪，其地雪融不積。僧曰：『必温泉也。』掘之，果有湯泉涌出，遂置舍兩區。凡有病者，浴多痊損〔二八〕。後有白魚之瑞，復神女頻降，遂立玉女堂於湯側。明皇時賜名大興湯院。」

昆吾亭。在縣境。漢宣帝霍皇后葬亭之東。

藍田故城。在縣西三十里。

白鹿故城。在縣西十一里。

周玉山故城。在縣東二十五里。

唐玉山故城。在縣東南四十三里。有萬金堡。

寧民故城。在縣西南三十二里。

青泥城。在縣南七里。案嶢柳城亦謂之青泥城，即今縣是也，未詳復有此城。

思鄉城。一名柳城。在縣東南三十三里。舊説宋武帝入關，築城於此，南人思鄉，因名之。沅案：説出元和郡縣志。又以城傍多柳，故曰柳城。

尚可堡。在縣東。今存。

明市堡。在縣西南四十里。

鷄子堡。在縣北四十里。土坡狀如鷄子，因以爲名。

黄櫨堡。在縣北三十里。

漢御羞苑、鼎湖宫。皆在縣境。

唐萬泉宫。儀鳳三年建。

萬全宫〔二九〕。在縣東四十五里。開耀三年，詔新造凉宫爲萬全宫。高宗遺言萬全、芳桂、奉天等宫〔三〇〕並停廢。文明元年，武后詔奉天宫置道士觀，芳桂、萬全各置僧寺，以舊宫爲名。沅案：會要云儀鳳三年作，永淳二年廢。新唐書云永淳元年作，弘道元年廢。

勝因寺。即唐法池寺也。在縣城内。舊圖經曰：「寺舊有池，故以名。張説有藍田法池寺二法堂讚。大中中改通靈寺，後又改今名。

崇法寺。即唐悟真寺也。在縣東南二十里王順山。白居易有詩述其靈異，後改名。

永福寺。在縣西南三十五里。本唐神堯山莊。

崇仁寺。在縣東北四十里。唐開元二十六年置。

清源寺。在縣南輞谷内。唐王維母奉佛山居，營草堂精舍，維表乞施爲寺焉。

虎候山祠。漢書曰秦孝公置。

金山神廟。在縣南十里輞谷口金山之前。舊圖經曰：「黄帝時風后滅蚩尤之衆於此，蓋風后之祠。」

濟衆侯廟。在縣東南五十里倒回谷口。其神名石門將軍，唐京兆尹第五琦、楊知至，祈雨有應。至乾符中，歲旱，詔使致禱，應時霑霈，遂封濟衆侯，增葺廟宇。今榜「助順王」，未詳。

都神廟。在縣城内。會縣境諸神歲時饗於此。

黄崖神廟。在縣東五十里傾谷口。

古華胥氏陵。在縣西三十里。

荆軻冢。在縣西北三十里。

燕子冢。在縣東八里。沅案：今方志云在縣東五里，非。漢書曰：「臨江閔王榮，景帝太子，沅案：此節其文。廢爲臨江王。沅案：漢書曰「廢爲王」。坐侵廟壖地爲宫，上徵榮，將行，沅案：漢書云「榮行」。祖於江陵北門。既上車，軸折車廢。江陵父老流涕竊言曰：『吾王不反矣。』榮至，詣中尉，簿責訊王。王恐，自殺。葬藍田，有數萬燕沅案：漢書作燕數萬。銜土置冢上，百姓憐之。」世名燕子冢。」沅案：「世名燕子冢」五字非漢書。

賀若婦冢。在縣西南一十五里。婦，縣人也。姑有疾，刲股肉奉姑，疾遂愈。府縣以聞，敕旌表門閭，名其鄉爲節婦鄉。舊不載歲月〔三二〕，疑唐事。沅案：此條小注各本脱字。

醴泉

醴泉縣。唐次赤，今次畿。東南至府九十里。沅案：元和郡縣志、太平寰宇記俱云東南至府一百二十里者，唐及宋初治在此縣西。又案：今縣東三十里舊縣即宋故城也。本漢左馮翊谷口縣地，在九嵕山東、仲山西，當涇水出山之處，故謂之谷口。今縣東〔三二〕四十里谷口城是。沅案：今縣東北十里是漢故城也。王莽曰谷喙。後漢、魏、晋爲池陽縣。後魏武帝於谷口置温秀、寧夷二護軍，改池陽爲寧夷縣，隸咸陽郡。西魏置寧夷郡。後周改爲寧秦郡。沅案：隋地理志：「後周改爲秦郡。」無「寧」字。又云：「以新畤、甘泉二縣入焉。」則二縣地當在縣境也。隋開皇十八年改寧夷縣爲醴泉縣，隸京兆郡。沅按：開皇三年置雍州，煬帝改爲京兆郡，則縣初隸雍州，後隸京兆。以縣界有漢醴泉宫，因以爲名。方輿記曰：「漢宣帝時開，泉味如酒，故以名縣，亦漢宫之名也。」沅案：「漢醴泉宫」當云「周醴泉宫」，「漢宣帝」當云「周宣帝」，字之誤也。元和郡縣志、太平寰宇記並云縣以周醴泉宫名，太平寰宇記又曰：「永壽縣醴泉苑在縣東北十里，并宫並周所立。宮在今永壽縣境。」尋檢書傳，漢時無醴泉宮也。其城即古仲橋城也。沅案：今縣北十里是唐故城。唐武德元年析置温秀縣。案縣北有温秀嶺，當以此爲名。後省醴泉。沅案：唐書志云武德二年，分醴泉置好時縣。三年，分始平置醴泉縣。此皆缺載。貞觀十年，營昭陵在九峻山，析雲陽、咸陽二縣復置醴泉縣。沅案：唐書志云武德三年分始平置醴泉，則新唐書志及此皆云貞觀十年始復置，非也。隷雍州。沅案：唐書志云：「奉天縣，文明元年分醴泉置。」則此當云「文明元年分置好時縣。」天授元年，隷鼎州。」沅案：唐書志云：「天授元年，改雍州爲京兆郡，其年復舊。二年，分醴泉等縣置鼎州。則此當云元年隷雍州，二年隷鼎州。沅案：太平寰宇記云：「鼎州，久視元年廢，縣仍隷府。」廣德元年，還隷雍州。沅案：唐會要云廣德元年五月一日升。又案：元和郡縣志云次赤縣。又案：縣以乾寧中隷威勝軍，尋復舊。梁乾化中，又隷威勝軍。後唐、晉、漢、周仍屬京兆府。此皆不載，而見乾州下。

縣境。東西六十二里，南北一百二里。

六鄉，管二百五十村。唐十六鄉。有白鹿、長樂、瑶臺、修文四鄉，餘不傳。沅案：説文云：「郛，左馮翊谷口鄉，讀若寧。」此缺載，非也。今縣東四十里有阡東鎮，是「阡」、

「郛」形相近，字之誤。

美華鄉。在郭下〔三三〕。管村四十四。

通時鄉。在縣西北六里。管村二十四。沅案：宋故城在今縣東三十里，故鄉鎮山水去縣道里，多與今不同。

新望鄉。在縣西一十二里。管村三十。

崇孝鄉。在縣東北一十五里。管村四十九。

神安鄉。在縣西北三十里。管村五十四。

白涇鄉。在縣北五十里。管村四十九。

縣城。周二里餘一百步。

醴泉鎮。在縣城内。

北醴泉鎮。在縣北二十里。案〔三四〕今有甘北鎮，疑是此。

醴泉驛。在西門内。東南至咸陽驛四十五里，西北至乾州奉天驛七十里。

名光渡。在縣東北三十五里。今廢。

涇甘渡。在縣東北三十里。

九嵕山。在縣西四十里。沅案：元和郡縣志云在縣東北二十五里者，唐縣在宋縣西。漢書地理志曰：「谷口縣，九嵕山在西。」四夷郡國縣道記曰：「九嵕山東連仲山西當涇水出焉〔三五〕，高六百五十丈，周十五里。武將山在縣西北五十里。」一名馮山。沅案：元和郡縣志、太平寰宇記皆云在縣東北十八里者，唐縣在宋縣西，宋初仍之。又案：地理志云谷口有五床山祠，五床山疑即武將山。「五」、「武」、「將」、「床」形聲俱相近。今麟遊亦有五將山，見水經注，苻堅所入，與此不同。

芳山，在縣東北五十里。一作方。

覆甑山。在縣東北四十五里。

承陽山。在縣西北七十里。山有石泉，三輔黄圖所謂浪水。無勞山在縣西北六十里。

温宿嶺。在縣北。漢時温宿國人令居此地田牧，因以爲名。隋志作「温秀」。

甘谷。在縣西八十里。

泥泉谷。在縣西北三十里。

石泉谷。在縣西北六十里。

波水谷。在縣北七十里。

承陽山兩水谷。在縣西七十里。

豆盧谷。在縣西北八十里。

黑狗谷。在縣西北九十里。

巴谷。在縣西北九十里。

白水谷。在縣西北一百里。

涇水。自乾州永壽縣西北流入縣界。尚書禹貢曰：「涇屬渭汭。」屬隸也。水北曰汭。言治水注入渭。毛詩曰：「涇以渭濁，湜湜其沚。」春秋左氏傳襄公十四年曰〔三六〕：「諸侯之大夫從晋侯伐秦，以報櫟之役，濟涇而次。秦人毒涇上流，師人多死。」以毒藥投涇水之上流，晋師飲水多死。史記曰：「秦二世夢虎嚙左驂，殺之。卜涇爲崇，二世乃齋望夷宮，沅案：此亦節文。而欲祀之。沅案：史記云「欲祀涇。」漢書曰：「涇雖不在大川之祀，以近咸陽，得此大川之祀〔三七〕。」漢書注顔師古曰：「涇水出安定涇陽笄頭山，東至陽陵入渭。」益部耆舊傳曰：「漢武祀甘泉，至涇橋，有女子浴於涇水〔三八〕，乳長七尺，上怪遣問之，女曰：『帝後第七車知我。』時侍中張寬在第七車，對曰：『天星主祭祀，齋戒不潔，則女人星見。』」水經注曰：「涇水導源安定朝那縣西笄頭山，秦始皇巡狩，西出笄頭山，即是山也。蓋大隴之異名。」按漢武故事，張寬所對，並云渭橋、渭水。晉書〔三九〕曰：「苻堅以關中水旱不時，議依鄭、白故事，發其王侯已下及豪望富室僮隸三萬人，開涇水上源，鑿山起堤，通渠引續，以溉岡鹵〔四〇〕之田，百姓賴其利。」

甘河。自縣西北甘北鎮西來，至縣東北涇甘渡合入〔四一〕涇水。

谷口城。在縣東北四十里。漢縣也。溝洫志曰：「田於何所，池陽谷口。」即此城也。郊祀志：「公孫卿〔四二〕言黃帝昇仙於寒門。」水經注曰：「九嵕山東、仲山西，謂之谷口，即古寒門也。」沅案：水經注但云「渠首上承涇水於中山西，即瓠口，所謂瓠中也」，無此文，惟張守節引括地志正與此同。案雲陽縣，谷池水所出，謂之谷口，未詳孰是。

紫府觀。在縣東北三十里。唐太宗爲道士薛頤置。今廢。

瑤臺寺。在縣西北昭陵之西。

要册三廟。一在市北，一在縣西二十里，一在縣西三十五里。案漢志有天齊公、五床山、仙人、五帝祠四所，圖經皆不著。

唐太宗廟。在縣西門外，去縣一里。沅案：太平寰宇記云皇朝建隆三年敕立廟祭祀。

肅宗廟。在縣西北三十五里。開寶敕云去甘北巡鎮三里。

太宗昭陵。在縣西北六十里。陵廟記：「在縣東三十里。」九嵕山，白鹿、長樂、瑶臺三鄉界，古逢蒲村。下宫去陵一十八里。元和郡縣圖志曰在縣東北二十五里。封内周一百二十里。

陪葬諸王七。蜀王愔、趙王福、紀王慎、越王貞、嗣紀王澄、曹王明、蔣王惲。沅案：此書紀陪葬與唐會要略同，文獻通考即用此文。公主二十一。清河公主，駙馬都尉程懷亮。晋安，韋思安。豫章，唐善識。新興，長孫曦。蘭陵，竇懷悊。高密，段綸。長樂，長孫冲。遂安，王大禮。南平、劉玄懿。衡陽，阿史那社爾。新城，韋正矩。城陽，薛瓘。長廣，楊師道。襄城，蕭鋭。長沙，竇盧讓。安康，獨孤彦雲。臨川，周道務。普安，史仁表。潯陽。汝南。常山。沅案：三主無駙馬，蓋夭也。妃嬪八。鄭國夫人。彭城夫人。紀國太妃韋氏。越國太妃燕氏。趙國太妃楊氏。賢妃鄭氏。才人徐氏。竇卿妹石塔。宰相一十三。中書令馬周、岑文本、崔敦禮。司徒〔四三〕英國公李勣。尚書左僕射魏國公李靖。左僕射虞國公温彦博。右僕射宋國公蕭瑀。左僕射申國公高士廉。左僕射梁國公房玄齡。太子太師鄭國公魏徵。高陽公許敬宗。右僕射萊國公杜如晦。太尉趙國公長孫無忌。沅案：唐宰相陪陵尚有宇文士及，見新舊史，而此不載，杜如晦陪陵，新舊史皆無，考舊史云貞觀七年十二月，狩於少陵原，詔以少牢祭杜如晦、杜淹、李綱之墓，則如晦墓不在此。丞郎三品五十三。戶部尚書莒國公唐儉。吏部侍郎馬載。戶部尚書武陽縣公李大亮。衛尉卿齊國公房仁裕。禮部尚書張後胤〔四四〕。國子祭酒孔穎達。禮部侍郎孔志亮。工部侍郎孔惠元〔四五〕。散騎常侍褚亮。秘書監永興公虞世南。工部尚書閻立德〔四六〕。吏部尚書姜晦。中書舍人杜正倫，殿中監唐嘉會。學士姚思廉。衛尉卿魏叔玉。光禄卿姜遠。秘書監岑景倩。宗正卿李芝芳。光禄卿房光義。衛尉卿房光敏，子闐州刺史誕。清河郡主婿贈鴻臚卿竇庭蘭。金州刺史盧貞松。天策府記室薛收。宗正卿段倫。金紫光禄大夫長孫璿。贈吏部侍郎安康伯太史令薛頤。銀青光禄大夫李震。洪州刺史吴黑闥。晋州刺史裴藝。寧州刺史竇義節。衛州刺史蕭業。吏部郎中馬覿。幽州都督平元公長孫敞。原州都督李政明。臨淮公李規。琅邪公李珍。常山公李倩〔四七〕。千金公李俊。中山公李琚〔四八〕。汝州別駕房漸。左清道率房回。江夏郡王道宗。夔國公劉弘基。雍州長史李弼。特進觀國公楊仁恭。原州都督史幼虔。陝王府司馬史爲謙〔四九〕，芮國公豆盧行業。西平郡王李琛。簡州刺史建寧公李震。安南都督姜蘭。功臣大將軍以下六十四。大將軍薛國公阿史那忠。開府儀同三司鄂國公尉遲敬德。右驍衛大將軍嘉川縣公周仁護〔五〇〕。鎮國大將軍丹陽公李客師。大將軍鴈門公梁建方。左鎮衛大將軍虢國公〔五一〕張士貴。左武衛大將軍翼國公秦叔寶。大將軍周國公鄭仁泰。益州都督王愔。輔國大將軍劉弘基。武衛大將軍牛進達、公孫武達、阿史那什鉢苾。金吾大將軍梁敏。左衛大將軍阿史那社爾。監門大將軍仇懷吉〔五二〕。大將軍薛咄摩芝。大將軍蘇花熟。大將軍漢東公李孟嘗〔五三〕。光禄大夫芮國公豆盧寬。大將軍尉遲保林。大將軍阿史那道真。左武衛大將軍天水郡公丘行恭。金紫光禄大夫賀蘭整。大將軍張太師。冠軍大將軍許洛仁。大將軍張延師。大將軍琅邪王駙。右衛大將軍史大柰。左武衛大將軍懷德縣公牛伯億。左金吾大將軍梁仁裕。右屯衛大將軍金城郡公姜確。左監門大將軍王波利。大將軍公孫雅靖。大將軍可汗阿史那步真。大將軍史奕。大將軍李森。大將軍阿史那德昌。右監門將軍執失善〔五四〕。左金吾將軍房光忠〔五五〕。内侍將軍張阿難。横野軍〔五六〕都督拔野鐵。都督渾大寧，母史氏〔五七〕祔。將軍盧國公程知節。于闐王尉遲光〔五八〕。母阿史那氏祔。將軍仇務薦。右武衛大將軍懷寧縣公杜君綽。大將軍麻仁靖。右監門大將軍賀拔僱。將軍魯何道。將軍楊思訓。將軍元仲文。將軍豆盧承基。將軍斛斯正貴。將軍徐定盛。將軍康野。將軍段志玄。將軍薛萬鈞。將軍元思賢。將軍李丞相〔五九〕。中郎將薛承慶。右郎將尉遲昱〔六〇〕。右衛郎將姜昕。中郎將殷存爽〔六一〕。案陵廟記圖，然所載陪葬諸臣姓名差舛，恐未得其詳，或有不當陪葬者，更須參校乃善。所乘六駿石像在陵後。青騅，平竇建德時乘。讚曰：「足輕電影，神發天機。策兹〔六二〕飛練，定我戎衣。」什伐赤，平王世充〔六三〕、竇建德時乘。讚曰：「瀍澗未静，斧鉞申威。朱汗騁足，青旌〔六四〕凱歸。」有中四箭處。特勒驃，平宋金剛時乘。讚曰：「應策騰空，承聲半漢。入險摧敵，乘危濟難。」拳毛颯露紫，平東都時乘。讚曰：「紫燕超躍，骨騰神駿〔六五〕。氣讋三川，威凌八陣。」拳毛騧，平劉黑闥時乘。有石真容自拔箭處。讚曰：「月精案轡，天駟橫行。弧矢載戢，氛埃廓清。」有中九箭處。白蹄烏，平薛仁杲〔六六〕時乘。讚曰：「倚天長劍，追風〔六七〕駿足。聳轡平隴，回鞭〔六八〕定蜀。」寢宮在山上，元無井泉，百姓供水勞弊，後經野火，徙瑶臺寺側葺行宫。貞元十四年，欲就寺側修復之，以移改舊制，訪近臣集議〔六九〕，然後葺焉。

肅宗建陵。在縣東北一十八里武將山修文鄉劉村。四十里〔七〇〕。下宫去陵五里。陪葬功臣一。尚父〔七一〕汾陽郡王郭子儀。

沅案：載昭陵陪葬者，此外有陵廟記、唐會要、文獻通考、昭陵圖及近人讀禮通考。諸書所載，各有譌舛。蓋陪陵例有三：一賜葬，如諸王、公主、妃、宰相、丞郎、功臣大將軍也。二祔葬，子從其父，孫從其祖，與特賜葬異也。三石刻諸蠻夷君長，後人亦誤以爲陪陵也。新舊史所紀但賜葬者，故與諸書異。沅自官關隴前後十餘稔，嘗以案部，周覽古王賢哲墓道不修，樵牧上下，心用慨焉。其在祀典者，請帑修護，餘亦立石書名，飭縣勿損。昭陵在醴泉縣東北五十里，以乾隆四十二年八月，飭知縣張心鏡特起圍墻，立碑亭十餘所。四十八年十月，又飭知縣蔣騏昌復加修築，並立碑紀事。又東西立石，書陪葬諸臣名位，以垂久遠。後之好古者，庶有述焉，因以碑文附於此志。

大清防護昭陵之碑

兵部侍郎兼都察院右副都御史巡撫陝西西安等處地方贊理軍務兼理糧餉　欽賜一品頂帶畢沅撰文。

夫如堂者密，實惟帝之闉時；積高曰雍，乃神明之冢舍。是以尊盧虛隴，尚仿像於藍田；西海衣冠，必封崇於上郡。何況龍蟠大壑，比鄗聚之聲靈；天命元宫，繼長陵之功烈者哉！醴泉縣西北六十里九嵕山，唐太宗文皇帝昭陵之所在也。讓帝提劍乘天，握圖出震。驅除吞噬，彈壓殷齊。白魚赤帝之祥，阪泉丹水之迹。帝黼扆而肅五日之禮，遇斧斨而正二叔之辜。浮龜不足效其文，斷鰲不足媲其武。帝系之所傳，史牒之所頌，盡美又善，無得而稱焉。原其終始，靡間歸藏，乃若山陵，有彰聖哲。且夫雄略之主，必旁皇乎上仙；蓋代之氣，每綢繆於没世。水衡灌地，將爲江河；玉桃服尸，思畢天地。故以七十餘萬驪山穿治之徒，一萬六千茂陵大徙之户。帝則深遵節約，廑鑿嵯峨。似委宛之桐棺，擬穀林之通樹。萬乘之貴，悟旨莊周；獨決之明，徵言季札。克終后志，遂下王言。侍衛減於常儀，瓦木止於形具。此則帝之儉也。臧弓卣狗，志士因而拊心；長頸烏喙，哲人於焉長往。子胥抉目於吳闕，彭越覆醢於淮南。未嘗不掩浸潤之明，損豁達之度。帝則我言嫵媚，推心置腹之誠祖見。瘖痍丈夫，意氣之語。曁乎鼎湖羃去，閔墮地之空號；欒水和存，想張朝而再見。金枝玉葉，左武右文。前部鼓吹，東園秘器。祁連之冢，亘馳道以如山，[illegible][illegible]之文，蔽元宮而似壘。此又帝之仁也。兵者凶事，不得已而用之；守在四裔，將羈縻而勿絕。然奇肱之車，飛而偶至；長臂之服，通而復迷。帝則薄伐之勇，係馘於明堂；畏懷之徒，輸誠於身後，至使酋豪謝罪，慕濺血於墳沙；蕃長歸朝，鬥圖形於玄闕。拜官尚主，天下一家。椎發雕題，駿奔左右。此又帝之大也。昔者宣尼遺訓，古墓無墳；漢臣陳言，南山有隙。亡羊之牧，欻誤入於三泉；踞虎之丘，驟見傷於敵國。帝則流連翰墨，眷惜鍾、王，以堯典之同棺，當佳城之銘椁。卒令沙丘之字，勢怵於登堂；寶鼎之埏，力窮於發弩。嗟爾後世，似有先知，倒我衣裳，詒之繭紙。此又帝之智也。若乃宣室之問，不信無徵；墨翟之言，將聞豈見。鬼雄非毅，魂氣何之？楚平一去，被辱於仇鞭；武皇見形，憤心於磨劍。帝則歸復於土，陟降在天。呼嘯若瑾之神，叱吒投壺之雹。黑雲閃野，遏妖寇於咸陽；黄旗立空，御賊軍於華澤。皇堂奏異，血汗如神。祖龍無所用其驅，蚩尤不足比其縱。此又帝之靈也。帝緝熙之德，不懈於生存；服畏之思，彌光於奕祀。故能奠不朽之基業，享絶代之明禋。置廟設祀，建隆、開寶之遺；陵户豐碑，洪武、崇禎之迹。我國家光宅八表，懷柔百神。屢致馨香，頻加守護。使星夜出，映園寢之神光；燎火朝煇，褋封中之雲氣。沅守官闗隴，案部池陽。瞻拜神宫，周遊墓道。其山也，北據寒門之坂，南帶甘泉之流。右睨温秀之峰，左眺穛獲之藪。岩巒巀嶭〔七二〕，三嵕角其雄名；隥道盤紆，九疑争其遠勢。非煙非霧，立而望之，鬱鬱葱葱，佳哉氣也。而風高壤裂，石室摧基。地阻荆生，陰堂絶栈。樵穌下上，曾無百步之防；鏵臿侵淩，或至諸臣之冢。穹碑半剥，翁仲全傾。因以乾隆四十二年，橄築圍墻三十餘丈。大書瓦屑，邕分藐隸之奇，列植松楸，或舍甘棠之敬。旋因入覲，上適疇咨，始知聰明之德，久契乎聖懷；平成之歡，待格乎神漠。沅再之官，又踰五稔。兼營祠宇，特用陵租。知縣蔣君，能平其政，實任斯勞。恐古墓之爲田，考陪陵於往牘。紀其名位，復立貞珉。仰體皇謨，光昭來者。將與會稽窆石，共磨滅於苗山；風后神堆，謝浮沉於黄水。遊心隨武，九原可作之臣，寧想非熊，五世歸周之葬。風雲如會，陵谷長存，豈止狄山之紀久迷；視肉之方，濟陰之祠，但獲龍魚之瑞雲爾。

乾隆四十九年閏三月望日醴泉縣知縣蔣騏昌立石。孫星衍醴泉縣志昭陵陪葬考云：案長安志載陪葬名位，後云：「案陵廟記圖，然所載陪葬諸臣，名位差舛，恐未得其詳，或有不當陪葬者，更須參校乃善。」敏求此言，蓋其時未暇考史也。陪葬名位，當以會要、長安志爲本而証之史，蓋二書最先出，文獻通考及讀禮通考，舊志皆因之。會要所記妃七人、王七人、公主十八人、宰相十二人、丞郎三品以下五十人、功臣大將軍五十七人，校諸書爲簡核，然考宇文士及陪陵，見於新、舊史，契苾何力、公孫武達陪陵，見於新、舊史及方志，而皆不載，是其疏也。豆盧承基或作仁業或作承業，字多不同，舊史云豆盧欽望父仁業，宰相世系表作承業，京兆金石録有碑作承基，嘗見萬年宮碑陰題名，正作承基，則是一人，字作承基者是，而會要已有仁業，又有承基。又前岑文本云並男景倩，後文有岑景倩，是其謬也。右衛大將軍李思摩，以蕃王祔葬見於新、舊史，其薩寶王贊普，即劉書吐蕃傳所稱贊普棄宗弄贊，高宗授爲駙馬都尉者。新羅王女真德，即新羅傳王善德妹真德，永徽元年大破百濟之衆者。二人但刊石像形於昭陵玄闕之下，而以爲陪陵，又其謬也。岑文本云并男景倩，房光義云并男原州別駕暉、咸陽縣丞曜，房光敏云并男閬州刺史誕，是明其祔。今考馬覿，載子，載，周子。孔元惠，志約子；志約，穎達子。姜晦及皎，遐子；遐，簡子；簡，確子。唐嘉會，儉子。魏叔玉，徵子。豆盧真松，承基子；承基，寬子。蕭業，鋭子。李政明、李客師，靖弟。尉遲寶琳，敬德子。阿史那道真，社爾子。楊思訓，恭仁子。此皆無奇異功績，直祔其父，故不得與陪陵同，史例不載，而會要列在陪葬，不云「并男」，又其謬也。其時有功臣子弟實又陪陵，而非祔葬者，若蕭鋭之不因瑀，程處亮之不因知節，史則載之，亦不可不知也。江夏王道宗卒於象州，新書云始諸王妃主自垂拱後被害者，皆棄掩之。神龍初，詔州縣普加求訪，諸王皆陪葬昭、獻二陵，道宗陪葬或以此時與？襄武王琛亦復有功，此二人實是陪陵，當次在諸王末，而與丞郎〔七三〕同列。又臨淮公李規、琅琊公李珍、常山公李倩，皆越王貞〔七四〕子；千金公李俊，曹王明子。李之芳，承祖子；承祖，煌子；煌，蔣王惲子〔七五〕。中山王李琚，休道子，休道亦蔣王惲子。此數人皆應附諸王，而與陪葬諸臣並列，又其謬也。至以琅琊王冲爲駙，蕭守業爲蕭業之類，或由字誤，不足論已。長安志於公主中增潯陽、汝南、常山，妃嬪中增竇卿妹石塔，宰相中增杜如晦，丞郎中脱姜晦，增段倫、長孫璿、安康伯薛頤、銀青光禄大夫李震，功臣大將軍中無李思摩、薩寶王贊普、新羅王女真德，而增王愔、劉弘基、牛進達、公孫武達、阿史那什鉢苾〔七六〕、梁倣、阿史那社爾、仇懷古、賀拔儼、楊思訓、姜昕。考李思摩舊志稱其封懷化王，贈兵部尚書、夏州都督，陪葬昭陵，立墳以象白道山。公孫武達新舊史皆云陪葬。牛進達雖史無陪葬事，而有文獻通考用會要文亦增賀拔儼、楊思訓、姜昕。思訓〔七七〕，恭仁子，或祔其父，則其所記，實足補佐命之勞，見秦瓊傳，或史闕其陪葬事。會要之缺矣。若杜如晦陪陵，新舊書皆無，案舊史云貞觀七年十二月，狩於少陵原，詔以少牢祭杜如晦、杜淹、李綱之墓。太平寰宇記：「萬年縣，杜如晦墓在縣南三十里大趙村。」則非陪陵明也。阿史那社爾已見駙馬都尉，王愔即蜀王愔，已見諸王。輔國大將軍劉弘基，即夔國公劉弘基已見丞郎，又見功臣。阿史那什鉢苾，即突厥頡利可汗。阿史那什鉢苾亦在諸蕃君長昭陵刻名之列，而誤以爲陪葬，此其謬也。至所紀諸臣官位亦多與史不合。然則，會要、長安志及文獻通考得失可考見矣。近讀禮通考大都據京兆金石録碑，凡唐臣葬醴泉者，則皆以爲陪葬。善乎宮燿亮之言，乙速孤父子墓在叱干村，九嵕山後三十里，不在文獻通考所指一百二十里墓田之内，安得謂之陪葬也。又其重出者，前有寧州刺史竇義節，後有寧州刺史賈義節，前有牛伯億，後有于伯億，前有原州都督李正朝，後有原州都督李政明。又不知張大師爲延師之兄而云張後胤〔七八〕子無大師。又以俗本文獻通考常山公李倩字誤爲常州公，而云常州司馬懷節第四子。又仇懷吉作仇懷古，琅琊王沖作駢，岑文本子景倩作方倩，云昺字之誤，李客師作容師，如此之類，抑亦疏矣。縣志之長，仇懷古作「吉」，同萬年宫碑陰題名，公主中多三人，妃一人，同長安志。其載盧赤松、西平王安，實補諸書所無。然誤閻立德爲立本，牛進達爲申進達，孰失善爲龔善，劉弘基爲弘真，又誤入薛仁貴之類，舛錯甚多，今悉正之。其范文光、周錫圭諸君所考，大都長短互見，亦擇其善。若宇文士及陪陵〔七九〕與金石志蕃王刻石之考證，則星衍有力焉，前人未之及也。

長安志卷第十六終

校勘記：

〔一〕脱「成」字　成化、嘉靖、四庫諸本俱無「成」字。

〔二〕二年　原作「三年」，據成化、嘉靖、四庫諸本改。

〔三〕三縣　原作「二縣」，據成化、嘉靖、四庫諸本改。

〔四〕二十三鄉　原作「二十二鄉」，據成化、嘉靖、四庫諸本改。

〔五〕有節婦鄉傳　四庫本作「有節婦鄉，餘不傳」。

〔六〕奉道鄉　原作「秦道鄉」，據成化、嘉靖、四庫諸本改。

〔七〕但占　原作「上」，「但」字據成化、嘉靖、四庫諸本補，「上」四庫本作「存」，今案「上」、「占」形近易譌，據文義徑改爲「占」。

〔八〕二十五里　原作「三十五里」，據成化、嘉靖、四庫諸本改。

〔九〕嶢山之關　「關」原作「門」，據成化、嘉靖、四庫諸本改。

〔一〇〕玉英　成化、嘉靖、四庫諸本作「玉美」。

〔一一〕西又有　原作「西又西有」，據成化、嘉靖、四庫諸本改。

〔一二〕蘇音是　「蘇」原作「薛」，據嘉靖、四庫本改。

〔一三〕六十里　原作「二十里」，據成化、嘉靖、四庫諸本改。

〔一四〕涼風原　一作「風涼」，原作「風涼原」無小注，據成化、嘉靖、四庫諸本改。案類編長安志卷七作「風涼原」，據水經渭水注，應以「風涼原」爲是。

〔一五〕魂山　成化、嘉靖、四庫諸本俱作「硯山」。下「魂山」同。

〔一六〕斫盤谷　成化、嘉靖、四庫諸本及類編長安志卷七並作「研盤谷」。

〔一七〕苦谷　成化、嘉靖、四庫諸本俱作「若谷」。

〔一八〕舊本脱「涇」字、「西」字　案成化、嘉靖、四庫諸本俱無此二字。

〔一九〕霸水　成化、嘉靖、四庫諸本並作「灞水」。

〔二〇〕霸谷水　「水」字原闕，據文義徑補。

〔二一〕一作灞　原本闕，據成化、嘉靖、四庫諸本補。

〔二二〕自商州　原作「至商州」，據成化、嘉靖本改。

〔二三〕古曰　成化、嘉靖、四庫諸本並作「師古曰」。

〔二四〕輕谷水　原作「輞谷水」，據成化、嘉靖、四庫諸本改。

〔二五〕白牛谷　成化、嘉靖、四庫諸本俱作「句牛谷」，唯類編長安志卷六同畢沅刻本長安志作「白牛谷」。

〔二六〕風涼原東　成化、嘉靖、四庫諸本俱無「東」字，唯類編長安志卷六同此畢沅刻本長安志作「風涼原東」。

〔二七〕霸水　「水」字原闕，據成化、嘉靖、四庫諸本補。

〔二八〕痊損　「損」字嘉靖、四庫二本並作「嗣」，屬下讀作「嗣後」。

〔二九〕萬全宮　成化、嘉靖、四庫諸本並作「萬金宮」（下同），唯類編長安志卷二同畢沅刻本長安志作「萬全宮」。

〔三〇〕等宮　原作「壽宮」，據類編長安志卷二改。

〔三一〕舊不載歲月　「舊不」二字原本空闕，云「此條小注各本脱字」，應屬四庫館臣臆補，四庫本作「志未」，附有畢沅案語，今據類編長安志卷八補正。

〔三二〕縣東　原作「縣東北」，據成化、嘉靖、四庫諸本及類編長安志卷七改。

〔三三〕郭下　原作「郭縣」，據成化、嘉靖、四庫諸本改。

〔三四〕案　原作「沅案」，據成化、嘉靖、四庫諸本改。

〔三五〕出焉　原作「出處」，據成化、嘉靖、四庫諸本改。案此句「西當涇水出焉」其「西當」下應有脱文，然類編長安志卷六即已如此，今無從訂補。

〔三六〕襄公十四年曰　「曰」字原闕，據成化、嘉靖、四庫諸本補。

〔三七〕得此大川之祀　「此」原作「北」，據成化、嘉靖、四庫諸本改。

〔三八〕浴於涇水　「浴」原作「俗」，據成化、嘉靖、四庫諸本改。

〔三九〕晋書　原作「北史」，今檢北史無相關記載，實出晋書苻堅載記，故改正。

〔四〇〕岡鹵　「岡」原作「園」，成化本此字有殘損，四庫本作「斥」，此據晋書苻堅載記改。

〔四一〕合入　原作「河入」，據成化、四庫本改。

〔四二〕公孫卿　原作「公孫鄉」，據成化、四庫本改。

〔四三〕司徒　原作「司徒」，據嘉靖，四庫本改。

〔四四〕張後胤　原作「張後允」，據成化、嘉靖、四庫諸本改。

〔四五〕孔惠元　唐會要卷三及成化、嘉靖、四庫諸本並作「孔元惠」。

〔四六〕閻立德　成化、嘉靖、四庫諸本並作「閻立本」，唐會要卷二一作「閻立德」。

〔四七〕李倩　舊唐書太宗諸子傳作「李蒨」。

〔四八〕李琚　成化、嘉靖四庫諸本並作「李裾」，唐會要卷二一同此，畢沅刻本長安志作「李琚」。

〔四九〕史爲謙　「史爲」二字原闕，據唐會要卷二一補。

〔五〇〕周仁護　唐會要卷二一同，成化、嘉靖、四庫諸本並作「周護仁」。

〔五一〕虢國公　原作「號國公」，據唐會要卷二一改。

〔五二〕仇懷吉　原作「仇懷古」，參據長安志圖卷中畢沅校語改。

〔五三〕李孟嘗　成化、嘉靖、四庫諸本並作「李孟常」。

〔五四〕執失善　成化、嘉靖、四庫諸本並作「襲善」。

〔五五〕房光忠　成化、嘉靖、四庫諸本及唐會要卷二一並作「房先忠」。

〔五六〕横野軍　原作「横野將軍」，據成化、嘉靖、四庫諸本及唐會要卷二一改。

〔五七〕母史氏　「母」字原闕，四庫本作「阿」，疑出自四庫館臣臆補。今案成化本此處作「㕣」，循下文「于闐王尉遲光」下「母阿史那氏袝」文例，疑成化本「㕣」爲「母」字之譌，故改。

〔五八〕尉遲光　「光」字成化、嘉靖、四庫諸本並無，唐會要卷二一有。

〔五九〕李丞相　四庫本及唐會要卷二一並作「李丞祖」。

〔六〇〕尉遲昱　唐會要卷二一同成化、嘉靖、四庫諸本並作「尉遲巡昱」。

〔六一〕殷存爽　原作「段承爽」，據成化、嘉靖、四庫諸本及唐會要卷二一改。

〔六二〕策兹　原作「乘兹」，據成化、嘉靖、四庫諸本改。

〔六三〕平王世充　「平」原作「定」，據成化、嘉靖、四庫諸本改。

〔六四〕青旌　原作「青旋」，據成化、嘉靖四庫諸本改。

〔六五〕神駿　原作「神殿」，據四庫本改。

〔六六〕薛仁杲　金石萃編卷一三九游師雄題六駿碑録文作「薛仁果」。

〔六七〕追風　金石萃編卷一三九游師雄題六駿碑鐫文作「迢風」。

〔六八〕回鞭　金石萃編卷一三九游師雄題六駿碑録文作「回鞍」。

〔六九〕集議　原作「傑議」，據四庫本改。

〔七〇〕四十里　案「四十里」上當脱「封内」二字。

〔七一〕尚父　原作「尚書」，據成化、嘉靖、四庫諸本改。

〔七二〕巀嶭　案即巀孼山，參見本書卷二〇雲陽縣「嵯峨山」條。

〔七三〕丞郎　原作「承郎」，據前文昭陵陪葬丞郎題名改。

〔七四〕越王貞　「貞」原作「真」據舊唐書太宗諸子傳改。

〔七五〕承祖，煌子；煌，蔣王惲子　二「煌」字原作「煜」，據舊唐書李惲傳改。

〔七六〕阿史那什鉢苾　原作「阿史維什鉢苾」，據舊唐書突厥傳改。

〔七七〕思訓　原作「師訓」，據前文改。

〔七八〕張後胤　原作「張俊允」，參見前昭陵陪葬題名。

〔七九〕陪陵　原作「倍陵」，據前改。

長安志卷第十七

縣七

櫟陽　涇陽　高陵　乾祐　渭南

櫟陽

櫟陽縣。唐畿，今次畿。西南至府九十里。沅案：元和郡縣志、太平寰宇記皆云「一百里」。本秦舊縣，獻公自雍徙居焉。沅案：史記秦本紀云獻公二年城櫟陽。六國表云十一年爲縣。漢高帝元年，項羽以司馬欣爲塞王，都櫟陽。如淳曰：「櫟音藥。」二年，高帝爲漢王，還都櫟陽。七年，徙都長安。高帝既葬太上皇於萬年陵，遂分櫟陽置萬年縣，以爲陵邑，治櫟陽城中，故櫟陽城亦名萬年城。沅案：史記「城櫟陽」，徐廣曰：「徙都之，今萬年是也。」正義：「括地志云櫟陽故城一名萬年城，在雍州東北。」王莽改曰師亭。沅案：王莽改櫟陽曰師亭，改萬年曰異赤。後漢省櫟陽入萬年。後魏孝文太和二十二年，析萬年置鄣縣。沅案：地形志作「郣」。云太和二十二年置，屬馮翊，太平寰宇記及此皆作「鄣」。考水經注云：「渭水又東，逕鄣縣西，蓋隴西郡之鄣徙也。」則字作「鄣」是。宣武景明元年，又析置廣陽縣屬馮翊郡。周明帝二年，省萬年入廣陽、高陵二縣，更於長安城中別置萬年縣，廣陽仍隸馮翊郡。隋開皇三年，罷郡，以廣陽隸雍州。唐武德元年，改爲櫟陽。沅案：舊唐書云武德元年改萬年爲櫟陽，分櫟陽置平陵，此皆缺載。二年，析置粟邑縣。沅案：新唐書志云二年更平陵曰粟邑，此不載平陵，但云析置，非。貞觀八年，廢粟邑入焉。天授二年，隸鴻州。大足元年，還雍州。沅案：太平寰宇記云：「元和十五年四月，並移立奉先縣，以奉景陵。」又案：新唐書志云：「華州、櫟陽，天祐三年來屬。」此皆缺載。

縣境。東西五十三里〔一〕，南北三十一里。

四鄉，管四里。唐二十五鄉。元和元年析大澤鄉，隸富平縣，奉豐陵。十五年，析萬年鄉，隸奉先縣，奉景陵。餘不傳。

五陵鄉。在縣東。管平定里。

清州鄉。在縣西北。管奉尊里。

永豐鄉。在縣東北。管芬芳里。

寧遠鄉。在縣西南。管高唐里。

縣城。周三里。

櫟陽鎮。在郭下。

粟邑鎮。在縣東北三十四里石川河東。莽曰粟成。

渭水渡七，西抵高陵縣，東至下邽縣。

田王渡。田家渡。周夏渡。

聖力渡。萬安渡。耿渡。

孟渡。

石川河渡二，並在縣東。

橋渡。粟邑渡。

渭河。西自高陵縣界來，入縣界，流入下邽。

石川河。亦曰沮河。在縣東三十里。自華原、富平兩縣來，入縣界，合渭水。水經注曰：「沮水東經萬年故城。」十三州志：沅案：水經注作「闞駰曰」，此以意改。「萬年縣南沅案：「南」當爲「西」。有涇、渭，北有小河，謂此水也。」沅案：此即禹貢「漆沮既從」之沮水。史記正義引括地志云：「沮水一名石川河，源出雍州富平縣東，入櫟陽縣南。」

五丈河。在縣西南。今涸。

清渠。在縣西。耀州界青冶谷水下流也。自三原、高陵縣界來，入白渠，至縣界合渭水。

五渠。其水自洪門分，入高陵縣北，下並入渭水。

中白渠。從北第一，斗門七。析波渠。第五，斗門二。中南渠。第三，斗門七。

高望渠。第四，斗門二。偶南渠。第五，在北原之南，斗門一。

煮鹽澤。在縣南十五里。澤多鹽滷，苻秦時於此煮鹽，周二十里。

清泉陂。在縣西南十里。多水族之利。

畦畤。在縣東北三十里〔二〕。史記：「秦獻公時櫟陽雨金，自以得金瑞，故於此作畦畤櫟陽，以祀白帝。」沅案：封禪書云：「櫟陽雨金，秦獻公自以爲得金瑞，故作畦畤櫟陽，而祀白帝。」此以意改。晉灼曰：「形如種韭畦，畤各一土封。」

古縣城。在縣北。東西五里，南北三里。

漢師得宮。在縣界。

翊唐觀。在粟邑鎮。西南去縣二十里。舊圖經曰：「觀内昔寇尊師舉家白日上昇。」今廢。

要册廟。在清川鄉陰村。去縣五里。

漢武帝廟。在五陵鄉嚴店村。去縣西南十八里。

廬陵王廟。在五陵鄉大順保。西南去縣二十里。

漢太上皇陵。在縣東北二十五里。郡國縣道記曰：「高帝葬太上皇於櫟陽北原，其陵在東者太上皇，在西者昭靈后也。」

涇陽

涇陽縣。唐畿，今次畿。南至府七十里。沅案：太平寰宇記云「府北二百里」，疑非。

本秦舊縣。史記：「秦昭王弟封涇陽君。」案今渭州平涼界涇陽故城是。漢屬安定郡。惠帝四年，改池陽縣屬左馮翊，故城在今縣西北二里。以其地在池水之陽，故曰池陽。苻堅於今縣東南二十八里置涇陽縣。後魏於縣置咸陽郡。沅案：元和郡縣志、太平寰宇記後魏下有「廢」字。又案：地形志云「真君七年併石安」，則非廢也。又云「景明二年復屬咸陽」，此皆缺載。非。後周建德中省池陽縣。隋開皇三年，罷咸陽郡，徙縣置於廢郡，隸雍州，即今縣也。唐天授二年，隸鼎州。大足元年，還隸雍州。

縣境。東西七十五里，南北二十五里〔三〕。

六鄉，管六里。唐十八鄉〔四〕。

瑞寧鄉。在縣北〔五〕。管神狐里。

永順鄉。在縣東。管耦南里。「耦」字類篇無之〔六〕，疑只是「偶」字〔七〕。

會仙鄉。在縣東。管仙洞里。

廣吉鄉。在縣東。管張良里。

河池鄉。在縣南〔八〕。管養生里。

宜善鄉。在縣外。管輔政里。

洪池監。在縣西北五十里。掌三白渠。

涇陽鎮。在縣城西街北。

臨涇鎮。在縣西北〔九〕宜善鄉。白渠貫其中。

迎冬驛。在廣吉鄉。十道志曰：「舊池陽縣城，俗名迎冬城。城中有尹吉甫碑，後爲驛。」今廢。

涇水渡九。

百光渡。寧甘渡。涇甘渡。並縣西。

臨涇渡。縣西北。睦城渡。縣西南。劉洪渡。縣南。

張茹渡〔一〇〕。郭渡。孫渡。並縣東南。

石安原。在縣西南七里。沅案：元和郡縣志、太平寰宇記皆云在南七里。崇二十丈，東西三十八里，南入咸陽縣界。崔鴻前秦録曰：「苻健攻張琚於宜秋，還登石安原而嘆曰：『美哉，斯原也。』悵然有終焉之志。」

長平坂。在縣西南五十里。沅案元和郡縣志作「五里」，非。太平寰宇記同此。俗名睦城坂。東方朔記曰：沅案：藝文類聚云「別傳」。「漢武上甘泉，沅案：藝文類聚「上」作「幸」。至長平坂上馳道，有蟲盤而覆地，赤如生肝狀，沅案：藝文類聚引云「赤如牛肝」。頭目〔一一〕口鼻耳齒盡具。先驅旄頭馳還以聞。方朔從上，在後車，沅案：藝文類聚引作「屬車」。上使往視之，還對曰：『怪也。』沅案：藝文類聚引云「朔曰此謂怪哉。」上曰：『何謂？』對曰：『秦始皇拘繫無罪，幽殺無辜，衆庶怨憤氣〔一二〕之所生也。是地，必秦之故獄處也。』詔丞相公孫弘按地圖，果秦獄也。上曰：『善當何以去之？』朔曰：『積憂者得酒而忘，沅案：藝文類聚作「解」。置酒〔一三〕其上，必消糜。』以酒澆之，果消。沅案：藝文類聚引作「乃取蟲置酒中，立消」。上大笑曰：『東方生真先生也。』賜帛百匹。自此之後，屬車載酒〔一四〕。」沅案：藝文類聚引云「屬車上盛酒」。又其餘所引與此多不同，此文較多。

涇水。在縣西北。自池陽縣界來，東南入高陵縣界。

白渠。在縣西北六十里。堰涇水入焉。西自雲陽縣界來，東入高陵縣界。十道志曰：「太白、中白、南白，謂之三白渠也。渠上斗門四十八。」元和郡縣圖志曰：「太白渠在縣東北十里。中白渠首承太白渠，東流入高陵縣界。南白渠首承中白渠，東南流亦入高陵縣界。」隋志有茂農渠，疑是此。沅案：元和郡縣志「承」皆作「受」。

三限口。在縣東北。分南北三渠處〔一五〕。

限上十巡，管斗門十一。

限上下八巡，管斗門八。

南限。管斗門十三。

中限。管斗門十二。

北限。管斗門三。

焦獲澤。一作藪〔一六〕。在縣北。亦名瓠口。爾雅十藪，周有焦獲。郭璞曰：「今扶風池陽縣瓠中是也。」詩曰「玁狁匪茹，整居焦獲。」謂此也。史記：「鄭國鑿涇水，自仲山西邸瓠口爲渠。」水經注曰：「涇水東南流，經瓠口，鄭、白二渠出焉。凡溉田〔一七〕萬頃。」沅案：水經注無文，或今本脫云。

龍泉陂。在縣南三里。周六里〔一八〕。多蒲魚之利。

胡縣城。在縣西南角。

秦望夷宮。在縣東南八里。沅案：裴駰引張晏曰：「宮在長陵西北，長平觀道東故亭處是也。臨涇水作之，以望北夷。」

漢池陽宮。在縣西北八里。

長平觀。在縣東南九里。

赫連臺。在縣北宜善鄉。

龍泉廟。在縣城西門外街北。

涇河廟。在瑞寧鄉。

顯聖廟。在廣吉鄉。

五齊神廟。在會仙鄉。

白鹿神廟。在瑞寧鄉。

鄧太尉廟。在河池鄉。

高陵

高陵縣。唐畿，今次畿，西南至府八十里。本秦舊縣。孝公置，左輔都尉治所也。史記：「秦昭王弟封高陵君。漢隸左馮翊。王莽改曰千春。其治在縣西一里故城。後漢左馮翊自長安出治高陵。魏黄初元年，改爲高陸縣，隸京兆郡。沅案：晋亦屬京兆。其治今在縣西南，後魏徙於今所。沅案：後魏改屬馮翊，此缺載。隋大業二年，復爲高陵。沅案：此當云「又屬京兆郡」。唐武德元年，析置鹿苑縣。沅案：舊唐書志云「武德二年」，此及新唐書志皆云「元年」，誤。貞觀元年省。天授二年，隸鴻州。大足元年，還雍州。

縣境。東西二十八里，南北三十三里。

五鄉，管一百一十九村。唐七鄉。會昌元年，析清平鄉隸三原縣，奉莊陵。餘不傳。

仁義鄉。在縣西七里。管村二十。沅案：說文有邮亭。

奉君鄉。在縣北八里。管村一十五。

修真鄉。在縣東一里。管村二十五。

上原鄉。在縣西南一十里。管村二十八。

閏國鄉。在縣南一十八里。管村二十一。

縣城。周二里餘一百二十步。隋大業七年築。

高陵鎮。在縣城内。

渭橋鎮。在縣南一十八里。

毗沙鎮。在縣西南一十八里。

鴻臚館。在縣南一十八里。今廢。

神皋驛。在縣北一百五十步。今廢。

奉政原。在縣南一十一里。東西長三十里，南北闊三里。

鹿苑原。在縣西南三十里。東西長一十五里，南北闊一里。三輔黄圖曰：「安陵有果園，名鹿苑。」

涇水。西南來自涇陽縣界，合渭水。

渭水。在縣西南二十里。來自咸陽界，流入櫟陽界。

白渠。自涇陽縣界三限下中限爲一渠，流至縣界彭城堰〔一九〕下分爲四渠，並溉民田。唐寶曆元年，令劉仁師請更水道，渠成名劉公渠、彭城堰。

中南渠。東西長三十五里。

高望渠。東西長三十五里。

耦南渠。東西長四十里。

中白渠。東西長三十里。四渠下流並入櫟陽縣界。

古縣城。在縣西一里。周七里，崇一丈五尺，闊四尺。沅案：此漢故城。

高陸故城〔二〇〕。在縣西南。周二里。沅案：此魏高陸故城。

唐龍躍宮。在縣西十四里。唐神堯舊宅。武德六年，以奉義宮建龍躍宮。德宗改爲修真觀。

正道觀。在縣北十三里。有吴道子畫。今存。

修真觀。內有神堯真容、御井、靈柏。梁開平中廢。

法隆院。在縣南一十五里。唐大曆元年置。

昭惠院。在縣東南三里。唐大中年置。

慶安尼寺〔二一〕。在縣西南十里。唐初置。貞觀元年重修。後廢。晋天福六年再修。

鹿臺神廟。在鹿苑原上。郡國志曰：「鹿臺祠，百姓祈禱水旱有感，俗名鹿臺將軍。」沅案：此書所引郡國志，劉昭注本皆無，當是郡國縣道記也。

後秦二主墓。姚萇、姚興。在縣東十三里。沅案：元和郡縣志：「姚興墓在縣東一十三里。」無姚萇。太平寰宇記有。

唐西平王李晟墓。在縣東南十里。沅按：裴度撰神道碑云葬於高陵縣奉正原。

乾祐

乾祐縣。次畿。西北去府三百五十里〔二二〕。沅案：新唐書云縣中下。本漢洵陽縣地。唐萬歲通天元年，析商州豐陽縣地置安業縣。沅案：太平寰宇記云分豐陽縣及招喻左綿等谷逃户以置。景龍三年〔二三〕，隸雍州。景雲元年，復隸商州。乾元元年，改爲乾元縣，隸京兆府，尋還商州。永泰元年，爲羌賊燒燬，徙治今縣西北三十步。長慶二年，復治今縣。光啓二年，經蔡賊焚蕩，復徙今縣西北西王谷。龍紀元年，復歸舊縣。漢乾祐二年，隸京兆府，改爲乾祐縣。

縣境。東西三百二十五里，南北三百五十里。

五鄉，管十五里。沅案：太平寰宇記云舊三鄉，今五鄉。

乾祐鄉。在縣西。管里五。

蘊谷里。東柱里。長陵里。

西柱里。乾祐里。

小和鄉。在縣西。管里三。大和里。小和里。仵谷里。

大和鄉。在縣東北。管里三。瓦谷里。長望里。西王里。

左綿鄉。在縣西北。管里三。黄花里。青度里。團田里。

平定鄉。在縣東北。管歸安里。

歸安鎮。在縣南一百二十里。

長陵山。在縣東七十五里。沅案：山在今鎮安縣東北二十里。此縣名既屢易，治又頻遷，故紀其見在山川道里也。

夢谷山。在縣東南三十里。其山崇峻，常有雲起。沅案：山在今鎮安縣東北三十里。

石驢山。在縣西南一百八十里。山有石狀驢。沅案：山在今鎮安縣東南一百里。

石馬山。在縣南三十里。山有石狀馬。沅案：山在今鎮安縣北四十五里。

車輪山。在縣南五里。沅案：山在今鎮安縣北八十里。

考山。在縣北七十里。沅案：山在今鎮安縣北百七十里。

重崖山。在縣東五里。沅案：山在今鎮安縣東八十里。

迮水。在縣東五里。出萬年縣界秦嶺，下流入金州洵陽縣〔二四〕界。沅案：水經注作柞水，云：「西出柞谿，南流逕重巖堡，西屈而東流逕其堡南，東南注於旬水。」「迮」即「柞」字俗也。

蘊水。在縣西南七里。出考山，下流入迮河。沅案：太平寰宇記云蘊水在縣西南七里谷，在今鎮安縣北七十里。

洵河〔二五〕。在縣西南一百里。出萬年、長安兩縣界秦嶺下，南流經縣入金州洵陽縣。沅案：水經注作旬水云：「出旬山，東南流逕平陽戍下，又東南逕旬陽縣，與柞水合。」

渭南

渭南縣。唐畿。西至府一百三十里。本漢新豐縣地。前秦苻堅置渭南縣，屬京兆郡。漢初有渭南郡，因以取名。述征記曰：「渭南縣，夷狄所置。」則謂堅也。後魏孝昌三年，徙置今縣東南四里明光原上，爲南新豐縣，仍置渭南郡。西魏廢帝二年，分置靈源、中源二縣，改南新豐爲渭南縣。後周建德二年，郡及二縣並廢入渭南，屬雍州。隋文帝開皇十四年，徙縣於今治。兩京道里記曰：「隋文帝過縣，以原上乏水，故徙之。」唐武德元年，隸華州。五年，復隸雍州。天授二年，於零口鎮置鴻州〔二六〕，析渭南、慶山置鴻門縣，領渭南、慶山、高陵、櫟陽、鴻門五縣。大足元年，廢鴻州，併鴻門入渭南縣，隸雍州。周顯德二年，析隸華州。

縣境。東西三十八里，南北七十五里。

四鄉，管八里。唐十九鄉。

神德鄉。在縣郭下。管里二。仁和里。豐陰里。

石泉鄉。在縣西南。管里二。曹劉里。崛泉里。

神川鄉。在縣南。管里二。清化里。樂坊里。

廣陽鄉。在縣東。管里二。臨渭里。金泉里。

縣城。周三里餘二十步，崇九尺〔二七〕。括地志曰：「隋煬帝大業九年築。」

渭南鎮。在縣郭下。

赤水鎮。在縣東一十五里。

堠子鎮。在縣西南，與藍田縣接境。以南山多虎，故立斥堠於此。

渭南驛。在縣郭内。東至華州佑順館三十四里，西至臨潼縣驛六十二里，南至商州洛南縣，秦嶺爲界，無堠館，北至耀州富平縣驛七十里。

東陽驛。在縣東一十三里。兩京道里記曰：西魏大統十四年置，在東陽谷側，因以爲名。

杜化驛。在縣西一十三里。兩京道里記曰：「亦大統十四年置，在杜化川。」

二驛今廢。

酋橋。在縣東五里。橋架酋水，因名之。

靈臺山。在縣東南三十五里。

倒獸山。一名玄象山。在縣東南三十七里。沅案：元和郡縣志、太平寰宇記皆云在縣東南五十里。十六國春秋曰：「王嘉字子年〔二八〕，隱於東陽谷，鑿崖穴而居，弟子傳業者數百人，亦皆穴處。石季龍兵亂，棄其徒衆，至於長安，潛隱〔二九〕終南山，結庵廬〔三〇〕而止。門人聞而復隨之，乃遷於倒獸山。」即此也。

廣狗谷。在縣南三十里。

廣鄉原。在縣東南十里。水經注曰：「東陽水、西陽水並南出廣鄉原北垂。」

新豐原。一名青原。在縣西南二十里。水經注曰：「泠水歷陰盤、新豐二原之間。」案今泠水經此原之右。

胡城坡。在縣南一十五里。東西一十五里，南北接山三十里。

侯柳坡〔三一〕。在縣東南一十五里。東西一十里，南北接山三十里。

羝羖坡〔三二〕。在縣西南二十里。東西三十里，南北接山三十里。

蜯蛤塠。在縣南二十里。崇三十尺，周二百步。

孟家塠。在縣南六十里。崇一百尺，周四百步〔三三〕。

灰塠。在縣西南五里。崇三十尺，周一百步。

渭水。西自臨潼縣界流入，去縣四里，東流入鄭縣界。

酋水。出縣西南石樓山。水經注曰：「酋水出倒獸山，南總五水，單流北注，經秦步高宫東，歷新豐原東，而北經步壽宫西，又入渭。」

東陽谷水。出縣東南廣鄉原北。

西陽谷水。出縣東南廣鄉原北。

杜化谷水。出縣西南。

零谷水。出縣西。

梁泉。在縣東南一百五步。

甘泉。在縣城内。

姜泉。在縣城内。唐陸贄爲尉，有詩曰：「姜泉流渺渺，夾砌樹陰陰。」蓋縣内多引流泉。

漕渠。在縣北一里。來自臨潼，東入鄭縣界。今涸。

王尚澤。在縣西十五里。

靈池。在縣東南二十五里。後魏永熙元年，水自涌出，因而成池。周八十步。

鴻門亭。即漢高帝見項羽之處，大道北下坂口名。

半日村。太平寰宇記曰：「此村以山高蔽虧，陽影〔三四〕常照其一半。」

風門。三秦記曰：「在新豐縣東南，兩阜相對，其所多風。」

釣魚峰。在縣東南十七里。

縣故城。在縣城北。周一里餘二百八十步，崇一丈。括地志曰：「渭南故城在縣治東南四里。西魏文帝大統十六年築。」案縣故城疑苻堅所置渭南縣，括地志所引當是南新豐縣。

右倉堡城。在縣東三里。

張堡城。在縣東南三十里。

嚴堡城。在縣西南三十五里。

青原堡城。在縣西南二十五里。

姚堡城。在縣南二十里。

胡城。在縣南十里。舊説匈奴休屠王部落降漢，築此城以居，因名胡城。

秦步高宮。一名市丘城。在縣西南三十里。沅案：元和郡縣志云「二十里」。

隋崇業宮。在縣東十五里。煬帝大業二年置。

唐游龍宮。在縣西一十一里。兩京道里記曰：「唐開元二十五年，敕兩京行宮，遠近不等，宜令將作大匠〔三五〕康𧦬與州縣均融修葺，取黑龍飲渭名之。」今有遺址。

建明觀。在縣西三十里。後魏普泰元年置。今廢。

慈雲寺。在縣城内。本唐啓休寺，元和中置，後改今名。

後魏孝武帝孝陵。在縣東南二十二里廣鄉原。陵崇六丈，周一百二步。石人虎尚存。

長安志卷第十七終

校勘記：

〔一〕五十三里　原作「五十二里」，據成化、嘉靖、四庫諸本改。

〔二〕三十里　原作「二十里」。據成化、嘉靖、四庫諸本改。

〔三〕二十五里　嘉靖、四庫本作「三十五里」。

〔四〕十八鄉　原作「十八里」，據成化、嘉靖、四庫本改。

〔五〕在縣北　三字原本闕，據類編長安志卷一補。

〔六〕無之　二字原闕，據四庫本補。

〔七〕「偶」字　「字」原闕，據嘉靖、四庫本補。

〔八〕在縣南　三字原本闕，據類編長安志卷一補。

〔九〕縣西北　原本作「鄉西北」，據成化、四庫本改。

〔一〇〕張茹渡　原作「張茄渡」，據成化、嘉靖、四庫諸本改。

〔一一〕頭目　「目」字原闕，據成化、嘉靖、四庫諸本補。

〔一二〕憤氣　原作「恨氣」，據成化、嘉靖、四庫諸本改。

〔一三〕置酒　成化、嘉靖、四庫諸本並作「致酒」。

〔一四〕屬車載酒　四庫本作「屬車上盛酒，以此故也」。

〔一五〕分南北三渠處　原作「在南北分渠處」，據成化、嘉靖、四庫本改。

〔一六〕焦穫澤一作藪　原本作「焦穫藪」，且無小注「一作藪」，據成化、嘉靖、四庫諸本改。

〔一七〕溉田　原作「灌田」，據成化、四庫本改。

〔一八〕周六里　三字原闕，據成化、嘉靖、四庫諸本補。

〔一九〕彭城堰　原作「彭城兩」，據四庫本改。

〔二〇〕高陵故城　成化、嘉靖、四庫諸本及類編長安志卷七並作「高陵故城」。

〔二一〕尼寺　原作「泥寺」，據成化、嘉靖、四庫諸本改。

〔二二〕三百五十里　原作「二百五十里」，據成化、嘉靖、四庫諸本改。

〔二三〕三年　原作「二年」，據成化、嘉靖、四庫諸本改。

〔二四〕洵陽縣　原作「洵陽縣」，據成化、嘉靖、四庫諸本改。

〔二五〕洵河　原作「洵河」，據成化、嘉靖四庫諸本改。

〔二六〕置鴻州　「置」字原闕，據舊唐書地理志補。

〔二七〕崇九尺　原作「重九尺」，據成化、嘉靖、四庫諸本改。

〔二八〕子年　原作「子平」，據成化、四庫本改。

〔二九〕潛隱　原作「潛德」，據成化、嘉靖、四庫諸本改。

〔三〇〕結庵廬　「廬」字原闕，據成化、嘉靖、四庫諸本補。

〔三一〕侯柳坡　原作「柳候城」，據成化本及類編長安志卷七改。四庫本作「楊柳坡」。

〔三二〕瓶㼖坡　成化本脱「瓶」字，四庫本作「牧羊坡」，類編長安志卷七作「羖瓶坡」。

〔三三〕四百步　原作「二百步」，據成化、嘉靖、四庫本改。

〔三四〕陽影　原作「陽形」，據成化、嘉靖、四庫諸本改。

〔三五〕將作大匠　「作」字原闕，據成化、嘉靖、四庫諸本補。

長安志卷第十八

縣八

蒲城　盩厔

蒲城

蒲城縣。唐次赤。西南至府二百四十里。沅案：太平寰宇記云府東南九十里。本秦重泉縣。史記：「秦簡公城重泉。」沅案：史記正義曰：「重泉故城在同州蒲城縣東南。」歷漢如之。沅案：此當云屬左馮翊。莽曰調泉。後漢復舊。沅案：晉亦屬馮翊。至後魏省。即今縣南五十里重泉故城是。孝文帝太和十一年，沅案：地形志云「十二年」。

分白水縣置南白水縣，以在白水之南爲名。沅案：此當云屬白水郡。西魏廢帝三年，改白水爲蒲城縣，以縣東有蒲城，因名之。本屬同州。沅案：隋志云西魏置白水郡，開皇初郡廢，則此當云隋屬馮翊郡。此皆缺載，又云「本屬同州」，非。又案：元和郡縣志説亦同。唐開元四年，以縣之豐山建睿宗橋陵，改爲奉先縣，仍隸京兆府。十七年，昇爲赤。天祐三年，復屬同州。皇朝開寶四年，改曰蒲城。天禧四年，隸華州。

縣境。東西九十里，南北八十里。

十鄉，管十里。唐二十二鄉。元和元年，析神泉鄉隸富平縣，奉豐陵。十五年，以櫟陽縣萬年鄉來屬，奉景陵。又有宣化、豐陽、寧康三鄉，餘不傳。

呂寧鄉。管宜安里。

善化鄉。管孝仁里。

崇德鄉。管懷化里。

龍樂鄉。管豐山里。

翔鸞鄉。管懷仁里。

普濟鄉。管伍龍里。

懷仁鄉。管聖母里。

蒲城鄉。管温泉里。

原陽鄉。管積善里。

賢相鄉。管勛貴里。

縣城。周八里一百八十步，崇七尺，壕深四尺。

蒲城鎮。在縣城内。

荆姚鎮。在縣西南三十里。

車渡鎮。在縣東南五十里。

常樂鎮。在縣東南四十里。

漢帝鎮。在縣東南一十八里。

折衝府五。

相原府。孝德府。温湯府。

宣化府。懷仁府。

昌寧驛。在縣城内。

通智驛。在縣西北景陵下，去縣二十里。

堯山驛。在縣北光陵下，去縣一十里。

孝城驛。在縣東北泰陵下，去縣三十里。

豐山驛。在縣北橋陵下，去縣三十里。

豐山。在縣西北三十里。一名蘇愚山。

金粟山。在縣東北二十里。

白堂山。在縣東北三十五里。舊圖經曰：「山之前，秦白起立寨之所，因以爲名。」沅案：今方志云白堂山即良將谷，據此，與良將谷相去五里，蓋志以白堂山爲白堂谷。

不群山。在縣東北白堂山南。舊圖經曰：「諸山累累，峰巒相接，唯此山孤迴，因以爲名。俗謂之孤山。」

金熾山。在縣西北二十里。

堯山。亦名浮山。在縣北二十里。舊圖經曰：「昔堯時洪水爲災，諸山盡沒，唯此山若浮，因以爲名。」

重山。在堯山前。舊圖經曰：「以其與堯山有重疊之象，故號重山。」

銅斗山。在縣西北四十里。

馬冢山。在縣西北五十里。

木屐塠四。在縣東偏南五十里沮水之岸。舊説夏禹治水至此，屐下棄泥，積之成塠。各周二里，崇一百尺。

蟠龍神原。在縣西三十里。舊圖經曰：「唐明皇遊幸，見原上雲霧中有黄龍之狀，於下得石，狀似蟠龍，以其地爲龍樂鄉。」今其石尚存。

良將谷。一名白堂谷。在縣東北三十里。

炭谷。在縣西北二十里。此谷〔一〕出炭。

佛空谷。在縣西北三十五里。谷内有佛空院，唐會昌五年廢〔二〕。

白馬谷。在縣西北四十五里。

洛水谷。在縣東五十里。由白水縣來，南流一百里，入同州馮翊縣。

白鹵泄渠。在縣南四十里。白鹵鹽池連東入沮水，闊五十尺，深二丈。蓋鹵水泛漲流注，故曰鹵渠。

溫湯。在縣東六十里。源出沮水之岸，西流二里，入於沮水。

山陽堰。在縣北一十里。舊圖經曰：「爲置陵寢修此堰。」

漫浴池。在縣西一十五里漫源村。其水微小，惟居民灌溉蔬圃。

蓮子池。在縣西北三十里。舊有蓮藕〔三〕之利。

東鹵池。在縣南二十里。漢書：「宣帝微時，嘗困於蓮勺鹵中。」沅案：「微時」二字，敏求意增。如淳曰：「爲人所困辱也。蓮勺有鹽池，縱廣十餘里，其鄉人名曰鹵中。」沅案：漢書云「名爲鹵中」。服虔曰：「鹵中或曰澤中。」孟康曰：「蓮勺縣西北也。」按漢蓮勺縣在此縣東南下邽縣界。今此謂鹵中，未詳。唐大曆十二年〔四〕，東池生瑞鹽。後敕禁斷，鹽不復生。沅案：舊唐書文宗紀云：「太和二年〔五〕三月丁巳〔六〕朔，度支奏：『京兆府奉先縣界鹵池側近百姓，取水柏柴燒灰煎鹽，每一石灰得鹽一十二斤一兩，亂法甚於鹹土，請行禁絕。今後犯者，據灰計鹽，一如兩池鹽法條例科斷。』從之。」即其事也。

西鹵池。在縣西四十里。

重泉故城。在縣南五十里。沅案：史記正義引括地志云在縣東南四十五里。

蒲城。在縣東三十里。

故同州城。即漢祋祤城。

賈城。在縣西南一十八里。古之賈國，左氏傳謂「芮伯、梁伯、賈伯伐曲沃」是。

晋城。在縣東南五十里。未詳所出。

魯王宫城。在縣西南四十里。大統記曰：「即魯哀王城也。視其餘跡，尚有宫城板築之象。」今在内政村。

晋穆公寨。在沮水東岸，相去五里。

晋太子虛糧寨。在縣東北六十五里沮水西岸。史記晋世家曰：「晋穆侯四年，娶齊女姜氏爲夫人。七年，伐條，生太子仇。」杜預曰：「條，晋地。」漢地理志懷德縣，禹貢北條荊山在南。」案今朝邑縣西南有懷德故城，即古條近焉。虛糧，史傳無聞。

白起寨。在縣東北三十里。

避難堡。在縣東北八十里。未詳。

同元觀。在縣城内。

仙臺觀。在縣西二十里橋陵南。唐金仙、玉真二公主入道，置此觀。

鹵泊神祠。在縣南二十五里〔七〕鹽池峰。

馬跑將軍祠。在縣西南四十里仇池村。

竹谷神路將軍神祠。在縣西北一百里豐義村。

黄崖神祠。在縣東南四十里常樂鎮諸坊村。

唐睿宗橋陵。在縣西北二十里〔八〕豐山。圖經：「在蘇愚山。」宣化鄉積善村。封内四十里。陪葬太子三，惠莊太子陵在橋陵東南三里。惠文太子陵在東三里。惠宣太子陵在東六里。並在柏城内。公主三。金仙、涼國〔九〕、鄎國。沅案：會要有駙馬李思訓。

玄宗泰陵。在縣東北三十里金粟山。沅案：元和郡縣志、太平寰宇記云「二十里」。

懷仁鄉散母村。封内七十六里。下宫去陵五里。陪葬一。高力士。

憲宗景陵。在縣東北一十三里金熾山。沅案：太平寰宇記云「在縣西北二十里」。

豐陽鄉吴村。封内四十里。陪葬妃后三。懿安郭太后、孝明鄭太后、王賢妃。沅案：會要又有惠昭太子寧，此缺。

穆宗光陵。在縣北二十里堯山西案嶺。圖經：「在金熾山」，陵廟記：「在浮山」。寧康鄉普濟、延興二村。封内四十里。下宫去陵五里。陪葬后二。恭僖〔一〇〕王太后、貞獻〔一一〕蕭太后。

讓皇帝惠陵。在縣西北一十里陵廟記：「一十五里」。豐陽鄉胡村。封内一十里。陪葬諸王三。鄭王筠、嗣寧王琳、同安王珣。公主三。蔡國、代國、霍國。沅案：會要無代國、霍國。

賈大夫冢。在縣西南一十八里。春秋左氏傳昭二十八年曰：「昔賈大夫惡，娶妻而美，三年不言不笑，御以如臯，射雉，獲之，其妻始笑而言。」杜預注曰：「賈國之大夫。惡，亦醜也。」今縣有賈城，即古之賈國。

故重泉縣。後漢〔一二〕王阜，字代公，爲重泉令，時大旱，收奪強吏，按察豪猾，由是澍雨。有鸞集縣屋，爲雅樂，應聲而舞，旬日方去。其化感如此。沅案：此條上據太平寰宇記加「故重泉縣」四字，舊本脱〔一三〕。

盩厔

盩厔縣。唐畿。東北至府一百三十里。漢舊縣也。武帝置屬右扶風。山曲曰盩，水曲曰厔，因以名之。後漢省。晉復，縣隸扶風郡。後魏太平真君七年，併武功縣入焉。後周天和二年，徙縣今鄠縣西北三十五里，析雍州之終南郡，於此置恒州，領周南郡。建德三年，徙縣於今治，置周南郡。沅案：隋書地理志云後周又有倉城、溫陽二縣，在盩厔，尋並廢。隋廢郡，以縣隸京兆郡。唐武德二年，廢恒州，縣隸稷州，復又於漢盩厔故城置終南縣，八年省。沅案：舊唐書云貞觀八年廢終南入盩厔縣，則此誤在貞觀前，似武德八年也。貞觀元年，廢稷州，復隸雍州。沅案：「八年省」三字當在此。天授二年〔一四〕，又隸稷州。大足元年，復隸雍州。天寶元年，改爲宜壽縣。至德一載〔一五〕，沅案：唐書志云「至德三載三月十八日」，新唐書云「二載」此云「一」，皆非。復爲盩厔。沅案：新唐書志云乾寧中隸乾州，此缺載。天復元年，隸鳳翔府。沅案：太平寰宇記云後唐同光元年割屬鳳翔。

縣境。東西七十一里，南北一百六十里余一百步。一十七鄉。管三百二十五社。唐十七鄉。

望仙鄉。在縣東四十里。管社一十四。

書臺鄉。在縣東三十里。管社一十七。

仙檀鄉。在縣東二十五里。管社一十四。

五柞鄉。在縣東南三十五里。管社一十四。

長城鄉。在縣東南七十里。管社一十八。

仙果鄉。在縣南五十里。管社一十五。

神就鄉。在縣西南三十里。管社二十四。

睦教鄉。在縣東北三十里。管社一十七。

永泉鄉。在縣東北二十里。管社一十八。

鳳泉鄉。在縣東南一十五里。管社一十八。

陽化鄉。在縣北四里。管社二十七。

豐邑鄉。在縣西北三十里。管社一十八。

仙遊鄉。在縣南二十里。管社二十六。

□□鄉。在縣西北一十五里。管社二十一。

遷善鄉。在縣西南一十三里。管社一十四。

長陽鄉。在縣西二十里。管社一十八。

司竹鄉。在縣東南二十里。管社二十七。

縣城。周五里餘一百二十五步，崇二丈二尺〔一六〕，壕深一丈三尺。

司竹監。在縣東南三十里。穆天子傳曰：「天子西征，至玄池。奏廣樂三日，是曰『樂池』，乃植之竹。」沅案：穆天子傳云：「天子西征，至於玄池。天子三日休於玄池之上，乃奏廣樂，三日而終，是曰樂池。天子乃樹之竹。」此節其文。「樹」字作「植」。史記曰：「渭川千畝竹。」漢謂秦地有鄠、杜竹林。晋地道記：「司竹都尉治鄠縣，其園周百里，以供國用〔一七〕。」唐置監丞掌之。隋義寧元年，唐高祖起兵，其第三女平陽公主舉兵於司竹園，號「娘子軍」。

葦園。在縣東南三十里。周二十頃。

驛在縣城内。至鄠縣驛七十里，南至終南山櫻桃驛四十五里。

櫻桃驛。至三交驛五十五里。

三交驛。至林關驛四十五里。

林關驛。至洋州真符縣大望驛七十五里。

駱谷關。在縣西南一百二十里。唐武德七年開駱谷道，以通梁州，在今關北九里。貞觀四年，徙於此。

古駱谷道。漢魏舊道也。南通蜀、漢。魏略曰：「少帝正始四年，曹爽伐蜀〔一八〕，諸軍入駱谷三百餘里，不得前〔一九〕，牛馬驢騾羸以轉運，死略盡。」魏志曰：「少帝甘露三年，蜀將姜維出駱谷，圍長安。」即此谷道也。其後廢塞。唐武德七年復開，東北自鄠縣界西南經縣，又西南〔二〇〕入駱谷。出駱谷，入洋州興勢縣界。

終南山。去縣三十里。

姜維嶺。本名沈嶺〔二一〕。在縣南五十里。蜀後主延熙二十年，大將軍姜維率眾出駱谷，經沈嶺。

韋谷。在縣西南三十里。

倉谷。在縣西南二十五里。

故縣谷。在縣西二十五里。

底保谷。在縣西南三十里。

強弩谷。在縣西南二十五里。

西洛谷。在縣南三十里。

韓谷。在縣東南二十五里。

黄谷。在縣東南二十五里。

田谷。在縣東三十里。

牛谷。在縣東南三十五里。

赤谷。在縣東南三十五里。

壇谷。在縣東南三十七里。

洛谷。在縣南三十里。有道入洋州。

玉女洞。在縣南三十里。洞門崇四尺，闊三尺。

渭水。在縣北五里。自鄠縣界來，流入興平縣界。

芒水。水經注曰：「出南山芒谷，逕玉女房。水側山際有石室，世謂之玉女房。又北，逕縣之竹圃，中分爲二水。漢孺子詔曰：沅案：水經注「作沖帝詔曰」。「翟義作亂於東，霍鴻負倚盩厔、芒竹。」師古曰：「芒竹在盩厔南界，芒水之曲，而多竹林也，即今司竹園是其地矣。芒，音亡。」一水東北爲枝，一水北流注渭。

韓水。在縣北三十里。出終南山蒲澗，北流二十五里入渭。

沙河。在縣東二里。自終南山北流，經縣界三十五里入渭。

曲河。在縣西五里。其水亂泉水合之，北流入渭。

田谷河。在縣東南三十五里。出終南山下，北流入黑水河。水經注有田溪水，疑是此。

鹹泉。在縣東南三十里。周三里。

白龍泉。在縣東北一里。北流三里入渭。

永女泉。在縣西南五里。

沒底泉。在縣北一里。流三里入渭。

漆渠。在縣南五里。

韋谷渠。在縣西南三十五里。自南山流下，至青化店。太平寰宇記：「漳水在縣東北五里。」疑是此。沅案：太平寰宇記：「漳水在今縣北五里」者或是雍水。

靈軹。在縣界，漢武帝穿。

望仙澤。在縣東南三十七里。沅案：元和郡縣志云「三十五里。」周一十里。雍州記曰：「望仙澤在盩厔縣東南。」周地圖記曰：「望仙宮南澤中有石盤龍兩所，鱗甲動，有雲氣，聲如鳴鐘。」水經注曰：「槐里東漏水，又北歷葦圃西，亦謂之仙澤。」元和郡縣圖志曰：「中有龍尾堆。」

仙遊澤。在縣東南一十五里。周一十二里。

仙遊潭。在縣南三十里。闊二丈。其水黑色，相傳號五龍潭，每歲降中使投金龍。隋志有溫湯，圖經不載。

讀書臺。在縣東北二十七里。舊圖經曰：「後漢馬融讀書所。」沅案：今俗以玉女房右爲馬融石室，疑非也。

董龍社樹。在縣西南三十里。舊圖經曰：「董龍，盩厔人，家貧，村社衆人祭社，逐出之。龍遂以泥造飯祭之。後穿地，得黃金，因大富，遂名董龍樹。」

終南故城。郡國記曰：「即漢盩厔城也。」沅案：太平寰宇記引云：「唐武德二年，于漢盩厔故城置終南縣。八年，縣廢，因名終南城。」

宜壽城。在縣西一里。隋有宜壽宮。疑置此城。

五郡城。在縣東南三十里。週三里。舊說有義兄弟五人，共居此城，不詳建立。

崤峒山寨。在縣南九十五里。

羅開山寨。在縣南六十五里。

解保寨。在縣東北三十里。

秦長楊宮。在縣東南三十三里。水經注曰：「漏水出南山赤谷，東北流逕長楊宮東。」沅案：太平寰宇記云「漢長楊宮」。

漢五柞宮。在縣東南三十八里。沅案：元和郡縣志云「秦五柞宮」。

隋宜壽宮。在縣東南三十三里。隋志又有文山、鳳凰等宮。

仙游宮。在縣南三十五里。舊圖經曰：「隋文帝避暑處。」

上清太平宮。在縣東三十里清平鎮。本北帝宮，建隆元年置。太平興國二年重脩，改今名。每三元聖節，命使設醮，歲以爲常。

興國觀。在縣東三十二里。沅案：元和郡縣志云樓觀在縣東三十七里，太平寰宇記云同此。本尹喜宅也。周穆王爲召幽逸之人，置爲道院〔二二〕，相承至秦、漢，有道士居之。晉惠帝時重置。其地舊有尹先生樓，因名樓觀。唐武德初，改名宗聖觀，事具樓觀本記及先生傳〔二三〕。太平興國三年，改今名。

龍行寺。在縣西〔二四〕一里。唐開元十二年置。

寶相寺。在縣東一里餘二百五十步。唐元和中置爲光耀寺。太平興國三年改。

崇明寺。在縣西一百步。唐元和十四年，置爲瑞光寺。太平興國三年改。

仙遊寺。在縣東三十五里。唐咸通七年置。

隋文帝廟。在縣東五十里。唐天寶三載建。

老子廟。在縣界。華陽子錄記秦始皇好神仙，於尹喜先生樓南立老子廟。晉惠帝元康五年更修，蒔木萬株，南北連亘七里，給戶三百，供灑掃。隋文帝開皇元年復修。

尹先生廟。在老子廟北。先生內傳曰：「先生姓尹，名喜，周康王時爲大夫，領散關長，遇老君，説道德五千文付先生，先生白日上昇於此。」沅案：水經注云：「昔李耳爲周柱史，以世衰入戎。」於此有冢，事非經證，然莊子曰：沅案：水經注作莊周著書云「老聃死秦，失吊之，三號而出」。有冢可也。沅案：此四字非水經注。

老子墓。在縣界。水經注曰：「就水北逕大陵西，俗謂之老子墓。」沅案：水經注「俗」作「世」、「墓」作「陵」。案老子爲周柱下史，適西戎，

長安志卷第十八終

校勘記：

〔一〕此谷　原作「此人」，據四庫本及類編長安志卷六改。

〔二〕會昌五年廢　「廢」字原闕，據類編長安志卷六補。又案四庫本作「置」。

〔三〕蓮藕　原作「蓮藕」，據成化、嘉靖、四庫諸本改。

〔四〕唐大曆十二年　「大曆」原作「大德」，諸本並同，然唐朝年號無「大德」者，此必有字誤。檢舊唐書代宗紀載大曆十二年十月丁亥「韓滉言解縣兩池生瑞鹽，乃置祠，號寶應靈慶池」，疑宋敏求誤繫此解縣鹽池事於蒲城縣下，故改。

〔五〕二年　原作「元年」，據舊唐書文宗紀改。

〔六〕丁巳　原作「子丑」，據舊唐書文宗紀改。

〔七〕二十五里　原作「二十里」，據成化、四庫本改。

〔八〕二十里　原作「三十里」，據成化、嘉靖、四庫諸本改。

〔九〕涼國　原作「梁國」，檢新唐書諸帝公主傳，睿宗女無封梁國公主者，而有涼國公主，蓋此以「涼」、「梁」音近致譌，今改正。

〔一〇〕恭僖　「僖」字原闕，據成化、嘉靖、四庫本補。

〔一一〕貞獻　「貞」字原闕，據成化、嘉靖、四庫本補。

〔一二〕後漢　原作「後唐」，據成化、嘉靖、四庫諸本改。

〔一三〕舊本脱　案成化、嘉靖、四庫諸本俱誤連此條於上「賈大夫冢」下，無「故重泉縣」四字。

〔一四〕二年　原作「三年」，據成化、嘉靖、四庫諸本改。

〔一五〕一載　嘉靖本作「二載」。

〔一六〕二丈二尺　「尺」原作「丈」，據成化、嘉靖、四庫諸本改。

〔一七〕國用　原作「國周」，據四庫本改。
〔一八〕伐蜀　原作「代蜀」，據成化、嘉靖、四庫諸本改。
〔一九〕不得前　「前」字原闕，據成化、嘉靖、四庫諸本補。
〔二〇〕又西南　原作「入西南」，據四庫本改。
〔二一〕沈嶺　成化、嘉靖、四庫諸本並書作「沉嶺」，沈、沉同字異書。
〔二二〕道院　成化、嘉靖本及類編長安志卷五作「道士」，四庫本作「道士觀」。
〔二三〕先生傳　原作「先師傳」，據成化、嘉靖、四庫諸本改。
〔二四〕縣西　原作「縣前」，據成化、嘉靖、四庫本改。

長安志卷第十九

縣九

奉天　好畤　華原　富平

奉天

奉天縣。唐次赤。東南至府一百六十里。漢池陽縣地，屬左馮翊。晋屬扶風郡。後魏爲咸陽郡寧夷縣地。隋改寧夷曰醴泉，隸京兆郡。唐光宅元年，析醴泉、始平、好畤、武功、豳州之永壽五縣之地，置奉天縣，沅案：舊唐書云「文明元年置」同。屬京兆郡。沅案：舊唐書云天授二年隸稷州，大足元年還雍州，此皆缺載。以縣西北有唐高宗乾陵所在，因名曰奉天。興元元年，德宗出幸，升爲次赤。乾寧二年，以縣置乾州，及覃王出鎮，又以畿内之好畤、武功、盩厔、醴泉隸之，尋並復舊。天祐中，李茂貞墨制以奉天縣復乾州，領奉天一縣。梁乾化中，昇爲威勝軍，析奉天、好畤、武功、盩厔、醴泉五縣以隸焉。後唐同光二年，罷軍名，復爲乾州，屬鳳翔府，領奉天、好畤二縣，其武功、醴泉二縣還京兆府，盩厔入鳳翔。天成三年，領奉天一縣。其好畤還京兆府。皇朝乾德二年，復析好畤與邠州之永壽二縣隸之。熙寧三年，廢州，以奉天隸永興軍。沅案：奉天故城即今乾州治。

縣境。東西四十里，南北八十里。

四鄉，管四里。唐一十九鄉。元和元年，析神泉鄉隸富平，奉豐陵。有梁山、岑陽二鄉，餘不傳。

孝節鄉。在縣東南，管文川里。

仙仁鄉。在縣南。管披桂里。

乾陵鄉。在縣西。管金井里。

節義鄉。在縣北。管恭和里。

薛禄鎮。在縣東〔一〕。

子城。周五里四十步。城上闊一丈，下闊二丈二尺，崇二丈二尺。壕深一丈八尺，闊三丈。漢乾祐中重修。

古羅城〔二〕東北至子城西門外，自北三面有城牆，周一十一里，崇二丈一尺，上闊五尺，下闊一丈二尺。壕深一丈八尺，闊三丈。唐書曰：「建中元年五月，築奉天城。四年十月，德宗避難於奉天。初，術士〔三〕桑道茂請城奉天，爲王者之居，外象龜形，内分六街。德宗素神道茂言，遂命京兆尹嚴郢發衆數千與六軍士雜往城之。時屬盛夏，而土功大起，人莫知其故，至播遷都彼，乃驗朱泚之亂。」

驛。在縣南三百步。東至興平縣驛七十里，北至永壽縣麻亭驛八十里。

梁山。即禹貢所謂「壺口治梁及岐」，又古公亶父踰梁山至於岐下，及秦立梁山宮，皆此山也。案此山當在左馮翊夏陽縣。沅案：夏陽，今韓城縣。夏陽梁山即禹貢「治梁及岐」及詩「奕奕梁山」、爾雅「梁山，晉望」之山，奉天梁山則古公亶父踰梁山及秦梁山宮之山，敏求說非。

莫谷水〔四〕。在縣西五里。自永壽縣麻亭嶺，流經縣三十里，西南入武功縣界。

甘谷水〔五〕。在縣東北二十里。自永壽縣溫秀嶺，流經〔六〕縣四十里，入醴泉縣界，合涇水。

漢好畤故城。在縣東北七里岑陽鄉。周二里五十步，崇三丈。

唐好畤故城。在縣西北六里。沅案：元和郡縣志云貞觀八年廢。

靈源寺。在縣東南三十里。唐開元八年置。

漢楊喜將軍廟。在縣南二十里。

唐桑道茂廟。在縣西南三百一十步。漢乾祐元年重修。

唐高宗乾陵。與武皇后合葬，在縣西北五里梁山鄉丈八、青仁、埪子三村界。周八十里。有于闐國所進無字碑。陪葬太子諸王五，章懷太子賢、懿德太子重潤，澤王上金、許王素節、邠王守禮。公主一。義陽。沅案：會要：「陪葬又有彭都公主、永泰公主、安興公主，特進王及善、中書令薛元超、特進劉審、禮部尚書左僕射劉仁軌、左衛將軍李謹行、左武衛將軍高侃，此皆缺載。」

僖宗靖陵。在縣東北一十五里岑陽鄉雞子堆。封內四十里。下宮去陵五里。與乾陵相接，隔豹谷。

商妲己墓。在縣西五里莫谷西半崖陂内。沅案：武王殺妲己於鹿臺，不當在此。太平寰宇記及此有妲己墓，未知何據。又案：太平寰宇記又有陸賈墓，在州東北二十里岑陽甘河西原。

好畤

好畤縣。唐畿。東南至府一百八十里。本漢縣，屬右扶風，舊縣在今縣東南四十三里。沅案：元和郡縣志作「十三里」，非。奉天縣界好畤故城是。畤者，神明所依止也。以雍州積高，神明之隩，故立畤以郊上帝諸神也。漢書：「雍王邯迎擊漢陳倉，雍兵敗還走，戰好畤。」孟康曰：「畤音止，神靈之所止也。好畤縣。」莽曰好邑。後漢省。晋元康中復於舊縣東南二里置好畤縣。後魏隸扶風郡。周建德三年，省入莫西縣。隋開皇十八年，復改莫西爲好畤縣。大業三年省。唐武德二年，析醴泉縣復置好畤縣於莫谷東南，隸雍州，今奉天縣西北六里隋太子莊陵城是。三年，隸稷州。貞觀元年，廢稷州，復屬雍州。二十一年，與岐陽縣並廢，依舊置上宜縣。沅案：太平寰宇記云二十一年移於廢上宜縣置，即今理也。尋改上宜爲好畤。上宜縣，隋開皇十八年置，貞觀八年廢。今縣治即舊香谷川也。天授二年，復隸稷州。大足元年，還雍州。後唐同光中，隸鳳翔府。長興元年，還京兆府。皇朝乾德二年，隸乾州。沅案：好畤故城在今乾州東北七里，漢西故城在今州西北六里，見前奉天縣。

縣境。東西四十里，南北四十里。

二鄉，管二里。唐三十鄉。沅案：太平寰宇記云「唐七鄉」。

武都鄉。在縣東。管教本里。

美川鄉。在縣西。管繡川里。

縣城。周三里二百步，崇一丈二尺，闊一丈。

大橫關。

梁山。在縣境。沅案：此即奉天梁山，在今乾州北十里。

垝山。在縣東。漢書顏師古注：「垝，音丘毀反。」沅案：山在今乾州東北。

明月山。在縣西北一十六里。沅案：太平寰宇記云在縣西十五里，山在今乾州西。

與鳳翔扶風縣〔七〕分界。

石門山。在縣西一十五里美川鄉。

武亭水。在縣城東門外九十步。自麟遊縣界來，經縣四十里，流入武功縣界。沅案：水今在乾州西四十里。

莫谷水。在縣西二十五里。來自永壽縣界，經縣〔八〕流入武功縣界。沅案：漢水，今本水經字誤，亦作「莫」，非。水在今乾州西北四十里。

軒轅殿基。在縣西南三里。

臨平觀基。在縣東南上七里。

齊婁神廟。在縣西北二十里明月山東嶺上。

宇文陵。在縣東一十五里。

吳妃陵。在縣西北二十里明月山下。

華原

華原縣。唐畿。西南去府一百六十里。本漢祋祤縣〔九〕之地，師古曰：「祋音丁活反。又音丁外反。祤音詡。」案說文云：「祋，殳也，從殳，示聲。或說城郭市里高縣羊皮，有不當入而欲入者，暫下以驚牛馬，曰祋，故從殳、示。」詩曰：「何戈與祋。」故龍圖閣直學士趙公師民嘗守耀州，以爲祋、祤字從示，悉祭神求福之意，疑秦地尚武，以釁兵得名，非書見也。沅案：祋，諧聲字，而趙師民誤以爲會意謬矣。王安石字說亦俱以諧聲字爲會意，故千慮無一得。景帝二年置，屬左馮翊。宣帝神爵二年，鳳凰集祋祤城，今縣東北一里祋祤故城是。沅案：宋縣即唐治，而元和郡縣志云在縣東南十里，蓋誤。太平寰宇記亦云東北一里。其後廢。後漢永元九年復。魏文帝自今寧州彭原縣界富平故城徙北地郡於此，其縣遂廢。後魏初，徙北地郡於今宜君縣界義亭故城，於此置北雍州。永熙二年，自三原縣界永安故城徙北雍州於今華原縣，西魏改爲宜州。又廢帝三年別立通川郡〔一〇〕，領泥陽縣。沅案：元和郡縣志云泥陽故縣在東南十七里。隋開皇三年，罷郡，以縣屬宜州。六年，改泥陽爲華原縣。大業三年，省宜州縣屬京兆郡，以土門縣入焉。義寧二年，又於縣置宜君郡，領華原、宜君、同官，并置土門四縣。沅案：隋志云開皇初郡廢。唐武德元年罷郡，立宜州。貞觀十七年，省宜州及土門縣，以華原、同官二縣屬雍州。宜君屬坊州。垂拱元年，改爲永安縣。沅案：唐書志、新書志皆云「二年」。天授二年，又以永安縣置宜州，領永安、同官、富平、美原四縣。大足元年，廢州，改永安復爲華原縣。沅案：舊唐書云：「大足元年廢宜州縣，還雍州。神龍元年，復爲華原縣。」則此云「大足元年改永安復爲華原」者誤，或大足元年廢州下脱「神龍元年」四字歟？太平寰宇記有。隸京兆府。天祐三年，李茂貞據鳳翔，僭行墨制，以華原縣置耀州，建義勝軍節度，領華原一縣，析同州美原縣爲鼎州，以爲屬郡。沅案：職方考云「耀州，唐末屬李茂貞建爲耀州，置義勝軍。」梁正明元年，改耀州爲崇州，義勝軍爲靜勝軍，鼎州爲裕州。後唐同光元年，復爲耀州，名順義軍，析雍州之富平、三原、雲陽，同州之同官、美原五縣屬焉。三年，降爲團練州。周顯德中，降爲刺史州。皇宋開寶五年，陞爲感義軍節度。太平興國二年，改感德軍。沅案：縣故城在今耀州北。

縣境。東西三十里，南北一百三十里。

四鄉，管一百七十二村。唐四十鄉。

流惠鄉。在縣西北一里。管村二十七。

石門鄉。在縣西三十五里。管村二十五。

孝義鄉。在縣西北二十里。管村二十八。

鳳遊鄉。在縣北。管村二十二。

子城。周二里二百八十四步。上闊七尺，下闊一丈，崇二丈一尺。

羅城。周七里四十步。上闊七尺，下闊三丈，崇二丈五尺。夾城壕闊三丈八尺。

羊馬城上不通人行，下闊二丈五尺，崇二丈五尺。外城壕深二丈五尺，闊六十尺。

寧谷鎮。在縣西北八十里。

泥陽驛。在子城内。西至富平縣驛五十里，西北至寧谷鎮驛八十里。

寧谷驛。在縣西北八十里寧谷鎮。西北至邠州二百里。

牛耳山。在縣北六十里。沅案：山在今耀州北十八里，此云六十里，當是字誤。

風孔山。在縣東五里。沅案：此即今俗稱五臺山也。

石門山。在縣西北八十里。

安君山。在縣東五里。

樹子山。在縣北四十里。

石皋山。在縣北四十里。

把樓山。在縣北四十五里。

土門山。在縣東南四里。水經注曰：「宜君水東南出土門山西。」沅案：水經注云「又南出土門山西」。

三石山。在縣北六十八里。沅案：山在今耀州北八十里。

玉女山。在縣西北六十里。隋志有頻山，圖經不載。沅案：山在今耀州北六十八里。

清水谷。在縣西三十五里石門鄉。十道志：「一名鬼谷。」晋太康地記：『扶風池陽縣有鬼谷先生所居。』今案此地即池陽之境。又司馬彪曰：『鬼谷在嵩山。』沅案：司馬彪郡國志云：「案史記鬼谷在潁川陽城」，此亦以意改。虞喜志林：『在隴關。』裴秀雍州記『在池陽』。未知孰是。」沅案：史記甘茂傳：「蘇代説秦王曰：『甘茂居於秦，累世矣，自殽塞及至鬼谷。』」又曰：「王迎之，使彼來則置之鬼谷。」索隱曰：「鬼谷在關内雲陽是也。」正義曰：「劉伯莊云：『此鬼谷關内雲陽，非陽城者也。』」案陽城鬼谷屬韓，秦不得言置之，則言池陽者有據也。其水自縣西北雲陽縣界來，經縣八十里，南流入三原縣界。沅案：此即水經注黃嶔水，水經注云「出雲陽縣石門山黃嶔谷，東南流注宜君水」者，今水出糴州，逕涇陽、三原，至臨潼入石川河。

漆水。自縣東北同官縣界來，經縣一十五里，南流入富平縣界。沅案：此即同官水。樂史亦誤謂漆沮水，蓋以下流合石川河，遂有沮水之名，并以爲漆水，則益誤也。水經注云：「濁水合澤泉，俗謂之漆水，又謂之爲漆沮水。」又曰：「沮水東與澤泉合」。據此，則地形志萬年有漆沮水是俗稱耳。合沮水，俗名石川水。沅案：此沮水是夏書「漆沮既從」及詩「自土沮漆」之沮，而非夏書「又東過漆沮」之沮。彼漆沮是洛水也。孔安國、晉灼、闞駰皆言之矣。史記正義注「漆沮既從」云：「括地志云漆水源出岐州普潤縣東南岐山漆溪，東入渭。沮水一名石川水，源出雍州富平縣，東入櫟陽縣南。十三州地理志云萬年縣南有涇、渭，北有小河，即斯水也。」是其漆在今麟遊，沮即石川水。其「又東過漆沮」，裴駰則引孔安國曰：「漆沮二水名，亦曰洛水，出馮翊北。」是即洛水。周太王去豳度漆，踰梁山，止岐下，故詩曰「自土漆沮」，沅案：此沮即石川水，其漆水則在麟遊，敏求以証此漆，非也。又曰：「率西水滸，至於岐下。」尚書曰：「導渭自鳥鼠同穴，東會於灃。又東會於涇。又東過漆沮，入於河。」孔安國曰：「漆沮一名洛水，出馮翊北。」

沅案：此漆沮即洛水，水經注在華陰入渭，非此沮漆之水，敏求又誤引之，正義曰：「雍州漆水出扶風漆縣西，沅案：此孔穎達誤以夏書「又東過漆沮」之漆爲是「自土沮漆」之水。沮則不知所出。沅案：沮水有二。一出中部縣子午嶺，亦曰子午水，逕宜君縣，仍在中部入洛者，是地理志所云「出北地直路縣，東過馮翊祋祤縣北，東入洛」之水，夏書「又東過漆沮」也。一亦出中部縣，逕宜君、耀州、同官、富平至臨潼入渭，亦曰石川河，是夏書「漆沮既從」及詩「自土沮漆」之沮也。山海經曰：「涇渭合流三百里，清濁不相雜，東合漆沮水，至漳津入於河。」沅案：山海經無此文。又曰：「羭次之山〔一一〕，漆水出焉，北流注於渭。」沅案：山海經所説漆水，北入渭。羭次之山，在竹山西南，山東值今西安府境，實非杜陵之岐山也，其誤由劉昭注郡國志引之始。水經注曰：「渭水東過華陰縣北，洛水入焉。闞駰以爲漆沮之水。」沅案：此是今朝邑入河之洛，一名漆沮，與臨潼入渭之沮、一名石川河者無涉，敏求轉輾誤引，地理可不謂疏與？

沮水。自縣西北邠州界來，經縣九十五里，南流合漆水，入富平縣界石川河。

沅案：此即水經注黄嶔水，以下流合石川河，亦稱爲沮水，見前清水谷下。

澗谷河水。來自縣西北孝義鄉焦呰村，南流七十里，入三原縣界〔一二〕。

濁谷河水。自縣西北孝義鄉大海村來，經縣四十五里，南流入三原縣界。沅案：水經注云：「濁水至白渠，與澤泉合，俗謂之漆水。又謂爲漆沮水，絶白渠東逕萬年縣故城北，爲櫟陽渠。」地形志萬年有漆沮水，酈道元言是俗稱，即謂此耳，敏求因此水入石川河，並以石川水上流爲漆沮，誤矣。

祋祤故城。在縣東北一里。

漢步壽宮。在縣東北三里。沅案：宮宣帝置。

姚萇殿。在縣西北七十五里鳳遊鄉。沅案：太平寰宇記云「十七里」。上有御池泉水，基阯尚存。

唐永安宮。長安二年置。

孫思邈舊宅。今爲僧寺，在縣東五里流惠鄉惠政坊磬玉山。

祋祤廟。在縣東二里惠政坊。

漢武帝廟。在縣南五里冬溫坊。

富平

富平縣。唐次赤。西南至府一百五十里。本漢舊縣，屬北地郡。漢書曰：「北部都尉治神泉障。渾懷都尉治塞外渾懷障。」莽曰時武。前漢縣治在今靈州回樂縣界，後漢徙今寧州彭原縣界，晉徙縣於今縣西南十一里懷德城，後魏自今華原北祋祤故城徙北地郡於華原縣東南通川故城，西魏文帝大統五年，自懷德城徙於今治。周閔帝二年，於縣置中華郡。沅案：中華故城在今縣南。武帝省郡，以縣屬馮翊。隋開皇三年，隸雍州。唐天授二年，隸宜州。大足元年，州廢，還雍州。開元中，徙縣於義亭城，蓋古之鄉亭也。貞元四年，昇爲赤。後唐同光元年，隸耀州。

縣境。東西六十五里，南北五十六里。

一十一鄉，一十一里，管二百七十九村。唐四十四鄉。元和元年，以櫟陽縣大澤鄉、奉先縣神泉鄉來屬，奉豐陵。十五年，析萬年鄉隸奉先縣，奉景陵。長慶四年，析豐水鄉隸奉先縣，奉先陵。開成五年，以三原縣仁少鄉來屬，奉章陵。又有周文、通關、會善三鄉，餘不傳。

招福鄉積善里。在縣東北。管村二十八。

義亭鄉龍門里。在縣南。管村三十二。

薄臺鄉懷仁里。在縣西南。管村三十二。

安豐鄉進善里。在縣東南。管村三十三〔一三〕。

永閏鄉京陽原義里。在縣西北。管村二十八。

大澤鄉龍西里。在縣西南。管村一十一。

豐閏鄉〔一四〕保濟里。在縣東南。管村一十七。

義林鄉神地里。在縣西。管村一十六。

腫陽鄉龍遊里。在縣南。管村二十二。

臨原鄉大秦里。在縣東南。管村二十九。

平皋鄉昌仁里。在縣北。管村三十九。

縣城。周三里一十二步，崇一丈五尺。壕深八尺，闊八尺。

棘店鎮。在縣南二十里。

縣驛。在縣城内。西北至三原縣驛五十里，南至華州一百三十里。

荆山。在縣西南二十里。沅案：元和郡縣志云「三十五里」者，唐治不同。今名握陵原〔一五〕。尚書曰：「荆岐既旅。」又曰：「導汧及岐，至於荆山。」孔安國曰：「荆在岐東〔一六〕，非荆州之荆也。」方輿記曰：「昔黄帝鑄鼎於此山〔一七〕。」帝王世紀：「禹鑄鼎於荆山，在馮翊懷德之地。」今山下有荆渠。

壇山。在縣西北三十里。

天乳山。在縣西北二十五里。兩峰相對，類乳形。

高陽峰。在縣西北三十五里。

羊蹄原。在縣東南三十里。

中華原。在縣南三十里。

北虜原。在縣西北一十里。沅案：地形志頻陽有南鹵原。「鹵」、「虜」字同，當即此。頻陽故城在今縣東北〔一八〕，故以原爲南原也。

八公塠。在縣東南二十五里。其塠兩畔各有一小谷，象八字，中心有塠，象公字，因以爲名。

萬户埠。在縣西三十里。

黄金埠。在縣西二十里。

北虜川。在縣北五里。

薄臺川。在縣南五里。沅案：地形志云高陸有薄水，即此。

漆沮水。在縣西北四十五里。亦名石川水。自華原縣界來，入義亭、脾陽、豐閏三鄉通過沅案：水經注云濁水自白渠與澤泉合，俗謂之〔一九〕漆水，又謂之漆沮水，地形志萬年有漆沮水，即此，非夏書之漆沮。

澤多泉。在縣西一十三里永閏鄉温泉村。東入薄臺川，三十里，東南入漆沮河，溉民田。沅案：此即水經注之澤泉，云「出沮東澤中，與沮水隔原，相去十五里，東逕薄昭墓南，又逕懷德城北，東南注鄭渠，合沮水。又自沮直絶，注濁水，至白渠合焉。故濁水得漆沮之名也」是。

鹹泉。在縣東南五里。

白馬泉。在縣東一十里。

鹽池澤。在縣東南二十五里。周二十里〔二〇〕。

鄭國渠。在縣南二十里。史記曰：「秦既有事山東，欲兼并諸侯，諸侯益懼。欲罷之，毋令東伐，（沅案：河渠書云「韓聞秦之好興事」自此已上，皆敏求意增。）韓惠王聞秦之好興利，（如淳曰：「欲罷勞之，息秦伐韓之計。」）乃使水工鄭國（韋昭曰：「鄭國能治水，故曰水工。」）間説秦，令鑿涇水，自中山西邸瓠口爲渠，並北山東注洛（徐廣曰：「出馮翊懷德縣。」）三百餘里，欲以溉田。中作而覺，秦欲殺鄭國。鄭國曰：『始臣爲間，然渠成亦秦之利也。韓延數年之命，爲秦開（沅案：溝洫志「開」作「建」。）萬世之利也。』（沅案：「韓延數年之命」至此，實溝洫志文〔二一〕，敏求以意增入。）王以爲然，（沅案：史記「王」作「秦」。）卒使就渠。渠就，用注填閼之水，溉澤鹵之地四萬餘頃，收皆畝一鍾，於是關中爲沃野，無凶年，秦以富强，卒併諸侯，因命曰鄭國渠。」

北白渠。亦名大白渠。在縣南二十里。漢書：「武帝太始二年，趙中大夫白公（鄭氏曰：「白姓公爵，時人多相謂〔二二〕爲公。」師古曰：「此時無公爵也，蓋相呼尊老之稱耳。」）奏復〔二三〕穿渠，引涇水，首起谷口，（師古曰：「谷口即今雲陽縣治谷是。」）尾入櫟陽，注渭，中袤二百里，溉田四千五百餘頃，因名曰白渠。民得其饒，歌之曰：

『田於何所？池陽谷口。鄭國在前，白渠起後。師古曰：「鄭國興於秦時故，云前。」舉臿爲雲，决渠爲雨。師古曰：「臿，鍫也。所以開渠者也。」涇水一石，其泥數斗。且溉且糞，長我禾黍。如淳曰：「水淳淤可以當糞。」衣食京師，億萬之口。』」案白渠西自三原縣界來，流經縣，溉脾陽、大澤、豐閏〔二四〕三鄉民田，四十里有斗門一十五所。其水東入漆沮河。唐永徽六年，雍州長史長孫祥奏言：「往日鄭白渠溉田四萬餘頃，今爲富僧大賈競造碾磑，止溉一萬許頃。」於是高宗令分檢渠上碾磑，皆毀撤之。未幾，所毀皆復。廣德二年，尚書工部侍郎李栖筠復陳其弊，代宗亦命拆去〔二五〕私碾磑七十餘所。歲餘，栖筠出常州，私制如初。至大曆中，水利所及纔六千二百餘頃。元和郡縣圖志〔二六〕曰：「白渠水，起谷口，尾入櫟陽，延袤二百里，溉田四千五百餘頃。」

堰武渠。在縣西北四十五里義林鄉，來自華原縣界，流經縣，溉民田八里。

白馬渠。在縣西北四十里義林鄉信義村。引漆沮河水，溉民田一十五里。

長澤渠。在縣西北三十里義林鄉西陽村。引漆沮河水，溉民田一十五里。

高望渠。在縣西北二十五里義林鄉閆村。引漆沮河水，溉民田三里。

文昌渠。在縣西北一十七里永閏鄉。自義林鄉引漆沮河水，溉民田一十里〔二七〕。

石水渠。在縣西北二十五里。引漆沮河水，溉民田一十里。

永濟渠。在縣西北二十五里。引漆沮河水，溉民田一十二里。

陽渠。在縣西南二十八里。引漆沮河水，溉民田一十五里。

直城渠。在縣西南二十里。引漆河水，溉民田二十里。

龍門堰。在縣南二十里。

石川堰。在縣南二十里。

常平堰。在縣東南二十五里。

樂視臺。在縣西南三十里。

胡馬臺。在縣西南一十二里。

懷德故城。在縣西一十五里。沅案：太平寰宇記云在縣西南十一里，非漢懷德縣也。蓋後漢末及三國時因漢舊名於此立縣〔二八〕。今有廢城存。周三里。漢書曰〔二九〕：「懷德縣屬左馮翊，禹貢北條荆山在南，下有强梁原，洛水東南入渭。雍州寖。王莽曰德驩。」

秦穆公城。在縣南三十里。南面、西面崇一丈五尺，東面、北面無墻。

直市城。在縣西南一十五里。事見漢宫室街陌下。

雨金堡。在縣東南三十里。周八百步。東有雨金泊。史記：「秦獻公十八年，雨金櫟陽〔三〇〕。」後因名堡。案其地古櫟陽縣界也。

王侯堡。在縣西北四十五里。

丁溪廟。在縣南四十里。

鹹泉廟。在縣東南五里。

漢武帝廟。在縣南二十里。

後周文帝廟。去縣一十三里。

秦王翦廟。在縣東北三十里。

後漢梁統廟。在縣東北三十里。

後魏孝武帝陵。在縣東南二十五里。

西魏文帝陵。在縣東南二十五里。

後周文帝成陵。在縣西北一十三里。沅案：元和郡縣志云在縣西北十五里。

唐中宗定陵。在縣西北一十五里陵廟記：「在縣東北一十三里。」龍泉山。陵廟記曰屏風山。周文鄉郭門村。封内四十里。下宫去陵五里。陪葬太子一，節敏太子重俊。公主五。宜成，長寧，成安〔三一〕，定安、王同皎〔三二〕，永壽、韋鐬〔三三〕。

代宗元陵。在縣西北三十里檀山沅案：元和郡縣志云「四十里」，新唐書志云「在西北二十五里檀山。」」永閏鄉管村〔三四〕。封内四十里。下宫去陵五里。

順宗豐陵。在縣東北三十五里〔三五〕金瓮山。沅案：元和郡縣志、新唐書志云「在縣東〔三六〕三十三里甕金山」，舊作「三十五里」，非。通關鄉修善、義周、公孫三村。封内四十里。下宫去陵五里。

文宗章陵。在縣西北二十里天乳山永閏鄉洪波村〔三七〕。封内四十五里。下宫去陵三里。陪葬一〔三八〕。楊賢妃。沅案：會要云章陵無陪葬，非。

懿宗簡陵。在縣西北四十里沅案：太平寰宇記云「四十五里」。紫金山會善、永閏兩鄉范村。封内四十里。下宫去陵七里。

王翦墓。在縣東二十七里。沅案：元和郡縣志云「在縣東北三里」，太平寰宇記云

「一十七里」。

唐李光弼墓。在縣西四十里。沅案：太平寰宇記又有薄昭墓，在縣西一里，重耳冢，在縣東三十里，司馬欣墓，在縣西二十五里，此皆缺載。

長安志卷第十九終

校勘記：

〔一〕在縣東　三字原闕，據類編長安志卷七補。

〔二〕古羅城　案此下原本連上「子城」條，今據文義析出，自立一目。

〔三〕術士　原本作「得術士」。案此處成化、嘉靖本作「得士」。應屬「術士」之譌，四庫本作「術士」，今從之。

〔四〕莫谷水　案此條原本僅存條目名稱　内容俱奪落，據成化、嘉靖、四庫諸本改。

〔五〕甘谷水　案此條目名稱原本奪落，本條内容誤連於「莫谷水」條下，據成化、嘉靖、四庫諸本改。

〔六〕流經　「流」字原闕，據成化、嘉靖、四庫諸本改。

〔七〕扶風縣　「縣」字原闕，據成化、嘉靖、四庫諸本補。

〔八〕經縣　原作「流經縣」，據成化、嘉靖、四庫諸本改。

〔九〕祋祤縣　「縣」字原闕，據成化、嘉靖、四庫諸本改。

〔一〇〕通川郡　原作「通州郡」，據成化、嘉靖、四庫諸本及元和郡縣志卷二改。

〔一一〕羭次之山　「羭」原作「渝」，據山海經西山經改。

〔一二〕入三原縣界　「入」原作「水」，據成化、嘉靖、四庫諸本改。

〔一三〕三十三　原作「三十二」，據成化、嘉靖、四庫諸本改。

〔一四〕豐閏鄉　長安志圖卷下書作「豐潤鄉」，或是。

〔一五〕握陵原　原作「掘陵原」，據成化、嘉靖、四庫諸本改。

〔一六〕岐東　原作「岐山東」，據成化、嘉靖、四庫諸本改。

〔一七〕此山　「山」字原闕，據成化、嘉靖、四庫諸本補。

〔一八〕東北　原作「東此」，徑改。

〔一九〕謂之　原作「爲之」，徑改。

〔二〇〕周二十里　原作「周回二十里」，據成化、嘉靖四庫本改。

〔二一〕溝洫志文　「文」原作「又」，徑改。

〔二二〕相謂　「謂」字原闕，據成化、嘉靖、四庫諸本補。

〔二三〕奏復　原作「復奏」，四庫本同，成化、嘉靖二本作「秦復」，類編長安志卷六作「奏復」，蓋「秦」係「奏」字形譌，今據類編長安志改。

〔二四〕豐閏　長安志圖卷下書作「豐潤」，或是。

〔二五〕拆去　原作「拆去」，據類編長安志卷六改。

〔二六〕元和郡縣圖志　原本「元和」下衍一「縣」字，成化、四庫本俱無，今删。

〔二七〕一十里　原作「一十五里」，據成化、嘉靖、四庫諸本改。

〔二八〕於此立縣　原本此下衍「爲名」二字，今删。

〔二九〕漢書曰　「曰」字原闕，據成化、四庫本補。

〔三〇〕櫟陽　原作「櫟雨」，據成化、四庫本改。

〔三一〕成安　原作「城安」，據成化、嘉靖、四庫本改。

〔三二〕定安王同皎　「王同皎」原本舛置於下文「永壽」之下，據成化、嘉靖、四庫諸本改。

〔三三〕韋鐵　原作「韋鐵」，據新唐書諸帝公主傳改。

〔三四〕管村　類編長安志卷八作「王村」。

〔三五〕三十五里　原作「三十三里」，據成化、嘉靖四庫諸本及類編長安志卷八改。

〔三六〕縣東　「縣」字原闕，據文義臆補。

〔三七〕洪波村　「村」字原闕，據類編長安志卷八補。

〔三八〕陪葬一　「一」字原闕，據類編長安志卷八補。

長安志卷第二十

縣十

三原　雲陽　同官　美原

三原

三原縣。唐次赤。西南至府一百一十里。沅案：元和郡縣志同，太平寰宇記云「府正南五十里」。本漢池陽縣之地。案池陽縣，惠帝四年置。應劭曰：「在池水之陽。」前秦苻堅於巀嶭山北置三原護軍，以其地南有𡝬原，西有孟侯原，北有白鹿原，是爲三原。沅案：太平寰宇記此下有云「屬北地郡」。後魏太武太平真君七年，罷護軍，置三原縣，屬北地郡。沉案：此地形志缺載。周地圖記曰：「孝明孝昌三年，蕭寶寅逆亂關右，毛洪賓立義栅捍賊，莊帝永安元年，於此置北雍州，洪賓爲刺史，俗謂之洪賓栅。其故城在縣北五十五里。沉案：元和郡縣志云「五十五里」，太平寰宇記云「四十五里」，舊作「一十五里」〔一〕，非。又徙縣於清水谷〔二〕。」沉案：「谷」舊作「在」，以義推之，當爲「谷」。又案魏書：「毛遐，洪賓兄也，亦有功於魏，孝明詔析北地郡之三原縣爲建忠郡，屬北雍州，以旌其兄弟功也。」周武帝建德二年，郡廢，以三原縣隸馮翊郡，今縣治西北三十一里三原故城是。隋開皇三年，以縣隸雍州。沉案：此當云大業中屬京兆郡。唐武德四年，徙治清谷南故汪城〔三〕，改爲池陽縣。六年，又徙〔四〕故所，改爲華池縣，仍分置三原縣，隸北泉州。貞觀元年，廢三原縣，改華池爲三原縣，隸雍州。沉案：唐書志云天授元年隸鼎州，大足〔五〕元年隸京兆府，此皆缺載。後唐同光元年，隸耀州。

縣境。東西四十七里，南北四十里。

一十二鄉，管一百四十四村。唐二十鄉。開成五年，析仁化鄉隸富平縣，奉章陵。會昌元年，以高陵縣清平鄉來屬，奉莊陵。有太平鄉。餘不傳。沉案：太平寰宇記云唐二十四鄉。又案：臧希晏墓碑有云葬於三原縣長坳鄉，此亦唐鄉。

豐元鄉。在縣北。管村一十。

萬壽鄉。在縣北。管村八。沅案：于志寧墓碑有云葬於萬壽鄉，即清池里。又于大猷墓碑云夫人李氏，合葬於萬壽鄉長坳之先塋。

清水鄉。在縣西北。管村一十九。

常平鄉。在縣西南。管村一十八。

萬福鄉。在縣南。管村一十八。

從化鄉。在縣西南。管村一十三。

脩真鄉。在縣西南。管村一十四。

務高鄉。在縣東南。管村七。

神泉鄉。在縣東。管村七。

龍池鄉。在縣東。管村六。

新樂鄉。在縣東。管村九。

奉節鄉。在縣南。管村五。

縣城。周二里餘一百二十步，崇一丈。

巀嶭山。在縣西北六十里。

堯門山。在縣西北三十二里。沅案：史紀秦本記云：「獻公三十一年，與晉戰於石門。」正義引括地志云：「堯門俗名石門，在雍州三原縣西北，上有路，其狀若門，故老云堯鑿山爲門，因名之。武德中，於此山南置石門縣，貞觀中改爲雲陽縣。」

天齊原。在縣西北二十里，沅案：元和郡縣志云「二十五里」連巀嶭山，上有天齊祠。

清水谷河。自縣西北華原縣界來，經縣西南入白渠，東溉民田。十道志曰：「一名鬼谷。晉太康地記：『扶風池陽縣有鬼谷先生所居。』今案此地即舊池陽〔六〕之境，而司馬彪云鬼谷在嵩山。虞喜志林：『在隴關。』裴秀雍州記云：『在池陽。』諸說不同，未知孰是。」

濁谷河。自縣西北華原縣界來，經縣西一十五里谷口，有大堰，其水東流，溉民田。

六輔渠。漢書：「元鼎六年，倪寬爲左內史，奏請穿六輔渠，師古曰：「在鄭國渠之裏〔七〕。今尚謂之輔渠，亦曰六渠也。」以益溉鄭國旁高卬之田。」師古曰：「素不得鄭國之溉灌者也。卬謂上向也，讀曰仰。」圖經曰：「此則於鄭國渠上流南岸更開六道小渠，以輔助溉灌耳。」今雲陽、三原兩縣界此渠尚存，鄉人名六渠，亦號輔渠。

中白渠、北白渠兩渠。水自正西雲陽縣界來，經縣通流過富平縣界，溉民田。兩白渠下斗門二十八。北白渠四，中白渠二十四〔八〕。

黄白城。在縣西南十五里。後漢李傕亂，獻帝幸長安，三輔饑歉，欲徙帝於池陽黄白城。

永安故城。亦名洪賓栅。在縣北十五里。後魏北雍州城也。孝武永熙元年，徙北雍州於宜州，仍於城中置永安鎮，今在富平縣界。

秦曲梁宫。在黄白城内。沅案：水經注云：「濁谷水，注鄭渠，又東歷原，逕曲梁城北，又東逕太上陵南原下。」則城以宫名也。

寶應金輪寺。唐寶應年置。在縣東北一里餘二百四十七步。

唐景皇帝永康陵。在縣西北十八里豐原、萬壽兩鄉大澹村。封内二十五里。唐陵廟記：「在縣西北三十里。」

高祖獻陵。在縣東一十八里龍池鄉唐朱村。沅案：元和郡縣志云「十五里」，太平寰宇記同此。封内二十里。下宫去陵五里。陪葬諸王一十六〔九〕，河間孝王恭、襄邑王神符、道王元慶、鄭王元懿、清河王誕〔一〇〕、韓王元嘉〔一一〕、彭王元則、滕王元嬰、虢王元鳳〔一二〕、酆王元亨、徐王元禮、霍王元軌、鄧王元裕、魯王靈夔〔一三〕、江王元祥、密王元曉。公主一，館陶。功臣六。楚將軍。賀蘭公。吴興公。彭城公。錢巢公。丘將軍。沅案：丘將軍，會要云「譚國公丘和」是。又案：會要陪葬有楚國太妃萬氏，此缺載。又案：楊炯撰都督王湛神道碑云文明元年陪葬獻陵，諸書所無。

敬宗莊陵。在縣西北五里太平鄉胡村。封内四十里。下宫去陵八里。陪葬一。悼懷太子。沅案：河南通志云敬宗陵在偃師縣，河南府志云有高宗御製碑，考史云天祐元年正月昭宗遷洛，敬宗無先葬偃師之理。又敬宗於高宗十世孫，不得有御碑。

武宗端陵。在縣東一十里神泉鄉騰張村。封内四十里。下宫去陵四里。陪葬一。賢妃王氏。沅案：元和郡縣志、太平寰宇記又有于謹墓，在縣北十八里，此不載。

雲陽

雲陽縣。唐次赤。西南至府一百一十里〔一四〕。本漢縣，昭帝置，沅案：昭帝所置乃雲陵縣，非此，敏求誤。屬左馮翊，古有雲陽宮，因以爲名。沅案：史記秦始皇本紀：「韓非死雲陽。」正義曰：「括地志云雲陽城在雍州雲陽縣西八十里，秦始皇甘泉宮在焉。」亦爲美原縣地。沅案：太平寰宇記作「美陽縣地」，其實皆誤，當云「亦爲雲陵縣地」。蓋匈奴金人祭天之所也。後漢末省縣。今縣西北六十里古城，即漢縣也。魏志曰：「司馬宣王撫慰關中，罷雲陽縣，置撫夷護軍。及晉趙王倫鎮長安，復罷護軍。後氏羌反，又立護軍。後魏太平真君七年，罷護軍，別置雲陽縣，屬北地郡。後周置雲陽郡。隋開皇初郡廢。唐武德元年，析雲陽縣置石門縣。沅案：史記正義引括地志云：「堯門山在雍州三原縣西北，武德中於此山南置石門縣。」三年，於石門縣置泉州，領石門、温秀二縣，徙雲陽縣於南十五里，治水衡城〔一五〕。貞觀元年，廢泉州，省温秀縣，改石門縣爲雲陽縣，改雲陽縣爲池陽縣，屬雍州。八年〔一六〕，省雲陽，以其地入池陽，而改曰雲陽。天授二年，以雲陽置鼎州，領雲陽、三原、涇陽、醴泉四縣。大足元年，州廢，縣隸京兆府。沅案：唐書志當云隸雍州。後唐同光元年，析隸耀州。

縣境。東西七十里，南北一百二十里。

五鄉，管七十四村。唐二十鄉。金龜、平泉、古鼎三鄉今析置淳化縣，有谷口鄉，餘不傳。沅案：太平寰宇記云舊十七鄉。

流金鄉。在縣東南。管村一十二。

嵯峨鄉。在縣北。管村一十八。

萬善鄉〔一七〕。在縣東。管村一十二。

武康鄉。在縣西。管村一十八。

青龍鄉。在縣南。管村一十四。

縣城。周二里餘一百一十步，崇九尺。壕深二尺。

孟店鎮。在縣東北〔一八〕一十里。

梨園鎮。在金龜鄉。王褒雲陽宮記曰：「車箱坂下有梨園，漢武築之，大一頃，樹數百株，青翠繁密，望之如車蓋，鎮因名之。」沅案：漢書音義曰「雲陽縣東南三十里有棠梨宮」是也。唐李克用以并師討邠、岐，駐軍梨園寨。皇朝淳化四年，建爲淳化縣，以雲陽金龜、平泉、古鼎三鄉，仍析山後甘延、温豐、威遠三鄉屬焉。案太子中舍黄觀言此地山林深僻，多聚盜賊，遂建爲縣。

折衝府。

水衝府。在縣西南三里。仲山府。在縣西北四十里。

嵯峨山。一名巀嶭山〔一九〕，在縣東北十里。東西二十五里，南北二十里。漢書：「巀嶭山在池陽〔二〇〕縣北。」師古曰：「俗呼嵯峨山是也。音截嶭。」雲陽宫記曰：「東有慈峨山。」蓋又名慈峨。四夷郡縣圖記曰：「山頂有雲起即雨，人以爲候。昔黄帝鑄鼎於此山下〔二一〕。」

仲山。在縣西北四十里。史記：「漢武帝獲寶鼎於汾陰，沅案：此敏求以意改。迎鼎至甘泉，從行，上薦之。至中山晏温，如淳曰：「三輔謂日出清濟爲晏，晏而温也。」沅案：史記「作曣唱」。有黄雲蓋焉。」徐廣云：「關中有中山，非冀州者也。」雲陽宫記曰：「宫南三十里有仲山，未詳古之何山。山有竹箭生焉。俗傳高祖兄仲所居。今山有仲子廟，積旱祈之，圍此射獵，則風雨暴至。廟有一泉，未曾水竭。」

甘泉山。一名石鼓原，俗云磨石嶺。在縣西北九十里。周六十里。關中記曰：「甘泉宮在甘泉山上。漢書：『單于烽候以應甘泉』。即此山也」。又有甘水經縣。十道志曰：「甘泉水出石鼓西原。」車箱坂。在縣西北三十八里。縈紆曲折，單軌纔通，上坂即平原宏敞，樓觀相屬，即趨甘泉宮道也。

涇水〔二二〕。在縣西南二十五里。水經注曰：「涇水東流歷峽，謂之涇峽。」沅案：水經注無文，太平寰宇記亦引之。

冶谷河水。自縣西北淳化縣界來，經縣嵯峨、武康、青龍等鄉，溉民田。雲陽宮記曰：「冶谷去雲陽宮八十里，封禪書所謂谷口是也。其山出鐵，有冶鑄之利，因以爲名。入谷便洪潦沸騰，飛泉激射。兩岸皆峭壁，孤豎横盤。坑谷凛然凝沍，常如八九月中。朱明盛暑，當晝暫暄，凛秋晚候，緼袍不暖，所謂寒門者也。」又曰：「入冶谷二十里，有百里槐樹。樹北有泉，名曰金泉。谷中有毛原監。」

五龍谷水。水經注曰：「五龍水出雲陽宫西南。」沅案：水經注無文。

鄭泉。在縣西四十里。雲陽宫記曰：「漢鄭樸，字子真〔二三〕，隱於谷口，高節不屈，耕於巖石之下，名震京師。時人因子真所居，名爲鄭泉。」沅案：此泉今在醴泉縣界。

金泉。雲陽宫記曰：「泉出數穴，清徹無底。」雍州記曰：「有人飲此泉水，見有金色，從山中照水，往取得金，故名金泉。」隋志有走馬泉。

鄭國渠。

太白渠。自西南四十里涇陽縣界取涇河水，洪門六門三明來〔二四〕，經縣入三原縣界，溉民田。

六輔渠。

流金泊。在縣東北一十里。

古石蛇。在縣西北四十里。

漢故城。在縣西北六十里。沅案：史記正義引括地志及元和郡縣志皆云在縣西北八十里。

雲陽宮。在縣西北八十里〔二五〕。今在淳化縣界。

通天臺。在縣西北八十里。沅案：舊本作「八十里」，非。

振錫寺。在縣北一十五里嵯峨山上。唐元和七年，置徑路神祠，在甘泉山下。漢書：「雲陽縣有休屠金人及徑路神祠三所，越巫䠶鄺三所。」沅案：「䠶」字當爲「⿰歹占」，今本漢書亦作「䠶」，非也。孟康曰：「䠶音辜磔之辜，越人祠也。鄺音穰，屠除。」音義曰：「匈奴祭天處本雲陽甘泉山下，秦奪其地，後徙休屠右地。」郊祀志：「徑路神祠，祭休屠王也。」

漢武帝廟。在縣西。沅案：太平寰宇記云在縣西北一百里。

漢昭帝趙太后雲陵〔二六〕。文穎曰：「倢伃先葬於雲陽，是以就雲陽爲陵。」師古曰：「在甘泉宮南，今土俗人呼爲女陵。」在故縣南。沅案：史記正義引括地志云在雲陽縣西北五十八里。漢書：「鈎弋趙婕妤，昭帝母也。」史記曰：「鈎弋夫人死雲陽，暴風揚塵。」沅案：此亦節本文。三秦記曰：「鈎弋夫人居甘泉宮，三年不反，遂即葬之，名曰思合墓。昭帝即位，追尊爲皇太后，發卒二萬人，起雲陵，邑三千户。」列仙傳曰：「鈎弋夫人，齊人，姓趙，少好清淨，病卧六年，右手拳，飲食少。

望氣者雲東北有貴人，推而得之。召到，姿色甚佳，武帝反其手，得玉鉤，而手尋展，遂生昭帝。後武帝害之，及殯，尸香一月。昭帝即位，更葬之，棺空，但有絲履。」雲陽記曰：「鈎弋夫人從至甘泉而卒，尸香聞十余里，葬雲陽。武帝思之，爲起通靈臺於甘泉宮。有一青鳥，集臺上往來，至宣帝乃止。」

唐德宗崇陵。在縣北一十五里陵廟記：「在縣東北三十里。」嵯峨鄉化青〔二七〕。封内四十里。下宮去陵五里。

宣宗貞陵。在縣西北四十里陵廟記：「在縣西十五里。」小王山谷口鄉鄧村。封内一百二十里。下宮去陵十里。沅案：太平寰宇記有李陵母冢，在縣西北一十五里。此不載。

同官

同官縣。唐畿。西南至府二百一十里。本漢祋祤縣之地，上音地活反，下虚羽反。屬左馮翊。晉爲頻陽縣。沅案：史記秦紀云：「厲共公二十一年初縣頻陽。」正義曰：「括地志云頻陽故城在雍州同官縣界故頻陽縣城。」則頻陽，秦縣也。十六國春秋曰：「苻堅於祋祤城東北銅官川置銅官護軍。後魏太武太平真君七年，罷護軍，置銅官縣，屬北地郡。莊帝永安元年，屬宜君郡。後周武帝建德四年，自今縣東南十里同官故縣徙於今治。「同」字舊從金，至是除「金」，止作「同」字。隋開皇二年，改宜君郡爲宜州，以縣屬焉。大業二年，省宜州，以縣隸雍州。唐貞觀初，又屬宜州。十七年州廢，復來屬。天授二年，又隸宜州。大足元年，還雍州。梁開平三年，自京兆府析隸同州。後唐同光元年，隸耀州。

縣境。東西一百三十里，南北八十三里。

四鄉，管二百三村。唐六鄉。

丹青鄉。在縣東。管村六十二。

神水鄉。在縣北。管村六十三。

永寧鄉。在縣南。管村四十一。

喜化鄉。在縣西南。管村三十七。

縣城。周一里。無城壁。

黄堡鎮。在縣南三十里。

文王山。在縣西四十里。

馬欄山。在縣北。沅案：今字亦作「蘭山」，在今縣北三十里。

三泉山。在縣東南三十二里。

白馬山。在縣西北。沅案：山在今縣西四十八里。

女回山。在縣境。沅案：新唐志「回」作「迴」。又案：地形志石保有回女山，疑即此。俗方志云在今縣北四十里。又案：地形志有關山、石槃山。

同官川水。在縣北五十里。自坊州宜君縣界來，經縣，南流入華原縣界。水經注曰：「同官水出殺翖城東北，而西南經同官川，謂之銅官水。」沅案：水在今縣東北一里，左合一水。

雄同川。在縣東四十里。西南與同官川水合流，入華原縣界。

雷平川水。在縣西北五十里。入同官川水。沅案：水在今縣西北二十里，「五」恐當作「二」。

烏遲川水。在縣東二十五里。入蒲城縣界。沅案：水在今縣東北十五里。

漢井泉水。在縣東北三十里。南合入烏遲川水。沉案：水在今縣東北三十二里。

大石盤川水。在縣東北五十里馬欄山北。東流入坊州宜君縣界。沉案：水在今縣北三十里。

亭子泉。在縣東一里。

柏榆泉。在縣西南一里。

弩臺二。一在縣北一里，一在縣西南一里。

高山女華神廟。在縣北四十里。沉案：太平寰宇記云「三十里」。其山層峰秀出，每有大風雷，多從華岳至此。舊説華岳女君在此山上，人因立祠，每水旱，禱祈有驗焉。

美原

美原縣。唐畿，西南至府一百八十里。本秦漢頻陽之地，屬左馮翊。漢書：「頻陽，秦厲公置。」沉案：史記：「厲共公二十一年爲縣。」應劭曰：「在頻水之陽。舊縣在今縣南三里頻陽故城是。」沅案：元和郡縣志云在西南三里。又案：頻陽二漢、晉、後魏俱屬馮翊。周地圖記曰：「苻秦時於此置土門護軍。後魏太武太平真君七年，罷護軍，地入同官縣。宣武景明元年，省頻陽縣，分銅官縣置土門縣，屬北地郡，因縣界頻山有土闕，狀似門，故曰土門。」元和郡縣圖志曰：「頻陽縣，以縣西北十一里有頻山，秦厲公於山南立縣，故曰頻陽。」又：「頻山有二土闕，狀似門，故曰土門。隋大業二年省。義寧二年復置，屬宜州。唐貞觀十七年省〔二八〕。咸亨二年，又析〔二九〕富平、華原及同州蒲城縣，置美原縣於土門縣。故龍圖閣直學士趙公師民以爲王翦請美田。翦，頻陽人。「美原」蓋取美田以爲名〔三〇〕也。天授二年，又置宜州，縣仍隸焉。大足元年，還雍州。天復中，沅案：新唐書云「天祐二年」。李茂貞墨制以縣爲鼎州。梁正明初改爲裕州，隸崇州。後唐同光元年，復爲美原縣，屬耀州〔三一〕。」

縣境。東西五十六里，南北三十三里。

四鄉，管七十一村。唐十二鄉。元和元年，析義林、旌義二鄉隸富平縣，奉豐陵，十五年。析龍原鄉，隸奉先縣景陵。餘不傳。

永定鄉。在郭下。管村二十一。

通關鄉。在縣西二十里。管村一十一。

勾龍鄉。在縣西北一十里。管村一十六。

頻陽鄉。在縣西南一十五里。管村二十三〔三二〕。

縣城。周二里餘八十步。崇一丈五尺。

頻山。在縣北一十八里。秦將王翦此縣人。

石疊山。在縣北一十五里。

萬斛山。在縣東北二十里。

金粟山。在縣北一十五里。

玉鏡山。在縣西北一十里。

明月山。在縣西北二十里。

玉女山。在縣西三十五里。

大石谷澗。在縣北一十五里。

小石谷澗。在縣北一十里。

勾谷澗。在縣西北一十五里。

三泉谷澗。在縣西北上三十里。

梁丘澗。在縣西四十五里。

頻陽故城。在縣西南五里。沅案：元和郡縣志云「三里」，太平寰宇記云「南三里」，前敏求亦云「南三里」。周六里餘一百五十步。

廣武城。南鹵原。案後魏地形志屬頻陽縣。

靈集觀。在縣西三十五里。

鳴鳳寺。在縣東門外二百步。

化城寺。在縣西北二十里明月山上。

真寂寺。在縣西四十五里邑子山上。

頻山神廟。在縣西二十五里。

秦王翦廟。在縣東南一百步。

長安志卷第二十終

校勘記：

〔一〕舊作「一十五里」　案成化、嘉靖、四庫諸本俱作「一十五里」。

〔二〕清水谷　成化本作「清水在」，四庫本作「清水莊」。

〔三〕汪城　原作「任城」，據成化、嘉靖、四庫諸本改。

〔四〕又徙　原作「又析」，據成化、嘉靖、四庫本改。

〔五〕大足　二字原本闕，據舊唐書地理志補。

〔六〕池陽　原作「池陽縣」，據成化、嘉靖、四庫諸本刪「縣」字。

〔七〕鄭國渠之裏　「裏」原本作「東」，據成化、四庫本改。

〔八〕中白渠二十四　原作「十白渠二十」，據成化、嘉靖、四庫本改。

〔九〕陪葬諸王一十六　案下列陪葬諸王名位，原本次序與早出之成化本出入較大，而成化本亦頗有舛錯，四庫本較能體現成化本次序，而已校正其錯亂，故從之。

〔一〇〕清河王誕　「誕」成化、四庫作「該」，嘉靖本及唐會要卷二一同此，畢沅刻本長安志作「誕」。

〔一一〕韓王元嘉　「嘉」成化、嘉靖二本作「喜」。

〔一二〕虢王元鳳　四庫本及新唐書高祖諸子傳「元鳳」名作「鳳」，成化、嘉靖二本及唐會要卷二一作「元鳳」。

〔一三〕魯王靈夔　原本「靈夔」作「元夔」，據成化、嘉靖、四庫諸本及新唐書高祖諸子傳改。

〔一四〕一百一十里　原作「一百二十里」，據成化、嘉靖、四庫諸本改。

〔一五〕水衡城　成化、四庫本作「水衡域」。

〔一六〕八年　二字原闕，據成化、嘉靖、四庫本補。

〔一七〕萬善鄉　類編長安志卷一作「萬金鄉」。

〔一八〕東北　原作「東」，據成化、嘉靖，四庫諸本改。

〔一九〕巀嶭山　原作「巀孽山」，據成化、嘉靖、四庫本改。本條下同。

〔二〇〕池陽　原作「陽池」據成化、四庫本改。

〔二一〕山下　「下」字，成化、嘉靖，四庫諸本俱作「小」，具與下文「仲山」相連屬爲「小仲山」，類編長安志所據版本已然如此，故是書卷六列有「小仲山」條目。唯審文義，似以畢沅刻本爲勝，今從之。

〔二二〕涇水　原作「經水」，據成化、四庫本改。

〔二三〕字子真　原本闕「字」字，據成化、嘉靖、四庫諸本補。

〔二四〕洪門六門三明來　案此處疑有舛譌，成化、四庫本作「洪門六明三明來」，義仍不明，參考長安志圖卷下涇渠圖説相關記載，疑本作「自洪門石堰三限閘來」，姑書此備考。

〔二五〕八十里　原作「八十一里」，據成化、嘉靖、四庫諸本改。

〔二六〕雲陵　原作「雲陽」，據成化、嘉靖，四庫諸本改。

〔二七〕化青　二字下似認應脱「村」字，類編長安志卷八及成化以降諸本均同畢沅校刻本長安志。

〔二八〕貞觀十七年省　「省」字原闕，據成化、嘉靖、四庫本補。

〔二九〕又析　原作「又割」，成化、嘉靖本作「又村」，四庫本作「又析」。案「村」應係「析」之形譌，今據四庫本改。

〔三〇〕以爲名　「爲」字原闕，據成化、嘉靖、四庫諸本補。

〔三一〕耀州　原作「雍州」，據成化、嘉靖、四庫諸本改。

〔三二〕二十三　「三」原作「二」，據成化、嘉靖、四庫諸本改。

附録

文淵閣本四庫全書之長安志提要（地理類・古蹟之屬）

臣等謹按長安志二十卷，宋宋敏求撰。敏求有唐大詔令，已著録。是編皆考訂長安古蹟，以唐韋述西京記疎畧不備，因更博採群籍，參校成書，凡城郭、官府、山川、道里、津梁、郵驛，以至風俗、物産、宮室、寺院，纖悉畢具。其坊市曲折及唐盛時士大夫第宅所在，皆一一能舉其處，粲然如指掌。司馬光嘗以爲考之韋記，其詳不啻十倍。今韋氏之書久已亡佚，而此志精博宏贍，舊都遺事，藉以獲傳，實非他地志所能及。程大昌雍録稱其引類相從，最爲明晰，然細細校之，亦不免時有駁複。如曲臺既入未央，而又入之三雍，是分一爲二矣。長門宮在都城之外長門亭畔，而列諸長信宮内，則失其位置矣。況宮殿園囿，又多空存名，不著事蹟，則無可尋繹矣云云。其説雖不爲無見，實則凌雲之才，不可以寸朽爲病也。敏求尚有河南志，與此凡例稍異，而並稱贍博，今已不存。又楊慎丹鉛録謂杜常華清宮詩見長安志，詩中「曉風」乃作「曉星」，檢今本實無此詩，蓋慎喜僞托古書，不足爲據，非此志有所殘缺。惟晁公武讀書志載有趙彦若序，今本無之，則當屬傳寫佚脱耳。乾隆四十六年六月恭校上。

總纂官臣紀昀臣陸錫熊臣孫士毅總校官臣陸費墀

文淵閣本四庫全書之長安志圖提要（地理類・古蹟之屬）

臣等謹案：長安志圖三卷，元李好文撰。好文，字惟中，東明人，至治元年進士，官至光祿大夫河南行省平章政事，致仕，給翰林學士承旨一品祿終其身。事蹟見元史本傳。此書結銜稱「陝西行臺御史」，考本傳稱好文至正元年自國子祭酒改陝西行臺治書侍御史，尋遷河東道廉訪史，又稱至正四年，仍除陝西行臺治書侍御史，六年始除侍講學士，此書蓋再任陝西時作也。自序稱圖舊有碑刻，元豐三年呂大防爲之跋，謂之長安故圖，蓋即陳振孫所稱長安圖記，大防知永興軍時所訂者，好文因其舊本，芟除訛駁，更爲補訂，又以漢之三輔及元奉元所屬者附入，凡漢、唐宮闕、陵寢及渠涇沿革制度皆在焉。總爲圖二十有二，其中渠涇圖說詳備明晰，尤有裨於民事，非但考古蹟、資博聞也。本傳載所著有端本堂經訓要義十一卷，歷代帝王故事一百六篇，又有大寶錄、大寶龜鑑二書，而不及此圖，元史疎漏，此亦一端矣。此本乃明西安府知府李經所録，列於宋敏求長安志之首，合爲一編，然好文是書本不因敏求而作，强合爲一，世次紊越，既乖編録之體，且圖與志兩不相應，尤失古人著書之意，今仍分爲二書，各著於録。千頃堂書目載此編作長安圖記，此本題曰「長安志圖」，疑李經與長安志合刊，改題此名，然今未見好文原刻，而千頃堂書目傳寫多訛，不盡可據，故今仍以長安志圖著録，而附載其異同於此，備考核焉。乾隆四十六月恭校上。

總纂官臣紀昀臣陸錫熊臣孫士毅總校官臣陸費墀

嘉靖刻本康海序

關中故有長安志，刻之省署，歲久亡矣。予家有舊藏本，嘗因其所引類，得其緒理。喜關秦之跡頗爲明悉易見，間有踳駁，則據冊而擬，欲盡固難也。其書爲宋龍圖學士宋敏求氏所著。程文簡謂宋氏家多古書。如宮闕記、宮闕疏、關中記、廟記、三輔黄圖、三輔舊事，皆所採據信哉。夫自成周以來，關中爲歷代名都，其人文之盛，固不待别録，而後知者若其遺跡故趾所在，田父野老之妄既荒唐難信，而學士大夫又不能缺疑存訛，徒欲以遠而莫考之事畢議。一旦若山海經之誕，水經之誇，括地、輿地志之靡曼皆是也。孟子曰：「盡信書不如無書。」予於武成取二三策而已矣。孔子曰：「吾猶及史之闕文也。」後之君子得是書而讀之，會其領畧，可也。而欲據以言語文字之間定數千百年之疑，誣矣。知西安府南埠李侯刻是書成，以予爲序，故復之。如此蓋其所刻，皆關中盛事云爾。嘉靖辛卯十月庚寅武功康海序。

黄虞稷舊藏成化本黄虞稷跋

杜常華清宫詩：「行盡江南數十程，曉風殘月入華清；朝元閣上西風急，都入長楊作雨聲。」「曉風」字重。下句「西風」字，或改作「曉乘」，字亦未佳。楊升庵云：見宋敏求長安志乃是「星」字。敏求又云：長楊非宫名，朝元閣去長楊五百里，此乃風入長楊，樹葉似雨聲也。前説今本乃無之，後説則李好文志圖中語。而升庵以爲敏求，蓋誤。升庵好辯，博而不審詳，往往如是，此所以來後人正楊之誤也。故豈升庵於他書見之而誤以爲是取之。是本舊爲陶爾成所藏，今歸於朝爽閣中。爾成嗜書，而所藏多叢雜，此書雖有刻本，而流傳甚少，且次道爲此書號稱博洽，爾成諸書當以此爲第一，殊可寶也。

庚寅菊月之廿三日，溫陵黄虞稷記。

黄虞稷舊藏成化本朱錫庚（少河山農）跋

右長安志二十卷，元李好文撰。舊止三卷，名長安志圖。不知何時取宋宋敏求長安志刊合爲一書。圖前而志後，失敏求之舊矣。首載好文長安志序。前三卷分上中下，爲長安志圖。下署「河濱漁者編類圖説」。前進士張敏同編校正第四卷始入。敏求長安志首載太常博士充集賢校理崇文院檢討同知丞事趙彦若序。至第十卷俱載京城宫闕街坊涇渠等類；第十卷至二十卷載自萬年至美原爲縣十。按四庫書目援晁公武讀書志載有趙彦若序，而今本無之，則當屬傳寫脱佚。今此序趙序宛然猶在，則當時所見之本自非是本可知。又四庫目長安志圖三卷，明西安府知府李經所録，列宋敏求長安志之首，合爲一編。好文是書本不因敏求而作，强合爲一，世次紊越，且圖與志兩不相應，今仍分爲二書，各著於録。今按好文長安志圖序云圖舊有碑刻，亦嘗録附長安志後，今皆已之有宋元豐三年龍圖待制呂公大防爲之跋，且謂之長安故圖，則是前志圖固有之，其時距唐時未遠，宜其可據而足徵也。然其中或有後人附益者，往往不與志合。因與同志較其訛駁，更爲補訂，釐爲七圖，又以漢之三輔即今奉元所治古今沿革廢置不同，名勝古迹不止乎是，涇渠之利澤被千世，是皆不可遺者。悉附入之。總爲圖二十有二，名之曰長安志圖。明所以圖爲志設也。今此本前後竝未見有李經合刊名目，而好文原序一則曰長安志，再則曰前志，似即指敏求之志而言未復。云圖爲志設也，是好文作圖之意。乃補前志所未備，本與敏求之意相爲附麗。正如古人經傳本自單行，後人合之亦不爲過。想當時久已合編，李經特踵而重鐫之。二書合而爲一，非自李經始歟。然則此本既無李經銜名，又無刊刻始末，其與李經所刊之本是一是二未可定也。又按秀水朱竹垞氏曝書亭集長安圖志序云：長安志舊有圖勒之碑，吕待制大防跋其尾，秦人取以附録於志，謂之長安故圖。其後已之元至正初，東明李好文官陝西行臺侍御，補繪二十有二，分爲三卷。於是神臯、京輦、城郭、市井、溝渠，屈曲面勢，一一可指識。以讀敏求之記者，必合是編竝觀，而古人之迹庶幾十得其九也。據竹垞氏所云，則以圖附録於志自吕大防之跋長安故圖已然。又云讀敏求之志者必合是編竝觀，是其所見之本亦系二書合刊也。又書熙寧長安志後云：韋述東西京記，世無完書，宋敏求本之撰河南、長安二志，世偁該洽。長安志舊有雕本，字畫粗惡，斯編借録於汪編修文升善本也。是竹垞氏尚及見敏求志單行之本，兹則不但所偁之善本不可得，即粗惡之本亦未之見，四庫所收者仍取李經本而別著於録，則敏求之志獨賴此合編之本以存，尤是寶貴矣。卷尾有溫陵黄虞稷跋語半紙，字跡古拙，中有增易塗抹數十字，蓋當日隨筆作草，其爲黄氏的筆可知。四庫書目引千頃堂書目載此編作長安圖記，今檢此跋仍偁李好文志圖，則「圖記」二字寫爲傳寫之偽，未是據也。四庫書目云楊慎丹鉛録謂杜常華清宮詩見長安志詩中，「曉風」乃作「曉星」。檢今本實無此詩，蓋慎喜偽托古書，不足爲據，非此志有殘缺。今此跋中亦辯升庵之偽較爲詳盡。跋偁是本舊爲陶爾成所藏，今歸余朝爽閣中，此書雖有刻本，而流傳甚少。爾成諸書當以此爲第一。卷首有千頃堂圖書記，燕越胡蓼邨氏藏書印，宛平王氏家藏慕齊鑒定。蓋王文靖公家藏書也。今歸余家，流傳可考，藏之日久，薄蝕已甚，亟重裝之，並識顛末於後。

道光六年歲次丙戌夏四月四日少河山農識。

黄虞稷舊藏成化本徐松跋

此書在千頃堂藏書時已稱流傳甚少，今又百餘年。自椒花吟舫歸燕庭先生，其珍重更何如耶？獨是次道博洽，以長安、河南二志並稱。余嘗於永樂大典輯得河南志二卷，體例悉與此同，而世竟無全帙，轉增惘然。

道光癸卯五月徐松識於榆林官舍。

黄丕烈舊藏成化本黄丕烈等人跋（據士禮居藏書題跋記録）

長安志二十卷長安志圖三卷（明本）

杜常華清宮詩：「行盡江南數十程，曉風殘月入華清；朝元閣上西風急，都入長楊作雨聲。」「曉風」二字重下句「西風」字，或改作「曉乘」，字亦未佳。楊升庵云，見宋敏求長安志乃是「星」字。敏求又云長楊非宮名，朝元閣去長楊五百里，此乃風入長楊，樹葉似雨聲也。前説今本乃無之，後説則本李好文志圖中語。而升庵以爲敏求，蓋誤。升庵好辨，博而不審詳，往往如是，此所以來後人正楊之譏也。是本舊爲陶爾成所藏，今歸於朝爽閣中。爾成嗜書，而所藏多叢雜，此書雖有刻本，而流傳甚少，且次道爲此書號稱博洽，爾成諸書當以此爲第一，殊可寶也，庚寅菊月之廿三日，溫陵黄虞稷記。

此書人間已絶少，丁亥歲奉命纂修方輿路程，因於織造曹銀臺處借鈔得之，直可寶愛，閲者勿忽視之也。壬寅九月十三日秋泉居士記。

李好文長安志圖、宋敏求長安志近日靈巖山館曾有刊本，其所據依者乃汪文升家藏鈔本也。汪本藏吾郡香嚴書屋中，昔伯淵居畢弇山幕，校刻此書曾借之，改易行款，並所脱葉而連之，其大誤者也。余嚮收璜川吴氏鈔本，借香嚴本勘之，行款已改易，然缺葉痕跡尚存。以香嚴本勘之，知有失葉，其可信爲汪本者。曝書亭集云：「借録於汪編修文升。」今香嚴本卷尾有秋泉居士記，卷中又有彝尊印也。余續收嘉靖辛卯武功康海序、知西安府南埠李侯刻本，彼此參校，所失葉在焉，乃歎書必多得一本爲善。取李刻本文，按汪鈔本行款録，恰盡一葉，竊喜是書至我而始獲全也。參校才畢，適某書友以郡某故家藏成化刊本來，取香嚴本勘之，知即出於是本，以重值剛獲。命工重裝而補其失葉。並録香嚴本原跋附後，以便稽覽。今而後知俞邰所云流傳甚少，竹垞所云字畫粗惡，皆指是本也已。雖一明代刊本，然搜羅至第三次方得斯刻，可不謂難歟？至於成化與嘉靖本之同異優劣，尚容續考，己巳四月六日，復翁識。

香嚴本雖出自是刻，然朱校紛如，已失其舊，安得似此之猶爲廬山真面目耶？勿以明刻輕之，書之號稱祖本者，此即是已。

四庫全書總目長安志云：「晁公武讀書志載有趙彦若序。今本無之。」又長安志圖云：「此本乃明西安府知府李經所鋟，列於宋敏求長安志之首，合爲一編。然好文是書本不因敏求而作，强合爲一，世次紊越，既乖編録之體，且圖與志兩不相應，尤失古人著書之意。」此本首載趙序並未脱佚，而李經所鋟即復翁跋中嘉靖辛卯刻本。此本當在其前數十年已合二書爲一，不得謂李氏所羼矣。且二書合刻，不過以類相從，卷目判然，各成部帙，亦未嘗互有竄併。或當日乃以好文之圖説附之宋志之末，而後來鈔刻誤冠於首耳，故仍依世次分著於録，云志二十卷。後有「成化四年孟秋，郃陽書堂重刊」木記，每册有「錢氏書印」等印。彦合記。

黄丕烈舊藏嘉靖本黄丕烈等人跋（據士禮居藏書題跋記録）

長安志八卷（明刻本）

元李好文之長安志圖，宋宋敏求長安志，靈巖山館曾有刊本，余所藏者璜川吴氏舊鈔本。近日收得嘉靖時刻本，其長安志圖卷下「渠堰因革」標目，及一、二、三條俱在，可云佳絶。靈巖山館本已將「四曰豐利渠」條徑接入富平縣境石川溉田圖後，而璜川吴氏本僅留原闕半葉，均未妥協。惟竹垞所見汪文升本原闕，以茲刻文句，照其每葉二十四行，每行二十二字計，恰爲一葉，且版心無小號，則所闕固自不妨，自後轉相傳寫，行款既改，承接又誤，苟無茲刻，又誰知所闕者猶巋然獨存也乎？因重加裝潢，與宋、元舊刻之志書並儲焉。丁卯夏五月，復翁黄丕烈。

書中闕葉，擬待別本之與此刻同者補之。頃聞經義齋書坊獲書於河上賈人，蓋自湖廣漢口鎮來者，中有嘉靖本長安志，因往觀。取對是本，非但缺失多同，且末留空白印亦同，毫無佳處。益信書之難得全本如是，惟卷十八（小號總排第五十五葉。）內可補幾字，餘本版損失之，彼猶完也。辛未九月十日，復翁識。

黄丕烈舊藏鈔本黄丕烈等人跋（據士禮居藏書題跋記録）

長安志二十卷（鈔本）

長安志二十卷，宋常山宋次道所撰。舊有圖，亡已久矣。此本前列圖二十有三（闕三），分爲三卷，則元至正初，東明李好文官陝西行臺侍御史時所補也。是書傳本甚少，乾隆戊戌春日假得朱文游所藏汪退谷本，曾經朱竹垞鈔讀者，而誤闕尚多，信乎善本之難也。好文，字惟中，官至翰林學士承旨。次道又有河南志二十卷，今不傳。是歲冬至後四日，督率門徒寫完，漫書於卷尾。枚庵漫士吴翌鳳。

壬寅三月，借海甯吴君葵李所藏竹垞鈔本，校對一過，改正數百字，尚未盡善也。送春日，漫士記。

鐵琴銅劍樓藏舊鈔本諸題跋（録自鐵琴銅劍樓藏書題跋集録）

長安志二十卷附圖説三卷舊鈔本

畢本同缺。唐宮城坊市總圖題下。

畢本同缺。唐皇城圖題下。

畢本同缺。唐京城坊市圖題下。

成化摹刻本缺此第四葉，嘉靖重刻本有之，畢刻亦缺。蕘翁家藏嘉靖本甚佳，當借鈔補也。經渠圖説題下。

戊戌五月二日陶生結文録畢。圖説末。

丙午夏日從畢氏新刻本校過，畢本訛錯尚多，非善本也。翌鳳誌。

杜常華清宮詩：「行盡江南數十程，曉風殘月入華清。朝元閣上西風急，都入長楊作雨聲。」「曉風」字重下句「西風」字，或改作「曉乘」字，亦未佳。楊升菴云：「見宋敏求長安志，乃是「星」字。敏求又云：長楊非宫名，朝元閣云長楊五百里，此乃風入長楊，樹葉似雨聲也。」前説今本乃無之，後説則李好文志圖中語，而升菴以爲敏求，蓋誤。升菴好博，而不詳審，往往如是，此所以來後人「正楊」之譏也。是本舊爲陶爾成所藏，今歸於朝爽閣中。爾成嗜書，而所藏多叢雜。此書雖有刻本，而流傳甚少，且次道爲此書號稱博洽。爾成諸書，當以此爲第一，殊可寶也，庚寅菊月之廿三日温陵黄虞稷記。

此書人間久已絶少。丁亥歲奉命纂修方輿路程，因於織造曹銀臺處借鈔得之，眞可寶愛，閲者無忽視之也，壬寅九月十三日秋泉居士記。

長安志二十卷，宋常山宋次道所撰，舊有圖，亡已久矣。此本前列圖二十有三，闕三。分爲三卷，則元至正初東明李好文官陝西行臺侍御史時所補也。是書傳本甚少，乾隆戊戌春日，假得朱文游所藏汪退谷本，會經朱竹垞鈔讀者，而誤闕尚多，信乎善本之難也。好文，字惟中，官至翰林學士承旨。次道又有河南志二十卷，今不傳。是歲冬至後四日，督率門徒寫完，漫書於卷尾。枚菴漫士吴翌鳳。

壬寅三月，借海甯吴君葵季所藏竹垞鈔本校對一過，改正數百字，尚未盡善也。送春日漫士記。

書賈朱繡城云海鹽張氏有宋刻本，當託吾友文魚借校也。癸卯十二月二十日。

道光癸未秋七月下澣，海昌陳簡莊今似元壽攜向山閣舊藏諸書，與余商措三十餅金。余媿囊空，無以應之，元壽亦怏怏，云即解纜歸矣。其去之日，余得詩二律，中有句云：「不知我力薄，翻覺友情疎。」蓋表余懷之歉然也。越日，余門人沈濬生至，因談及攜去之書，多在伊族人陳行可處。行可者，沈生之戚，與同居者，故稔知之。適余亦以舊刻術數書從他處易得三十餅，遂稍分潤與之，轉從行可作介，歸此及校宋義山詩。别有元遺山集，余介歸獨學老人，亦可藉慰余懷矣。是書出吴枚叟家鈔本，又經手校，是又觸余懷舊之情，與簡莊同其感慨者也。八月朔日，秋清逸士識。以上卷十後。

吳師道長安志圖後題（據吳禮部集卷十八錄）

長安志後題　吳師道

長安古都邑之冠也。周秦漢唐，前後相望。其山川城郭宮室之制，於法宜書三輔黄圖最古，宋敏求之志、呂大防之圖記皆後出。凡前人所述，悉具於此矣，同年東明李公惟中治書西臺，暇日望著南山、觀曲江，北至漢故城，臨渭水，慨然興懷，取志所書以考其跡，更以舊圖較訛舛而補訂之，釐爲七圖，又以自漢及今治所廢置、名勝之跡、經渠之利悉附入之，總爲圖二十有二，視昔人益詳且精矣。書成以寄予，覺之而有感焉。自禹别九州，雍田爲上，周始居豳，太王自豳遷於岐，文王徙於豐，武王都鎬，數聖人突起經營，因其地勢之雄，以興王業，豈非灼然有見哉？平王遭犬戎之難，遷於東都，始以其地予秦。凡秦漢間言秦之形勢者，乃周之形勢也。婁敬淺陋不學，但知有秦而不識文武成康全盛之周，未足深恨。而漢之群臣㬎不知有周一代之治，大抵承秦，而岐豐忠厚之俗迄變而不返，此可爲深恨也。夫人之見聞，詳近而略遠，志圖所紀，唐視漢爲詳，於秦已略，周則泯泯無攷矣。人徒見後世窮奢極侈，千門萬戶以爲壯麗，意謂先王之制，必崇尚儉質，不厭卑小，無動心駭目之觀，不知天子之居自有常尊，惟王建國，辨方正位，一本宏大之規。太王爲諸侯時綿之時，叙宮室宗朝門社，成法井然，況於武王鎬京之宅哉？周官象魏兩觀，五門内外之朝，其高大深遠，猶可想見，而考工記匠人營國之法亦有可稽。蓋以法度爲威，而威亦非不足也。班生雲工知阿房之造天，而不知京洛之有制，惜其歸美當時而不曰周室之有制耳。今李公作序，首言周於漢唐之上，且及夫積累深厚、子孫延長之故，指周爲多，獨能推究其本始者。故愚得以并發所欲言者焉。